5491

ŒUVRES COMPLÈTES

DE

CHATEAUBRIAND

XV

Lagny. — Typographie de Vialat et C^le.

ŒUVRES COMPLÈTES

DE

CHATEAUBRIAND

AUGMENTÉES

D'UN ESSAI SUR LA VIE ET LES OUVRAGES DE L'AUTEUR

— ESSAI SUR LA LITTÉRATURE ANGLAISE —

PARIS

P.-H. KRABBE, LIBRAIRE-ÉDITEUR

12, RUE DE SAVOIE

M DCCC LII

ESSAI

SUR LA

LITTÉRATURE ANGLAISE

ET

CONSIDÉRATIONS

SUR LE GÉNIE DES HOMMES, DES TEMPS ET DES RÉVOLUTIONS.

AVERTISSEMENT.

L'*Essai sur la littérature anglaise* qui précède ma traduction de Milton se compose :

1° De quelques morceaux détachés de mes anciennes études, morceaux corrigés dans le style, rectifiés pour les jugements, augmentés ou resserrés quant au texte;

2° De divers extraits de mes *Mémoires*, extraits qui se trouvaient avoir des rapports directs ou indirects avec le travail que je livre au public;

3° De recherches récentes relatives à la matière de cet Essai.

J'ai visité les États-Unis; j'ai passé huit ans exilé en Angleterre; j'ai revu Londres comme ambassadeur, après l'avoir vu comme émigré : je crois savoir l'anglais autant qu'un homme peut savoir une langue étrangère à la sienne.

J'ai lu en conscience tout ce que j'ai dû lire sur le sujet traité dans ces deux volumes; j'ai rarement cité les autorités, parce qu'elles sont connues des hommes de lettres, et que les gens du monde ne s'en soucient guère : que font à ceux-ci Warton, Evans, Jones, Percy, Owen, Ellis, Leyden, Édouard Williams, Tyrwhit, Roquefort, Tressan, les collections des historiens, les recueils des poëtes, les manuscrits, etc.? Je veux pourtant mentionner ici un ouvrage français, précisément parce que les journaux me semblent l'avoir trop négligé : on consacre de longs articles à des écrits futiles; à peine accorde-t-on une vingtaine de lignes à des livres instructifs et sérieux.

Les *Essais historiques sur les Bardes, les Jongleurs*, etc., de M. l'abbé de La Rue, méritent de fixer l'attention de quiconque aime une critique saine, une érudition puisée aux sources et non composée de bribes de lectures, dérobées à quelque investigateur oublié. Un de mes honorables et savants confrères de l'Académie française n'est pas toujours, il est vrai, d'accord avec l'historien des Bardes; M. de La Rue est *Trouvère* et M. Raynouard, *Troubadour :* c'est la querelle de la langue d'Oc et de la langue d'Oïl [1].

L'*Idée de la poésie anglaise* (1749) de l'abbé Yart, la *Poétique anglaise* (1806) de M. Hennel, peuvent être consultées avec fruit. M. Hennel sait parfaitement la langue dont il parle. Au surplus, on annonce diverses collections, et pour les vrais amateurs de la littérature anglaise, la *Bibliothèque anglo-française*, de M. O'Sullivan, ne laissera rien à désirer.

J'ai peu de chose à dire de ma traduction. Des éditions, des commentaires, des *illustrations*, des recherches, des biographies de Milton, il y en a par milliers. Il existe en prose et en vers une douzaine de traductions françaises et une quarantaine d'imitations du Poëte, toutes très bonnes; après moi viendront d'autres traducteurs, tous excellents. A la tête des traducteurs en prose est Racine le fils; à la tête des traducteurs en vers, l'abbé Delille.

Une traduction n'est pas la *personne*, elle n'est qu'un *portrait :* un grand maître peut faire un admirable portrait; soit : mais si l'original était placé auprès de la copie, les spectateurs le verraient chacun à sa manière, et différeraient de jugement sur la ressemblance. Traduire, c'est donc se vouer au métier le plus ingrat et le moins estimé qui fut oncques; c'est se battre avec des mots pour leur faire rendre dans un idiome étranger un sentiment, une pensée, autrement exprimés, un son qu'ils n'ont pas dans la langue de l'auteur. Pourquoi donc ai-je traduit Milton? Par une raison que l'on trouvera à la fin de cet *Essai*.

Qu'on ne se figure pas d'après ceci que je n'ai mis aucun soin à mon travail; je pourrais dire que ce travail est l'ouvrage entier de ma vie, car il y a trente ans que je lis, relis et traduis Milton. Je sais respecter le public; il veut bien vous traiter sans façon, mais il ne permet pas que vous preniez avec lui la même liberté : si vous ne vous souciez guère de lui, il se souciera encore moins de vous. J'en appelle au surplus aux hommes qui croient encore qu'*écrire* est un *art :* eux seuls pourront savoir ce que la traduction du *Paradis perdu* m'a coûté d'études et d'efforts.

Quant au système de cette traduction, je m'en suis tenu à celui que j'avais adopté autrefois pour les fragments de Milton, cités dans le *Génie du Christianisme*. La traduction littérale me paraît toujours la meilleure : une traduction interlinéaire serait la perfection du genre, si on lui pouvait ôter ce qu'elle a de sauvage.

Dans la traduction littérale, la difficulté est de ne pas reproduire un mot noble par le mot correspondant qui peut être bas, de ne pas rendre pesante une phrase légère, légère une phrase pesante, en vertu d'expressions qui se ressemblent, mais qui n'ont pas la même prosodie dans les deux idiomes.

Milton, outre les luttes qu'il faut soutenir contre son génie, offre des obscurités grammaticales sans nombre; il traite sa langue en tyran, viole et méprise les règles : en français, si vous supprimiez ce qu'il supprime par l'ellipse; si

---

[1] Au moment même où j'écris cet éloge de l'abbé de La Rue, dont je ne connais que les ouvrages, je reçois, comme un remerciment, le *billet de part* qui m'annonce la mort de cet ami de Walter Scott.

vous perdiez sans cesse comme lui votre *nominatif*, votre *régime;* si vos *relatifs* perplexes rendaient indécis vos *antécédents*, vous deviendriez inintelligible. L'invocation du *Paradis perdu* présente toutes ces difficultés réunies : l'inversion suspensive qui jette à la césure du septième vers le *Sing, heavenly Muse*, est admirable; je l'ai conservée afin de ne pas tomber dans la froide et régulière invocation grecque et française, *Muse céleste, chante,* et pour que l'on sente tout d'abord qu'on entre dans des régions inconnues : Louis Racine l'a conservée également, mais il a cru devoir la régulariser à l'aide d'un gallicisme qui fait disparaître toute poésie : *c'est ce que je t'invite à chanter, Muse céleste.*

Milton, après ce début, prend son vol, et prolonge son invocation à travers des phrases incidentes et interminables, lesquelles produisant des régimes indirects, obligent le lecteur à des efforts d'attention, antipathiques à l'esprit français. Point d'autre moyen de s'en tirer que de couper l'invocation et l'exposition, de régénérer le nominatif dans le nom ou le pronom. Milton, comme un fleuve immense, entraîne avec lui ses rivages et les limons de son lit, sans s'embarrasser si son onde est pure ou troublée.

On peut s'exercer sur quelques morceaux choisis d'un ouvrage, et espérer en venir à bout avec du temps : mais c'est tout une autre affaire, lorsqu'il s'agit de la traduction complète de cet ouvrage, de la traduction de 10,467 vers; lorsqu'il faut suivre l'écrivain, non-seulement à travers ses beautés, mais encore à travers ses défauts, ses négligences et ses lassitudes; lorsqu'il faut donner un égal soin aux endroits arides et ennuyeux, être attentif à l'expression, au style, à l'harmonie, à tout ce qui compose le poëte, lorsqu'il faut étudier le sens, choisir celui qui paraît le plus beau quand il y en a plusieurs, ou deviner le plus probable par le caractère du génie de l'auteur; lorsqu'il faut se souvenir de tels passages souvent placés à une grande distance de l'endroit obscur, et qui l'éclaircissent : ce travail, fait en conscience, lasserait l'esprit le plus laborieux et le plus patient.

J'ai cherché à représenter Milton dans sa vérité; je n'ai fui ni l'expression horrible, ni l'expression simple, quand je l'ai rencontrée; le Péché a des chiens aboyants, ses enfants, qui rentrent dans leur *chenil,* dans ses entrailles; je n'ai point rejeté cette image. Ève dit que le serpent ne voulait point lui *faire du mal, du tort;* je me suis bien gardé de poétiser cette naïve expression d'une jeune femme qui fait une grande révérence à l'arbre de la Science après avoir mangé du fruit : c'est comme cela que j'ai senti Milton. Si je n'ai pu rendre les beautés du *Paradis perdu,* je n'aurai pas pour excuse de les avoir ignorées.

Milton a fait une foule de mots qu'on ne trouve pas dans les dictionnaires : il est rempli d'hébraïsmes, d'hellénismes, de latinismes : il appelle, par exemple, un Commandement, une Loi de Dieu, *la première fille de sa voix;* il emploie le génitif absolu des Grecs, l'ablatif absolu des Latins. Quand ses mots composés n'ont pas été trop étrangers à notre langue dans leur étymologie tirée des langues mortes ou de l'italien, je les ai adoptés : ainsi j'ai dit : *emparadisé, fragrance,* etc. Il y a quelques idiotismes anglais que presque tous les traducteurs ont passés, comme *planet-struck :* j'ai du moins essayé d'en faire comprendre le sens, sans avoir recours à une trop longue périphrase.

Au reste, les changements arrivés dans nos institutions nous donnent mieux l'intelligence de quelques formes oratoires de Milton. Notre langue est devenue aussi plus hardie et plus populaire. Milton a écrit comme moi, dans un temps de révolution, et dans des idées qui sont à présent celles de notre siècle : il m'a donc été plus facile de garder ces tours que les anciens traducteurs n'ont pas osé hasarder. Le poëte use de vieux mots anglais, souvent d'origine française ou latine ; je les ai *translatés* par le vieux mot français, en respectant la langue rhythmique et son caractère de vétusté. Je ne crois pas que ma traduction soit plus longue que le texte ; je n'ai pourtant rien passé.

Je me suis servi pour cette traduction d'une édition du *Paradis perdu*, imprimée à Londres, chez Jacob Tonson, en 1725, et dédiée à lord Sommers, qui tira le fameux poëme d'un injurieux oubli. Cette édition est conforme aux deux premières, faites sous les yeux de Milton et corrigées par lui : l'orthographe est vieille ; les élisions des lettres, fréquentes ; les parenthèses, multipliées ; les noms propres, imprimés en *petites capitales*.

J'ai maintenu la plupart des parenthèses, puisque telle était la manière d'écrire de l'auteur : elles donnent de la clarté au style. Les idées de Milton sont si abondantes, si variées, qu'il en est embarrassé ; il les divise en compartiments, pour les coordonner, les reconnaître et ne pas perdre l'idée mère dont toutes ces idées incidentes sont filles.

J'ai aussi introduit les *petites capitales* dans quelques noms et pronoms, quand elles m'ont paru propres à ajouter à la majesté ou à l'importance du personnage, et quand elles ont fait disparaître des amphibologies. Pour le texte anglais imprimé en regard de ma traduction, on s'est servi de l'édition de sir Egerton Brydges, 1835 : elle est d'une correction parfaite et convient mieux aux lecteurs de ce temps-ci.

Enfin j'ai pris la peine de traduire moi-même de nouveau jusqu'au petit article sur les *vers blancs*, ainsi que les anciens arguments des livres, parce qu'il est probable qu'ils sont de Milton. Le respect pour le génie a vaincu l'ennui du labeur ; tout m'a paru sacré dans le texte, parenthèses, points, virgules : les enfants des Hébreux étaient obligés d'apprendre la Bible par cœur depuis *Béresith* jusqu'à *Malachie*.

Qui s'inquiète aujourd'hui de tout ce que je viens de dire ? qui s'avisera de suivre une traduction sur le texte ? qui saura gré au traducteur d'avoir vaincu une difficulté, d'avoir pâli autour d'une phrase des journées entières ? Lorsque Clément mettait en lumière un gros volume à propos de la traduction des *Géorgiques*, chacun le lisait et prenait parti pour ou contre l'abbé Delille : en sommes-nous-là ? Il peut arriver cependant que mon lecteur soit quelque vieil amateur de l'école classique, revivant au souvenir de ses anciennes admirations, ou quelque jeune poëte de l'école romantique allant à la chasse des images, des idées, des expressions, pour en faire sa proie, comme d'un butin enlevé à l'ennemi.

Au reste, je parle fort au long de Milton dans l'*Essai sur la littérature anglaise*, puisque je n'ai écrit cet *Essai* qu'à l'occasion du *Paradis perdu*. J'analyse ses divers ouvrages ; je montre que les révolutions ont rapproché Milton de nous; qu'il est devenu un homme de notre temps; qu'il était aussi grand écrivain en prose qu'en vers : pendant sa vie la prose le rendit célèbre, la poésie, après sa mort; mais la renommée du prosateur s'est perdue dans la gloire du poëte.

Je dois prévenir que, dans cet *Essai*, je ne me suis pas collé à mon sujet comme dans la *traduction :* je m'occupe de tout, du présent, du passé, de l'avenir, je vais çà et là : quand je rencontre le moyen âge j'en parle; quand je me heurte contre la Réformation, je m'y arrête; quand je trouve la révolution anglaise, elle me remet la nôtre en mémoire, et j'en cite les hommes et les faits. Si un royaliste anglais est jeté en geôle, je songe au logis que j'occupais à la préfecture de police. Les poëtes anglais me conduisent aux poëtes français; lord Byron me rappelle mon exil en Angleterre, mes promenades à la colline d'Arrow, et mes voyages à Venise; ainsi du reste. Ce sont des mélanges qui ont tous les tons, parce qu'ils parlent de toutes les choses; ils passent de la critique littéraire élevée ou familière, à des considérations historiques, à des récits, à des portraits, à des souvenirs généraux ou personnels. C'est pour ne surprendre personne, pour que l'on sache d'abord ce qu'on va lire, pour qu'on voie bien que la littérature anglaise n'est ici que le fond de mes stromates ou le canevas de mes broderies; c'est pour tout cela que j'ai donné un second titre à cet *Essai*.

INTRODUCTION.

DU LATIN COMME SOURCE DES LANGUES DE L'EUROPE LATINE.

Lorsqu'un peuple puissant a passé; que la langue dont il se servait n'est plus parlée, cette langue reste monument d'un autre âge, où l'on admire les chefs-d'œuvre d'un pinceau et d'un ciseau brisés. Dire comment les idiomes des peuples de l'Ausonie devinrent l'idiome latin; ce que cet idiome retint du caractère des tribus sauvages qui le formèrent; ce qu'il perdit et gagna par la conversion d'un gouvernement libre en un gouvernement despotique, et plus tard par la révolution opérée dans la religion de l'État; dire comment les nations conquises et conquérantes apportèrent une foule de locutions étrangères à cet idiome; comment les débris de cet idiome formèrent la base sur laquelle s'élevèrent les dialectes de l'ouest et du midi de l'Europe moderne, serait le sujet d'un immense ouvrage de philologie.

Rien en effet ne pourrait être plus curieux et plus instructif que de prendre le latin à son commencement, et de le conduire à sa fin à travers les siècles et les génies divers. Les matériaux de ce travail sont déjà tout préparés dans les sept traités de Jean Nicolas Funck : *de Origine linguæ latinæ tractatus; de Pueritia latinæ linguæ tract.; de Adolescentia latinæ linguæ tract.; de virili Ætate latinæ linguæ tract.; de imminenti latinæ linguæ Senectute tract.; de vegeta latinæ linguæ Senectute tract. ; de inerti et decrepita latinæ linguæ Senectute tractatus.*

La langue grecque dorique, la langue étrusque et osque des hymnes des Saliens et de la Loi des Douze Tables dont les enfants chantaient encore les articles en vers du temps de Cicéron, ont produit la langue rude de Duillius, de Cæcilius et d'Ennius ; la langue vive de Plaute, satirique de Lucilius, grécisée de Térence, philosophique, triste, lente et spondaïque de Lucrèce, éloquente de Cicéron et de Tite-Live, claire et correcte de César, élégante d'Horace, brillante d'Ovide, poétique et concise de Catulle, harmonieuse de Tibulle, divine de Virgile, pure et sage de Phèdre.

Cette langue du siècle d'Auguste (je ne sais à quelle date placer Quinte-Curce), devint, en s'altérant, la langue énergique de Tacite, de Lucain, de Sénèque, de Martial ; la langue copieuse de Pline l'Ancien, la langue fleurie de Pline le Jeune, la langue effrontée de Suétone, violente de Juvénal, obscure de Perse, enflée ou plate de Stace et de Silius Italicus.

Après avoir passé par les grammairiens Quintilien et Macrobe ; par les épitomistes Florus, Velléius Paterculus, Justin, Orose, Sulpice Sévère ; par les Pères de l'Église et les auteurs ecclésiastiques, Tertullien, Cyprien, Ambroise, Hilaire de Poitiers, Paulin, Augustin, Jérôme, Salvien ; par les apologistes, Lactance, Arnobe, Minutius Félix ; par les panégyristes, Eumène, Mamertin, Nazairius ; par les historiens de la décadence, Ammien Marcellin, et les biographes de l'*Histoire auguste ;* par les poëtes de la décadence et de la chute, Ausone, Claudien, Rutilius, Sidoine Apollinaire, Prudence, Fortunat : après avoir reçu de la conversion des religions, de la transformation des mœurs, de l'invasion des Goths, des Alains, des Huns, des Arabes, etc., les expressions obligées des nouveaux besoins et des idées nouvelles ; cette langue retourna à une autre barbarie dans le premier historien de ces Francs qui commencèrent une autre langue, après avoir détruit l'empire romain chez nos pères.

Les auteurs ont noté eux-mêmes les altérations successives du latin de siècle en siècle : Cicéron affirme que dans les Gaules on employait beaucoup de mots dont l'usage n'était pas reçu à Rome : *verba non trita Romæ ;* Martial se sert d'expressions celtiques et s'en vante ; saint Jérôme dit que, de son temps, la langue latine changeait dans tous les pays : *regionibus mutatur ;* Festus, au cinquième siècle, se plaint de l'ignorance où l'on est déjà tombé touchant la construction du latin ; saint Grégoire le Grand déclare qu'il a peu de souci des solécismes et des barbarismes ; Grégoire de Tours réclame l'indulgence du lecteur pour s'être écarté, dans le style et dans les mots, des règles de la grammaire dont il n'est pas bien instruit : *non sum imbutus ;* les serments de Charles le Chauve et de Louis le Germanique nous montrent le latin expirant ; les agiographes du septième siècle font l'éloge des évêques qui savent parler *purement* le latin, et les conciles du neuvième siècle ordonnent aux évêques de prêcher en langue *romane rustique*.

C'est donc du septième au neuvième siècle, entre ces deux époques précises, que le latin se métamorphosa en *roman* de différentes nuances et de divers accents, selon les provinces où il était en usage. Le latin correct qui reparaît dans les historiens et les écrivains à compter du règne de Charlemagne, n'est plus le latin *parlé*, mais le latin *appris*. Le mot *latin* ne signifia bientôt plus que *roman*, ou *langue romane*, et fut pris ensuite pour le mot *langue* en général : *les oiseaux chantent en leur* LATIN.

Une langue civilisée née d'une langue barbare diffère, dans ses éléments, d'une langue barbare émanée d'une langue civilisée : la première doit rester plus originale, parce qu'elle s'est créée d'elle-même et qu'elle a seulement développé son germe; la seconde (la langue barbare), entée sur une langue civilisée, perd sa sève naturelle et porte des fruits étrangers.

Tel est le latin relativement à l'idiome sauvage qui l'engendra ; telles sont les langues modernes de l'Europe latine, par rapport à la langue polie dont elles dérivent. Une langue vivante qui sort d'une langue vivante, continue sa vie ; une langue vivante qui s'épanche d'une langue morte, prend quelque chose de la mort de sa mère; elle garde une foule de mots expirés : ces mots ne rendent pas plus les perceptions de l'existence que le silence n'exprime le son.

Y a-t-il eu, vers la fin de la latinité, un idiome de transition entre le latin et les dialectes modernes, idiome d'un usage général de ce côté-ci des Alpes et du Rhin? La langue *romane rustique*, si souvent mentionnée dans les conciles du neuvième siècle, était-elle cette langue *romane*, ce *provençal* parlé dans le midi de la France? Le provençal était-il le *catalan*, et fut-il formé à la cour des comtes de Barcelone? Le *roman* du nord de la Loire, le *roman* wallon ou le *roman des trouvères*, qui devint le français, précéda-t-il le *roman* du midi de la Loire ou le *roman des troubadours ?* La langue d'Oc et la langue d'Oïl empruntèrent-elles le sujet de leurs chansons et de leurs histoires à des *lais armoricains* et à des *lais gallois?* Matière d'une controverse qui ne finira qu'au moment où le savant ouvrage de M. Fauriel aura répandu la lumière sur cet obscur sujet.

LA LANGUE ANGLAISE DIVISÉE EN CINQ ÉPOQUES.

Parmi les langues formées du latin, je compte la langue anglaise, bien qu'elle ait une double origine; mais je ferai voir que, depuis la conquête des Normands jusque sous le règne du premier Tudor, la langue franco-romane domina, et que, dans la langue anglaise moderne, une immense quantité de mots latins et français sont demeurés acquis au nouvel idiome.

La langue *romane rustique* se divisa donc en deux branches : la langue d'Oc et la langue d'Oïl. Quand les Normands se furent emparés de la province à laquelle ils ont laissé leur nom, ils apprirent la langue d'Oïl : on parlait celle-ci à Rouen; on se servait du danois à Bayeux. Guillaume porta les idiomes *français* en Angleterre, avec les aventuriers accourus des deux côtés de la Loire.

Mais dans les siècles qui précédèrent, tandis que les Gaules formaient leur langage des débris du latin, la Grande-Bretagne, d'où les Romains s'étaient depuis longtemps retirés, et où les nations du Nord s'étaient successivement établies, avait conservé ses idiomes primitifs.

Ainsi donc, l'histoire de la langue anglaise se divise en cinq époques :

1° L'époque anglo-saxonne de 450 à 780. Le moine Augustin, en 570, fit connaître en Angleterre l'alphabet romain ;

2° L'époque danoise-saxonne de 780 à l'invasion des Normands. On a principalement de cette époque les manuscrits dits d'Alfred et deux traductions des quatre évangélistes ;

3° L'époque anglo-normande commencée en 1066. La langue normande n'était autre chose que le neustrien, c'est-à-dire la langue française de ce côté-ci de la Loire, ou la langue d'Oïl. Les Normands se servaient, pour garder la mémoire de leurs chansons, de caractères appelés *runstabath ;* ce sont les lettres runiques : on y joignit celles qu'Éthicus avait inventées auparavant, et dont saint Jérôme avait donné les signes ;

4° L'époque normande-française : lorsque Éléonore de Guienne eut apporté à Henri II les provinces occidentales de la France, depuis la Basse-Loire jusqu'aux Pyrénées, et que des princesses du sang de saint Louis eurent successivement épousé des monarques anglais, les États, les propriétés, les familles, les coutumes, les mœurs, se trouvèrent si mêlés, que le français devint la langue commune des nobles, des ecclésiastiques, des savants et des commerçants des deux royaumes. Dans le Domesday-Book, carte topographique, et cadastre des propriétés, dressé par ordre de Guillaume le Conquérant, les noms des lieux sont écrits en latin, selon la prononciation française. Ainsi une foule de mots latins entrèrent directement dans la langue anglaise par la religion, et par ses ministres, dont la langue était latine ; et indirectement, par l'intermédiaire des mots normands et français. Le normand de Guillaume le Bâtard retenait aussi des expressions scandinaves ou germaniques que les enfants de Rollon avaient introduites dans l'idiome du pays frank par eux conquis ;

5° L'époque purement dite anglaise quand l'*anglais* fut écrit et parlé tel qu'il existe aujourd'hui.

Ces cinq époques se trouveront placées dans les cinq parties qui divisent cet *Essai.*

Ces cinq parties se rangent naturellement sous ces titres :

1° *Littérature sous le règne des Anglo-Saxons, des Danois et pendant le moyen âge ;*

2° *Littérature sous les Tudor ;*

3° *Littérature sous les deux premiers Stuarts, et pendant la république ;*

4° *Littérature sous les deux derniers Stuarts ;*

5° *Littérature sous la maison d'Hanovre.*

Lorsqu'on étudie les diverses littératures, une foule d'allusions et de traits échappent, si les usages et les mœurs des peuples ne sont pas assez présents à la mémoire. Une vue de la littérature, isolée de l'histoire des nations, créerait un prodigieux mensonge : en entendant des poëtes successifs chanter imperturbablement leurs amours et leurs moutons, on se figurerait l'existence non interrompue de l'âge d'or sur la terre. Et pourtant, dans cette même Angleterre dont il s'agit ici, ces concerts retentissaient au milieu de l'invasion des Romains, des Pictes, des Saxons et des Danois ; au milieu de la conquête des Normands, du soulèvement des barons, des contestations des premiers Plantagenètes pour la couronne, des guerres civiles de la Rose rouge et de la Rose blanche, des ravages de la Réformation, des supplices commandés par Henri VIII, des bûchers ordonnés par Marie; au milieu des massacres et de l'esclavage de l'Irlande, des désolations de l'Écosse, des échafauds de Charles Ier et de Sidney, de la fuite de Jacques, de la proscription du Prétendant et des jacobites; le tout mêlé d'orages parlementaires, de crimes de cour et de mille guerres étrangères.

L'ordre social, en dehors de l'ordre politique, se compose de la religion, de l'intelligence et de l'industrie matérielle : il y a toujours chez une nation, au moment des catastrophes et parmi les plus grands événements, un prêtre qui prie, un poëte qui chante, un auteur qui écrit, un savant qui médite, un peintre, un statuaire, un architecte, qui peint, sculpte et bâtit; un ouvrier qui travaille. Ces hommes marchent à côté des révolutions et semblent vivre d'une vie à part : si vous ne voyez qu'eux, vous voyez un monde réel, vrai, immuable, base de l'édifice humain, mais qui paraît fictif, et étranger à la société de convention, à la société politique. Seulement le prêtre dans son cantique, le poëte, le savant, l'artiste, dans leurs compositions, l'ouvrier dans son travail, révèlent, de fois à autre, l'époque où ils vivent, marquent le contre-coup des événements qui leur firent répandre avec plus d'abondance leurs sueurs, leurs plaintes et les dons de leur génie.

Pour détruire cette illusion de deux vues présentées séparément; pour ne pas créer le mensonge que j'indique au commencement de ce chapitre; pour ne pas jeter tout à coup le lecteur non préparé dans l'histoire des chansons, des ouvrages et des auteurs des premiers siècles de la littérature anglaise, je crois à propos de reproduire ici le tableau général du moyen âge : ces prolégomènes serviront à l'intelligence du sujet.

MOYEN AGE.

LOIS ET MONUMENTS.

Le moyen âge offre un tableau bizarre qui semble être le produit d'une imagination puissante, mais déréglée. Dans l'antiquité, chaque nation sort, pour ainsi dire, de sa propre source; un esprit primitif qui pénètre tout et se fait sentir partout, rend homogènes les institutions et les mœurs. La société du moyen âge était composée des débris de mille autres sociétés : la civilisation romaine, le paganisme même, y avaient laissé des traces; la religion chrétienne y apportait ses croyances et ses solennités, les Barbares Franks, goths, burgondes, anglo-saxons, danois, normands, retenaient les usages et le caractère propres à leurs races. Tous les genres de propriétés se mêlaient; toutes les espèces de lois se confondaient, l'aleu, le fief, la main-morte, le code, le digeste, les lois salique, gombette, visigothe, le droit coutumier; toutes les formes de liberté et de servitude se rencontraient : la liberté monarchique du roi, la liberté aristocratique du noble, la liberté individuelle du prêtre, la liberté collective des communes, la liberté privilégiée des villes, de la magistrature, des corps de métiers et des marchands, la liberté représentative de la nation; l'esclavage romain, le servage barbare, la servitude de l'aubain. De là ces spectacles incohérents, ces usages qui paraissent se contredire, qui ne se tiennent que par le lien de la religion. On dirait de peuples divers sans aucun rapport les uns avec les autres, mais seulement convenus de vivre sous un commun maître autour d'un même autel.

Jusque dans son apparence extérieure : l'Europe offrait alors un tableau plus pittoresque et plus national qu'elle ne le présente aujourd'hui. Aux monuments nés de notre religion et de nos mœurs, nous avons substitué, par affectation de l'architecture bâtarde romaine, des monuments qui ne sont ni en harmonie avec notre ciel, ni appropriés à nos besoins; froide et servile copie, laquelle a introduit le mensonge dans nos arts, comme le calque de la littérature latine a détruit dans notre littérature l'originalité du génie frank. Ce n'était pas ainsi qu'imitait le moyen âge; les esprits de ce temps-là admiraient aussi les Grecs et les Romains, ils recherchaient et étudiaient leurs ouvrages; mais au lieu de s'en laisser dominer, ils les maîtrisaient, les façonnaient à leur guise, les rendaient français, et ajoutaient à leur beauté par cette métamorphose pleine de création et d'indépendance.

Les premières églises chrétiennes dans l'Occident ne furent que des temples retournés : le culte païen était extérieur, la décoration du temple fut extérieure; le culte chrétien était intérieur, la décoration de l'église fut intérieure. Les colonnes passèrent du dehors au dedans de l'édifice, comme dans les basiliques où se tinrent les assemblées des fidèles quand ils sortirent des cryptes et des catacombes. Les proportions de l'église surpassèrent en étendue celles du temple, parce que la foule chrétienne s'entassait sous la voûte de l'église, et que la foule païenne était répandue sous le péristyle du temple. Mais lorsque les chrétiens devinrent les maîtres, ils changèrent cette économie, et ornèrent aussi du côté du paysage et du ciel leurs édifices.

Et afin que les appuis de la nef aérienne n'en déparassent pas la structure, le ciseau les avait taillardés; on n'y voyait plus que des arches de ponts, des pyramides, des aiguilles et des statues.

Les ornements qui n'adhéraient pas à l'édifice se mariaient à son style : les tombeaux étaient de forme gothique, et la basilique, qui s'élevait comme un grand catafalque au-dessus d'eux, semblait s'être moulée sur leur forme. Les arts du dessin participaient du goût fleuri et composite : sur les murs et sur les vitraux étaient peints des paysages, des scènes de la religion et de l'histoire nationale.

Dans les châteaux, les armoiries coloriées, encadrées dans des losanges d'or, formaient des plafonds semblables à ceux des beaux palais du *cinque cinto* de l'Italie. L'écriture même était dessinée; l'hiéroglyphe germanique, substitué au jambage rectiligne romain, s'harmoniait avec les pierres sépulcrales. Les tours isolées qui servaient de vedettes sur les hauteurs; les donjons enserrés dans les bois, ou suspendus sur la cime des rochers comme l'aire des vautours, les ponts pointus et étroits jetés hardiment sur les torrents; les villes fortifiées que l'on rencontrait à chaque pas, et dont les créneaux étaient à la fois les remparts et les ornements ; les chapelles, les oratoires, les ermitages, placés dans les lieux les plus pittoresques au bord des chemins et des eaux ; les beffrois, les flèches des paroisses de campagne, les abbayes, les monastères, les cathédrales : tous ces édifices que nous ne voyons plus qu'en petit nombre, et dont le temps a noirci, obstrué, brisé les dentelles avaient alors l'éclat de la jeunesse ; ils sortaient des mains de l'ouvrier : l'œil, dans la blancheur de leurs pierres, ne perdait rien de la légèreté de leurs détails, de l'élégance de leurs réseaux, de la variété de leurs guillochis, de leurs gravures, de leurs ciselures, de leurs découpures, et de toutes les fantaisies d'une imagination libre inépuisable.

Dans le court espace de dix-huit ans, de 1136 à 1154, il n'y eut pas moins de onze cent quinze châteaux bâtis dans la seule Angleterre.

La chrétienté élevait à frais communs, au moyen des quêtes et des aumônes, les cathédrales dont chaque État particulier n'était pas assez riche pour payer les travaux, et dont presque aucune n'est achevée. Dans ces vastes et mystérieux édifices se gravaient en relief et en creux, comme avec un emporte-pièce, les parures de l'autel, les monogrammes sacrés, les vêtements et les choses à l'usage des prêtres. Les bannières, les croix de divers agencements, les calices, les ostensoirs, les dais, les chapes, les capuchons, les crosses, les mitres dont les formes se retrouvent dans le gothique conservaient les symboles du culte en produisant des effets d'art inattendus. Assez souvent les gouttières et les gargouilles étaient taillées en figures de démons obscènes ou de moines vomissants. Cette architecture du moyen âge offrait un mélange du tragique et du bouffon, du gigantesque et du gracieux, comme les poëmes et les romans de la même époque.

Les plantes de notre sol, les arbres de nos bois, le trèfle et le chêne, décoraient aussi les églises, de même que l'acanthe et le palmier avaient embelli les temples du pays et du siècle de Périclès. Au dedans, une cathédrale était une forêt, un labyrinthe dont les mille arcades, à chaque mouvement du spectateur, se croisaient, se séparaient, s'enlaçaient de nouveau. Cette forêt était éclairée par des rosaces à jour incrustées de vitraux peints, qui ressemblaient à des soleils brillant de mille couleurs sous la feuillée : en dehors, cette même cathédrale avait l'air d'un monument auquel on aurait laissé sa cage, ses arcs-boutants et ses échafauds.

MOYEN AGE.

COSTUMES. — FÊTES ET JEUX.

La population en mouvement autour des édifices, est décrite dans les chroniques et peinte dans les vignettes. Les diverses classes de la société et les habitants des différentes provinces, se distinguaient, les uns par la forme des vêtements, les autres par des modes locales. Les populations n'avaient pas cet aspect uniforme qu'une même manière de se vêtir donne à cette heure aux habitants de nos villes et de nos campagnes. La noblesse, les chevaliers, les magistrats, les évêques, le clergé séculier, les religieux de tous les ordres, les pèlerins, les pénitents gris, noirs et blancs, les ermites, les confréries, les corps de métiers, les bourgeois, les paysans, offraient une variété infinie de costumes : nous voyons encore quelque chose de cela en Italie. Sur ce point, il s'en faut rapporter aux arts : que peut faire le peintre de notre vêtement étriqué, de notre petit chapeau rond et de notre chapeau à trois cornes?

Du douzième au quatorzième siècle, le paysan et l'homme du peuple portèrent la jaquette ou la casaque grise liée aux flancs par un ceinturon. Le sayon de peau, le *pélicon* d'où est venu le surplis, était commun à tous les états. La pelisse fourrée et la robe longue orientale enveloppaient le chevalier quand il quittait son armure : les manches de cette robe couvraient les mains; elles ressemblaient au cafetan turc d'aujourd'hui; la toque ornée de plumes, le capuchon ou chaperon, tenaient lieu de turban. De la robe ample on passa à l'habit étroit, puis on revint à la robe, qui fut blasonnée. Les hauts-de-chausses, si courts et si serrés qu'ils en étaient indécents, s'arrêtaient au milieu de la cuisse; les bas-de-chausses étaient dissemblables; on avait une jambe d'une couleur, une jambe d'une autre couleur. Il en était de même du hoqueton, mi-parti noir et blanc, et du chaperon, mi-parti bleu et rouge. « Et si estoient leurs robes
« si estroites à vestir et à despouiller qu'il sembloit qu'on les escorchast. Les
« autres avoient leurs robes relevées sur les reins comme femmes, si avoient
« leurs chaperons decoupés menuement tout en tour. Et si avoient leurs
« chausses d'un drap et l'autre de l'autre. Et leur venoient leurs cornettes et
« leurs manches près de terre, et sembloient mieux estre jongleurs qu'autres
« gens. Et pour ce ne fut pas merveilles si Dieu voulut corriger les mefaits des
« François par son fleau (la peste). »

Par-dessus la robe, dans les jours de cérémonie, on attachait un manteau tantôt court, tantôt long. Le manteau de Richard Ier était fait d'une étoffe à raies, semé de globes et de demi-lunes d'argent, à l'imitation du système céleste. (WINISAUF.) Des colliers pendants servaient également de parure aux hommes et aux femmes.

Les souliers pointus et rembourrés à la *poulaine* furent longtemps en vogue. L'ouvrier en découpait le dessus comme des fenêtres d'église; ils étaient longs de deux pieds pour le noble, ornés à l'extrémité de cornes, de griffes ou de figures grotesques : ils s'allongèrent encore, de sorte qu'il devint impossible de marcher sans en relever la pointe et l'attacher au genou avec une chaîne d'or ou d'argent. Les évêques excommunièrent les souliers à la poulaine et les traitèrent de *péché contre nature*. On déclara qu'ils étaient *contre les bonnes mœurs, et inventés en dérision du Créateur*. En Angleterre, un acte du parlement défendit aux cordonniers de fabriquer des souliers ou des bottines dont la pointe excédât deux pouces. Les larges babouches carrées par le bout remplacèrent la chaussure à bec. Les modes variaient autant que celles de nos jours; on connaissait le chevalier ou la dame qui, le premier ou la première, avait imaginé une *haligote* (mode) nouvelle : l'inventeur des souliers à la poulaine était le chevalier anglais Robert le Cornu. (W. MALMESBURY.)

Les *gentilfames* usaient sur la peau d'un linge très-fin; elles étaient vêtues de tuniques montantes enveloppant la gorge, armoriées à droite de l'écu de

leur mari, à gauche, de celui de leur famille. Tantôt elles portaient leurs cheveux ras, lissés sur le front et recouverts d'un petit bonnet entrelacé de rubans; tantôt elles les déroulaient épars sur leurs épaules; tantôt elles les bâtissaient en pyramide haute de trois pieds; elles y suspendaient ou des barbettes, ou de longs voiles, ou des banderolles de soie tombant jusqu'à terre, et voltigeant au gré du vent : au temps de la reine Isabeau, on fut obligé d'élever et d'élargir les portes pour donner passage aux coiffures des châtelaines. Ces coiffures étaient soutenues par deux cornes recourbées, charpente de l'édifice : du haut de la corne, du côté droit, descendait un tissu léger que la jeune femme laissait flotter, ou qu'elle ramenait sur son sein comme une guimpe, en l'entortillant à son bras gauche. Une femme en plein *esbattement* étalait des colliers, des bracelets et des bagues. A sa ceinture, enrichie d'or, de perles et de pierres précieuses, s'attachait une escarcelle brodée : elle galopait sur un palefroi, portait un oiseau sur le poing, ou une canne à la main. « Quoi de plus ridi-
« cule, dit Pétrarque dans une lettre adressée au pape, en 1336, que de voir
« les hommes le ventre sanglé ! En bas, de longs souliers pointus; en haut,
« des toques chargées de plumes : cheveux tressés allant deci delà par der-
« rière comme la queue d'un animal, retapés sur le front avec des épingles à
« tête d'ivoire. » Pierre de Blois ajoute qu'il était du bel usage de parler avec affectation. Et quelle langue parlait-on ainsi? la langue de Robert Wace ou du Roman du Rou, de Ville-Hardouin, de Joinville et de Froissard!

Le luxe des habits et des fêtes passait toute croyance; nous sommes de mesquins personnages auprès de ces Barbares des treizième et quatorzième siècles. On vit dans un tournoi mille chevaliers vêtus d'une robe uniforme de soie, nommée *cointise*, et le lendemain ils parurent avec un accoutrement nouveau aussi magnifique : (MATTHIEU PARIS.) Un des habits de Richard II, roi d'Angleterre, lui coûta trente mille marcs d'argent, (KNYGHTON.) Jean Arundel avait cinquante-deux habits complets d'étoffe d'or. (*Hollingshed chron.*)

Une autre fois, dans un autre tournoi, défilèrent d'abord un à un soixante superbes chevaux richement caparaçonnés, conduits chacun par un écuyer d'honneur et précédés de trompettes et de ménestriers; vinrent ensuite soixante jeunes dames montées sur des palefrois, superbement vêtues, chacune menant en laisse, avec une chaîne d'argent, un chevalier armé de toutes pièces. La danse et la musique faisaient partie de ces *bandors* (réjouissances). Le roi, les prélats, les barons, les chevaliers, sautaient au son des vielles, des musettes et des *chiffonies*.

Aux fêtes de Noël arrivaient de grandes mascarades. En 1348, en Angleterre, on prépara quatre-vingts tuniques de bougran, quarante-deux masques et un grand nombre de vêtements bizarres, pour les mascarades. En 1377, une mascarade, composée d'environ cent trente personnes déguisées de différentes manières, offrit un divertissement au prince de Galles.

La balle, le mail, le palet, les quilles, les dés, affolaient tous les esprits. Il reste une note d'Édouard II de la somme de cinq schellings, laquelle somme il avait empruntée à son barbier pour jouer à croix ou pile.

MOYEN AGE.

REPAS.

Quant au repas, on l'annonçait au son du cor chez les nobles : cela s'appelait *corner l'eau*, parce qu'on se lavait les mains avant de se mettre à table. On dînait à neuf heures du matin, et l'on soupait à cinq heures du soir. On était assis sur des *banques* ou bancs, tantôt élevés, tantôt assez bas, et la table montait et descendait en proportion. Du banc est venu le mot *banquet*. Il y avait des tables d'or et d'argent ciselées; les tables de bois étaient couvertes de nappes doubles appelées *doubliers;* on les plissait comme une *rivière ondoyante qu'un petit vent frais fait doucement soulever.* Les serviettes sont plus modernes. Les fourchettes, que ne connaissaient point les Romains, furent aussi inconnues des Français jusqu'à la fin du quatorzième siècle; on ne les trouve que sous Charles V.

On mangeait à peu près tout ce que nous mangeons, et même avec des raffinements que nous ignorons aujourd'hui; la civilisation romaine n'avait point péri dans la cuisine. Parmi les mets recherchés, je trouve le *dellegrous*, le *maupigyrum*, le *karumpie*. Qu'était-ce? On servait des pâtisseries de formes obscènes, qu'on appelait de leurs propres noms; les ecclésiastiques, les femmes et les jeunes filles, rendaient ces grossièretés innocentes par une pudique ingénuité. La langue était alors toute nue; les traductions de la Bible de ces temps sont aussi crues et plus indécentes que le texte. *L'instruction du chevalier Geoffroy la Tour Landry, gentilhomme angevin, à ses filles* donne la mesure de la liberté des enseignements et des mots.

On usait en abondance de bière, de cidre et de vin de toutes les sortes : il est fait mention du cidre sous la seconde race. Le clairet était du vin clarifié mêlé à des épiceries; l'hypocras, du vin adouci avec du miel. Un festin donné en Angleterre par un abbé, en 1310, réunit six mille convives devant trois mille plats. Au repas de noce du comte de Cornouailles, en 1243, trente mille plats furent servis, et, en 1251, soixante bœufs gras furent fournis par le seul archevêque d'York pour le mariage de Marguerite d'Angleterre avec Alexandre III, roi d'Écosse. Les repas royaux étaient mêlés d'intermèdes : on y entendait toutes *menestrandies;* les clercs chantaient *chansons*, rondeaux et virelais. « Quand le roi (Henri II d'Angleterre) sort dans la matinée, dit Pierre de Blois, vous voyez une multitude de gens courant çà et là, comme s'ils étaient privés de la raison; des chevaux se précipitent les uns sur les autres; des voitures renversent des voitures; des comédiens, des filles publiques, des joueurs, des cuisiniers, des confiseurs, des baladins, des danseurs, des barbiers, des compagnons de débauches, des parasites, font un bruit horrible; en un mot, la confusion des fantassins et des cavaliers est si insupportable, que vous diriez que l'abîme s'est ouvert et que l'enfer a vomi tous ses diables. »

Lorsque Thomas Becket (saint Thomas de Cantorbéry) allait en voyage, il était suivi d'environ deux cents cavaliers, écuyers, pages, clercs et officiers de sa maison. Avec lui cheminaient huit chariots tirés chacun par cinq forts chevaux; deux de ces chariots contenaient la bière, un autre portait les meubles de sa chapelle, un autre ceux de sa chambre, un autre ceux de sa cuisine; les trois derniers étaient remplis de provisions, de vêtements et de divers objets. Il avait en outre douze chevaux de bât, chargés de coffres qui contenaient son argent, sa vaisselle d'or, ses livres, ses habillements, ses ornements d'autel. Chaque chariot était gardé par un énorme mâtin surmonté d'un singe. (Salisb.)

On avait été obligé de frapper la table par des lois somptuaires : ces lois n'accordaient aux riches que deux services et deux sortes de viandes, à l'exception des prélats et des barons qui mangeaient de tout en toute liberté; elles ne permettaient la viande aux négociants et aux artisans qu'à un seul repas; pour les autres repas, ils se devaient contenter de lait, de beurre, de légumes.

MOYEN AGE.

MOEURS.

On rencontrait sur les chemins des basternes ou litières, des mules, des palefrois et des voitures à bœufs : les roues des charrettes étaient à l'antique. Les chemins se distinguaient en chemins *péageaux* et en *sentiers* ; des lois en réglaient la largeur : le chemin péageau devait avoir quatorze pieds ; les sentiers pouvaient être ombragés, mais il fallait élaguer les arbres le long des voies royales, excepté les *arbres d'abris*. Le service des fiefs creusa cette multitude infinie de chemins de traverse dont nos campagnes sont sillonnées.

C'était le temps du merveilleux en toute chose : l'aumônier, le moine, le pèlerin, le chevalier, le troubadour, avaient toujours à dire ou à chanter des aventures. Le soir autour du foyer à bancs, on écoutait ou le roman du roi Arthur, d'Ogier le Danois, de Lancelot du Lac, ou l'histoire du *gobelin* Orthon, grand nouvelliste qui venait dans le vent et qui fut tué dans une grosse truie noire. (Froissard.)

Avec ces contes on écoutait encore le sirvente du jongleur contre un chevalier félon, ou le récit de la vie d'un pieux personnage. Ces vies de saints, recueillies par les Bollandistes, n'étaient pas d'une imagination moins brillante que les relations profanes : incantations de sorciers, tours de lutins et de farfadets, courses de loups-garous, esclaves rachetés, attaques de brigands, voyageurs sauvés, et qui, à cause de leur beauté, épousent les filles de leurs hôtes (*Saint-Maxime*); lumières qui pendant la nuit révèlent au milieu des buissons le tombeau de quelque vierge; châteaux qui paraissent soudainement illuminés. (*Saint-Viventius, Maure* et *Brista*.)

Saint Déicole s'était égaré; il rencontre un berger et le prie de lui enseigner un gîte : « Je n'en connais pas, dit le berger, si ce n'est dans un lieu arrosé « de fontaines, au domaine du puissant vassal Weissart. — Peux-tu m'y « conduire? répondit le saint. — Je ne puis laisser mon troupeau, répliqua le « pâtre. » Déicole fiche son bâton en terre, et quand le pâtre revint, après avoir conduit le saint, il trouve son troupeau couché paisiblement autour du bâton miraculeux. Weissart, terrible châtelain, menace de faire mutiler Déicole; mais Berthilde, femme de Weissart, a une grande vénération pour le prêtre de Dieu. Déicole entre dans la forteresse; les serfs empressés le veulent débarrasser de son manteau; il les remercie, et suspend ce manteau à un rayon de soleil qui passait à travers la lucarne d'une tour. (BOLL. t. II, p. 202.)

Giralde, natif du pays de Galles, raconte, dans sa *Topographie de l'Irlande*, que saint Kewen priant Dieu, les deux mains étendues, une hirondelle entra par la fenêtre de sa cellule et déposa un œuf dans l'une de ses mains. Le saint n'abaissa point sa main; il ne la ferma que quand l'hirondelle eut déposé tous ses œufs et achevé de les couver. En souvenir de cette bonté et de cette patience, la statue du solitaire en Irlande porte une hirondelle dans une main.

L'abbé Turketult avait en possession le pouce de saint Barthélemy; il s'en servait pour se signer dans les moments de danger, de tempête et de tonnerre.

Les Barbares aimaient les anachorètes : c'étaient des soldats de différentes milices, également éprouvés, également durs à eux-mêmes, dormant sur la terre, habitant le rocher, se plaisant aux pèlerinages lointains, à la vastité des déserts et des forêts. Aussi les ermites conduisaient-ils les batailles : campés le soir dans les cimetières, ils y composaient et chantaient à la foule armée le *Dies iræ* et le *Stabat mater*. Les Anglo-Saxons ne virent pas moins de dix rois et douze reines abandonner le monde et se retirer dans les cloîtres. Cependant il ne faudrait pas se laisser tromper par les mots : ces reines étaient des femmes de pirates du Nord arrivées dans des barques, célébrant leurs noces sur des chariots, comme les filles de Clodion le Chevelu, de belles et blanches Norwégiennes passées des dieux de l'Edda au Dieu de l'Évangile, et des walkiries aux anges.

MOYEN AGE.

SUITE DES MOEURS. — VIGUEUR ET FIN DES SIÈCLES BARBARES.

Chercher à dérouler avec méthode le tableau des mœurs de ce temps, serait à la fois tenter l'impossible et mentir à la confusion de ces mœurs. Il faut jeter pêle-mêle toutes ces scènes telles qu'elles se succédaient sans ordre, ou s'enchevêtraient dans une commune action, dans un même moment : il n'y avait d'unité que dans le mouvement général qui entraînait la société vers son perfectionnement, par la loi naturelle de l'existence humaine.

D'un côté la chevalerie, de l'autre le soulèvement des masses rustiques; tous les déréglements de la vie dans le clergé et toute l'ardeur de la foi. Des gyrovagues ou moines errants cheminant à pied, ou chevauchant sur une petite mule, prêchaient contre tous les scandales; ils se faisaient brûler vifs par les papes auxquels ils reprochaient leurs désordres, et noyer par les princes dont ils attaquaient la tyrannie. Des gentilshommes s'embusquaient sur les chemins et dévalisaient les passants, tandis que d'autres gentilshommes devenaient, en Espagne, en Grèce, en Dalmatie, seigneurs des immortelles cités dont ils ignoraient l'histoire. Cours d'amour où l'on raisonnait d'après toutes les règles du scottisme, et dont des chanoines étaient membres; troubadours et ménestrels vaguant de châteaux en châteaux, déchirant les hommes dans des satires, louant les dames dans des ballades ; bourgeois divisés en corps de métiers, célébrant des solennités patronales où les saints du paradis étaient mêlés aux divinités de la Fable; représentations théâtrales, *miracles* et *mystères* dans les églises; *fêtes des fous* ou des *cornards;* messes sacriléges ; soupes grasses mangées sur l'autel ; l'*Ite missa est* répondu par trois braiements d'âne ; barons et chevaliers s'engageant, dans des repas mystérieux, à porter la guerre chez des peuples, faisant vœu sur un paon ou sur un héron d'accomplir des faits d'armes pour leurs mies; Juifs massacrés et se massacrant entre eux, conspirant avec les lépreux pour empoisonner les puits et les fontaines; tribunaux de toutes les sortes condamnant, en vertu de toutes les espèces de lois, à toutes les sortes de supplices; accusés de toutes les catégories, depuis l'hérésiarque écorché et brûlé vif, jusqu'aux adultères attachés nus l'un à l'autre et promenés au milieu de la foule : le juge prévaricateur substituant à l'homicide riche condamné un prisonnier innocent; pour dernière confusion, pour derniers contrastes, la vieille société civilisée à la manière des anciens, se perpétuant dans les abbayes ; les étudiants des universités faisant renaître les disputes philosophiques de la Grèce ; le tumulte des écoles d'Athènes et d'Alexandrie se mêlant au bruit des tournois, des carrousels et des pas d'armes : placez enfin, au-dessus et en dehors de cette société si agitée, un autre principe de mouvement, un tombeau, objet de toutes les tendresses, de tous les regrets, de toutes les espérances, qui attirait sans cesse au delà des mers les rois et les sujets, les vaillants et les coupables; les premiers pour chercher des ennemis, des royaumes, des aventures; les seconds pour accomplir des vœux, expier des crimes, apaiser des remords : voilà tout le moyen âge.

L'Orient, malgré le mauvais succès des croisades, resta longtemps pour les peuples de l'Europe le pays de la religion et de la gloire; ils tournaient sans cesse les yeux vers ce beau soleil, vers ces palmes de l'Idumée, vers ces plaines de Rama où les Infidèles se reposaient à l'ombre des oliviers plantés par Baudouin, vers ces champs d'Ascalon qui gardaient encore les traces de Godefroi de Bouillon, de Coucy, de Tancrède, de Philippe-Auguste, de Richard Cœur de Lion, de saint Louis; vers cette Jérusalem un moment délivrée, puis retombée dans ses fers, et qui se montrait à eux, comme à Jérémie, insultée des passants, noyée dans ses pleurs, privée de son peuple, assise dans la solitude.

Tels furent ces siècles d'imagination et de force qui marchaient avec cet attirail au milieu des événements les plus variés, au milieu des hérésies, des schismes, des guerres féodales, civiles et étrangères; ces siècles doublement favorables au génie ou par la solitude des cloîtres, quand on la recherchait, ou par le monde le plus étrange et le plus divers, quand on le préférait à la solitude. Pas un seul point où il ne se passât quelque fait nouveau, car chaque seigneurie laïque ou ecclésiastique était un petit État qui gravitait dans son orbite, et avait ses phases; à dix lieues de distance les coutumes ne se ressemblaient plus. Cet ordre de choses, extrêmement nuisible à la civilisation générale, imprimait à l'esprit particulier un mouvement extraordinaire : aussi toutes les grandes découvertes appartiennent-elles à ces siècles. Jamais l'individu n'a tant vécu : le roi rêvait l'agrandissement de son empire; le seigneur, la conquête du fief de son voisin; le bourgeois, l'augmentation de ses priviléges; et le marchand, de nouvelles routes à son commerce. On ne connaissait le fond de rien; on n'avait rien épuisé; on avait foi à tout; on était à l'entrée et comme au bord de toutes les espérances, de même qu'un voyageur, sur une montagne, attend le lever du jour dont il aperçoit l'aurore. On fouillait le passé ainsi que l'avenir; on découvrait avec la même joie un vieux manuscrit et un nouveau monde; on marchait à grands pas vers des destinées ignorées, comme on a toute sa vie devant soi dans la jeunesse. L'enfance de ces siècles fut barbare, leur virilité, pleine de passion et d'énergie; et ils ont laissé leur riche héritage aux âges civilisés qu'ils portèrent dans leur sein fécond.

PREMIÈRE PARTIE.

PREMIÈRE ET SECONDE ÉPOQUE DE LA LITTÉRATURE ANGLAISE.

LITTÉRATURE SOUS LE RÈGNE DES ANGLO-SAXONS, DES DANOIS ET PENDANT LE MOYEN AGE.

DES ANGLO-SAXONS A GUILLAUME LE CONQUÉRANT. — BRETONS.

TACITE. — POÉSIES ERSES.

Entrons maintenant dans les diverses époques de la langue et de la littérature anglaise. Le lecteur placera facilement, sur le tableau que je viens de tracer, les auteurs et leurs ouvrages à mesure que je les ferai passer devant ses yeux. Il s'agit d'abord de l'époque anglo-saxonne; mais, avant de nous en occuper, voyons s'il ne reste aucune trace de la langue des Bretons sous la domination romaine.

César ne nous parle que des mœurs de ces insulaires. Tacite nous a conservé quelques discours des chefs bretons : j'omets la harangue de Caractacus à Claude, et ne citerai, en l'abrégeant, que le discours de Galgacus dans les montagnes de la Calédonie.

« ... Le jour de votre liberté commence... La terre nous manque et le re-
« fuge de la mer nous est interdit par la flotte romaine; il ne nous reste que
« les armes. Dans le lieu le plus retiré de nos déserts, n'apercevant pas même
« de loin les rivages assujettis, nos regards n'ont point été souillés du con-
« tact de la domination étrangère. Placés aux extrémités de la terre et de la
« liberté, jusqu'à présent la renommée de notre solitude et de ses replis nous
« a défendus : à présent les bornes de la Bretagne apparaissent. Tout ce qui
« est inconnu est magnifique; mais au delà de la Calédonie, aucune nation à

ESSAI SUR LA LITTÉRATURE ANGLAISE.

« chercher, rien, hormis les flots et les écueils, et les Romains sont arrivés
« jusqu'à nous.

« .... Dans la famille des esclaves, le dernier venu est le jouet de ses com-
« pagnons ; nous, les plus nouveaux et conséquemment les plus méprisés dans
« cet univers de la vieille servitude, nous ne pourrions attendre que la mort,
« car nous n'avons ni guérets, ni mines, ni ports où l'on puisse user nos bras.
« Courage donc, vous qui chérissez la vie ou la gloire ! Les épouses des Ro-
« mains ne les ont point suivis ; leurs pères ne sont pas là pour leur faire honte
« de la fuite : ils regardent en tremblant ce ciel, cette mer, ces forêts qu'ils
« n'ont jamais vus. Enfermés et déjà vaincus, nos dieux les livrent entre nos
« mains . . . . Ici votre chef, ici votre armée, là le tribut, les travaux,
« les souffrances de l'esclavage : des maux éternels ou la vengeance sont pour
« vous dans ce champ de bataille. Marchez au combat ! pensez à vos ancêtres
« et à votre postérité. »

Après Tacite, qui a paraphrasé quelques mots de Galgacus conservés par tradition dans les camps romains, un abîme se creuse : on traverse quinze siècles avant d'entendre parler de nouveau du génie des Bretons, et encore comment ! Macpherson transportant en Écosse le barde irlandais Ossian, défigurant la véritable histoire de Fingal, cousant trois ou quatre lambeaux de vieilles ballades à un mensonge, nous représente un poëte de la Calédonie tout aussi réellement que Tacite nous en a représenté un guerrier. Puisque après tout nous n'avons qu'Ossian ; puisque les fragments qu'on pourrait donner comme venant des bardes, appartiennent plutôt aux diverses espèces de *chanteurs* que je rappellerai tout à l'heure, il faut bien faire usage du travail de Macpherson. Mais comme les poëmes que John Smith ajouta à ceux qu'avait publiés le premier éditeur du barde écossais, sont moins connus, j'en extrairai de préférence quelques passages.

« Filles des champs aériens de Trenmor, préparez la robe de vapeur trans-
« parente et colorée. Dargo, pourquoi m'avais-tu fait oublier Armor ? Pour-
« quoi l'aimais-je tant ? Pourquoi étais-je tant aimée ? Nous étions deux fleurs
« qui croissaient ensemble dans les fentes du rocher ; nos têtes humides de
« rosée souriaient aux rayons du soleil. Ces fleurs avaient pris racine dans le
« roc aride. Les vierges de Morven disaient : Elles sont solitaires, mais elles
« sont charmantes. Le daim, dans sa course, s'élançait par-dessus ces fleurs,
« et le chevreuil épargnait leurs tiges délicates.

« Le soleil de Morven est couché pour moi. Il brilla pour moi, ce soleil, dans
« la nuit de mes premiers malheurs, au défaut du soleil de ma patrie ; mais il
« vient de disparaître à son tour ; il me laisse dans une ombre éternelle. »

« Dargo, pourquoi t'es-tu retiré si vite ?...

« .... Partout sur les mers, au sommet des collines, dans les profondes val-
« lées, j'ai suivi ta course. En vain mon père espéra mon retour : en vain ma
« mère pleura mon absence ; leurs yeux mesurèrent souvent l'étendue des
« flots ; souvent les rochers répétèrent leurs cris. Parents, amis, je fus sourde
« à votre voix ! Toutes mes pensées étaient pour Dargo, je l'aimais de toute la
« force de mes souvenirs pour Armor. Dargo, l'autre nuit j'ai goûté le som-

« meil à tes côtés sur la bruyère. N'est-il pas de place cette nuit dans ta nou-
« velle couche? Ta Crimoïna veut reposer auprès de toi, dormir pour toujours
« à tes côtés.

« Le chant de Crimoïna allait en s'affaiblissant à mesure qu'il approchait de
« sa fin : par degrés s'éteignait la voix de l'étrangère : l'instrument échappa
« aux bras d'albâtre de la fille de Lochlin; Dargo se lève : il était trop tard !
« l'âme de Crimoïna avait fui sur les sons de la harpe. »

On croira ce que l'on pourra des traductions calédoniennes de Tacite et de John Smith. Les historiens mentent un peu plus que les poëtes, sans en excepter Tacite, qui toutefois répandait sa parole brûlante sur les tyrans, comme on jette de la chaux vive sur des cadavres pour les consumer.

ANGLO-SAXONS ET DANOIS

Les Anglo-Saxons ayant succédé aux Romains, et les Danois étant venus à leur tour au partage de la Grande-Bretagne, il serait presque impossible de séparer *littérairement* l'époque des Anglo-Saxons de celle des Danois : c'est pourquoi je les confonds ici.

Les Danois amenèrent avec eux leurs scaldes : ceux-ci se mêlèrent aux bardes galliques. Trois choses ne pouvaient être saisies pour dette, chez un homme libre du pays de Galles : son cheval, son épée et sa harpe. Les nations entières, dans leur âge héroïque, sont poëtes : on chantait à la guerre, on chantait au festin, on chantait à la mort; on redoutait surtout de mourir dans son lit comme une femme. Starcather n'ayant pu trouver sa fin dans les combats, se mit une chaîne d'or au cou, et déclara la donner aux passants assez charitables pour le débarrasser de sa tête. Siward, comte danois du Northumberland, honteux de vieillir et craignant d'être emporté d'une maladie, dit à ses amis : « Revêtez-moi de ma cotte de mailles; ceignez-moi mon épée; placez mon « casque sur ma tête, mon bouclier dans ma main gauche, ma hache dorée « dans ma main droite, que je tombe dans la garbe d'un guerrier. »

Sur le champ de bataille les hymnes, accompagnés du choc des armes, éclataient d'une manière si terrible, que les Danois, pour empêcher leurs chevaux d'en être effrayés, les rendaient sourds.

Les croyances étaient à l'avenant de ces mœurs poétiques. Quinze jeunes femmes et dix-huit jeunes hommes ballaient un jour dans un cimetière; le prêtre Robert, qui disait la messe, les fit inviter à se retirer; ils se moquèrent du prêtre. L'officiant pria Dieu et saint Magnus de punir la troupe impie, en l'obligeant à chanter et à danser une année entière : sa prière fut exaucée; un des condamnés prit par la main sa sœur qui figurait avec lui; le bras se sépara du corps sans que l'invalide de Dieu perdît une goutte de sang, et elle continua de sauter. Toute l'année les quadrilles ne souffrirent ni du froid, ni du chaud, ni de la faim, ni de la soif, ni de la fatigue; leurs vêtements ne s'usèrent pas. Commençait-il à pleuvoir, il s'élevait autour d'eux une maison magnifique. Leur danse incessante creusa la terre, et ils s'y enfoncèrent jusqu'à mi-corps. Au bout de l'an, l'évêque Hubert brisa les liens invisibles dont les mains des danseurs et des danseuses étaient enchaînées : la troupe tomba dans un sommeil qui dura trois jours et trois nuits.

Une vieille, nommée Thorbiorga, fameuse sorcière, fut invitée au château du comte Torchill, afin de dire quand se termineraient la peste et la famine du comté. Thorbiorga arriva sur le soir : robe de drap vert boutonnée du haut jusqu'en bas, collier de grains de verre; peau d'agneau noir, doublée d'une peau de chat blanc, sur la tête; souliers de peau de veau, le poil en dessus, liés avec des courroies; gants de peau de chat blanc, la fourrure en dedans; ceinture *huntandi que*, au bout de laquelle pendait un sac rempli de grimoires. La sorcière soutenait son corps grêle sur un bâton à virolles de cuivre. Elle fut reçue avec beaucoup de respect : assise sur un siége élevé, elle mangea un potage de lait de chèvre et un ragoût de cœurs de différents animaux. Le lendemain Thorbiorga, après avoir symétrisé ses instruments d'astrologie selon le thème céleste, ordonna à la jeune Godréda, sa compagne, d'entonner l'invocation magique *vardlokur*. Godréda chanta d'une voix si douce, que le manoir du laird Torchill en fut ravi. Il eût été bien malheureusement né celui qui ne fût pas né poëte en ce temps-là.

Les rois mêmes l'étaient : Alfred le Grand, Canut le Grand, furent l'honneur des walkiries. Les bardes et les scaldes s'éjouissaient à la table des princes, qui les comblaient de présents : « Si je demandais la lune à mon hôte, s'écrie un « barde, il me l'accorderait. » Les poëtes ont toujours été affriandés par la lune.

Cœdmon rêvait en vers et composait des poëmes en dormant : poésie et songe.

« Je sais, dit un autre barde, un chant pour émousser le fer; je sais un chant « pour tuer la tempête. » On reconnaissait ces inspirés à leur air; ils semblaient ivres, leurs regards et leurs gestes étaient désignés par un mot consacré : *skallviengl*, « folie poétique. »

La chronique saxonne donne en vers le récit d'une victoire remportée par les Anglo-Saxons sur les Danois, et l'histoire de Norwége conserve l'apothéose d'un pirate du Danemark, tué avec cinq autres chefs de corsaires sur les côtes d'Albion.

« Le roi Ethelstan, le chef des chefs, celui qui donne des colliers aux braves, « et son frère, le noble Edmond, ont combattu à Bruman-Burgh avec le tran-
« chant de l'épée. Ils ont fendu le mur des boucliers, ils ont abattu les guerriers « de renom, la race des Scots et les hommes des navires.

« Olaf s'est enfui avec peu de gens, et il a pleuré sur les flots. L'étranger ne « racontera point cette bataille, assis à son foyer, entouré de sa famille, car ses « parents y succombèrent, et ses amis n'en revinrent pas. Les rois du Nord, « dans leurs conseils, se lamenteront de ce que leurs guerriers ont voulu jouer « au jeu du carnage avec les enfants d'Edward.

« Le roi Ethelstan et son frère Edmond retournent sur les terres de Ouest-
« Sex. Ils laissent derrière eux le corbeau se repaissant de cadavres, le corbeau « noir au bec pointu, et le crapaud à la voix rauque, et l'aigle affamé de chair, « et le milan vorace, et le loup fauve des bois.

« Jamais plus grand carnage n'eut lieu dans cette île; jamais plus d'hommes « n'y périrent par le tranchant de l'épée, depuis le jour où les Saxons et les

« Angles vinrent de l'est à travers l'Océan, où ils entrèrent en Bretagne, ces
« nobles artisans de guerre, qui vainquirent les Welsches et prirent le pays. »
Maintenant la chanson en l'honneur du pirate :

« Il m'est venu un songe : je me suis vu au point du jour, dans la salle du
« Valhalla, préparant tout pour la réception des hommes tués dans les batailles.

« J'ai réveillé les héros de leur sommeil; je les ai engagés à se lever, à ranger
« les bancs, à disposer des coupes à boire, comme pour l'arrivée d'un roi.

« D'où vient tout ce bruit? s'écrie Bragg; d'où vient que tant d'hommes s'a-
« gitent et que l'on remue tous les bancs! C'est qu'Erik doit venir, répond
« Oden; je l'attends. Qu'on se lève, qu'on aille à sa rencontre.

« Pourquoi donc sa venue te plaît-elle davantage que celle d'un autre roi?
« C'est qu'en beaucoup de lieux il a rougi son épée de sang; c'est que son épée
« sanglante a traversé beaucoup de lieux.

« Je te salue, Érik, brave guerrier; entre : sois le bienvenu dans cette demeure.
« Dis-nous quels rois t'accompagnent, combien viennent avec toi du combat?
« Cinq rois viennent, répond Érik, et moi je suis le sixième. »

Je ne pouvais mieux faire que d'emprunter cette traduction à l'*Histoire de la conquête de l'Angleterre par les Normands*. Jouissons des travaux de M. A. Thierry, mais apprenons de lui ce qu'ils lui ont coûté; notre admiration s'augmentera de notre reconnaissance.

« Je venais d'entrer avec ardeur dans une série de recherches toutes nou-
« velles pour moi. Quelque étendu que fût le cercle de ces travaux, ma cé-
« cité complète ne m'aurait pas empêché de le parcourir : j'étais résigné au-
« tant que doit l'être un homme de cœur; j'avais fait amitié avec les ténèbres.
« Mais d'autres épreuves survinrent. . . . .
« . . . . Aveugle et souffrant sans espoir
« et presque sans relâche, je puis rendre ce témoignage, qui de ma part ne
« sera pas suspect : il y a au monde quelque chose qui vaut mieux que les
« jouissances matérielles, mieux que la fortune, mieux que la santé elle-
« même, c'est le dévouement à la science. »

Graves et touchantes paroles pour lesquelles je ne me reproche point de m'être écarté de mon sujet.

J'ai déjà dit quelque chose de ce sujet dans mes *Études historiques*. Les nautoniers normands célébraient eux-mêmes leurs courses :

« Je suis né dans le haut pays de Norwége, chez des peuples habiles à ma-
« nier l'arc, mais j'ai préféré hisser ma voile, l'effroi des laboureurs du rivage.
« J'ai aussi lancé ma barque parmi les écueils, *loin du séjour des hommes.* »

Ce scalde des mers avait raison, puisque les Danes ont découvert le Vineland ou l'Amérique *loin du séjour des hommes.*

Angelbert gémit sur la bataille de Fontenay et sur la mort de Hugues, bâtard de Charlemagne. La fureur de la poésie était telle qu'on trouve des vers de toutes mesures jusque dans les diplômes du huitième, du neuvième et du dixième siècle. Un chant teutonique conserve le souvenir d'une victoire remportée sur les Normands, l'an 881, par Louis, fils de Louis le Bègue. « J'ai connu un roi
« appelé le seigneur Louis, qui servait Dieu de bon cœur, parce que Dieu le

« récompensait... Il saisit la lance et le bouclier, monta promptement à cheval, « et vola pour tirer vengeance de ses ennemis. » Personne n'ignore que Charlemagne avait fait recueillir les anciennes chansons des Germains.

La parole usitée dans les forêts est, dès sa naissance, une parole complète pour la poésie : sous le rapport des passions et des images, elle dégénère en se perfectionnant. Les chants nationaux des Barbares étaient accompagnés du son du fifre, du tambour et de la musette. Les Scythes, dans la joie des festins, faisaient résonner la corde de leur arc. La cithare ou la guitare était en usage dans les Gaules, et la harpe, dans l'île des Bretons. L'oreille dédaigneuse des Grecs et des Romains n'entendait, dans les entretiens des Franks et des Bretons, que des croassements de corbeaux, où des sons non articulés sans aucun rapport avec la voix humaine. Quand les nations du Nord eurent triomphé, force fut de trouver ce langage harmonieux, et de comprendre les ordres que le maître dictait à l'esclave.

Les rhythmes militaires se viennent terminer à la chanson de Roland, dernier chant de l'Europe barbare. « A la bataille d'Hastings, » dit encore le grand peintre d'histoire que j'ai cité, « un Normand, appelé Taillefer, poussa son « cheval en avant du front de bataille, et entonna le chant des exploits, fameux « dans toute la Gaule, de Charlemagne et de Roland. En chantant il jouait de « son épée, la lançait en l'air avec force, et la recevait dans sa main droite. « Les Normands répétaient les refrains, on criaient : Dieu aide ! Dieu aide !

« Taillefer qui mult bien chantout
« Sor un cheval qui tost alout,
« Devant le duk alout chantant
« De Karlemagne et de Rollant
« Et d'Olivier et des vassaux
« Qui moururent à Roncevaux. »

Ces rimes sont de Wace; mais Geoffroy Gaimar a de plus longs détails sur Taillefer. Il est curieux d'observer comment les usages se transforment et cependant se perpétuent : le tambour-maître, qui jette sa canne en l'air et qui la reçoit dans sa main à la tête d'un régiment, est la tradition du jongleur militaire.

Avant même la bataille d'Hastings, il existe un autre témoignage des provocations de la chanson du soldat : en 1054, Guillaume battit les Français à Mortemer en Normandie; un de ses serviteurs, monté dans un arbre, cria toute la nuit:

« Franceis, Franceis, levez ! levez !
« Tenez vos veies ; trop dormez ;
« Allez vos amis enterrer
« Ki sont occis à Mortemer. »

Ce singulier héraut d'armes, insultant du haut d'un chêne l'ennemi vaincu, offre un tableau naïf des mœurs de ce temps.

TROISIÈME ET QUATRIÈME ÉPOQUE DE LA LITTÉRATURE ANGLAISE

ÉPOQUES ANGLO-NORMANDE ET NORMANDE-FRANÇAISE, DE GUILLAUME LE CONQUÉRANT ET DE HENRI II A HENRI VIII.

TROUVÈRES ANGLO-NORMANDS.

Après la conquête des Normands, le moyen âge commence et les choses changent de face. L'Angleterre a éprouvé dans son idiome des révolutions inconnues aux autres pays : le *teutonique* des Angles refoula le *gallique* des Bretons dans les vallées du pays de Galles ; le *danois*, le *scandinave*, ou le *goth*, renferma l'*erse* parmi les highlanders écossais et altéra le pur *saxon*; le *normand*, ou le *vieux français*, relégua l'*anglo-saxon* chez les vaincus.

Sous Guillaume et ses premiers successeurs, on écrivit et l'on chanta en latin, en calédonien, en gallique, en anglo-saxon, en roman des trouvères, et quelquefois en roman des troubadours. Il y eut des poëtes, des bardes, des jongleurs, des ménestrels, des contéors, des fabléors, des gestéors, des harpéors. La poésie prit toute espèce de formes, et donna à ses œuvres toutes sortes de noms : lais, ballades, rotruënges, chansons à carole, chansons de gestes, contes, sirventais, satires, fabliaux, jeux-parties, dictiés. Dès le sixième siècle Fortunat donne le nom de lais, *leudi*, aux chants des Barbares. On comptait des romans d'amour, des romans de chevalerie, des romans du Saint-Graal, des romans de la Table-Ronde, des romans de Charlemagne, des romans d'Alexandre, des pièces saintes. Dans le *Songe du dieu d'amour*, le pont qui conduit au palais du dieu est composé de *rotruënges*, stances accompagnées de la vielle ; les planches sont faites de *dits* et de *chansons ;* les solives, de *sons de harpe ;* les piles, des *doux lais des Bretons*.

Robert de Courte-Heuse, duc de Normandie, fils aîné de Guillaume le Conquérant, enfermé pendant vingt-huit ans dans le château de Cardiff, au bord de la mer, apprit la langue des bardes gallois. A travers les fenêtres de sa prison, il voyait un chêne dominer la forêt dont le promontoire de Pernath était couvert. Il disait à ce chêne : « Chêne planté au sein des bois d'où tu vois « les flots de la Saverne lutter contre la mer ; chêne, né sur ces hauteurs où le « sang a coulé en ruisseaux ; chêne, qui as vécu au milieu des tempêtes, « malheur à l'homme qui n'est pas assez vieux pour mourir ! »

Un autre prince anglais, Richard Cœur de Lion, fut couronné comme troubadour. Il avait composé en langue romane du Midi, sa langue maternelle, un sirvente sur sa captivité à Worms. Parmi les poëtes, ses contemporains, Richard n'est pas fils d'Éléonore de Guienne, mais de la princesse d'Antioche, trouvée en pleine mer sur un vaisseau tout d'or, dont les cordages étaient de soie blanche. Ce vaisseau est la grande *serpente* des romanciers. Quand les enfants des femmes arabes étaient méchants, elles les menaçaient du *roi Richard*, et quand un cheval ombrageux tressaillait, le cavalier sarrasin le frappait de l'éperon en lui disant : *Et cuides-tu que ce soit le roi Richard?* Guillaume Blondel (qu'il ne faut pas confondre avec le trouvère Blondel de Nesle) était un des ménestrels de Richard : nous n'avons pas sa chanson fidèle, il n'en est resté que la tradition.

Rien n'était plus célèbre que l'histoire populaire du *marquis au court nez.*

Guillaume, trouvère anglo-normand, a laissé dans son poëme des *Joies de Notre-Dame* une description curieuse de Rome et de ses monuments au onzième siècle. Il composa un petit poëme fort ingénieux sur ces trois mots, *fumée, pluie et femme,* qui chassent un homme de sa maison : la maison, c'est le ciel; la fumée, l'orgueil; la pluie, la convoitise; la femme, la volupté : trois choses qui empêchent d'entrer dans le ciel, maison de l'homme.

Un moine du mont Saint-Michel, dans la description qu'il fait des fêtes de ce monastère (alors sous la domination anglaise), nous apprend que « dessous « Avranches, vers Bretagne, étoit la forêt de Cuokelunde remplie de cerfs, « mais il n'y a à présent que des poissons. En la forêt avoit un monument. » Le poëte place l'irruption de la mer sous le règne de Childebert.

Geoffroy Gaimar, auteur de l'Histoire des rois anglo-saxons, emprunta des bardes gallois le *Brut d'Angleterre,* que Wace traduisit du latin de Geoffroy de Montmouth. Celui-ci, selon M. l'abbé de La Rue, l'avait traduit de l'original bas-breton apporté en Angleterre par Gauthier Ganelius, archidiacre d'Oxford.

Brut ou Brutus est un arrière-petit-fils d'Énée, premier roi des Bretons. Du roi Brut descendit Arthur ou Arthus, roi de l'Armorique, dont nous autres Bretons attendons le retour comme les Juifs attendent le Messie. Arthur institua l'ordre de la chevalerie de la Table-Ronde : tous les chevaliers de cet ordre ont leur histoire d'où il advient qu'un premier roman a ce que les ménestrels appelaient des *branches,* ainsi que dans Arioste un conte en engendre un autre. Arthur et ses chevaliers sont un calque de Charlemagne et de ses preux. Mais n'est-il pas inconcevable qu'on cherche toujours l'origine de ces merveilles dans le faux Turpin qui écrivait en 1095, sans s'apercevoir qu'elle se trouve dans l'histoire des *Faits et gestes de Karle le Grand,* compilés en 884 par le moine de Saint-Gall?

Le roman du Rou est encore de Robert Wace. Là se lit l'histoire authentique des fées de ma patrie, de la forêt de Bréchéliant remplie de tigres et de lions : *l'homme sauvage* y règne, et le roi Arthur le veut percer avec l'*Escalibar,* sa grande épée. Dans cette forêt de Bréchéliant murmure la fontaine Barenton. Un bassin d'or est attaché au vieux chêne dont les rameaux ombragent la fontaine : il suffit de puiser de l'eau avec la coupe et d'en répandre quelques gouttes pour susciter des tempêtes. Robert Wace eut la curiosité de visiter la forêt et n'aperçut rien.

Fol m'en revins, fol y allai.

Un charme mal employé fit périr l'enchanteur Merlin dans la forêt de Bréchéliant. Pieux et sincère Breton je ne place pas Bréchéliant près Quintin, comme le veut le roman du Rou; je tiens Bréchéliant pour Becherel, près de Combourg. Plus heureux que Wace, j'ai vu la fée Morgen et rencontré Tristau et Yseult ; j'ai puisé de l'eau avec ma main dans la fontaine (le bassin d'or m'a toujours manqué), et en jetant cette eau en l'air, j'ai rassemblé les orages : on verra dans mes *Mémoires* à quoi ces orages m'ont servi.

Le trouvère anonyme, continuateur du Brut d'Angleterre, est un Anglo-Saxon : il s'exprime avec la verve de la haine contré Guillaume, venu « non « élever des villes, mais les détruire ; non bâtir des hameaux, mais semer des « forêts. » Le poëme offre un ingénieux épisode.

Le conquérant veut savoir quel sera le sort de sa postérité : il convoque une assemblée de notables et des principaux membres du clergé d'Angleterre et de Normandie. Le conseil, fort embarrassé, mande séparément les trois fils du roi : Robert de Courte-Heuse parait le premier. Un sage clerc lui dit : « Beau fils, « si Dieu tout-puissant avait fait de vous un oiseau, quel oiseau voudriez-vous être ?

« Un épervier, répond Robert. Cet oiseau, pour sa valeur, est chéri des « princes, aimé des chevaliers, porté sur la main des dames. »

Après Robert de Courte-Heuse vient Guillaume le Roux : « Il aurait voulu être un aigle, parce que l'aigle est le roi des oiseaux. »

Après Guillaume le Roux se présenta Henri, son jeune frère : « Il voudrait être un estournèle, parce que l'estournèle (l'étourneau) est un oiseau simple qui ne fait de mal à personne, et vole de concert avec ses semblables ; s'il est mis en cage, il se console en chantant. »

Courte-Heuse, vaillant comme l'épervier, mourut dans les fers ; Guillaume, roi comme l'aigle, fut cruel et finit mal ; Henri fut doux, bienfaisant comme l'estournèle : il eut des peines, mais les années (complainte longue, triste et à même refrain) les adoucirent.

SUITE DES TROUVÈRES ANGLO-NORMANDS. — PARADIS TERRESTRE. — DESCENTE AUX ENFERS.

Un trouvère anonyme célèbre le voyage de saint Bradan, l'Irlandais, au Paradis terrestre. Le saint, accompagné de ses moines, découvre dans une île le *Paradis des oiseaux* : ces oiseaux répondent à la psalmodie du saint ; c'étaient apparemment les ancêtres de l'oiseau des jardins d'Armide.

Dans une autre île est un arbre à feuilles d'un rouge pâle ; des volatiles blancs se perchent sur l'arbre. Un de ces cygnes, interrogé par Bradan, lui répond : « Mes compagnons et moi nous sommes des anges chassés du ciel avec Lucifer. « Nous lui avions obéi comme à notre chef, en sa qualité d'archange ; mais « n'ayant point partagé son orgueil, Dieu nous a seulement exilés dans cette « île. » Voilà l'ange repentant de Klopstock.

Du *Paradis des oiseaux* saint Bradan, toujours avec ses moines, arrive dans une autre île où s'élève l'abbaye de Saint-Alban.

Il court de nouveau au large, est attaqué par un serpent qu'une bête envoyée de Dieu combat, puis par un griffon qu'un dragon avale. Des poissons étranges viennent écouter le solitaire célébrant la Saint-Pierre en haute mer.

La barque aborde aux enfers : les ténèbres obscurcissent la région maudite ; la fumée, les étincelles, les flammes forment un voile impénétrable à la clarté du jour.

Sur une roche escarpée on aperçoit un homme nu, lacéré de coups de fouet, la chair en lambeaux, le visage couvert d'un drap : ce damné est Judas ; il raconte au saint ses inexprimables tourments ; pour chaque jour de la semaine, il y a une nouvelle douleur.

Marie, dite de France, dont nous avons un recueil de lais, mit en vers le *Purgatoire de Saint Patrick d'Irlande*, que Henri, moine de Saltry, composa primitivement en latin dans le douzième siècle. Par une caverne, au-dessus de laquelle saint Patrick bâtit un couvent, on descendait au lieu d'expiation.

Deux autres trouvères traitent le même sujet : ils mènent O'Wein au purgatoire ; le chevalier passe auprès de l'enfer dont il voit les tourments, parvient au paradis terrestre, et s'approche du paradis céleste.

Adam de Ross chante à son tour la descente de saint Paul aux enfers. L'archange saint Michel sert de guide à l'apôtre ; il lui dit : « Bonhomme, suis-moi « sans effroi, sans peur et sans soupçon. Dieu veut que je te montre les grince- « ments de dents, le travail et la *tristor* que souffrent les pécheurs. »

Michel va devant ; Paul le suit disant les psaumes. A la porte de l'enfer croît un arbre de feu ; à ses branches sont suspendues les âmes des avares et des calomniateurs. L'air est rempli de diables volants qui conduisent les méchants aux brasiers.

Les deux voyageurs parcourent les régions désolées. L'archange explique à l'apôtre les tourments infligés à différents crimes : au sein d'une immense forge, d'une vaste mine où grondent et brillent des fournaises ardentes, coulent des fleuves de métaux fondus dans lesquels nagent des démons. A mesure que les envoyés du ciel s'enfoncent dans le giron du globe, les supplices deviennent plus terribles ; saint Paul est saisi de pitié.

Un puits scellé de sept sceaux présente son orbite : l'archange lève les sceaux, en écartant l'apôtre pour laisser s'exhaler la vapeur pestilentielle. Au fond du puits gémissent les plus grands coupables ; saint Paul demande combien dureront les peines ; saint Michel répond : « Cent quarante mille ans ; mais je n'en suis pas bien sûr. »

L'apôtre invite l'archange à conjurer Dieu d'adoucir les souffrances des réprouvés ; des anges compatissants se joignent à leurs prières ; elles sont écoutées ; le Seigneur ordonne qu'à l'avenir les supplices cesseront depuis le samedi jusqu'au lundi matin. Saint Bradan, dans son voyage au paradis terrestre, avait obtenu la même grâce pour Judas. La durée de cette suspension des supplices est la même que la durée fixée par les premières trêves que l'on appelait *paix de Dieu*.

Le moyen âge n'est pas le temps du style proprement dit, mais c'est le temps de l'expression pittoresque, de la peinture naïve, de l'invention féconde. On voit avec un sourire d'admiration ce que des peuples ingénus tiraient des croyances qu'on leur enseignait ; à leur imagination grande, vive et vagabonde ; à leurs mœurs cruelles, à leur courage indomptable, à leur instinct de conquérants et de voyageurs mal comprimé, les prêtres missionnaires et poëtes, offraient de merveilleux tourments, des périls éternels, des invasions à tenter, mais sans changer de place, dans des régions inconnues. Le paradis terrestre que la muse chrétienne montrait en perspective aux Barbares (lieu de délices, où ils ne pouvaient arriver que par un long chemin et après de rudes travaux) était comme cette Rome qu'ils avaient cherchée jadis au bout du monde à travers mille périls, la torche et l'épée à la main.

Le voyage d'Ulysse aux champs Cimmériens et la descente d'Énée au Tartare renferment l'idée primitive de ces fictions. Cette idée fut communiquée aux siècles chrétiens par la littérature classique; on la retrouve dans tout le moyen âge sous le titre *Visio inferni*. L'arbre de feu, aux branches duquel sont suspendues les âmes des avares, est l'orme où les Songes viennent se réfugier dans le vestibule du Tartare. (*Énéid.*, liv. vi.)

Les trois ouvrages du trouvère de saint Bradan, de Marie de France et d'Adam de Ross, rappellent le *paradis*, le *purgatoire* et l'*enfer* de la *divina Commedia*. Saint Paul est conduit aux enfers par l'archange saint Michel, comme Dante par Virgile; saint Paul est saisi de pitié comme Dante; saint Bradan trouve Judas, comme Dante le rencontre, le plus tourmenté des damnés: la douleur varie pour Judas, chez le trouvère (le trouvère ne donne que cent quarante mille années à la durée des tourments); la douleur est une et constante comme l'éternité, chez le poëte.

Cancellieri prétend que Dante a pris le fond de sa composition dans les *Visions de l'Enfer* d'Alberic, moine au mont Cassin vers l'an 1120. Qu'est-ce que cela prouve? Que Dante a travaillé sur les idées et les croyances de son temps, ainsi qu'Homère avec les traditions de son siècle. Mais le génie, à qui est-il? à Dante et à Homère. Dante a visiblement emprunté quelques traits de son Ugolin au Tydée de Stace : qu'importe?

Dans le moyen âge, Virgile est surnommé le *poëte;* il se retrouve partout. Les moines, auteurs de la tragédie de *Saint Martial de Limoges*, font apparaître l'auteur de l'Énéide avec les prophètes; il chante au berceau du Messie un *Benedicamus* rimé. Dante a naturellement été conduit à prendre le poëte latin pour guide aux enfers; c'était comme quelqu'un de son temps : Virgile ne fut-il pas déclaré seigneur de Mantoue en 1227? Dante naquit en 1265.

Dans l'ordre historique du moyen âge, ainsi que dans l'ordre religieux, deux ou trois idées générales dominent : les Barbares ont voulu descendre d'Énée; nous venons tous des Troyens; personne ne tire son origine des Huns, des Goths, des Francs, des Angles. D'un côté, les nations barbares, civilisées par les prêtres chrétiens, ont eu honte de leur barbarie; de l'autre, elles ont tenu à honneur d'être sorties de la même source que cet empire romain dont elles s'étaient faites les héritières après l'avoir mis à mort : les filles de Jason déchirèrent leur père pour le rajeunir.

MIRACLES. — MYSTÈRES. — SATIRES.

Les *miracles* et les *mystères* firent une partie essentielle de la littérature de tous les pays chrétiens, depuis le dixième jusqu'au seizième siècle. Geoffroy, abbé de Saint-Alban, composa en langue d'Oïl le miracle de *Sainte-Catherine :* c'est le premier drame écrit en français, dont jusqu'ici on ait connaissance.

L'auteur le fit jouer dans une église en 1110, et emprunta, pour en revêtir les acteurs, les chapes de l'abbaye de Saint-Alban.

Le clergé encourageait ces spectacles, comme un enseignement public de l'histoire du christianisme : le théâtre grec eut la même origine religieuse. Les *miracles* et les *mystères* se donnaient en plein jour dans les églises, dans les cours des palais de justice, aux carrefours des villes, dans les cimetières : ils étaient annoncés en chaire par le prédicateur ; souvent un abbé ou un évêque y présidait la crosse à la main. Le tout finissait quelquefois par des combats d'animaux, des joutes, des luttes, des danses et des courses. Clément VI accorda mille ans d'indulgences aux personnes pieuses qui suivraient le cours des pièces saintes à Chester.

Ces spectacles étaient pour les plébéiens ce qu'étaient les tournois pour les nobles. Le moyen âge comptait beaucoup plus de solennités que les siècles modernes : les véritables joies naissent partout des croyances nationales. La révolution n'a pas eu le pouvoir de créer une seule fête durable, et s'il est encore des jours fériés populaires, en dépit de l'incrédulité, ils appartiennent tous au vieux christianisme : on ne prend bien qu'aux plaisirs qui sont en même temps des souvenirs et des espérances. La philosophie attriste les hommes ; un peuple athée n'a qu'une fête, celle de la mort.

Les représentations théâtrales passèrent de la *clergie* aux laïques. Des marchands drapiers donnèrent à Londres *la Création*. Adam et Ève paraissaient tout nus. Des teinturiers jouèrent *le Déluge*. La femme de Noé refusait d'entrer dans l'arche, et souffletait son mari.

Le cours que M. Magnin fait aujourd'hui, avec autant de savoir que de talent, complétera le cercle des connaissances sur les *mystères* et sur l'époque qui les a précédés, sujet plein d'intérêt et inhérent aux entrailles de notre histoire.

Les satires occupaient une grande place dans les poésies de l'Angleterre normande. Les dames, respectées des chevaliers, l'étaient fort peu des jongleurs ; ceux-ci leur reprochaient l'amour de la parure et des petits chiens. « Si vous voulez faire une visite à une dame, enveloppez-vous bien, empruntez même la chape de Saint-Pierre de Rome, car en entrant vous serez assailli des chiens de toute espèce : vous en trouverez de petits sautant comme griffillon, et d'énormes lévriers rampants comme des lions. »(L'ABBÉ DE LA RUE.) On maltraite encore les dames dans les *Noces des filles du Diable*, dans l'*Apparition de saint Pierre*, stances contre le mariage. Le pape, les évêques, les moines, les nobles, les riches, les médecins, les divers états de la vie, ont leur lot dans le *Roman des romans*, dans le *Bezant de Dieu*, dans le *Pater noster des Gourmands*, dans les *Litanies des Vilains*, le *Credo du Juif*, l'*Épître et l'Évangile des femmes*, et surtout dans ces satires générales qui portaient le nom de *Bible* :

> An other abbai is ther bi
> For soth a gret nunnerie, etc.

« Auprès d'une abbaye se trouve un couvent de nonnes, au bord d'une ri-
« vière douce comme du lait. Aux jours d'été les jeunes nonnes remontent

« cette rivière en bateaux ; et quand elles sont loin de l'abbaye, le diable se
« met tout nu, se couche sur le rivage, et se prépare à nager. Agile, il enlève
« les jeunes moines et revient chercher les nonnes. Il enseigne à celles-ci une
« oraison : le moine, bien disposé, aura douze femmes à l'année, et il devien-
« dra bientôt le père abbé. » Je supprime de grossières obscénités.

Le *Credo* de Pierre le Laboureur (Piter Plowman) est une satire amère contre les moines mendiants :

I fond in a fretur a frere on a benche, etc.

« J'ai rencontré, assis sur un banc, un frère affreux ; il était gros comme
« un tonneau ; son visage était si plein qu'il avait l'air d'une vessie remplie de
« vent, ou d'un sac suspendu à ses deux joues et à son menton. C'était une
« véritable oie grasse qui faisait remuer sa chair comme une boue tremblante. [1] »

Les châtelains et les châtelaines chantaient, aimaient, se gaudissaient, et par moment ne croyaient pas trop en Dieu. Le vicomte de Beaucaire menace son fils Aucassin de l'enfer, s'il ne se sépare de Nicolette, sa mie. Le damoiseau répond qu'il se soucie fort peu du paradis, rempli de moines fainéants deminus, de vieux prêtres crasseux et d'ermites en haillons ; il veut aller en enfer, où les grands rois, les paladins, les barons, tiennent leur cour plénière ; il y trouvera de belles femmes qui ont aimé des ménestriers et des jongleurs, amis du vin et de la joie. Un troubadour dit son *Pater* pour que Dieu accorde à tous ceux qui aiment le plaisir qu'il eut une nuit avec Ogine.

CHANGEMENT DANS LA LITTÉRATURE. — LUTTE DES DEUX LANGUES.

L'époque des bardes, des trouvères, des troubadours, des jongleurs, des ménestrels anglo-galliques, anglo-saxons, anglo-normands, dura près de trois cents ans, de Guillaume le Conquérant à Édouard III. La féodalité altéra peu à peu son esprit et ses coutumes ; les croisades agrandirent le cercle des idées et des images ; la poésie suivit le mouvement des mœurs ; l'orgue, la harpe et la musette, prirent de nouveaux sons dans les abbayes, dans les châteaux et sur les montagnes. Selon la tradition populaire, Édouard Ier ordonna de mettre à mort les ménestrels du pays de Galles, qui nourrissaient au fond du cœur des vieux Bretons le sentiment de la patrie et la haine de l'étranger. Gray a fait chanter le dernier de ces bardes.

Ruin seize thee, ruthless king!

« Que la destruction te saisisse, roi cruel. »

Les *lais*, les *sirventais*, les romans versifiés, etc., devinrent des pièces de vers séparées, des histoires plus courtes proportionnées à l'étendue de la mé-

---

[1] *Pierre le Laboureur* est un nom générique sous lequel la plupart des poëtes du douzième et du quatorzième siècle ont donné leurs satires : ainsi on a la *Vision* de Pierre Plowman, de Robert Langland, le *Credo* de Pierre Plowman, composé vers l'an 1390, etc. Il ne faut pas confondre ces divers ouvrages.

moire. On sent par la forme même des poëmes, autant que par le style et l'expression des sentiments, qu'une révolution s'est accomplie, que déjà des siècles se sont écoulés.

L'introduction, à l'aide des troubadours et des jongleurs normands, de la poésie provençale et française, eut l'inconvénient d'enlever aux compositions saxonnes leur originalité native : elles ne furent plus qu'une imitation, quelquefois charmante, il est vrai, d'une nature étrangère. Un poëte compare l'objet de son amour à un oiseau dont le plumage ressemble à toutes sortes de pierreries et de fleurs. L'amant, trop discret pour faire connaître sa maîtresse au profane vulgaire, dit gracieusement : « Son nom est dans une note du rossignol. »

Hir nome is in a note of the nytihgale;

et ce nom, il envoie les curieux le demander à *Jean*.

La langue d'Oil, en usage parmi les vainqueurs, tenait le pouillé des richesses aristocratiques, célébrait les faits d'armes des chevaliers et les amours des *nobles dames*. Guillaume le Conquérant, dit Sugulphe, détestait la langue anglaise. Il ordonna que les lois et les actes judiciaires fussent écrits en français, et que l'on enseignât aux enfants dans les écoles les premiers rudiments des lettres en français.

J'ai dit que les propriétés de France et d'Angleterre furent mêlées par la conquête, et que les propriétaires français transportèrent leur idiome avec eux. Voici la preuve du fait : des religieux bretons, manceaux, normands, possédaient des couvents et des abbayes dans la Grande-Bretagne; les familles du Ponthieu, de la Normandie, de la Bretagne, et ensuite de toutes les provinces apportées par Léonore de Guienne, ou conquises par Édouard III et Henri V, eurent des terres dans le royaume anglo-normand.

Guillaume le Bâtard fit présent à Alain, duc de Bretagne, son gendre, de quatre cent quarante-deux seigneuries dans le Yorkshire; elles formèrent depuis le comté de Richemond (*Doomesday-Book*). Les ducs de Bretagne, successeurs d'Alain, inféodèrent ces domaines à des chevaliers bretons, cadets des familles de Rohan, de Tinteniac, de Chateaubriand, de Goyon, de Montboucher, et longtemps après le comté de Richemond (*honor Richemundiæ*) fut érigé en duché sous Charles II, pour un bâtard de ce roi.

La langue française méprisait et persécutait la langue anglo-saxonne. « Tan« tôt c'était un évêque saxon chassé de son siége, parce qu'il ne savait pas le « français; tantôt des moines dont on lacérait les chartes, comme de nulle va« leur, parce qu'elles étaient en langue saxonne; tantôt un accusé que les « juges normands condamnaient sans vouloir l'entendre, parce qu'il ne par« lait qu'anglais; tantôt une famille dépouillée, et recevant d'eux, à titre d'au« mône, une parcelle de son propre héritage. » (AUG. THIERRY.)

Les deux langues rivales étaient comme les drapeaux des deux partis sous lesquels on combattait à outrance. Elles luttaient partout; elles fournissaient aux barbarismes du latin d'alors. Guillaume Wyrcester écrivait du duc d'York: *et* ARRIVAVIT *apud Redbanke prope Cestriam*, et il ARRIVA « chez Redbank près « Chester. » Jean Roux dit que le marquis de Dorset et le chevalier Thomas

Grey furent obligés de prendre la fuite, pour avoir machiné la mort du duc (le duc d'York, régent sous Henri VI), protecteur des Anglais ; *quod ipsi* con-traivissent *mortem ducis protectoris Angliæ.* Contraive, mot anglais, *machiner.*

Quelquefois les deux langues alternent dans la même pièce de vers et riment ensemble ; les jongleurs vantaient incessamment le beau français ; ils célébraient

> Mainte belle dame courtoise
> Bien parlant en langue françoise

Il est, disaient-ils,

> Il est sage, biaux et courtois
> Et gentiel hom de par françoise
> Miex valt sa parole françois
> Que de Glocestre la ricoise

> Seïz de bouere et cortois
> Et sachez bien parler françois.

Le *françois* amenait toujours à la rime le *courtois*, à la grande déplaisance des Anglo-Saxons.

Édouard Ier écouta très-respectueusement la lecture d'une bulle latine de Boniface VIII, et ordonna de la traduire en *français,* parce qu'il ne l'avait pas comprise.

Pierre de Blois nous apprend qu'au commencement du douzième siècle, Gillibert ne savait pas l'anglais ; mais, versé dans le latin et le *français,* il prêchait au *peuple* les dimanches et fêtes. Wadington, historien-poëte du treizième siècle, déclare qu'il écrit ses ouvrages en *français,* non en anglais, afin d'être mieux entendu des *petits* et des *grands ;* preuve que l'idiome étranger était prêt à étouffer l'ancien idiome du pays.

On trouve en manuscrit dans la bibliothèque harléienne une grammaire française et épistolaire pour tous les états ; une autre en vers français et un glossaire roman-latin.

On traduisait quelquefois en anglais les ouvrages écrits en français : c'était, comme le disaient les poëtes, par commisération pour les *lewed,* la classe basse et ignorante.

> For lewed men I undyrtoke
> In englyshe tonge to make this boke.

Les pauvres scaldes battus par les trouvères des vainqueurs, et retirés au sein des vaincus, travaillaient à reprendre le dessus au moyen des masses. Ils chantaient les aventures plébéiennes, et mettaient en scène, dans une suite de tableaux, *Peter Ploughman.* Ainsi se partageaient les deux muses et les deux peuples. La muse nationale reprochait au gentilhomme de ne se servir que du français :

> Frenck use this gentleman
> And never English can.

« Ce gentilhomme ne fait usage que du français, et jamais de l'anglais. »

Un proverbe disait : « Il ne manque à Jacques, pour jouer le seigneur, que « de savoir le français. »

Ces divisions venaient de loin. Le comte anglo-saxon Guallève (c'est le célèbre Waltheof) avait été décapité, sous le règne du conquérant, pour s'être associé à la conspiration de Roger, comte de Hereford, et de Ralph, comte de Norfolk. Guallève, comte de Northampton, était fils de Siward, duc de Northumbrie. Son corps fut transporté à Croyland par l'abbé Ulfketel. Quelques années après, le corps ayant été exhumé, on le trouva entier et la tête réunie au tronc : une petite ligne rouge indiquait seulement au cou le passage du fer : à ce collier du martyre, les Anglo-Saxons reconnurent Guallève pour un saint. Les Normands se moquaient du miracle. Audin, moine de cette nation, s'écriait que le fils de Siward n'avait été qu'un méchant traître, justement puni : Audin mourut subitement d'une colique.

L'abbé Goisfred, successeur d'Ingulf, eut une vision : une nuit il aperçut au tombeau du comte l'apôtre Barthélemy, et Guthlac l'anachorète, revêtus d'aubes blanches. Barthélemy tenant la tête de Guallève, remise à sa place, disait : « Il « n'est pas décapité. » Guthlac, placé aux pieds de Guallève, répondait : « Il « fut comte. » L'apôtre répliquait : « Maintenant il est roi. » Les populations anglo-saxonnes accouraient en pèlerinage au tombeau de leur compatriote. Cette histoire fait voir d'une manière frappante la séparation et l'antipathie des deux peuples. (ORDERIC VITAL.)

Enfin, selon Milton, l'usage du français remonte beaucoup plus haut, car il en fixe la date au règne d'Édouard le Confesseur. « Alors, dit-il, les Anglais « commencèrent à laisser de côté leurs anciens usages, et à imiter les manières « des Français dans plusieurs choses ; les grands à parler français dans leurs « maisons, à écrire leurs actes et leurs lettres en français, comme preuve de « leur politesse, honteux qu'ils étaient de leur propre langage ; présage de leur « sujétion prochaine à un peuple dont ils affectaient les vêtements, les coutumes « et le langage. » (*Histor of Eng.* lib. VI.)

RETOUR PAR LA LOI A LA LANGUE NATIONALE.

Édouard III, au moment où le français prenait le dessus par les victoires mêmes de ce monarque, par la permanence des armées anglaises sur le sol français, par l'occupation des villes enlevées à notre patrie ; Édouard, ayant besoin de la *pédaille* et de la *ribaudaille* anglaises, accorda l'usage de l'idiome insulaire dans les *plaidoiries civiles;* toutefois les *arrêts* résultants de ces plaidoiries se rendaient toujours en français. L'acte même du parlement de 1362, qui ordonne de se servir à l'avenir de l'idiome anglais, est rédigé en français. Les fléaux du ciel furent obligés de se mêler à la puissance des lois pour tuer la langue des vainqueurs : on remarque que le français commença à décliner dans la grande peste de 1349.

Tandis qu'Édouard tolérait, dans son intérêt, un usage fort borné de l'anglo-saxon, lui et sa cour continuaient à parler français. Il était fils d'une princesse de France, au nom de laquelle il réclamait la couronne de saint Louis : sur les champs de bataille on n'aperçoit aucune différence entre les combattants ; dans les deux armées, les frères sont opposés aux frères, les pères aux enfants ; Crécy, Poitiers, Azincourt, ne présentent que les désastres d'une vaste guerre civile. Philippine de Hainaut, femme d'Édouard III, parlait français ; elle avait Froissard pour secrétaire, et le curé de Lestines écrivait dans un français charmant les amours d'Édouard et d'Alix de Salisbury.

Les convives du *vœu du héron* parlent français : le trop fameux Robert d'Artois est le héros de la fête.

Édouard, entre les mains de Philippe de Valois, avait accepté par le mot *voire* (oui) ce serment français qu'il viola : « Sire, vous devenez homme du roi de « France, mon seigneur, de la Guienne et de ses appartenances, que vous re-« connaissez tenir de lui, comme pair de France, selon la forme des paix faites « entre ses prédécesseurs et les vôtres, selon ce que vous et vos ancêtres avez « fait pour le même duché à ses devanciers rois de France. »

Après la bataille de Crécy, on fit le recensement des morts : c'est un Anglais, Michel de Northburgh, qui parle de la sorte (AVESBUR. *hist.*) : « Furent morts « le roi de Bohaigne (de Bohême), le duc de Loreigne, le counte d'Alescun « (d'Alençon), le counte de Flaundres, le counte de Bloys, le counte de Harcourt « et ses II filtz ; et Phelippe de Valois et le markis qu'est appelé le elitz (élu) « des Romayns, eschapperent navfrés, à ceo qe homme (on) dit. La summe des « bonnes gentz d'armes qui furent morts en le chaumpe à ceste jour, sans co-« munes et pédailles (gens de pied), amonte à mille DXLII acomptés. »

Les *Anglais*, en faisant en *français* le dénombrement des morts de l'armée *française*, purent se souvenir qu'ils n'avaient pas toujours été vainqueurs, et qu'ils conservaient dans leur langue la preuve même de leur asservissement et de l'inconstance de la fortune.

Dans les actes de Rymer, les originaux, depuis l'an 1101 jusque vers l'an 1460, sont presque exclusivement latins et français. Les nombreux statuts des règnes de Henri IV, Henri V, Henri VI et Édouard IV, furent composés, transcrits sur les rôles, et promulgués en français. Il faut descendre aussi bas que l'an 1425 pour trouver le premier acte anglais de la chambre des communes. Cependant, lorsque Henri V assiégeait Rouen en 1418, les ambassadeurs qu'il semblait vouloir envoyer aux conférences du Pont de l'Arche, déclinèrent la mission sous prétexte qu'ils *ignoraient la langue du pays ;* mais ce fait n'a aucune valeur : Henri ne *voulait pas la paix*. Après sa mort, on voit les soldats de son armée s'exprimer dans la même langue que la Pucelle, et déposer comme témoins à charge dans le procès de cette femme héroïque.

Enfin le parlement, convoqué le 20 janvier 1483 à Westminster, sous Richard III, rédigea les bills en anglais, et son exemple fut suivi par les parlements qui lui succédèrent. Il n'a tenu à rien que les trois royaumes de la Grande-Bretagne ne parlassent français : Shakespeare aurait écrit dans la langue de Rabelais.

CHAUCER. — BOWER. — BARBOUR.

En même temps que les tribunaux retournèrent par ordonnance au dialecte du sol, Chaucer fut appelé à réhabiliter la harpe des bardes; mais Bower, son devancier de quelques années, et son rival, composait encore dans les deux langues : il réussissait beaucoup mieux en français qu'en anglais. Froissard, contemporain de Bower, n'a rien qui puisse se comparer, pour l'élégance et la grâce, à cette ballade du poëte d'outre-mer :

> Amour est chose merveilleuse
> Dont nul porra avoir le droit certain :
> Amour de soi est la foi trichereuse :
> Qui plus promet, et moins aporte en main ;
> Le riche est povre, et le courtois vilain ;
> L'épine est molle, et la rose est ortie :
> En toutz errours l'amour se justifie.
>
> L'amer est doulz, la doulceur furieuse ;
> Labour est aise, et le repos grevein ;
> Le do el plesant, la seurté perileuse ;
> Le halt est bas ; si est le bas haltein,
> Quant l'en mieulx quide avoir, tout est en vein ;
> Le ris en plour, le sens taurne en folie :
> En toutz errours l'amour se justifie.
>
> . . . .
> Ore est amour salvage, ore est soulein,
> N'est qui d'amour poet dire la sotie ;
> Amour est serf, amour est souverein :
> En toutz errours amour se justifie.

La langue anglaise de Chaucer est loin d'avoir ce poli du vieux français, lequel a déjà quelque chose d'achevé dans ce petit genre de littérature. Cependant l'idiome du poëte anglo-saxon, amas hétérogène de patois divers, est devenu la souche de l'anglais moderne.

Courtisan, lancastrien, wicléfiste, infidèle à ses convictions, traître à son parti, tantôt banni, tantôt voyageur, tantôt en faveur, tantôt en disgrâce, Chaucer avait rencontré Pétrarque à Padoue : au lieu de remonter aux sources saxonnes, il emprunta le goût de ses chants aux troubadours provençaux et à l'amant de Laure, et le caractère de ses contes, à Boccace.

Dans la *Cour d'amour*, la dame de Chaucer lui promet le bonheur au mois de mai : tout vient à point à qui sait attendre. Le 1er mai arrive : les oiseaux célèbrent l'office en l'honneur de l'amour du poëte menacé d'être heureux ; l'aigle entonne le *Veni Creator*, et le rossignol soupire le *Domine, labia mea aperies*.

Le *Plough-man* (toujours le canevas du vieux *Pierre Plowman*) a de la verve : le clergé, les ladies et les lords sont l'objet de l'attaque du poëte :

> Suche as can nat ysay ther crede,
> With prayer shul be made prelates ;
> Nother canne thei the grospell rede,
> Suche shul now weldin hie estates.
>
> There was more mercy in Maximine
> And Nero that never was gode,
> Than there is now in some of them,
> Vhan he hath on his furred-hode.

« Tel qui ne sait pas son *Credo* est fait prélat par des sollicitations ; tel qui « ne peut pas lire l'Évangile est pourvu d'un riche état forestier.

« Il y avait plus d'humanité dans Maxime et dans Néron, qui ne fut jamais
« bon, qu'on n'en trouve dans tel d'entre eux aussitôt qu'il porte sa botte
« fourrée (*Chaperon*). »

Le poëte écrivait à son château de Dunnington, sous le *chêne de Chaucer*, ses *Contes de Cantorbéry* dans la forme du Décaméron. A son début, la littérature anglaise du moyen âge fut défigurée par la littérature romane; à sa naissance, la littérature anglaise moderne se masqua en littérature italienne.

En France, cette rage d'imitation enleva peut-être au siècle de Louis XIV une originalité regrettable : heureusement Racine, Boileau, Bossuet, Fénelon, n'ayant étudié que les grecs et les latins, le génie du grand roi et le génie de Rome et d'Athènes se marièrent; il résulta de cette haute alliance des ouvrages qui eurent des modèles et qui en serviront à jamais.

Wiclef doit être compté parmi les auteurs anglais de l'époque de Chaucer. Pour premier acte de sa réforme, il fit sur la Vulgate une traduction anglaise de la Bible que l'on consulte encore comme monument de la langue. Luther, marchant sur ses traces, traduisit en allemand la Bible, mais d'après l'hébreu.

Depuis Alfred le Grand, fondateur des libertés britanniques, la nation ne fut jamais totalement exclue du pouvoir. Les poésies, les chroniques et les romans de l'Angleterre, ont un élément qui manquait anciennement aux nôtres, l'élément populaire : l'action dramatique des ouvrages de nos voisins en est vivifiée, et il en sort des beautés de contraste avec les mœurs religieuses, aristocratiques et chevaleresques. On est tout étonné de trouver dans l'Écossais Barbour, contemporain de Chaucer, ces vers sur la liberté ; un sentiment immortel semble avoir communiqué au langage une immortelle jeunesse, le style et les mots n'ont presque point vieilli :

> Ah! freedom is a noble thing!
> Freedom makes man to have a liking;
> Freedom all solace to man gives.
> He lives at ease that freely lives :
> A noble heart may have none ease,
> Nor nought ehe that may it please,
> If freedom fail.

« Ah! la liberté est une noble chose! La liberté rend l'homme content de
« lui; la liberté donne à l'homme toute consolation. Il vit satisfait celui qui
« vit libre. Un noble cœur ne peut avoir ni jouissance, ni rien qui puisse
« plaire, si la liberté manque. »

Nos poëtes, en France, étaient loin alors de la dignité de ce langage que Dante avait fait connaître à l'Italie.

SENTIMENT DE LA LIBERTÉ POLITIQUE ; — POURQUOI DIFFÉRENT CHEZ LES ÉCRIVAINS ANGLAIS ET CHEZ LES ÉCRIVAINS FRANÇAIS DES SEIZIÈME ET DIX-SEPTIÈME SIÈCLES. — PLACE OCCUPÉE PAR LE PEUPLE DANS LES ANCIENNES INSTITUTIONS DES DEUX MONARCHIES.

Les institutions politiques ont autant d'influence que les mœurs sur la littérature. Si le sentiment de la liberté se montre moins à cette époque dans les écrivains de notre nation que dans ceux de l'Angleterre, c'est que les deux peuples n'étaient pas placés dans des conditions semblables : arrivés à une portion différente de l'autorité publique par des routes diverses, ils ne pouvaient avoir le même langage.

Ceci vaut la peine de s'arrêter un moment, pour faire sortir de la poésie la philosophie de l'histoire qui s'y trouve souvent cachée : nous sentirons mieux comment les poëtes français et les poëtes anglais ont été conduits à parler de la liberté ou à se taire sur elle, lorsque nous nous rappellerons mieux le rôle que chacun des deux peuples jouait dans les institutions nationales. En ce qui touche l'Angleterre, je n'aurai qu'à transcrire quelques pages d'un ouvrage fort court, mais excellent, intitulé : *Vue générale de la constitution de l'Angleterre, par un Anglais*[1], ouvrage très-supérieur à tout ce que brocha jadis le théoricien génevois Delolme, appuyé de Blakstone.

« Pendant plus de deux cents ans après Guillaume le Conquérant, le parlement
« anglais était presque le même dans sa composition et dans ses fonctions prin-
« cipales que le parlement de Paris, depuis Hugues Capet jusqu'à saint Louis,
« avec cette différence pourtant que le parlement français, quoique quelque-
« fois censé national, n'était réellement que le parlement du duché de France
« et de quelques autres pays des environs, tandis que le parlement anglais
« était une assemblée des principaux personnages du royaume, et que son au-
« torité était reconnue partout.

« Les membres des deux parlements, anglais et français, étaient les barons,
« les chevaliers et les prélats, et un certain nombre de gens de justice, tous
« convoqués pour un temps limité, par des lettres du roi. Les deux parlements
« ne formaient chacun qu'une seule chambre, et étaient aussi bien une cour
« de justice suprême qu'une assemblée politique. Mais, tandis que les membres
« du parlement d'Angleterre acquéraient tous les jours plus d'importance po-
« litique, et que leur voix *consultative* se changeait insensiblement en voix
« *délibérative*, au point qu'ils finirent par établir *légalement* qu'ils pouvaient
« refuser toutes les demandes des rois, comme ceux-ci pouvaient refuser les
« leurs, les membres du parlement de Paris perdaient graduellement de leur
« considération par l'accroissement progressif du pouvoir royal : au lieu d'ob-
« tenir une voix *délibérative* dans les grandes affaires nationales, ils furent
« chaque jour moins *consultés* sur les questions politiques, et ils finirent par
« être regardés principalement comme des juges de la cour baronniale du du-
« ché de France. . . . .

« Philippe-Auguste établit l'institution de la pairie, et rendit les pairs membres
« du parlement de Paris, pour en augmenter l'importance par un simulacre
« de l'ancien baronnage national, sans diminuer en rien, par ce moyen, l'in-
« fluence royale. Si, en réunissant la Normandie à la couronne, il avait donné
« aux principaux barons et ecclésiastiques normands le droit d'être membres du
« parlement de Paris, et que ses successeurs eussent fait de même dans les dif-
« férentes provinces dont ils se rendirent successivement les maîtres, le parle-
« ment de Paris serait devenu un vrai parlement national, comme celui d'An-

---

[1] FRISEL.

« gleterre, et les députés des villes principales auraient fini naturellement par
« y être admis. Mais Philippe, comme ses successeurs, trouva qu'il valait mieux
« de laisser exister séparément les *parlements* ou *états* des provinces qu'il
« réunit, que de les agréger au gouvernement de France. Les provinces aussi
« étaient jalouses de la conservation de leurs parlements. Saint Louis appela
« une fois dans le parlement un bon nombre de grands seigneurs et prélats de
« tout le royaume, et des députés de plusieurs villes, de manière que ce par-
« lement fut exactement pareil au parlement d'Angleterre de la même époque;
« mais cet exemple ne fut suivi ni par lui-même, ni par son successeur, Phi-
« lippe le Hardi, qui, au contraire, dégoûta autant qu'il put les grands sei-
« gneurs de se rendre au parlement.

« Ce fut Philippe le Bel qui donna le plus grand coup à l'autorité du parle-
« ment par son *invention* des états généraux, lesquels, quoi qu'en disent les
« auteurs à système, n'ont jamais existé avant son règne. En ne laissant venir
« aux *états* les prélats et les grands seigneurs que par députation, et en les con-
« fondant ainsi avec le reste de la noblesse et du clergé, il leur ôta toute leur
« importance; bornant aussi les fonctions des *états* à émettre des *doléances*, il
« les réduisit presque à rien. . . . .

« Quelque temps après l'introduction régulière des députés ou chevaliers des
« comtés dans le parlement, il s'y opéra un changement considérable, qui eut
« des effets très-importants. Ce changement consista dans la formation de la
« chambre des communes; formation due au hasard, et dont les politiques
« d'alors ne prévirent sûrement pas les résultats. En outre des subsides fournis
« par le parlement, depuis que les villes étaient devenues des corporations po-
« litiques jouissant de différents priviléges, les rois étaient dans l'usage de leur
« demander de temps en temps, et sans l'avis du parlement, différentes sommes
« d'argent, selon le plus ou moins d'importance et de richesse de ces villes.
« Ces sommes d'argent étaient réglées de gré à gré avec des commissaires
« royaux et les principaux habitants de chaque ville. Enfin sous Henri III, vers
« le milieu du treizième siècle, le fameux comte de Leicester fit convoquer au
« parlement les députés des villes principales, espérant par ce moyen les mieux
« engager à lui fournir l'argent dont il avait besoin pour soutenir ses entre-
« prises criminelles. Cet exemple pourtant ne fut pas suivi dans les parlements
« suivants. Ce ne fut qu'à la fin du treizième siècle (l'an 1295) qu'Édouard Ier,
« pressé par le besoin d'argent, et fatigué des négociations partielles avec les
« bourgeois des différentes villes, imagina de convoquer régulièrement deux
« députés de chaque ville en même temps, et dans le même endroit que le par-
« lement. Ces députés ne faisaient pas partie du parlement et n'avaient aucune
« voix dans les délibérations nationales. Leurs fonctions se bornaient à fixer la
« somme d'argent qu'ils pouvaient fournir entre eux pour le *taillage* de leurs villes
« respectives. Ces députés étaient en même temps autorisés à exposer les be-
« soins de leurs villes; et, pour les engager à payer le plus possible, on écou-
« tait leurs doléances avec attention, et on accordait toutes celles de leurs
« demandes qui paraissaient raisonnables. Dans les commencements, ils déli-
« béraient séparés des barons et des chevaliers, et suivaient les instructions de

« leurs commettants pour les besoins qu'ils avaient à exposer, et le *maximum*
« de l'impôt qu'ils devaient accorder.

« . . . .

« On ne sait pas au juste quand les députés des comtés s'assemblèrent pour
« la première fois dans la même salle avec les députés des villes. Quoique ces
« deux espèces de députés différassent beaucoup entre eux sous les rapports de
« leur existence politique, ils se ressemblaient cependant par leur qualité
« commune de *mandataires* de leurs concitoyens; et il est probable que les
« *chevaliers* des comtés, aussi bien que les *bourgeois* des villes, étaient souvent
« obligés de suivre les instructions de leurs commettants. On trouva donc qu'il
« était plus commode, pour l'expédition des affaires, de les assembler dans la
« même salle, et d'envoyer ensuite le résultat de leurs délibérations aux pairs,
« que de laisser les chevaliers délibérer à part dans la salle de ces derniers.
« Il est probable aussi que les grands barons, qui commençaient à regarder
« les chevaliers comme leurs inférieurs, étaient bien aises d'avoir un prétexte
« honnête pour les éloigner de leur salle. Des raisons plus accidentelles,
« comme le plus ou le moins de grandeur de la salle où s'assemblaient les
« pairs, peuvent avoir occasionné la séparation des membres du parlement.
« Quoi qu'il en soit, il est certain que les députés des comtés et ceux des villes
« étaient réunis dans la même salle au commencement du quatorzième siècle.
« Cependant, malgré cette réunion, il exista une très-grande différence entre
« eux : les chevaliers des comtés faisaient partie intégrante du parlement et
« délibéraient sur toutes les affaires quelconques de la même manière que les
« grands barons ou pairs, tandis que les députés des villes n'avaient d'autres
« pouvoirs que celui de régler l'impôt que leurs commettants devaient payer;
« et une fois cette affaire terminée, ils pouvaient s'en aller sans attendre la
« fin de la session. Il est pourtant naturel de supposer qu'à mesure que les
« villes devenaient plus riches, leurs députés acquéraient plus d'importance,
« et qu'au lieu de retourner chez eux quand ils avaient réglé l'impôt, ils res-
« taient pour écouter les délibérations des chevaliers sur les lois générales, dont
« aucune n'était sans intérêt pour eux. Peu à peu on les consulta sur ces lois.
« De la *consultation* à la *délibération* il n'y a qu'une nuance : aussi, vers la fin
« du quatorzième siècle, les députés des villes avaient acquis tous les droits
« politiques de ceux des comtés, et ils étaient tous confondus sous le nom gé-
« néral de députés des *communes*. »

On ne peut exposer avec plus de netteté la manière dont le parlement anglais s'est formé, et comment, au moment d'arriver aux mêmes institutions,
nous fûmes jetés dans une autre route. Le reste de la brochure, où l'auteur
examine le principe de l'aristocratie anglaise, la nature du prétendu *veto*, et
la balance imaginaire des trois pouvoirs, est de la même rectitude de jugement
et de la même vérité de faits.

En France, le parlement dit de Paris et ensuite les états généraux ne se divi-
sèrent pas en deux chambres : le clergé, formé en ordre, ne se mêla pas aux
barons, aux pairs, et à la noblesse de chevalerie; celle-ci ne se réunit pas aux
députés des villes et resta avec les barons. Le tiers demeura à part. De là trois

ordres qui se classèrent par numéros, premier, second, troisième. Cette constitution des états généraux, dont la France entière ne reconnut jamais le pouvoir national, se répétait dans les états particuliers des provinces, véritables souverains de ces provinces. Mais le tiers état, qui dans les états généraux ou particuliers n'acquit jamais d'importance que dans les temps de troubles, s'emparait du pouvoir public d'une autre manière.

On parle toujours des *trois ordres* comme constituant essentiellement les états dits *généraux*. Néanmoins il arrivait que les bailliages ne nommaient des députés que pour *un* ou *deux* ordres. En 1614, le bailliage d'Amboise n'en nomma ni pour le clergé, ni pour la noblesse; le bailliage de Châteauneuf en Timerais n'envoya ni pour le clergé, ni pour le tiers état; le Puy, La Rochelle, le Loraguais, Calais, la Haute-Marche, Chatelleraut, firent défaut pour le clergé, et Montdidier et Roy pour la noblesse. Néanmoins les états de 1614 furent appelés *états généraux*. Aussi les anciennes chroniques, s'exprimant d'une manière plus correcte, disent, en parlant de nos assemblées nationales, où les *trois états*, ou les *notables bourgeois*, ou les *barons et les évêques*, selon l'occurrence, et elles attribuent à ces assemblées ainsi composées la même force législative.

Dans les diverses provinces, souvent le tiers, tout convoqué qu'il était, ne députait pas, et cela par une raison inaperçue, mais fort naturelle : le tiers s'était emparé de la magistrature; il en avait chassé les gens d'épée; il y régnait d'une manière absolue, comme juge, avocat, procureur, greffier, clerc, etc.; il faisait les lois civiles et criminelles, et, à l'aide de l'usurpation des parlements, il exerçait même le pouvoir politique. Les ministres de la monarchie étaient aux trois quarts pris dans son sein; plusieurs fois il commanda les armées dans la dignité militaire du maréchalat. La fortune, l'honneur, la vie des citoyens relevaient de lui; tout obéissait à ses arrêts, toute tête tombait sous le glaive de ses justices. Quand donc il jouissait *seul* ainsi d'une puissance sans bornes, qu'avait-il besoin d'aller chercher une faible portion de cette puissance dans des assemblées où on l'avait vu paraître à genoux?

Le peuple, métamorphosé en moine, s'était réfugié dans les cloîtres, et gouvernait la société par l'opinion religieuse; le peuple, métamorphosé en collecteur, en ministre du commerce et des manufactures, s'était réfugié dans la finance, et gouvernait la société par l'argent; le peuple, métamorphosé en magistrat, s'était réfugié dans les tribunaux, et gouvernait la société par la loi. Ce grand royaume de France, aristocrate dans ses parties, était démocrate dans son ensemble, sous la direction de son roi, avec lequel il s'entendait à merveille et marchait presque toujours d'accord : c'est ce qui explique sa longue existence.

Maintenant on comprend pourquoi le tiers état, en 1789, s'est rendu subitement maître de la nation : il s'était saisi de toutes les hauteurs, emparé de tous les postes. Le peuple n'ayant pris que peu de part à la constitution de l'État, mais incorporé dans les autres pouvoirs, s'est trouvé en mesure de conquérir la seule liberté qui lui manquait, la liberté politique. En Angleterre, au contraire le peuple occupant depuis plusieurs siècles une place importante dans la constitution, ayant mis à mort des nobles et des rois, donné et retiré des couronnes, se trouve arrêté actuellement qu'il prétend étendre ses droits : il a à se combattre lui-même ; il se fait obstacle ; il se trouve sur son propre chemin. C'est évidemment la liberté populaire britannique dans sa vieille forme qui lutte aujourd'hui contre la liberté populaire dans sa forme nouvelle.

Barbour a donc pu chanter cette liberté dans les nobles vers que j'ai cités à la fin du dernier chapitre ; il a donc pu la chanter dans un temps où elle était inconnue en France de l'auteur du *Dictée* de *l'Épinette amoureuse, ballades, virelais, Plaidoyer de la rose et de la violette ;* liberté ignorée à cette même époque de la Vénitienne Christine de Pisan et du traducteur des fables d'Ésope, qui les publia sous le titre de *Bestiaire*.

JACQUES Ier, ROI D'ÉCOSSE. — DUMBARD. — DOUGLAS. — WORCESTER. — RIVERS.

Jacques Ier, le roi le plus accompli et le plus infortuné de ces princes malheureux qui régnèrent en Écosse, surpassa, comme poëte, Barbour, Occlève et Lydgate. Dix-huit ans captif en Angleterre, il composa dans sa prison son *King'squair* (le livre du roi), ouvrage en six chants, divisés par strophes, chacune de sept vers. Lady Jeanne Beaufort le lui inspira.

« Un matin d'un jour de mai, dit le roi poëte, appuyé sur la fenêtre de ma
« prison et regardant le château de Windsor, j'écoutais les chants du rossignol.
« J'admirais ce que peut la passion de l'amour que je n'avais jamais sentie.
« En abaissant mes regards, je vis se promener au pied de la tour la plus
« belle et la plus fraîche des jeunes fleurs. »

Le prisonnier a des visions ; il est transporté sur un nuage à la planète de Vénus ; il voyage au palais de Minerve. Revenu de ses extases, il s'approche de la fenêtre ; une tourterelle d'une blancheur éclatante se vient poser sur sa main ; elle porte dans son bec une fleur ; elle la lui donne, et s'envole. Sur les feuilles de la fleur sont écrits ces mots : « Éveille-toi, ô amant, je t'apporte
« de joyeuses nouvelles. »

On doit à Jacques Ier le mode d'une musique plaintive inconnue avant lui.

Ce fut sous le règne de Jacques Ier, vers l'an 1446, que Henri le Ménestrel ou Harry l'Aveugle (*Blind Harry*) chanta le guerrier Guillaume Wallace, si populaire en Écosse. Quelques critiques préfèrent le ménestrel Henri à Barbour et à Chaucer.

Dumbard et Douglas fleurirent encore en Écosse.

En Angleterre, le comte de Worcester et le comte de Rivers, tous deux protecteurs des lettres et les cultivant eux-mêmes, perdirent la tête sur l'échafaud. Rivers, et Caxton, son imprimeur et son panégyriste, sont les premiers auteurs dont les écrits aient été donnés par la presse anglaise. Les ouvrages de Rivers consistaient en traductions du français, notamment des Proverbes de Christine de Pisan.

Sous Henri VII, le premier Tudor, il y eut beaucoup de poëtes sans génie :

un des serviteurs de ce roi, qui mit fin aux guerres des maisons d'York et de Lancastre, avait quelque talent pour la satire.

BALLADES ET CHANSONS POPULAIRES.

Les ballades et chansons populaires, tant écossaises qu'anglaises et irlandaises du quatorzième et du quinzième siècle, sont simples sans être naïves : la naïveté est un fruit de la Gaule. La simplicité vient du cœur, la naïveté, de l'esprit : un homme simple est presque toujours un bon homme ; un homme naïf peut n'être pas toujours bon : et pourtant la naïveté ne cesse jamais d'être naturelle, tandis que la simplicité est souvent l'effet de l'art.

Les plus renommées des ballades anglaises et écossaises sont les enfants dans le bois (*the children in the wood*), et la *Chanson du saule* altérée par Shakespeare. Dans l'original c'est un amant qui se plaint d'être abandonné.) « Une « pauvre âme était assise en soupirant sous un sycomore : ô saule, saule, saule ! « la main sur son sein, la tête sur ses genoux : ô saule, saule, saule ! ô saule, « saule, saule ! Chantez : Oh ! le saule vert sera ma guirlande, etc. » Cette chanson s'est emparée si fortement de l'imagination des poëtes anglais, que Rowe n'a pas craint de l'imiter après Shakespeare.

Robin Hood, voleur célèbre, est un personnage favori des ballades : il y a vingt chansons sur sa naissance, sur son prétendu combat avec le roi Richard, et sur ses exploits avec Petit-John : sa longue histoire rimée et celle d'Adam Belle ressemblaient aux complaintes latines de la Jacquerie, ou aux confessions de potence que le peuple répétait dans nos rues :

> Or, prions le doux Rédempteur
> Qu'il nous préserve de malheur,
> De la potence et des galères,
> Et de plusieurs autres misères.

Lady Anne Bothwell est le *Dors, mon enfant*, de Berquin ; le *Friar* (le moine), est l'aventure du père Arsène, et celle-ci vient du *Comte de Comminges*. Le *Huntingin Chevy-Chace*, très-belle ballade (la chasse dans Chevy-Chasse), décrit le combat du comte Douglas et du comte Percy, dans une forêt sur la frontière de l'Écosse.

Selon moi, les deux ballades qui sortent le plus des lieux communs sont *Sir Cauline* et *Childe-Waters :* pour en soutenir le rhythme, on n'a pas besoin de savoir l'anglais ; la mesure tombe aussi marquée que celle d'une walse. Chaque strophe se forme de quatre vers, alternativement de huit et de six syllabes ; quelques vers redondants sont ajoutés aux strophes du *Sir Cauline*. La langue de ces ballades n'est pas tout à fait du temps où elles furent composées ; le style en paraît rajeuni.

Sir Cauline, chevalier à la cour d'un roi d'Irlande, est devenu amoureux de Christabelle, fille unique de ce roi ; Christabelle, comme toutes les princesses bien élevées de ce temps-là, connaît la vertu des simples. Sir Cauline est malade d'amour. Le roi, après avoir entendu la messe, un dimanche, s'en va

dîner. Il s'enquiert du chevalier Cauline, chargé de lui verser à boire ; un courtisan répond que l'échanson est au lit. Le roi ordonne à sa fille de visiter le chevalier, et de lui porter du pain et du vin. Christabelle se rend à la chambre du chevalier. « Comment vous portez-vous, milord? — Oh ! bien malade, belle
« lady. — Levez-vous, homme, et ne restez pas couché comme un poltron, car
« on dit dans la salle de mon père que vous mourez d'amour pour moi. — Belle
« lady! c'est pour l'amour de vous que je me dessèche. Si vous vouliez me ré-
« conforter d'un baiser, je passerais de la peine au bonheur. — Sire chevalier!
« mon père est un roi, et je suis sa seule héritière. — O lady! tu es la fille d'un
« roi, et je ne suis pas ton égal ! mais qu'il me soit permis d'accomplir quelque
« fait d'armes pour devenir ton bachelier. »

Christabelle envoie Cauline sur le coteau d'Eldridge, à l'endroit où croît une épine isolée au milieu d'une bruyère. Le seigneur d'Eldridge est un chevalier païen d'une force prodigieuse. Sir Cauline le combat, lui coupe une main et le désarme. Christabelle déclare qu'elle n'aura d'autre mari que le vainqueur.

Dans la seconde partie de la ballade, le roi, étant allé prendre l'air sur le soir, rencontre par malheur Christabelle et Cauline *in dalliance sweet* (dans un doux abandon). Il renferme Cauline au fond d'une cave, Christabelle au haut d'une tour ; il voulait tout d'abord occire le chevalier, car ce roi était « un homme colère, » dit la chanson, *an angrye man was hee*. Mais, adouci par les prières de la reine, il se contenta de le bannir à perpétuité. Cependant il cherche à consoler sa fille qui pleure ; il fait proclamer un tournoi. A ce tournoi se présente un chevalier inconnu couvert d'une armure noire, puis un géant qui se propose de venger l'autre géant d'Eldridge. Le chevalier noir ose seul se mesurer avec le mécréant provocateur, il le tue, et meurt lui-même de ses blessures. Christabelle meurt aussi, après avoir reconnu sir Cauline dans le chevalier noir et pansé ses plaies. « Un profond soupir brisa son gentil cœur en deux. »

A deep-fette sighe
Thar burst heart in twayne.

Ainsi trépassèrent les deux amants, comme Pyrame et Thisbé. La complainte française a célébré ceux-ci :

Ils étoient si parfaits
Qu'on disoit qu'ils étoient
Les plus beaux de la ville.

Vers naturels et tels, grâce à Dieu, qu'on s'est mis à les faire aujourd'hui.

Le sujet de la ballade de sir Cauline se retrouve à peu près partout. La ballade *Childe-Waters* peint la vie privée dans ce qu'elle a d'intime et de pathétique. Le mot *Childe* ou *Chield*, maintenant *Child* (enfant), est employé par les vieux poëtes anglais comme une sorte de titre ; ce titre est donné au prince Arthur dans la *fairie queen* (la reine des fées); le fils du roi est appelé *Childe Tristram*. Voici cette ballade à quelques strophes près. Vous remarquerez qu'*Ellen* répète presque mot à mot les paroles de *Childe Waters*, de même que les héros d'Homère répètent *totidem verbis* les messages des chefs. La nature, lorsqu'elle n'est pas sophistiquée, a un type commun dont l'empreinte est gravée au fond des mœurs de tous les peuples.

Childe-Waters était dans son écurie et flattait de sa main son coursier blanc comme du lait. Vers lui s'avance une jeune lady, aussi belle que quiconque porta jamais habillement de femme.

Elle dit : « Le Christ vous sauve, bon Childe-Waters ! » Elle dit : « Le Christ « vous sauve, et voyez ! ma ceinture d'or, qui était trop longue, est maintenant « trop courte pour moi.

« Et tout cela est que d'un enfant de vous je sens le poids à mon côté. Ma « robe verte est trop étroite ; auparavant elle était trop large.

— « Si l'enfant est mien, belle Ellen, dit-il ; s'il est mien, comme vous me « le dites, prenez pour vous Cheshire et Lancashire ensemble ; prenez-les pour « être votre bien.

« Si l'enfant est mien, belle Ellen, dit-il ; s'il est mien, comme vous le jurez, « prenez pour vous Cheshire et Lancashire ensemble, et faites cet enfant votre « héritier. »

Elle dit : — « J'aime mieux avoir un baiser, Childe-Waters, de ta bouche « que d'avoir ensemble Cheshire et Lancashire qui sont au nord et au sud.

« Et j'aime mieux avoir un regard, Childe-Waters, de tes yeux, que d'avoir « Cheshire et Lancashire ensemble et de les prendre pour mon bien.

— « Demain, Ellen, je dois chevaucher loin dans la contrée du nord : la plus « belle lady que je rencontrerai, Ellen, il faudra qu'elle vienne avec moi.

— « Quoique je ne sois pas cette belle lady, laisse-moi aller avec toi ; et je « vous prie, Childe-Waters, laissez-moi être votre page à pied.

— « Si vous voulez être mon page à pied, Ellen, comme vous me le dites, « il faut alors couper votre robe verte un pouce au-dessus de vos genoux.

« Ainsi ferez de vos cheveux blonds, un pouce au-dessus de vos yeux. Vous « ne direz à personne quel est mon nom, et alors vous serez mon page à pied. »

Elle, tout le long jour que Childe-Waters chevaucha, courut pieds nus à son côté, et il ne fut jamais assez courtois chevalier pour dire : « Ellen, voulez-« vous chevaucher ? »

— « Chevauchez doucement, dit-elle, ô Childe-Waters ; pourquoi chevau-« chez-vous si vite ? L'enfant qui n'appartient à d'autre homme qu'à toi brisera « mes entrailles. »

Il dit : — « Vois-tu cette eau, Ellen, qui coule à plein bord ? — J'espère en « Dieu, ô Childe-Waters ; vous ne souffrirez jamais que je nage. »

Mais quand elle vint à la rivière, elle y entra jusqu'aux épaules : « Que le « Seigneur du ciel soit maintenant mon aide, car il faut que j'apprenne à nager. »

Les eaux salées enflèrent ses vêtements ; notre lady souleva son sein. Childe-Waters était un homme de malheur : bon Dieu ! obliger la belle Ellen à nager !

Et quand elle fut de l'autre côté de l'eau, elle vint à ses genoux. Il dit : « Viens ici, toi, belle Ellen : vois là-bas ce que je vois.

« Ne vois-tu pas un château, Ellen, dont la porte brille d'or rougi ? De vingt-« quatre belles ladies qui sont là, la plus belle est ma compagne.

— « Je vois maintenant le château, Childe-Waters ; d'or rougi brille la porte.

« Dieu vous donne bonne connaissance de vous-même et de votre digne compagne. »
Là étaient vingt-quatre belles ladies folâtrant au bal, et Ellen, la plus belle lady de toutes, mena le destrier à l'écurie.

Et alors parla la sœur de Childe-Waters. Voici les mots qu'elle dit : « Vous
« avez le plus joli petit page, mon frère, que j'aie jamais vu.

« Mais ses flancs sont si gros, sa ceinture est placée si haut! Childe-Waters,
« je vous prie, laissez-le coucher dans ma chambre.

— « Il n'est pas convenable qu'un petit page à pied, qui a couru à travers
« les marais et la boue, couche dans la chambre d'une lady qui porte de si
« riches atours.

« Il est plus convenable pour un petit page à pied, qui a couru à travers les
« marais et la boue, de souper sur ses genoux, devant le feu de la cuisine. »

Quand chacun eut soupé, chacun prit le chemin de son lit. Il dit : « Viens
« ici, mon petit page à pied, et écoute ce que je dis :

« Descends à la ville et reste dans la rue : la plus belle femme que tu pour-
« ras trouver, arrête-la pour dormir dans mes bras. Apporte-la dans tes deux
« bras, de peur qu'elle ne se salisse les pieds. »

Ellen est allée à la ville; elle a demeuré dans la rue; la plus belle femme qu'elle a pu rencontrer, elle l'a arrêtée pour dormir dans les bras de Childe-Waters. Elle l'a apportée dans ses deux bras, de peur qu'elle ne se salît les pieds.

« Je vous prie maintenant, bon Chide-Waters, de me laisser coucher à vos
« pieds, car il n'y a pas de place dans cette maison où je puisse essayer de dormir. »

Il lui accorda la permission, et la belle Ellen se coucha au pied de son lit. Cela fait, la nuit passa vite, et quand le jour approcha,

Il dit : « Lève-toi, mon petit page à pied; va donner à mon cheval le blé et
« le foin; donne-lui à présent la bonne avoine noire, afin qu'il m'emmène mieux. »

Lors se leva la belle Ellen et donna au cheval le blé et le foin : elle en fit ainsi de la bonne avoine noire, afin que le cheval emmenât mieux Childe-Waters.

Elle appuya son dos contre le bord de la mangeoire, et gémit tristement; elle appuya son dos contre le bord de la mangeoire, et là elle fit sa plainte.

Et elle fut entendue de la mère chérie de Childe-Waters. La mère entendit la dolente douleur; elle dit : « Debout, toi, Childe-Waters! et va à l'écurie.

« Car dans ton écurie est un spectre qui gémit péniblement, ou bien quelque
« femme est en travail d'enfant : elle commence la douleur. »

Childe-Waters se leva promptement; il revêtit sa chemise de soie, et mit ses autres habits sur son corps blanc comme du lait.

Et quand il fut à la porte de l'écurie, il s'arrêta tout court pour entendre comment sa belle Ellen faisait ses lamentations.

Elle disait : « Lullabye, mon cher enfant! Lullabye, cher enfant! cher! Je
« voudrais que ton père fût un roi, et que ta mère fût enfermée dans une bière.

— « Paix à présent, dit Childe-Waters, bonne et belle Ellen! prends courage,
« je te prie, et les noces et les relevailles auront lieu ensemble le même jour. »

Un caractère sauvage se décèle dans cette chanson. Childe-Waters est atroce; il se plaît à mettre sa maîtresse à l'épreuve des plus abominables tortures du corps et de l'âme. Ellen, ensorcelée, s'y soumet avec la résignation d'un amour qui compte pour rien les sacrifices. Elle fait une longue course à pied; elle traverse un fleuve à la nage, elle subit toutes les humiliations dans le château des vingt-quatre femmes; elle s'entend dire de la bouche même de son amant moqueur, qu'il aime la plus belle de ces femmes; d'après son ordre elle va lui chercher une courtisane; elle, pauvre Ellen, qu'il força de courir pieds nus dans la fange, doit enlever dans ses bras cette courtisane, de peur qu'elle ne se salisse les pieds. Jamais une plainte, pas un reproche; et quand elle met au jour son enfant, au milieu de ses douleurs, elle le berce des paroles d'une nourrice; elle demande un trône pour Childe-Waters, un cercueil pour elle. L'homme cruel est touché, et se croit enfin le père de l'innocente créature. Mais les noces et les relevailles ne viendront-elles pas trop tard?

Childe-Waters et Childe-Harold n'ont-ils pas quelques traits de ressemblance? Lord Byron aurait-il moulé son caractère sur un ancien héros de ballade, comme il monta sa lyre sur le vieux mode des poëtes du quinzième siècle?

Il serait possible que la première idée de cette ballade eût été empruntée de la dixième Nouvelle, dixième journée du Décaméron. Griselda, éprouvée par Gualtieri, serait Ellen, et le nom même de *Waters* n'est qu'une forme de celui de *Gautier*. Mais entre les deux Nouvelles, il y a la différence de la nature humaine anglaise et de la nature humaine italienne.

Avant de quitter le moyen âge, je mentionnerai une chose dont on a pu s'apercevoir : Je n'ai point parlé des auteurs qui ont écrit en latin pendant les sept ou huit siècles que nous venons de parcourir. Cela n'entrait point dans le plan que je me suis tracé, parce qu'en effet la littérature latine du moyen âge et avant le moyen âge, appartient légalement à l'Europe de cette époque; or il ne s'agit ici que de l'idiome ou des idiomes particuliers aux Anglais. Ainsi je n'ai rien dit de Gildas dans le sixième siècle; de Nennuis, abbé de Banchor, d'Aldhelm dans le septième; de Bède, d'Alcuin, de Boniface, archevêque de Mayence et Anglais; de Willebad, d'Eddius, moine de Cantorbéry; de Dungal et de Clément, dans le huitième; de Jean Scot Érigène, d'Asser, à qui l'on doit la vie d'Alfred le Grand dont il était le favori, dans le neuvième; de saint Dunstan, d'Elfrie le grammairien, dans le dixième; d'Ingulphe, dans le onzième; de Lanfranc, d'Anselme, de Robert Withe, de Guillaume de Malmsbury, de Huntington, de Jean de Salisbury, de Pierre de Blois, de Géraud-Barry, dans les douzième et treizième; de Roger Bacon, de Michel Scot, de Guillaume Ockam, de Matthieu Paris, de Thomas Wykes d'Hemmingfort, d'Avesbury, dans les treizième et quatorzième siècles. Ce n'est pas que ces écrivains ne soient remplis des choses les plus curieuses pour l'étude de l'histoire, pour celle des mœurs, des sciences et des arts. Il serait à désirer que nous eussions des traductions des principaux ouvrages de ces auteurs.

Ici finit la première partie de cet Essai. La littérature anglaise, pour ainsi dire orale dans ses quatre premières époques, est parlée plutôt qu'écrite; transmise à la postérité au moyen d'une sorte de sténographie, elle a les avantages et les défauts de l'improvisation; la poésie est simple, mais incorrecte; l'histoire, curieuse, mais renfermée dans le cercle individuel. Maintenant nous allons voir la haute poésie étouffer la poésie intime, et la grande histoire tuer la petite : cette révolution littéraire va s'opérer par la marche graduelle de la civilisation, au moment où une révolution religieuse va rompre l'unité catholique et la fraternité européenne.

SECONDE PARTIE.

CINQUIÈME ET DERNIÈRE ÉPOQUE DE LA LANGUE ANGLAISE.

LITTÉRATURE SOUS LES TUDOR.

Jusqu'ici la poésie anglaise s'est montrée à nous catholique : les Muses habitaient au Vatican et chantaient sous le dôme à moitié formé de Saint-Pierre, que leur élevait Michel-Ange : maintenant elles vont apostasier et devenir protestantes. Leur changement de religion ne se fit pourtant pas sentir d'une manière bien tranchée, car la réformation eut lieu avant que la langue fût sortie de la barbarie; tous les écrivains du premier ordre parurent après le règne de Henri VIII. On verra ma remarque au sujet de Shakespeare, de Pope et de Dryden.

Quoi qu'il en soit, un grand fait domine l'époque où nous entrons : de même que j'ai peint au lecteur le *moyen âge*, avant de lui parler des auteurs de ces bas siècles, il me semble convenable d'ouvrir la seconde partie de cet Essai par quelques recherches sur la réformation. Comment fut-elle préparée? Quelles en ont été les conséquences pour l'esprit humain, pour les lettres, les arts et les gouvernements? Questions dignes de nous arrêter.

HÉRÉSIES ET SCHISMES QUI PRÉCÉDÈRENT LE SCHISME DE LUTHER.

Depuis le moment où la Croix fut plantée à Jérusalem, l'unité de l'Église ne cessa point d'être attaquée. Les philosophies des Hébreux, des Perses, des Indiens, des Égyptiens, s'étaient concentrées dans l'Asie sous la domination de Rome : de ce foyer allumé par l'étincelle évangélique jaillit cette multitude d'opinions aussi diverses que les mœurs des hérésiarques étaient dissemblables. On pourrait dresser un catalogue des systèmes philosophiques, et placer à côté de chaque système l'hérésie qui lui correspond. Tertullien l'avait reconnu : les hérésies furent au christianisme ce que les systèmes philosophiques furent au paganisme, avec cette différence que les systèmes philosophiques étaient les vérités du culte païen, et les hérésies, les erreurs de la religion chrétienne.

Saint Augustin comptait de son temps quatre-vingt-huit hérésies, en commençant aux simoniens et finissant aux pélagiens.

L'Église faisait tête à tout : sa lutte perpétuelle donne la raison de ces conciles, de ces synodes, de ces assemblées de tous les noms, de toutes les sortes, que l'on remarque dès la naissance du christianisme. C'est une chose prodigieuse que l'infatigable activité de la communauté chrétienne : occupée à se défendre contre les édits des empereurs et contre les supplices, elle était encore obligée de combattre ses enfants et ses ennemis domestiques. Il y allait, il est vrai, de l'existence même de la foi : si les hérésies n'avaient été continuellement retranchées du sein de l'Église par des canons, dénoncées et stigmatisées par des écrits, les peuples n'auraient plus su de quelle religion ils étaient. Au milieu des sectes se propageant sans obstacles, se ramifiant à l'infini, le principe chrétien se fût épuisé dans ses dérivations nombreuses, comme un fleuve se perd dans la multitude de ses canaux.

Le moyen âge proprement dit n'ignora point le schisme. Plusieurs novateurs en Italie, Wicleff en Angleterre, Jérôme de Prague et Jean Huss en Allemagne, furent les précurseurs des réformateurs du seizième siècle. Une foule d'hérésies se trouvaient au fond des doctrines qui donnèrent lieu aux horribles croisades contre les malheureux Albigeois. Jusque dans les écoles de théologie, un esprit de curiosité ébranlait les dogmes de l'Église : les questions étaient tour à tour obscènes, impies et puériles.

Valfrède, au dixième siècle, s'éleva contre la résurrection des corps. Béranger expliqua à sa manière l'eucharistie. Les erreurs de Roscelius, d'Abailard, de Gilbert, de La Porée, de Pierre Lombard et de Pierre de Poitiers furent célèbres : on demandait si Jésus-Christ, comme homme, était quelque chose ; ceux qui le niaient furent appelés *Nihilianistes*. On en vint à ne plus lire les Écritures et à ne tirer les arguments en preuve de la vérité chrétienne que de la doctrine d'Aristote. La scolastique domina tout, et Guillaume d'Auxerre se servit le premier des termes de *materia* et de *forma*, appliqués à la doctrine des sacrements. Héloïse voulait savoir d'Abailard pourquoi les quadrupèdes et les oiseaux furent les seuls animaux amenés à Adam pour recevoir des noms : Jésus-Christ, entre sa mort et sa résurrection, fut-il ce qu'il avait été avant sa mort et depuis sa résurrection? Son corps glorieux était-il assis ou debout dans le ciel? Son corps, que l'on mangeait dans l'eucharistie, était-il nu ou vêtu? Telles étaient les choses dont les esprits les plus orthodoxes s'enquéraient, et Luther lui-même, dans ses investigations, avait moins d'audace.

ATTAQUES CONTRE LE CLERGÉ.

Avec les hérésies contre l'Église marchaient de tout temps, comme je l'ai dit ailleurs, les satires contre le clergé, mêlées aux reproches fondés qu'on pouvait faire aux prêtres. Luther sur ce point encore n'approcha pas de ses devanciers. Les pasteurs s'étaient dépravés comme le troupeau ; si l'on veut pénétrer à fond l'intérieur de la société de ces temps-là, il faut lire les conciles et les *chartes d'abolition* (lettres de grâce accordées par les rois) ; là se montrent à nu les plaies de la société : les conciles reproduisent sans cesse les plaintes contre la licence des mœurs ; les *chartes d'abolition* gardent les détails des jugements et des crimes qui motivaient les lettres-royaux. Les capitulaires de Charlemagne et de ses successeurs sont remplis de dispositions pour la réforme du clergé.

On connaît l'épouvantable histoire du prêtre Anastase, enfermé vivant avec un cadavre, par la vengeance de l'évêque Caulin. (Grégoire de Tours.) Dans les canons ajoutés au premier concile de Tours, sous l'épiscopat de saint Perpert,

on lit : « Il nous a été rapporté, ce qui est horrible (*quod nefas*), qu'on établis-
« sait des auberges dans les églises, et que le lieu où l'on ne doit entendre que
« des prières et des louanges de Dieu, retentit du bruit des festins, de paroles
« obscènes, de débats et de querelles. »

Baronius, si favorable à la cour de Rome, nomme le dixième siècle le siècle de fer, tant il voit de désordres dans l'Église. L'illustre et savant Gherbert, avant d'être pape sous le nom de Sylvestre II, et n'étant encore qu'archevêque de Reims, disait : « Déplorable Rome ! tu donnas à nos ancêtres les lumières les
« plus éclatantes, et maintenant tu n'as plus que d'horribles ténèbres... Nous
« avons vu Jean Octavien conspirer, au milieu de mille prostituées, contre le
« même Othon qu'il avait proclamé empereur. Il est renversé, et Léon le Néo-
« phyte lui succède. Othon s'éloigne de Rome, et Octavien y rentre ; il chasse
« Léon, coupe les doigts, les mains et le nez au diacre Jean, et, après avoir ôté
« la vie à beaucoup de personnages distingués, il périt bientôt lui-même......
« Sera-t-il possible de soutenir encore qu'une si grande quantité de prêtres de
« Dieu, dignes par leur vie et leur mérite d'éclairer l'univers, se doivent sou-
« mettre à de tels monstres, dénués de toute connaissance des sciences divines
« et humaines ? »

Saint Bernard ne montre pas plus d'indulgence aux vices de son siècle ; saint Louis fut obligé de fermer les yeux sur les prostitutions et les désordres qui régnaient dans son armée. Pendant le règne de Philippe le Bel, un concile est convoqué exprès pour remédier au débordement des mœurs. L'an 1354, les prélats et les ordres mendiants exposent leurs mutuels griefs à Avignon devant Clément VII. Ce pape, favorable aux moines, apostrophe les prélats : « Parlerez-
« vous d'humilité, vous, si vains et si pompeux dans vos montures et vos équi-
« pages ? Parlerez-vous de pauvreté, vous, si avides, que tous les bénéfices du
« monde ne vous suffiraient pas ? Que dirai-je de votre chasteté ?... vous haïssez
« les mendiants, vous leur fermez vos portes, et vos maisons sont ouvertes à
« des sycophantes et à des infâmes. (*Lenonibus et truffatoribus.*) »

La simonie était générale ; les prêtres violaient presque partout la règle du célibat ; ils vivaient avec des femmes perdues, des concubines et des chambrières ; un abbé de Noreïs avait dix-huit enfants. En Biscaye on ne voulait que des prêtres qui eussent des *commères*, c'est-à-dire des femmes supposées légitimes.

Pétrarque écrit à l'un de ses amis : « Avignon est devenu un enfer, la sentine
« de toutes les abominations. Les maisons, les palais, les églises, les chaires
« du pontife et des cardinaux, l'air et la terre, tout est imprégné de mensonge ;
« on traite le monde futur, le jugement dernier, les peines de l'enfer, les joies
« du paradis de fables absurdes et puériles. » Pétrarque cite à l'appui de ces assertions des anecdotes scandaleuses sur les débauches des cardinaux.

Dans un sermon prononcé devant le pape, en 1364, le docteur Nicolas Orem prouva que l'Antechrist ne tarderait pas à paraître, par six raisons tirées de la perte de la doctrine, de l'orgueil des prélats, de la tyrannie des chefs de l'Église et de leur aversion pour la vérité.

Ces reproches, perpétués de siècle en siècle, furent reproduits par Érasme et Rabelais. Tout le monde apercevait ces vices qu'un pouvoir longtemps sans contrôle et la grossièreté du moyen âge introduisirent dans l'Église. Les rois ne se soumettaient plus au joug des papes ; le long schisme du quatorzième siècle avait attiré les regards de la foule sur le désordre et l'ambition du gouvernement pontifical ; les magistrats faisaient lacérer et brûler les bulles ; les conciles mêmes s'occupaient des moyens de remédier aux abus.

Ainsi lorsque Luther parut, la réformation était dans tous les esprits ; il cueillit un fruit mûr et près de tomber. Mais voyons quel était Luther : il nous ramènera naturellement à Henri VIII, car il tient à ce roi par ses innovations religieuses, et par les querelles qu'il eut avec le fondateur de l'Église anglicane.

LUTHER.

Martin Luther, créateur d'une religion de princes et de gentilshommes, était fils d'un paysan. Il raconte en peu de mots son histoire, avec cette humilité effrontée qui vient du succès de toute une vie [1] :

« J'ai souvent conversé avec Mélanchton, et lui ai raconté ma vie de point « en point. Je suis fils d'un paysan ; mon père, mon grand-père, mon aïeul, « étaient de vrais paysans. Mon père est allé à Manfeld et y est devenu mineur. « Moi, j'y suis né. Que je dusse être ensuite bachelier, docteur, etc., cela n'était « point dans les étoiles. N'ai-je pas étonné des gens en me faisant moine ; puis « en quittant le bonnet brun pour un autre? Cela vraiment a bien chagriné « mon père, et lui a fait mal. Ensuite je me suis pris aux cheveux avec le pape ; « j'ai épousé une nonne échappée, et j'en ai eu des enfants. Qui a vu cela dans « les étoiles? Qui m'aurait annoncé d'avance qu'il en dût arriver ainsi? »

Né à Eisleben le 10 novembre 1483, envoyé dès l'âge de six ans à l'école à Eisenach, Luther chantait de porte en porte pour gagner son pain : « Et moi aussi, « dit-il, j'ai été un pauvre mendiant, j'ai reçu du pain aux portes des mai-« sons. » Une dame charitable, Ursule Schweickard, en eut pitié et le fit élever ; il entra en 1501 à l'université d'Erfurth : enfant pauvre et obscur, il ouvrit cette ère nouvelle qui commence à lui ; ère que tant de changements et de calamités devaient rendre impérissable dans la mémoire des hommes.

Luther se livra d'abord à l'étude du droit ; il la prit en aversion et s'occupa de théologie, de musique et de littérature : il vit un de ses compagnons tué d'un coup de foudre, promit à sainte Anne de se faire moine, et le 17 juillet 1505, entra la nuit dans le couvent des augustins à Erfurth : il s'enferma dans le cloître avec un Plaute et un Virgile pour changer le monde chrétien.

Deux ans après il fut ordonné prêtre. « Lorsque je dis une première messe, « j'étais presque mort, car je n'avais aucune foi ; puis vinrent les dégoûts, les « tentations, les doutes. » Dans le dessein de raffermir ses croyances, Luther partit pour Rome.

Là, il trouva l'incrédulité assise sur le tombeau de saint Pierre, et le paganisme ressuscité au Vatican. Jules II, le casque en tête, ne rêvait que combats ;

---

[1] Ce que je vais citer de Luther est tiré en grande partie de l'ouvrage dernièrement publié par M. Michelet et intitulé, *Mémoires de Luther.*

et les cardinaux, cicéroniens de langage, étaient transformés en poëtes, en diplomates et en guerriers. La papauté, prête à devenir gibeline, avait, sans s'en apercevoir, abdiqué l'autorité spirituelle : le pape, en se faisant prince à la manière des autres princes, avait cessé d'être le représentant de la république chrétienne ; il avait renoncé à ce terrible tribunal des peuples, dont il était auparavant investi par l'élection populaire. Luther ne vit pas cela ; il ne saisit que le petit côté des choses ; il revint en Allemagne, frappé seulement du scandale de l'athéisme et des mœurs de la cour de Rome.

A Jules II succéda Léon X, rival de Luther ; le siècle fut divisé entre le pape et le moine : Léon X lui imposa son nom, Luther sa puissance.

Il s'agissait de faire achever Saint-Pierre ; l'argent manquait. Sans avoir la foi qui faisait au moyen âge jaillir des trésors, on se souvint à Rome du temps où la chrétienté contribuait de ses aumônes à la construction des cathédrales et des abbayes. Léon X fit vendre en Allemagne, par les dominicains, les indulgences que vendaient auparavant les augustins. Luther, devenu vicaire provincial des augustins, s'éleva contre l'abus de ces indulgences. Il s'adressa à l'évêque de Brandebourg, à l'archevêque de Mayence : il n'obtint qu'une réponse évasive du premier, le second ne répondit point. Alors il proposa publiquement les thèses qu'il prétendait soutenir contre les indulgences. L'Allemagne fut ébranlée ; Tetzel brûla les propositions de Luther ; les étudiants de Wittemberg brûlèrent les propositions de Tetzel. Étonné de son succès, Luther aurait volontiers reculé.

Léon X entendit de loin un bruit qui s'élevait de l'autre côté des Alpes, une rumeur survenue chez des Barbares : « Rivalité de moines, » disait-il. Les Athéniens se moquaient des Barbares de la Macédoine. Le goût du prince de l'Église pour les lettres l'emportait sur de plus hautes considérations ; il trouvait que frère Luther était un beau génie : » *Fra Martino haveva un bellissimo ingenio*[1]. Néanmoins, pour complaire à ses théologiens, il somma le beau génie de comparaître à Rome.

Luther, fort de l'appui de l'électeur de Saxe, éluda cet ordre. Cité à Augsbourg, il y vint avec un sauf-conduit de l'empereur. Il disputa avec le légat Caïetano de Vio. On ne s'entendit point ; on ne s'entendait jamais dans ces joutes de paroles. Luther en appela au pape mieux informé : il avoue qu'avec un peu moins de hauteur de la part du légat, il se fût rendu, parce que dans ce temps-là *il voyait encore bien peu les erreurs du pape*.

Léon X sollicitait l'électeur de Saxe de lui livrer Luther : Frédéric résista. Luther rassuré écrivit au pape : « J'en atteste Dieu et les hommes ; je n'ai ja-
« mais voulu, je ne veux pas davantage aujourd'hui toucher à l'Église ro-
« maine ni à votre sainte autorité. Je reconnais pleinement que cette Église
« est au-dessus de tout, et qu'on ne peut rien préférer, de ce qui est au ciel et
« sur la terre, si ce n'est Jésus-Christ, Notre-Seigneur. »

Luther était sincère, quoique les apparences fussent contre lui ; car, en même temps qu'il s'explique ainsi avec le pape, il disait à Spalatin : « Je ne sais si

---

[1] BANDELLO.

« le pape n'est pas l'Antechrist ou l'apôtre de l'Antechrist. » Bientôt il publia son livre de la *Captivité de Babylone*. Il y déclare que l'Église est captive, le Christ profané dans l'idolâtrie de la messe, méconnu dans le dogme de la transsubstantiation, et prisonnier du pape.

Et tenant à constater qu'il attaquait encore plus la papauté que le pape, il disait dans une nouvelle lettre à Léon X : « Il faut bien qu'une fois pourtant,
« très-honorable père, je me souvienne de toi. Ta renommée tant célébrée des
« gens de lettres, ta vie irréprochable, te mettraient au-dessus de toute attaque.
« Je ne suis pas si sot que de m'en prendre à toi, lorsqu'il n'est personne qui
« ne te loue. Je t'ai appelé un Daniel dans Babylone; j'ai protesté de ton inno-
« cence...... Oui, cher Léon, tu me fais l'effet de Daniel dans la fosse, d'Ézé-
« chiel parmi les scorpions. Que pourrais-tu seul contre ces monstres? Ajou-
« tons encore trois ou quatre cardinaux, savants et vertueux. Vous seriez
« empoisonnés infailliblement, si vous osiez entreprendre de remédier à tant
« de maux..... C'en est fait de la cour de Rome. »

Il y a plus de trois siècles que cette prédiction est échappée à Luther, et la cour de Rome existe encore.

Les lettres du moine trouvaient Léon X occupé avec Michel-Ange à élever Saint-Pierre, et écrivant à Raphaël : « Vous ferez l'honneur de mon ponti-
« ficat. » *Leon X*, dit Palavicini, *con maggior cura chiamo coloro à cui fosser note le favole della Grecia e le delizie de' Poeti, che l'istorie della chiesa, et la dottrina de' Padri*.

Les croassements germaniques de Luther impatientaient le Médicis au milieu des arts, sous le beau ciel d'Italie. Pour étouffer ces bruits importuns, et ne se pouvant persuader qu'il s'agissait d'un schisme, il prépara la bulle *de condamnation*.

La bulle, arrivée en Allemagne, le peuple se soulève : à Erfurth, on la jette à l'eau; elle est brûlée à Wittemberg : première flamme d'un embrasement qui, de l'Europe, devait se répandre dans les autres parties de la terre.

Ici un beau combat entre Luther et Luther, car, encore une fois, Luther était un homme de conviction. Ce combat est bien reproduit dans M. Michelet, la part faite à la traduction, qui donne inévitablement et nécessairement à la littérature et aux idées l'expression de la littérature moderne et des idées de notre siècle.

Au commencement de son Traité *de Servo arbitrio*, Luther dit à Erasme :
« Sans doute tu te sens quelque peu arrêté en présence d'une suite si nom-
« breuse d'érudits, devant le consentement de tant de siècles, où brillèrent des
« hommes si habiles dans les lettres sacrées, où parurent de si grands martyrs,
« glorifiés par de nombreux miracles. Ajoute encore les théologiens plus ré-
« cents, tant d'académies, de conciles, d'évêques, de pontifes. De ce côté se
« trouvent l'érudition, le génie, le nombre, la grandeur, la hauteur, la force,
« la sainteté, les miracles ; et que n'y a-t-il pas? Du mien, Wiclef et Laurent
« Valla (et aussi Augustin, quoique tu l'oublies), puis Luther, un pauvre
« homme, né d'hier, seul avec quelques amis qui n'ont ni tant d'érudition, ni
« tant de génie, ni le nombre, ni la grandeur, ni la sainteté, ni les miracles : à
« eux tous ils ne pourraient guérir un cheval boiteux.... »

Dans ce traité *de Servo arbitrio*, Luther se déclare pour la grâce contre le libre arbitre ; celui qui étendit, s'il n'établit pas le *libre examen*, chargeait la volonté de chaînes : ces contradictions sont naturelles aux hommes. Il n'y a d'ailleurs aucune liaison directe entre la fatalité providentielle et le despotisme social ; ce sont deux ordres de faits distincts : l'un appartient au domaine de la philosophie et de la théorie, l'autre est du ressort de la politique et de la pratique.

L'Allemagne est le pays de l'honnêteté, du génie et des songes : plus les abstractions des esprits brumeux sont inintelligibles, plus elles excitent l'enthousiasme parmi les rêveurs qui les croient comprendre. Les compatriotes de Luther firent, des opinions de saint Augustin ressuscitées, la règle de leur foi. Luther s'adressa surtout aux nobles : il dédia sa défense des articles condamnés au seigneur Fabien de Feilitzsch : « Que cet écrit me recommande à toi et à « toute votre noblesse. » Il publia son pamphlet : ***A la noblesse chrétienne d'Allemagne sur l'amélioration de la chrétienté***. Les principaux nobles, amis de Luther, étaient Silvestre de Schauenberg, Franz de Sickingen, Taubenheim et Ulrick de Hutten. Le margrave de Brandebourg sollicitait la faveur de voir le nouvel apôtre. C'est ainsi qu'en France et en Angleterre les réformistes furent des rois, des princes et des nobles : en France, la sœur de François Ier, Jeanne d'Albret, Henri IV, les Châtillon, les Bouillon, les Rohan ; en Angleterre, Henri VIII, ses évêques et sa cour.

Quand j'avançai cela dans les *Études historiques*, j'eus le malheur, contre mon intention, de blesser des susceptibilités : j'en conviens, dans nos temps de démocratie, il est peut-être dur pour ceux qui se disent les fondateurs de la liberté populaire, de se trouver, par origine, des *aristocrates* descendus d'une race de princes et de nobles : qu'y faire ? c'est la stricte vérité ; on la pourrait appuyer d'une masse de faits irrécusables.

La diète de Worms fut le triomphe de Luther : il y comparut devant l'empereur Charles-Quint, six électeurs, un archiduc, deux landgraves, vingt-sept ducs, un grand nombre de comtes, d'archevêques et d'évêques. Il entra dans la ville, monté sur un char, escorté de cent gentilshommes armés de toutes pièces. On chantait devant lui un hymne, la *Marseillaise* du temps.

> Notre Dieu est une forteresse,
> Une épée et une bonne armure [1].

Le peuple était monté sur les toits pour voir passer Martin. Ferme et modéré, le docteur ne voulut rien rétracter de ce qu'il avait avancé touchant les doctrines, mais il offrit de désavouer ce qui pouvait lui être échappé d'inconvenant contre les personnes. Ainsi, comme l'a dit M. Mignet d'une manière remarquable, Luther dit *non* au pape, *non* à l'empereur. Cela prouve de la conviction et du courage, mais de ce courage facile quand on est bien défendu, quand on est environné de beaucoup d'éclat, quand on est excité par l'ambition de devenir chef de secte, et par l'espoir d'une grande renommée. Au surplus, tous les sectaires ont dit *non*. L'hérésie d'Arius dura plus de trois siècles dans sa vigueur

---

[1] M. Heine, *Revue des Deux Mondes*.

et subsiste encore ; elle divisa le monde civilisé et s'empara de tout le monde barbare, les Francs de Clovis exceptés : Alaric et Genseric, qui saccagèrent Rome catholique, étaient ariens. Arius avait dit *non* bien avant Luther, dont les doctrines n'ont pas encore atteint l'âge de celles du prêtre d'Alexandrie.

Luther était encouragé dans le sein de la diète même : des nobles et des comtes étaient allés le visiter. « Le pape, dit Luther, avait écrit à l'empereur
« de ne point observer le sauf-conduit. Les évêques y poussaient ; mais les
« princes et les états n'y voulurent point consentir ; car il en fût résulté bien
« du bruit. J'avais tiré un grand éclat de tout cela ; *ils devaient avoir peur de
« moi plus que je n'avais d'eux*. En effet, le landgrave de Hesse, qui était
« encore un jeune seigneur, demanda à m'entendre, vint me trouver, causa
« avec moi, et me dit à la fin : Cher docteur, si vous avez raison, que Notre-
« Seigneur Dieu vous soit en aide ! »

Quoi qu'il en soit, l'apparition de Luther à la diète montrait quelque force d'âme, car Jean Huss, malgré le passeport d'un empereur, n'en avait pas moins été brûlé vif. Quand le Christ parut devant Pilate, il était seul, abandonné même de ses douze disciples : toutes les puissances de la terre s'élevaient contre lui, et l'on n'eut point égard au sauf-conduit qu'il avait du ciel.

La diète publia le ban impérial ; il frappait Luther et ses adhérents. Voltaire prétend que Charles-Quint hésita entre le moine d'Erfurth et Rome. Le sauf-conduit fut maintenu dans l'acte du ban. Le même Charles-Quint, qui accorda une audience solennelle à Luther, refusa d'entendre Fernand Cortès.

Le réformateur se retira : l'électeur de Saxe, pour le soustraire à tout danger, et peut-être d'accord avec Martin lui-même, le fit enlever et l'enferma dans le château de Wartbourg. Du haut de sa forteresse, Luther lança une multitude d'écrits, imitant Athanase, qui combattait pour la foi, du fond des grottes de l'Égypte. Il était tenté : *sa chair indomptée le brûlait d'un feu dévorant*. Dans son Pathmos (ainsi ce nouveau saint Jean appelle-t-il le château de Wartbourg), il croyait ouïr, la nuit, des noisettes se heurter dans un sac, et entendre un grand bruit sur les marches d'un escalier, que fermaient des chaînes et une porte de fer : c'était l'apostasie qui revenait. Luther, rendu impétueux par cette captivité bienveillante qui lui donnait l'air d'un martyr, ne parlait plus que de *briser les cèdres, d'abaisser les pharaons superbes et endurcis*. Il écrivait rudement à l'archevêque de Mayence, et datait ainsi : « Donné en mon désert, le
« dimanche après la Sainte-Catherine, 25 novembre 1521. » Le cardinal archevêque de Mayence, répondait humblement, ou fièrement ; « Cher docteur, j'ai
« reçu votre lettre... je souffre volontiers une réprimande fraternelle et chré-
« tienne. »

Prêchant son nouvel évangile Martin disait : « J'espère qu'ils me tueront ;
« mais mon heure n'est pas venue ; il faut qu'auparavant je rende encore plus
« furieuse cette race de vipères. » Il hésite d'abord à se prononcer contre les vœux monastiques ; puis se fortifiant dans ses idées, il déclare qu'il a formé
« une vigoureuse conspiration pour les détruire et les mettre au néant. »

Il n'approuvait pas les théologiens démagogues qui marchaient sur ses traces et brisaient les images. « Si tu veux éprouver leurs inspirations, écrit-il à Mé-

« lanchfon, demande s'ils ont ressenti ces angoisses spirituelles et ces naissances
« divines, ces morts et ces enfers. »

Il avait commencé à publier sa traduction de la *Bible;* des princes et des
évêques la prohibèrent; comme sectaire et comme auteur, il s'irrita; la colère
lui donna la prévision de l'avenir. « Le peuple s'agite de tous côtés, et il a les
« yeux ouverts; il ne veut plus, il ne peut plus se laisser opprimer. C'est le
« Seigneur qui mène tout cela et qui ferme les yeux des princes sur ces symp-
« tômes menaçants; c'est lui qui consommera tout par leur aveuglement et
« leur violence; il me semble voir l'Allemagne nager dans le sang.

« Qu'ils sachent bien que le glaive de la guerre civile est suspendu sur leurs
« têtes. »

Et qui suspendait le glaive de la guerre civile sur la tête de ces princes, si
ce n'était Luther?

Dans cette année 1522, Henri VIII, encore orthodoxe, fit paraître le livre
dont je parlerai ailleurs, et qu'il avait fait faire ou revoir peut-être par son cha-
pelain et ses ministres théologiens. Le moine réformateur malmène son collègue
le roi réformateur «. Quel est donc ce Henri, ce nouveau thomiste, ce disciple
« du monstre, pour que je respecte ses blasphèmes et sa violence? Il est le dé-
« fenseur de l'Église! oui, de son église à lui, qu'il porte si haut; de cette
« prostituée qui vit dans la pourpre, ivre de débauches; de cette mère de for-
« nications. Moi, mon chef est Christ: je frapperai du même coup cette église
« et son défenseur, qui ne font qu'un; je les briserai. » Henri VIII, ne pouvant brûler Luther, répliqua : ses bûchers étaient plus redoutables que ses écrits.

La réformation s'étendait à l'aide de l'imprimerie, qui semblait avoir été découverte à temps pour la propagation des nouvelles doctrines; l'Église luthérienne s'établissait; on sait ce qu'elle a rejeté et ce qu'elle a conservé des
dogmes de l'Église romaine. Mais le schisme entrait de toutes parts dans la
nouvelle communion; Calvin paraissait à Genève, Luther se brouillait avec
Carlostadt, et écrivait contre lui des pamphlets amers. Les paysans se soule-
vèrent contre leurs seigneurs et se jetèrent sur les biens des princes ecclésiastiques: de là les troubles de la Souabe, de Francfort, du pays de Bade, de
l'Alsace, du Palatinat, de la Bavière, de la Hesse. En vain Luther fit ce qu'il
put pour désarmer la foule, en vain s'écriait-il que la révolte n'a jamais eu une
bonne fin, que qui se sert de l'épée périra par l'épée : le glaive était tiré ; il ne
devait rentrer dans le fourreau qu'après deux siècles d'immolation.

Dans la réponse de Luther aux douze articles des paysans de la Souabe, il y
a des choses justes et raisonnables; il dit aussi aux seigneurs des vérités qui
pouvaient leur sembler hardies; mais, entraîné par le caractère de sa réformation ennemie du peuple, il se montre d'une dureté révoltante contre les paysans;
il ne donne pas une larme à leurs malheurs.

« Je crois, dit-il, que tous les paysans doivent périr plutôt que les princes et
« les magistrats, parce que les paysans prennent l'épée sans l'autorité divine...
« Nulle miséricorde, nulle tolérance n'est due aux paysans, mais l'indignation
« de Dieu et des hommes. Les paysans sont dans le ban de Dieu et de l'empe-
« reur. On peut les traiter comme des chiens enragés. »

Et cependant ces *chiens enragés* avaient été déchaînés par la parole de Luther. Pour ces hommes mis *au ban de Dieu* on ne sent dans l'émancipateur de l'esprit humain aucune sympathie des libertés populaires.

Il se brouilla avec tous les sectaires qui sortirent de sa réforme; il ne pardonna jamais à Érasme son *libero arbitrio*.

« Dès que je reviendrai en santé, je veux, avec l'aide de Dieu, écrire contre
« lui, et le tuer. Nous avons souffert qu'il se moquât de nous et nous prît à la
« gorge; mais aujourd'hui qu'il en veut faire autant au Christ, nous voulons
« nous mettre contre lui.... Il est vrai qu'écraser Érasme c'est écraser une pu-
« naise; mais mon Christ dont il se moque m'importe plus que le péril d'Érasme.

« Si je vis, je veux, avec l'aide de Dieu, purger l'Église de son ordure. C'est
« lui qui a semé et fait naître Crotus, Egranus, Witzeln, Œcolampade, Cam-
« panus et d'autres visionnaires ou épicuriens. Je ne veux plus le reconnaître
« dans l'Église, qu'on le sache bien............ »

« S'il prêche, cela sonne faux comme un vase fêlé. Il a attaqué la papauté,
« et maintenant il tire sa tête du sac. »

Érasme et Luther avaient été longtemps amis et regardés tous deux comme des hérétiques.

« Voilà, dit très-bien M. Nisard, de petites questions pour les partisans du
« fatalisme historique, qui grossissent et grandissent un homme de tout ce qui
« s'est fait après lui, et par des causes qu'il n'aurait ni voulues, ni prévues :
« mais je ne les trouve pas déjà si mauvaises pour l'heure où nous sommes.
« A cette heure-là en effet, de qui pensez-vous qu'il soit demeuré le plus de
« choses, de Luther niant le libre arbitre, et remplaçant le dogme par le dogme,
« où plus crûment, la superstition par la superstition, ou d'Érasme revendi-
« quant pour l'homme la liberté de la conscience[1]? »

Les Turcs ayant assiégé Vienne, Luther appela noblement les Allemands à la défense de la patrie. Puis vinrent les ligues de Smalkade, les anabaptistes de Munster. Ceux-ci prêchèrent contre le pape et contre Luther; ils préféraient même le premier au dernier; ils considéraient Luther comme l'ami de la noblesse, et il fut maudit par eux, de même qu'il l'avait été par les paysans de la Souabe.

MARIAGE. — VIE PRIVÉE DE LUTHER.

Luther devait à ses opinions une démarche qui en était la conséquence et la suite. Il avait ouvert la porte des cloîtres; il en sortait une foule d'hommes et de femmes dont il ne savait que faire : il se maria donc, tant pour leur donner un bon exemple, que pour se débarrasser de ses tentations. Quiconque a enfreint les règles, cherche à entraîner les faibles avec soi, et à se couvrir de la multitude; par ce consentement d'un grand nombre, on se flatte de faire croire à la justice et au droit d'une action qui souvent ne fut que le résultat d'un accident ou d'une passion irréfléchie. Des vœux saints furent doublement violés;

---

[1] DE NISARD, Érasme, IIe partie. *Revue des Deux Mondes*. 15 septembre 1835.

Luther épousa une religieuse. Tout cela est peut-être bien selon la nature; mais il y a une nature plus élevée : il est difficile, quelles que soient d'ailleurs les vertus de deux époux, qu'ils inspirent la confiance et le respect en faisant le serment de l'union conjugale au même autel où ils prononcèrent les vœux de chasteté et de solitude. Jamais le chrétien ne déposera dans le cœur d'un prêtre le fardeau caché de sa vie, si ce prêtre a une autre épouse que cette Église mystérieuse qui garde le secret des fautes et console les douleurs. Le Christ, pontife et victime, vécut dans le célibat, et il quitta la terre à la fin de la jeunesse.

La religieuse que Luther épousa se nommait Catherine de Bora : il l'aima, vécut bien avec elle, et travailla de ses propres mains pour la nourrir : celui qui fit des princes et dépouilla le clergé de ses richesses, resta pauvre ; il s'honora par son indigence, comme nos premiers révolutionnaires. On lit ces paroles touchantes dans son testament :

« Je certifie que nous n'avons ni argent comptant, ni trésor d'aucune es-
« pèce. En cela rien d'étonnant, si l'on veut considérer que nous n'avons eu
« d'autre revenu que mon salaire et quelques présents. »

On suit avec intérêt Luther dans sa vie privée et dans ses opinions particulières. Il a plusieurs belles pensées sur la nature, sur la Bible, sur les écoles, sur l'éducation, sur la foi, sur la loi. Ce qu'il dit de l'imprimerie est curieux. Une idée individuelle le conduit à une vérité générale et à une vue de l'avenir :

« L'imprimerie est le dernier et le suprême don, le *summum et postremum*
« *donum*, par lequel Dieu avance les choses de l'Évangile. C'est la dernière
« flamme qui luit avant l'extinction du monde. Grâce à Dieu, elle est venue à
« la fin. »

Il faut entendre Luther dans l'intimité des sentiments domestiques :

« Cet enfant (son fils) et tout ce qui m'appartient est haï de leurs partisans,
« haï des diables. Cependant tous ces ennemis n'inquiètent guère le cher en-
« fant; il ne s'inquiète pas de ce que tant et de si puissants seigneurs lui en veu-
« lent, il suce gaiement la mamelle, regarde autour de lui en riant tout haut,
« et les laisse gronder tant qu'ils veulent. »

Ailleurs, parlant encore de ses enfants, il dit :

« Telles étaient nos pensées dans le paradis, simples et naïves; innocents,
« sans méchanceté ni hypocrisie, nous eussions été véritablement comme cet
« enfant quand il parle de Dieu et qu'il en est si sûr. »

« Quels ont dû être les sentiments d'Abraham, lorsqu'il a consenti à sacri-
« fier et égorger son fils unique? Il n'en aura rien dit à Sara. »

Le dernier trait est d'une familiarité et d'une tendresse presque sublimes.

Il déplore la mort de sa petite fille Élisabeth :

« Ma petite fille Élisabeth est morte; je m'étonne comme elle m'a laissé le
« cœur malade, un cœur de femme, tant je suis ému. Je n'aurais jamais cru
« que l'âme d'un père fût si tendre pour son enfant.

« Dans le plus profond de mon cœur sont encore gravés ses traits, ses pa-
« roles, ses gestes, pendant sa vie et sur son lit de mort; mon obéissante et
« respectueuse fille! La mort même du Christ (et que sont tous les morts en

« comparaison) ne peut me l'arracher de la pensée, comme elle le devrait....
« Chère Catherine, songe pourtant où elle est allée. Elle a certes fait un
« heureux voyage. La chair saigne sans doute, c'est sa nature; mais l'esprit
« vit et se trouve selon ses souhaits. Les enfants ne disputent point; comme
« on leur dit, ils croient; chez les enfants tout est simple. Ils meurent sans
« chagrin ni angoisses, sans disputes, sans tentations de la mort, sans douleur
« corporelle, tout comme s'ils s'endormaient. »

En lisant des choses si douces, si religieuses, si pénétrantes, on se sent désarmé; on oublie la fougue du sectaire.

On trouve, sur la mort de son père, ces paroles d'une profondeur et d'une simplicité bibliques :

« Je succède à son nom; voici maintenant que je suis pour ma famille le
« *vieux Luther* : c'est mon tour, c'est mon droit de le suivre par la mort. »

Luther, devenu malade et triste, disait :

« L'empire tombe, les rois tombent, les prêtres tombent, et le monde entier
« chancelle, comme une grande maison qui va crouler annonce sa ruine par
« de petites lézardes. »

La mort de Luther fut paisible; il désirait mourir, et disait :

« Que Notre-Seigneur vienne donc vite et m'emmène. Qu'il vienne surtout
« avec son jugement dernier, je tendrai le cou ; qu'il lance le tonnerre et que
« je repose. . . . .
« . . . . Fi de nous ! sur notre vie nous ne donnons pas même la dîme
« à Dieu; et nous croirions avec nos bonnes œuvres mériter le ciel ! Qu'ai-je
« fait, moi ?

. . . .
« Ce petit oiseau a choisi son abri et va dormir bien paisiblement; il ne s'inquiète pas; il ne songe point au gîte du lendemain; il se tient bien tranquille
« sur sa petite branche, et laisse Dieu songer pour lui. »

« Je te recommande mon âme, ô mon Seigneur Jésus-Christ! Je quitterai
« ce corps terrestre, je vais être enlevé de cette vie, mais je sais que je resterai éternellement auprès de toi. »

« Il répéta encore trois fois : *In manus tuas commendo spiritum meum; re-*
« *demistime, Domine, Deus veritatis.* Soudain il ferma les yeux, et tomba éva-
« noui. Le comte Albrecht et sa femme, ainsi que les médecins, lui prodiguè-
« rent des secours pour le rendre à la vie ; ils n'y parvinrent qu'avec peine.
« Le docteur Jonas lui dit alors : « Révérend père, mourez-vous avec con-
« stance dans la foi que vous avez enseignée? » Il répondit par un *oui* distinct, et
« se rendormit. Bientôt il pâlit, devint froid, respira encore une fois profondé-
« ment, et mourut[1]. »

---

[1] Extrait de la *Relation de Jonas et de Cœbius*, dans M. MICHELET.

PORTRAIT DE LUTHER.

Voilà le *oui* final qui suivit le *non* prononcé à Worms. Oui, Luther persista, et avec lui les sectes dont il fut le père; mais la preuve qu'il ne sentait pas la portée du mouvement qu'il avait produit, c'est qu'il se refusa à tout accord avec ces sectes. Ainsi chez le landgrave de Hesse, il ne voulut rien céder à Zwingli, à Bucer et à Œcolampade, qui le suppliaient de s'entendre avec eux; ils lui auraient donné la Suisse et les bords du Rhin : ainsi il blâma Mélanchton, qui essayait entre les catholiques et les protestants une conciliation à peu près pareille à celle dont s'occupa Bossuet avec Leibnitz : ainsi il condamna les paysans de la Souabe et les anabaptistes de Munster, beaucoup moins à cause des désordres dont ils s'étaient rendus coupables, que parce qu'ils ne voulaient pas se renfermer dans le cercle par lui tracé. Un homme à grandes conceptions, désirant changer la face du monde, se serait élevé au-dessus de ses propres opinions; il n'aurait pas arrêté les esprits, qui cherchaient la destruction de ce que lui-même prétendait détruire. Luther fut le premier obstacle à la réformation de Luther.

Quant au caractère, le réformateur n'en manqua pas; mais après tout il ne fit point éclater ce courage dominateur que montrèrent dans la religion catholique et dans l'hérésie tant de martyrs et d'enthousiastes; il ne fut ni l'invincible Arius, ni l'indomptable Jean Huss : il ne s'expose qu'une fois, après laquelle il se tient à l'écart, menace beaucoup de loin, s'écrie qu'il bravera tout et ne brave rien. Il refuse d'aller à la diète d'Augsbourg et demeure prudemment renfermé dans la forteresse de Cobourg. Il dit souvent qu'il est *seul*, qu'il va descendre de son Sinaï, de sa Sion, et il y reste. Quand il disait cela, loin d'être *seul*, il était derrière les ducs de Mecklembourg et de Brunswick, derrière le grand maître de l'ordre Teutonique, derrière l'électeur de Saxe, le landgrave de Hesse; il avait devant lui l'incendie par lui-même allumé, et l'on ne pouvait plus l'atteindre à travers cette barricade de flammes.

Reconnaissons dans Luther un homme d'esprit et d'imagination, écrivain, poëte, musicien, et d'ailleurs très-bon homme. Il a fixé la prose allemande; sa traduction de la Bible, infidèle parce qu'il savait mal l'hébreu, est restée : on chante encore dans les églises luthériennes ses psaumes composés d'après les Saintes Écritures. Il était désintéressé, doux mari, père tendre, abstraction faite du moine et de la nonne épousée. On sent en lui cette candide et simple nature allemande, pleine des meilleurs sentiments de l'humanité, et qui inspire la confiance au premier abord; mais aussi on retrouve en Luther la grossièreté germanique, ces vertus et ces talents, lesquels s'inspirent, encore même aujourd'hui, de ce *faux Bacchus* maudit par un autre réformateur, Julien l'Apostat.

Luther était de bonne foi; il ne tomba dans le schisme qu'après de longs combats; il exprime souvent ses doutes, presque ses remords; il conserve les tentations du cloître. Un homme léger, qui se fait religieux pour avoir vu un de ses amis tué d'un coup de foudre, peut bien jeter le froc pour avoir assisté à la vente des indulgences : il ne faut prêter à tout cela ni hautes idées, ni vues profondes. C'était très-sérieusement que Luther se croyait attaqué du diable;

il le combattait la nuit à la sueur de son front : *Multas noctes mihi satis amarulentas et acerbas reddere ille novit.* Quand il était trop tourmenté du démon, il le mettait en fuite en lui disant trois mots que je n'oserais répéter, et qu'on peut lire dans les curieux extraits de M. Michelet[1]. Le Christ avait parlé autrement à Satan; il s'était contenté de lui dire : « Tu ne tenteras point le Seigneur ton Dieu. » Quelquefois Luther, dans son exaltation, se pensait envahi par la Divinité, se dépouillait de son moi, et s'écriait : « Je ne connais pas « Luther : que le diable emporte Luther! »

Luther ne composait pas son éloquence de termes choisis, et à propos du pape il se souvient trop du lama. Sa doctrine en faveur des grands est aussi relâchée que son éloquence est quelquefois souillée : il admit presque la polygamie, et permit deux femmes au landgrave de Hesse. S'il n'eût renoncé à l'autorité papale, il aurait pu s'appuyer d'une décrétale de 762, du pape Grégoire II.

PORTRAIT DE LUTHER PAR MAINBOURG, BOSSUET ET VOLTAIRE.

On peut remarquer, à l'honneur des écrivains catholiques et des prêtres, la justice qu'ils ont rendue à Luther dans les portraits qu'ils ont faits de lui.

« C'était un homme d'un esprit vif et subtil, » dit le père Mainbourg dans son style un peu vieilli; « naturellement éloquent, disert et poli dans sa langue,
« infiniment laborieux, et si assidu à l'étude, qu'il y passait quelquefois les
« jours entiers, sans même se donner le loisir de prendre un morceau : ce
« qui lui acquit une assez grande connaissance des langues et des Pères, à
« la lecture desquels, et surtout à celle de saint Augustin, dont il fit un très-
« mauvais usage, il s'était fort attaché, contre l'ordinaire des théologiens de
« son temps. Il avait la complexion forte et robuste pour durer au travail, sans
« détriment de sa santé; tempérament bilieux et sanguin, ayant l'œil péné-
« trant et tout de feu, le ton de voix agréable, et fort élevé quand il était une
« fois échauffé; l'air fier, intrépide et hautain, qu'il savait pourtant radoucir,
« quand il voulait, pour contrefaire l'humble, le modeste et le mortifié, ce qui
« ne lui arrivait pas trop souvent... Voilà le véritable caractère de Martin Lu-
« ther, dans lequel on peut dire qu'il y eut un grand mélange de quelques
« bonnes et de plusieurs mauvaises qualités, et qu'il fut bien plus débauché
« encore dans l'esprit que dans les mœurs et dans sa vie, laquelle il passa tou-
« jours assez régulière. »

Bossuet a fait de Luther un portrait qu'on pourrait croire flatté à force d'être impartial :

« Les deux partis qui partagent la réforme l'ont également reconnu pour
« leur auteur. Ce n'a pas été seulement les luthériens, ses sectateurs, qui lui
« ont donné à l'envi de grandes louanges; Calvin admire souvent ses vertus,
« sa magnanimité, sa constance, l'industrie incomparable qu'il a fait paraître
« contre le pape : c'est la trompette ou plutôt le tonnerre; c'est la foudre qui
« a tiré le monde de sa léthargie; ce n'était pas Luther qui parlait, c'était Dieu,

---

[1] *Mémoires de Luther*, tom. III, pag. 186, lign. 4.

« qui foudroyait par sa bouche. Il est vrai qu'il eut de la force dans le génie,
« de la véhémence dans ses discours, une éloquence vive et impétueuse qui
« entraînait les peuples et les ravissait ; une hardiesse extraordinaire, quand
« il se vit soutenu et applaudi, avec un air d'autorité qui faisait trembler de-
« vant lui ses disciples ; de sorte qu'ils n'osaient le contredire ni dans les grandes
« choses ni dans les petites. Ce ne fut pas seulement le peuple qui regarda
« Luther comme un prophète, les doctes du parti le donnaient pour tel. Mé-
« lanchton, qui se rangea sous sa discipline dès le commencement de ses dis-
« putes, se laissa d'abord tellement persuader qu'il y avait en cet homme
« quelque chose d'extraordinaire et de prophétique, qu'il fut longtemps sans
« en pouvoir revenir, malgré tous les défauts qu'il découvrait de jour en jour
« dans son maître ; et il écrivait à Érasme, en parlant de Luther : *Vous savez*
« *qu'il faut éprouver et non pas mépriser les prophètes.* Cependant ce nouveau
« prophète s'emportait à des excès inouïs. Il outrait tout : parce que les pro-
« phètes, par l'ordre de Dieu, faisaient de terribles invectives, il devint le
« plus violent de tous les hommes et le plus fécond en paroles outrageuses.
« Luther parlait de lui-même, de manière à faire rougir tous ses amis. Enflé
« de son savoir, médiocre au fond, mais grand pour le temps, et trop grand
« pour son salut et pour le repos de l'Église, il se mettait au-dessus de tous les
« hommes, et non-seulement de ceux de son siècle, mais des plus illustres
« siècles passés. Il faut avouer qu'il avait beaucoup de force dans l'esprit :
« rien ne lui manquait que la règle, que l'on ne peut avoir que dans l'Église,
« et sous le joug d'une autorité légitime. Si Luther se fût tenu sous ce joug si
« nécessaire à toutes sortes d'esprits, et surtout aux esprits bouillants et impé-
« tueux comme le sien ; s'il eût pu retrancher de ses discours ses emporte-
« ments, ses plaisanteries, ses arrogances brutales, ses excès, ou, pour mieux
« dire, ses extravagances, la force avec laquelle il manie la vérité n'aurait pas
« servi à la séduction. C'est pourquoi on le voit encore invincible, quand il
« traite les dogmes anciens qu'il avait pris dans le sein de l'Église ; mais l'or-
« gueil suivait de près ses victoires. »

Le patriarche de l'incrédulité, Voltaire, a traité Luther moins favorablement
que le jésuite Mainbourg et l'évêque de Meaux.

« On ne peut, dit-il, sans rire de pitié, lire la manière dont Luther traite
« tous ses adversaires et surtout le pape : Petit pape, petit papelin, vous êtes un
« âne, un ânon ; allez doucement, il fait glacé ; vous vous romprez les jambes,
« et on dirait : Que diable est ceci ? le petit ânon de papelin est estropié. Un
« âne sait qu'il est âne, une pierre sait qu'elle est pierre ; mais ces petits ânons
« de papes ne savent pas qu'ils sont ânons. »

Ces moqueries de Voltaire sont justes, mais elles ne comptent pas.

CE QU'IL FAUT PENSER DE LUTHER.

Le mouvement que Luther opéra ne vint point de son génie : il n'avait
point de génie ; il faut se souvenir que le mot de génie au temps de Bossuet ne
signifiait pas ce qu'il signifie aujourd'hui. Luther, je l'ai dit, avait seulement

beaucoup d'esprit et surtout beaucoup d'imagination. Il céda à l'irascibilité de son caractère, sans comprendre la révolution qu'il opérait, et laquelle même il entrava en s'obstinant à la concentrer dans sa personne : il eût échoué comme tous ses prédécesseurs si la dépouille du clergé ne se fût trouvée là pour tenter la cupidité du pouvoir.

Après l'événement on a systématisé la réformation ; le caractère de notre siècle est de systématiser tout, sottise, lâcheté, crime : on fait honneur à la *pensée* de bassesses ou de forfaits auxquels elle n'a pas songé, et qui n'ont été produits que par un instinct vil ou un déréglement brutal : on prétend trouver du génie dans l'appétit d'un tigre. De là ces phrases d'apparat, ces maximes d'échafaud, qui veulent être profondes ; qui, passant de l'histoire ou du roman au langage vulgaire, entrent dans le commerce des crimes au rabais, des assassins pour une timbale d'argent, ou pour la vieille robe d'une pauvre femme.

On a prétendu que le libre examen fut le principe constitutif de la réformation. Il faudrait d'abord s'entendre sur ce qu'on appelle le *libre examen* : le libre examen de quoi ? de la religion, des idées philosophiques ? Il y avait longtemps que l'on en avait usé. Le *libre examen* des questions sociales, de la liberté politique ? non certes ! et c'est ce que je montrerai dans le chapitre suivant.

Il est même douteux que le *libre examen* en religion ait hâté cette révolution antichrétienne qui est au fond de la pensée de ceux dont le *libre examen* est la doctrine favorite. Bayle, qui ne sera pas suspect en cette matière, fait cette observation pleine de profondeur et de sagacité : « On peut assurer que le nombre
« des esprits tièdes, indifférents, dégoûtés du christianisme, diminua beaucoup
« plus qu'il n'augmenta par les troubles qui agitèrent l'Europe à l'occasion de
« Luther. Chacun prit parti avec chaleur : les uns demeurèrent dans la com-
« munion romaine, les autres embrassèrent la protestante. Les premiers con-
« çurent pour leur communion plus de zèle qu'ils n'en avaient, les autres furent
« tout de feu pour leur nouvelle créance. On ne saurait nombrer ces personnes
« qui, au dire de Coeffeteau, rejetaient le christianisme à la vue de tant de
« disputes. »

Si l'on dit que, dans un temps donné, le *libre examen* de la *vérité religieuse* entraîna comme déduction, comme corollaire, le *libre examen de la vérité politique ;* si l'on dit avec Voltaire, *que ce n'est qu'après Luther que les séculiers ont dogmatisé ;* j'en conviendrai : mais on fût arrivé là par le progrès naturel de la civilisation : on n'avait nullement besoin de passer à travers les fureurs de la Ligue, les massacres de l'Irlande et de l'Écosse, les tueries des paysans de l'Allemagne, les guerres civiles de la Suisse et la guerre de Trente ans. Ces torrents de sang, au lieu de précipiter la marche de l'esprit humain, l'ont arrêté deux siècles sur leurs bords et l'ont empêché d'avancer : les horreurs de 1793 retarderont pour des temps infinis l'émancipation des peuples. La réformation eut tout simplement pour origine l'orgueilleuse colère d'un moine et l'avidité des princes : les changements opérés depuis un siècle avant la réformation, dans les lois et dans les mœurs, amenaient de nécessité des changements dans le culte ; Luther vint en son temps, voilà tout. C'est un exemple de plus de cette renommée des choses et du hasard, qui s'attache à des capacités peu supé-

rieures. Bayle fait encore cette autre remarque judicieuse : « Wicleff et plusieurs
« autres. .... n'avaient pas moins d'habileté ni moins de mérite que Luther ;
« mais ils entreprirent la guérison de la maladie avant la crise. »
Berington, dans son *Histoire littéraire,* juge comme moi, que l'on fût arrivé
à toutes les réformes nécessaires sans être obligé de passer par tant de malheurs.
« Dans l'Angleterre, ma patrie, dit-il, ces nobles édifices, qui étaient les mo-
« numents de la généreuse piété de nos ancêtres, auraient été préservés de la
« destruction et seraient devenus, non l'asile de la fainéantise monacale, mais
« celui du loisir studieux, du mérite modeste et de la philosophie chrétienne. »
Le protestantisme peut à bon droit revendiquer des vertus, il n'est pas aussi
heureux dans ses fondateurs : Luther, moine apostat, approbateur du massacre
des paysans ; Calvin, docteur aigre qui brûla Servet ; Henri VIII, réviseur du
Missel, et qui fit périr soixante-douze mille hommes dans les supplices : voilà
ses trois Christ.

LA RÉFORMATION.

Mais, laissant à part l'ouvrier et ne considérant que l'œuvre, il est des vérités
qu'il serait injuste de nier. La réformation, en ouvrant les siècles modernes,
les sépara du siècle limitrophe et indéterminé qui suivit la disparition du moyen
âge : elle réveilla les idées de l'antique égalité : elle servit à métamorphoser
une société toute militaire en une société rationnelle, civile et industrielle ; elle
fit naître la propriété moderne des capitaux, propriété mobile, progressive, sans
bornes, qui combat la propriété bornée, fixe et despotique de la terre. Ce bien
est immense : il a été mêlé de beaucoup de mal, et ce mal l'impartialité historique ne permet pas de le taire.

Le christianisme commença chez les hommes par les classes plébéiennes,
pauvres et ignorantes. Jésus-Christ appela les petits, et ils allèrent à leur maître.
La foi monta peu à peu dans les hauts rangs, et s'assit enfin sur le trône impérial.
Le christianisme était alors catholique ou universel ; la religion, dite catholique, partit d'en bas pour arriver aux sommités sociales : la papauté n'était que
le tribunat des peuples, lorsque *l'âge politique* du christianisme arriva.

Le protestantisme suivit une route opposée : il s'introduisit par la tête du corps
politique, par les princes et les nobles, par les prêtres et les magistrats, par les
savants et les gens de lettres, et il descendit lentement dans les conditions inférieures ; les deux empreintes de ces deux origines sont restées distinctes dans
les deux communions. La communion réformée n'a jamais été aussi populaire
que le culte catholique ; de race princière et patricienne, elle ne sympathise pas
avec la foule. Équitable et moral, le protestantisme est exact dans ses devoirs,
mais sa bonté tient plus de la raison que de la tendresse : il vêtit celui qui est
nu, mais il ne le réchauffe pas dans son sein ; il ouvre des asiles à la misère
mais il ne vit pas et ne pleure pas avec elle dans ses réduits les plus abjects ;
il soulage l'infortune, mais il n'y compatit pas. Le moine et le curé sont les
compagnons du pauvre ; pauvres comme lui, ils ont pour leurs compagnons les
entrailles de Jésus-Christ : les haillons, la paille, les plaies, les cachots, ne leur

inspirent ni dégoût ni répugnance ; la charité en a parfumé l'indigence et le malheur. Le prêtre catholique est le successeur des douze hommes du peuple qui prêchèrent Jésus-Christ ressuscité ; il bénit le corps du mendiant expiré, comme la dépouille sacrée d'un être aimé de Dieu et ressuscité à l'éternelle vie. Le pasteur protestant abandonne le nécessiteux sur son lit de mort ; pour lui, les tombeaux ne sont point une religion, car il ne croit pas à ces lieux expiatoires où les prières d'un ami vont délivrer une âme souffrante. Dans ce monde, le ministre ne se précipite point au milieu du feu, de la peste ; il garde pour sa famille particulière ces soins affectueux que le prêtre de Rome prodigue à la grande famille humaine.

Sous le rapport religieux, la réformation conduit insensiblement à l'indifférence ou à l'absence complète de foi : la raison en est que l'indépendance de l'esprit aboutit à deux abîmes : le doute ou l'incrédulité.

Et par une réaction naturelle, la réformation, à sa naissance, ressuscita le fanatisme catholique qui s'éteignait : elle pourrait donc être accusée d'avoir é é la cause indirecte des meurtres de la Saint-Barthélemy, des fureurs de la Ligue, de l'assassinat de Henri IV, des massacres d'Irlande, de la révocation de l'édit de Nantes, et des dragonnades. Le protestantisme criait à l'intolérance de Rome, tout en égorgeant les catholiques en Angleterre et en France, en jetant au vent les cendres des morts, en allumant des bûchers à Genève, en se souillant des violences de Munster, en dictant les lois atroces qui ont accablé les Irlandais, à peine aujourd'hui délivrés après trois siècles d'oppression. Que prétendait la réformation relativement au dogme et à la discipline ? Elle pensait bien raisonner en niant quelques mystères de la foi catholique, en même temps qu'elle en retenait d'autres tout aussi difficiles à comprendre. Elle attaquait les abus de la cour de Rome ? Mais ces abus ne se seraient-ils pas détruits par le progrès de la civilisation ? Ne s'élevait-on pas de toutes parts et depuis longtemps contre ces abus, comme je viens de le montrer?

La réformation, pénétrée de l'esprit de son fondateur, se déclara ennemie des arts ; elle saccagea les tombeaux, les églises et les monuments ; elle fit en France et en Angleterre des monceaux de ruines. En retranchant l'imagination des facultés de l'homme, elle coupa les ailes au génie et le mit à pied. Elle éclata au sujet de quelques aumônes destinées à élever au monde chrétien la basilique de Saint-Pierre. Les Grecs auraient-ils refusé les secours demandés à leur piété pour bâtir un temple à Minerve?

Si la réformation, à son origine, eût obtenu un plein succès, elle aurait établi, du moins pendant quelque temps, une autre espèce de barbarie : traitant de superstition la pompe des autels, d'idolâtrie les chefs-d'œuvre de la sculpture, de l'architecture et de la peinture, elle tendait à faire disparaître la haute éloquence et la grande poésie, à détériorer le goût par la répudiation des modèles, à introduire quelque chose de froid, de sec, de doctrinaire, de pointilleux dans l'esprit ; à substituer une société guindée et toute matérielle, à une société aisée et tout intellectuelle, à mettre les machines et le mouvement d'une roue en place des mains et d'une opération mentale. Ces vérités se confirment par l'observation d'un fait.

Dans les diverses branches de la religion réformée, cette communion s'est plus ou moins rapprochée du beau, selon qu'elle s'est plus ou moins éloignée de la religion catholique. En Angleterre, où la hiérarchie ecclésiastique s'est maintenue, les lettres ont eu leur siècle classique. Le luthéranisme conserve des étincelles d'imagination que cherche à éteindre le calvinisme, et ainsi de suite en descendant jusqu'au quaker, qui voudrait réduire la vie sociale à la grossièreté des manières et à la pratique des métiers.

Shakespeare, selon toutes les probabilités, s'il était quelque chose, était catholique; Pope et Dryden le furent; Milton a imité quelques parties des poëmes de Saint-Avite et de Masenius; Klopstock a emprunté la plupart des croyances romaines. De nos jours, en Allemagne, la haute imagination ne s'est manifestée que quand l'esprit du protestantisme s'est affaibli et dénaturé : les Goëthe et les Schiller ont montré leur génie en traitant des sujets catholiques. Rousseau et madame de Staël, en France, font une brillante exception à la règle; mais étaient-ils protestants à la manière des premiers disciples de Calvin? C'est à Rome que les peintres, les architectes et les sculpteurs des cultes dissidents, viennent aujourd'hui chercher des inspirations que la tolérance universelle leur permet de recueillir.

L'Europe; que dis-je? le monde est couvert de monuments de la religion catholique; on lui doit cette architecture gothique qui rivalise par les détails et qui efface en grandeur les monuments de la Grèce. Il y a plus de trois cents ans que le protestantisme est né; il est puissant en Angleterre, en Allemagne, en Amérique; il est pratiqué de plusieurs millions d'hommes. Qu'a-t-il élevé? il vous montrera les ruines qu'il a faites, au milieu desquelles il a planté quelques jardins, ou établi quelques manufactures. Rebelle à l'autorité des traditions, à l'expérience des âges, à l'antique sagesse des vieillards, le protestantisme se détacha du passé et planta une société sans racines. Avouant pour père un moine allemand du seizième siècle, le réformé renonça à la magnifique généalogie qui fait remonter le catholique, par une suite de saints et de grands hommes, jusqu'à Jésus-Christ, de là jusqu'aux patriarches et au berceau de l'univers. Le siècle protestant dénia à sa première apparition toute parenté avec le siècle de ce Léon, protecteur du monde civilisé contre Attila, et avec le siècle de cet autre Léon qui, mettant fin au monde barbare, embellit la société lorsqu'il n'était plus nécessaire de la défendre.

Si la réformation rétrécissait le génie dans l'éloquence, la poésie et les arts, elle comprimait les grands cœurs à la guerre; l'héroïsme est l'imagination dans l'ordre militaire. Le catholicisme avait produit les chevaliers; le protestantisme fit des capitaines, braves et vertueux comme Lanoue, mais sans élan (Falkland excepté), souvent cruels à froid et austères moins de mœurs que d'esprit : les Châtillon furent toujours effacés par les Guise. Le seul guerrier de mouvement et de vie que les protestants comptassent parmi eux, Henri IV, leur échappa. La réformation ébaucha Gustave-Adolphe, Charles XII et Frédéric; elle n'aurait pas fait Buonaparte : de même qu'elle avorta de Tillotson et du ministre Claude, et n'enfanta ni Fénelon ni Bossuet; de même qu'elle éleva Inigo Jones et Webb, et ne créa point Raphaël et Michel-Ange.

On a écrit que le protestantisme avait été favorable à la liberté politique; qu'il avait émancipé les nations : les faits parlent-ils comme les écrivains ?

Il est certain qu'à sa naissance la réformation fut républicaine, mais dans le sens aristocratique, parce que ses premiers disciples furent des gentilshommes. Les calvinistes rêvèrent pour la France une espèce de gouvernement à principautés fédérales, qui l'aurait fait ressembler à l'empire germanique : chose étrange ! on aurait vu renaître la féodalité par le protestantisme. Les nobles se précipitèrent par instinct dans ce culte nouveau, et à travers lequel s'exhalait jusqu'à eux une sorte de réminiscence de leur pouvoir évanoui. Mais cette première ferveur passée, les peuples ne recueillirent du protestantisme aucune liberté politique.

Jetez les yeux sur le nord de l'Europe, dans les pays où la réformation est née, où elle s'est maintenue, vous verrez partout l'unique volonté d'un maître : la Prusse, la Saxe, sont restées sous la monarchie absolue; le Danemark était devenu un despotisme légal.

Le protestantisme échoua dans les pays républicains : il ne pénétra point dans la monarchie élective et républicaine de Pologne; il ne put envahir Gênes ; à peine obtint-il à Venise et à Ferrare une petite église clandestine qui mourut : les arts et le beau soleil du Midi lui étaient mortels.

En Suisse, il ne réussit que dans les cantons aristocratiques, analogues à sa nature, et encore avec une grande effusion de sang. Les cantons populaires ou démocratiques, Schwitz, Uri et Underwald, berceau de la liberté helvétique, le repoussèrent.

En Angleterre, il n'a point été le véhicule de la constitution, formée bien avant le seizième siècle dans le giron de la foi catholique. Quand la Grande-Bretagne se sépara de la cour de Rome, le parlement avait déjà jugé et déposé des rois; les trois pouvoirs étaient distincts; l'impôt et l'armée ne se levaient que du consentement des communes et des lords; la monarchie représentative était trouvée et marchait : le temps, la civilisation, les lumières croissantes, y auraient ajouté les ressorts qui lui manquaient encore, tout aussi bien sous l'influence du culte catholique que sous l'empire du culte protestant. Le peuple anglais fut si loin d'obtenir une extension de ses libertés par le renversement de la religion de ses pères, que jamais le sénat de Tibère ne fut plus vil que le parlement de Henri VIII : ce parlement alla jusqu'à décréter que la seule volonté du tyran, fondateur de l'Église anglicane, avait force de loi. L'Angleterre fut-elle plus libre sous le sceptre d'Élisabeth que sous celui de Marie? La vérité est que le protestantisme n'a rien changé aux institutions : là où il a trouvé une monarchie représentative ou des républiques aristocratiques, comme en Angleterre et en Suisse, il les a adoptées; là où il a rencontré des gouvernements militaires, comme dans le nord de l'Europe, il s'en est accommodé, et les a même rendus plus absolus.

Si les colonies anglaises ont formé la république plébéienne des États-Unis, elles n'ont point dû leur émancipation au protestantisme; ce ne sont point des guerres religieuses qui les ont délivrées; elles se sont révoltées contre l'oppression de la mère-patrie, protestante comme elles. Le Maryland, État catholique et très-peuplé, fit cause commune avec les autres États, et aujourd'hui la plupart des États de l'Ouest sont catholiques ; les progrès de cette communion dans ce pays passent toute croyance, parce qu'elle s'y est rajeunie dans son élément évangélique, la liberté populaire, tandis que les autres communions y meurent dans une indifférence profonde.

Enfin, auprès de cette grande république des colonies anglaises protestantes viennent de s'élever les grandes républiques des colonies espagnoles catholiques : certes celles-ci, pour arriver à l'indépendance, ont eu bien d'autres obstacles à surmonter que les colonies anglo-américaines nourries au gouvernement représentatif, avant d'avoir rompu le faible lien qui les attachait au sein maternel.

Une seule république s'est formée en Europe à l'aide du protestantisme, la république hollandaise ; mais la Hollande appartenait à ces communes industrielles des Pays-Bas qui, pendant plus de quatre siècles, luttèrent pour secouer le joug de leurs princes, et s'administrèrent en forme de républiques municipales, toutes zélées catholiques qu'elles étaient. Philippe II et les princes de la maison d'Autriche ne purent étouffer, dans la Belgique, cet esprit d'indépendance ; et ce sont des prêtres catholiques qui l'ont rendue un moment, aujourd'hui même, à l'état républicain.

Une branche du luthéranisme a seule été politique, la branche calviniste avec ses rameaux divers, en allant de l'anabaptiste au socinien ; néanmoins cette branche n'a dans le fait rien produit pour la liberté populaire. En France, le calvinisme eut pour disciples des prêtres et des nobles. Si Knox et Buchanan, en Écosse, prêchèrent la souveraineté du peuple, le jésuite Mariana, La Boëtie et Bodin répandirent les mêmes doctrines parmi les catholiques. On verra que Milton, ennemi de ces rois protestants qu'il ne put cependant empêcher de remonter sur le trône, était aussi partisan de la *république aristocratique* et grand adversaire de l'égalité et de la démocratie.

Concluons de l'étroite investigation des faits, que le protestantisme n'a point affranchi les peuples : il a apporté aux hommes la liberté philosophique, non la liberté politique ; or la première liberté n'a conquis nulle part la seconde, si ce n'est en France, vraie patrie de la catholicité. Comment arrive-t-il que l'Allemagne, très-philosophique de sa nature, et déjà armée du protestantisme, n'ait pas fait un pas vers la liberté politique dans le dix-huitième siècle, tandis que la France, très-peu philosophique de tempérament, et sous le joug du catholicisme, a gagné dans le même siècle toutes ses libertés ?

Descartes, fondateur du doute raisonné, auteur de la *Méthode* et des *Méditations*, destructeur du dogmatisme scolastique ; Descartes, qui soutenait que pour atteindre la vérité il fallait se défaire de toutes les opinions reçues ; Descartes fut toléré à Rome, pensionné du cardinal Mazarin, et persécuté par les théologiens de la Hollande.

L'homme de théorie méprise souverainement la pratique : de la hauteur de sa doctrine, jugeant les choses et les peuples, méditant sur les lois générales de la société, portant la hardiesse de ses recherches jusque dans les mystères de la nature divine, il se sent et se croit indépendant, parce qu'il n'a que le corps d'enchaîné. Penser tout et ne faire rien, c'est à la fois le caractère et la vertu du génie philosophique : ce génie désire le bonheur du genre humain ; le spectacle de la liberté le charme, mais peu lui importe de le voir par les fenêtres d'une prison. Comme Socrate, le protestantisme a été un accoucheur d'esprits ; malheureusement les intelligences qu'il a mises au jour n'ont été jusqu'ici que de belles esclaves.

Au surplus, la plupart de ces réflexions sur la religion réformée ne se doivent appliquer qu'au passé : aujourd'hui les protestants, pas plus que les catholiques, ne sont ce qu'ils ont été ; les premiers même ont gagné en imagination, en poésie, en éloquence, en raison, en liberté, en vraie piété, ce que les seconds ont perdu. Les antipathies entre les diverses communions n'existent plus ; les enfants du Christ, de quelque lignée qu'ils proviennent, se sont resserrés au pied du Calvaire, souche commune de la famille. Les désordres et l'ambition de la cour romaine ont cessé ; il n'est plus resté au Vatican que la vertu des premiers évêques, la protection des arts et la majesté des souvenirs. Tout tend à recomposer l'unité catholique ; avec quelques concessions de part et d'autre, l'accord serait bientôt fait. Pour jeter un nouvel éclat, le christianisme n'attend qu'un génie supérieur venu à son heure et dans sa place. La religion chrétienne entre dans une ère nouvelle ; comme les institutions et les mœurs, elle subit la troisième transformation ; elle cesse d'être politique selon le vieil édifice social ; elle marche au grand principe de l'Évangile, l'égalité démocratique naturelle devant les hommes, comme elle l'avait déjà reconnue devant Dieu ; elle devient philosophique, sans cesser d'être divine ; son cercle flexible s'étend avec les lumières et les libertés, tandis que la croix marque à jamais son centre immobile.

COMMENCEMENT DE LA LITTÉRATURE PROTESTANTE.

KNOX. — BUCHANAN.

Quand une fois une route est ouverte, il ne manque pas d'hommes qui s'y viennent précipiter ; Henri VIII suivit bientôt Luther : en établissant la plus rude des tyrannies religieuses et politiques, il montra combien la réformation était favorable à l'indépendance des opinions et à la liberté.

Bien que je vienne d'avancer que le beau subsista de préférence dans les lettres là où les auteurs se rapprochèrent davantage du génie de l'Église romaine, il faut convenir toutefois que le changement de religion n'apporta pas une altération immédiate dans la littérature anglaise : pourquoi ? parce que la réformation eut lieu, comme je l'ai dit plus haut, avant que la langue fût sortie de la barbarie : tous les grands écrivains parurent après le règne de Henri VIII.

Mais si les innovations dans le culte, en raison de l'époque où elles furent introduites, n'établirent pas une ligne de démarcation très-visible dans l'échelle ascendante de la littérature, elles en tracèrent une très-profonde dans l'échelle descendante. La littérature en Europe fut coupée en deux par la réformation; chaque part forma une littérature rivale et souvent ennemie l'une de l'autre.

Ce serait le sujet d'un ouvrage utile pour le goût, curieux pour la critique, philosophique pour l'histoire de l'esprit humain, que l'examen et la comparaison de la littérature catholique et de la littérature protestante, depuis la division des idées par le schisme : les lettres en Angleterre, en Écosse, en Allemagne, en Hollande, dans la France calviniste, ne sont ni les lettres dans la France restée fidèle à ses autels, ni les lettres en l'Espagne et en l'Italie. Qu'auraient été Milton, Addison, Hume, Robertson, catholiques? Que seraient devenus Racine, Bossuet, Massillon, Bourdaloue, protestants? Ces deux littératures opposées ont agi et réagi l'une sur l'autre. L'éloquence de la chaire, par exemple, a changé de route depuis la réformation : les pasteurs ont prêché la morale, les prêtres, le dogme; ces derniers ne parurent plus occupés qu'à se défendre, pressés entre Luther qui les poursuivait, et Voltaire qui s'avançait au-devant d'eux. Les protestants allèrent trop loin; les catholiques restèrent trop en arrière.

La politique et la philosophie envahirent la littérature de la réformation; cette littérature devint raide et raisonneuse. Knox, prêtre écossais, apostat, qui fit pleurer l'infortunée Marie Stuart par son menaçant fanatisme, qui publia *le premier son de la trompette contre le gouvernement des femmes*, qui établit le dogme de la souveraineté du peuple en matière religieuse et politique : *plebis est religionem reformare; principes ob justas causas deponi possunt*, etc. L'évêque de Luçon, depuis cardinal de Richelieu, réfuta les principes de Knox dans un ouvrage de controverse : « Les vostres, dit-il, ont escrit que par droict divin et « humain, il est permis de tuer les roys impies; que c'est chose conforme à la « parole de Dieu qu'un homme privé par spécial instinct peut tuer un tyran, « doctrine detestable en tout poinct, qui n'entrera jamais en la pensée de l'Église « catholique. »

Buchanan développa les mêmes principes que Knox dans son Traité *de jure regni, apud Scotos;* Knox et Buchanan vivaient au commencement de la réformation; ils étaient liés avec Calvin et Théodore de Bèze; tous deux, contemporains de Henri VIII, avaient écrit comme catholiques avant d'écrire comme protestants.—Knox fut *prêtre*, Buchanan *précepteur domestique* de Montaigne : on peut voir, dans les écrits en prose du premier, et dans les poésies du second, comment les doctrines nouvelles avaient modifié leur génie.

HENRI VIII AUTEUR.

On pourrait étudier, dans les propres ouvrages de Henri VIII, la même métamorphose du style et des idées. Il y avait loin de « l'Instruction du chrétien » (*Institution of a christian man*), de « la Science du chrétien » (*Erudition of a christian man*), à l'*Assertio septem sacramentorum;* traité, dit Hume, qui ne fait pas tort à sa capacité (de Henri VIII), « *which does no' discredit to his capacity.* » L'apôtre-roi, dans son impartialité, faisait brûler ensemble un luthérien et un catholique.

Nous avons vu comment la colère de Luther fut provoquée par l'outrage de

Henri VIII. On ne sait guère aujourd'hui que l'*Assertio* eut une multitude d'éditions : publiée en 1521, on la trouve encore réimprimée quarante ans après, à Paris, en 1562. Elle est précédée d'une dédicace de l'*invincible* Henri au pape Léon X. Henri prie Sa Sainteté de l'excuser d'avoir, tout jeune qu'il est (lui Henri), au milieu de l'occupation des armes, et des soins divers du trône, osé défendre la religion; mais il n'a pu voir attaquer les choses saintes, l'hérésie déborder de toutes parts, sans en être indigné : il envoie son travail au vrai juge, afin qu'il le corrige s'il y trouve des erreurs.

Le doux et bénin roi s'adresse ensuite aux lecteurs; il leur déclare que sans éloquence et sans savoir, seulement excité par la fidélité et la piété envers sa mère l'Église, épouse du Christ, il vient combattre pour elle; il leur demande si jamais une pareille peste (la doctrine luthérienne) s'est répandue parmi le troupeau du Seigneur ; si jamais serpent eut un poison pareil à celui que distille le livre de la *Captivité de Babylone*.

De là, entrant en matière, il dit un mot des indulgences et soutient la croyance du purgatoire. Il met Luther en opposition avec lui-même et affirme qu'il falsifie le Nouveau Testament; il établit par l'autorité des canons et par la tradition historique le pouvoir universel de la papauté; il argumente en faveur des sept sacrements. Quant à l'eucharistie il répond à l'objection contre l'*eau*, que si l'Église catholique mêle l'eau au vin dans le calice, c'est que du côté du Christ mourant il sortit du sang et de l'eau, *quia aqua cum sanguine de latere morientis effluxit*. Il invite enfin, dans sa péroraison, tous les chrétiens à se réunir contre Luther, comme ils se réuniraient contre les Turcs, les Sarrasins et tous les infidèles, *adversus Turcas, adversus Saracenos, adversus quicquid est uspiam infidelium consisterent.*

Le docteur Martin se fâcha et outragea le docteur Henri. Henri en écrivit à son cousin le duc de Saxe. Celui-ci prêcha Luther, et le moine consentit à adresser au roi une lettre plus modérée : elle est datée de Wittemberg, le 1ᵉʳ septembre 1525. A entendre le réformateur repentant, il ne s'est pas emporté contre le souverain, mais contre des misérables qui ont osé mettre un libelle sous le nom d'un auguste monarque. Il espère que le roi voudra bien lui faire une réponse clémente et bénigne : « De Ta Majesté royale, le très-soumis « Martin Luther, signé de ma propre main. »

Dans sa réplique, Henri s'excuse de n'avoir pas répondu plus tôt; la lettre de Luther ne lui est pas arrivée directement; elle s'est égarée en chemin : il dit ensuite au nouvel apôtre que ses erreurs sont honteuses, et ses hérésies, insensées; que son érudition et ses raisonnements, ni appuyés, ni soutenus, prouvent une impudence obstinée : « Si tu as une véritable repentance, Luther, « ce n'est pas à mes pieds qu'il faut te prosterner, mais aux pieds de Dieu. »

Le roi qui fut le mari de six femmes; qui envoya deux reines à l'échafaud; qui chassa les religieuses et les moines de leurs couvents; qui fonda une Église où le clergé se marie, où les vœux monastiques sont abolis, crie à Luther : « Rends au cloître la chétive femme (*muliercula*) épouse adultère du Christ, « avec laquelle tu vis sous le nom d'époux dans une très-scélérate débauche « et une double damnation. Passe le reste de tes jours dans les larmes et les

« gémissements pour la foule de tes péchés, retourne à ton monastère : là tu
« pourras rétracter tes erreurs, et, par le salut de ton âme, racheter les périls
« de ton corps. Là, gémissant sur tes hérésies pestilentielles, sur tes erreurs
« dissolues, implore la miséricorde divine, non avec une confiance arrogante,
« un geste, un verbe, un esprit publicains, mais avec une pénitence assidue.
« Change-toi; amende-toi : jusque-là je serai contristé; toi tu seras perdu, et
« par toi, malheureux, une multitude périra. »

Afin qu'il ne manquât rien à cette scène, Léon X décerna à Henri VIII le titre de *défenseur de la foi*, porté par les rois protestants d'Angleterre presque jusqu'à nos jours. On voyait au Vatican une harpe qu'un *chieftain* d'Irlande avait jadis fait passer au saint-siége, en signe de vassalité : Léon X la renvoya au *défenseur de la foi*, pour inféoder l'Irlande à la couronne britannique. L'Irlande ne devait pas se tenir offensée d'être donnée comme une harpe lorsque l'investiture de Rome elle-même se faisait par un camail, *prefecturæ Romanæ investitura fiebat per mantum*. (Décret. Innoc. III, liv. 1.) Si Henri VIII avait mis la main sur Luther, il y aurait eu un réformateur de moins en Europe.

N'oublions pas que tandis que Henri VIII était déclaré *défenseur de la foi* par la cour de Rome, Luther était élu *Pape* dans une des chapelles du Vatican, par les soldats luthériens du catholique Charles-Quint.

L'histoire présente des spectacles bien divers : en offre-t-elle un plus extraordinaire que celui de la querelle de Luther et de Henri VIII, quand on songe à ce que furent ces deux champions et à la révolution qu'ils ont produite ? Voilà les instituteurs des peuples, les anachorètes du rocher, les austères enfants des doctes déserts d'une nouvelle Thébaïde, auxquels des hommes de raison, de lumière, de vertu, de liberté, ont soumis leur conscience et leur génie ! Qui mène donc le genre humain ?

HENRI VIII; — SUITE.

Henri VIII était auteur en vers comme il l'était en prose : il jouait de la flûte et de l'épinette; il mit en musique des ballades pour sa cour, des messes pour sa chapelle : il reste de lui un motet, une antienne et beaucoup d'échafauds. N'était-ce pas un troubadour d'une grande imagination que cet homme, lequel se servit d'une statue de bois de la Vierge pour matière du bûcher de l'ancien confesseur de Catherine d'Aragon; que cet homme qui manda à son tribunal le cadavre de saint Thomas de Cantorbéry, le jugea, le condamna à mort, malgré la maxime de droit, *non bis in idem;* qui fit lier des fagots sur le dos de cinq anabaptistes hollandais; et se donna le joyeux spectacle de cinq auto-da-fé errants ? Il eut un jour un beau sujet de sonnet romantique : du haut d'une colline solitaire du parc de Richemont, il épia la nouvelle du supplice d'Anne Boleyn; il tressaillit d'aise au signal parti de la Tour de Londres. Quelle volupté! le fer avait tranché le cou délicat, ensanglanté les beaux cheveux auxquels le roi poëte avait attaché ses fatales caresses.

SURREY. — THOMAS MORE.

Sous Henri VIII nous trouvons Surrey et Thomas More. Le comte de Surrey détacha la poésie anglaise des formes du moyen âge; il acheva de la jeter dans le cadre italien, en composant des sonnets, à la manière de Pétrarque, pour Géraldine. On a cru que Géraldine *avait été* Élisabeth Fitz-Gérald; d'autres la font fille de lord Cildair : toujours ces femmes belles et aimées *ont été*, elles ne sont plus. Surrey, se trouvant à Florence, envoya un cartel de défi à tout chrétien, juif, maure, turc et cannibale, soutenant, lui Surrey, envers et contre tous, l'incomparable beauté de Géraldine : Pétrarque soupirait pour Laure et ne se battait pas. Les Anglais promenaient alors leur chevalerie et leurs passions sur ces ruines, où ils traînent aujourd'hui leurs modes et leur ennui.

Revenu à Londres, Surrey fut d'abord enfermé dans le château de Windsor par l'orthodoxe Henri VIII; le comte était accusé d'avoir fait gras en carême :

> Here noble Surrey fels the sacre drage.
> (POPE.)

La dernière victime du premier roi protestant de la Grande-Bretagne fut le noble amant de Géraldine : le prince réformateur prouva l'attachement qu'il portait aux lettres, en livrant à la hache du bourreau Thomas More, et le poëte qui commence la série des poëtes anglais modernes. On montre à la Tour de Londres les épées qui abattirent des têtes illustres : un morceau de fer survit au moule qui renfermait la puissance ou le génie.

Surrey, dans la traduction de quelques passages de *l'Énéide*, inventa le vers blanc, que Milton et Thomson adoptèrent, que lord Byron a rejeté.

Thomas More, en latin *Morus*, était, comme son bon roi, poëte et prosateur. La plupart de ses ouvrages sont écrits en latin. La tête du chancelier fut exposée pendant quatorze jours sur le pont de Londres. Henri VIII, dans sa clémence, avait commué la peine de la potence, prononcée contre l'auteur de l'*Utopie*, en celle de la décapitation, à quoi le magistrat lettré répondit : « Dieu préserve « mes amis de la même faveur ! »

A cette époque, dans un espace d'environ vingt-cinq années, la prose fut moins heureuse que la poésie. Il est difficile de lire avec quelque profit, ou quelque plaisir, Wolsey, Crammer, Habington, Drummond et Joseph Hall, le prédicateur.

ÉDOUARD VI ET MARIE.

Édouard VI et la reine Marie, qui succédèrent à Henri VIII et précédèrent Élisabeth, sont aussi comptés au nombre des auteurs dans la Grande-Bretagne. Le jeune roi mort à seize ans, élevé par deux savants de cette époque, John Cheke et Antony Cooke, et enseigné par Cardan, laissa un journal écrit de sa main et utile à l'histoire. Tenu à l'écart et comme exilé dans sa jeunesse, Édouard jouissait des loisirs que d'autres princes ont trouvés dans le bannissement en terre étrangère.

Édouard était zélé réformateur, et sa sœur Marie fut violente catholique : elle ramena de force la nation à la communion romaine. Gardiner et tant d'autres, qui avaient brûlé les catholiques pour la réformation, brûlèrent pour le catholicisme les protestants qu'eux-mêmes avaient faits : on voit ainsi, dans les révolutions, de vieux hommes fidèles à tous les pouvoirs, ranimer leur carcasse pour radoter leur bassesse. Les communes se prostituaient aux volontés de Marie comme elles s'étaient levées aux ordres de son père. On changeait de foi plus que d'habit ; on jura, puis on rejura le contraire de ce qu'on avait déjà juré ; puis on retourna aux premiers serments sous Élisabeth. Combien faut-il de parjures pour faire une fidélité ?

Marie a laissé des lettres latines et françaises : Érasme a loué les premières, et elles ne valent rien du tout ; les secondes sont illisibles.

ÉLISABETH.

SPENSER.

C'est de l'époque de Spenser que date la poésie anglaise moderne. La *Fairie Queen* est, comme chacun sait, un ouvrage allégorique : il s'agit de douze vertus morales privées, classées comme dans l'Arioste ; ces vertus sont transformées en chevaliers, et le roi Arthur est à la tête de l'escadron. La reine des fées, Gloriana, est Élisabeth, et Philippe Sidney, le roi Arthur. Lord Buckhurst, dans le *Miroir des Magistrats*, a pu fournir la première idée de la *Reine des fées*. La forme du poëme de Spenser est calquée sur l'*Orlando* et la *Ierusalemme*. Chaque chant se compose de stances de neuf vers. Les six derniers chants manquent, sauf deux fragments.

L'allégorie fut en vogue dans les lais, réputés élégants et polis, du moyen âge. Vous trouvez partout dames Loyauté, Raison, Prouesse ; écuyer Désir, chevalier Amour et la châtelaine sa mère, empereur Orgueil, etc. Qui pouvait mettre ces choses-là dans les esprits des treizième, quatorzième, quinzième et seizième siècles ? L'éducation classique. Élevés parmi les dieux de l'antiquité et au fond d'un monde passé, il sortait de l'enceinte des colléges des hommes subtils, sans rapport avec la foule vivante. Ne pouvant employer les divinités païennes parce qu'ils étaient chrétiens, ils inventaient des divinités morales ; ils faisaient prendre à ces graves songes les mœurs de la chevalerie et les mêlaient aux fées populaires : ils leur ouvraient les tournois, les châteaux des barons et des comtes, la cour des ducs et des rois, ayant soin de les conduire à Lisieux et à Pontoise, où l'on parlait le *beau français*.

Spenser a l'imagination brillante, l'invention féconde, l'abondance rhythmique : avec tout cela il est glacé et ennuyeux. Nos voisins trouvent sans doute dans la *Reine des fées* ce charme d'un vieux style, qui nous plaît tant dans notre propre langue, mais que nous ne pouvons sentir dans une langue étrangère.

Spenser commença son poëme en Irlande, dans le château de Kilcoman, et dans une concession de trois mille vingt-huit acres de terre, confisqués à la propriété du comte de Desmond. C'est là qu'assis à des foyers qui n'étaient pas les siens, et dont les héritiers erraient sans asile, il célébra la montagne de Mole et les rives de la Mulla, sans songer que des orphelins fugitifs ne voyaient plus ces champs paternels. Virgile aurait dû se rappeler au poëte :

> Nos patriæ fines et dulcia linquimus arva;
> Nos patriam fugimus. . . . .

On a de Spenser une espèce de Mémoire sur les mœurs et les antiquités de l'Irlande, que je préfère à la *Fairie Queen*. (Vue sur la situation de l'Irlande, 1633.)

Les Anglais faisaient autrefois le commerce de leurs enfants, et les vendaient, surtout en Irlande. Un concile tenu à Armach, en 1117, par les ecclésiastiques irlandais, déclara « qu'afin d'éviter la colère de Jésus-Christ, ennemi de la ser-« vitude, on affranchirait dans toute l'île les esclaves anglais, et on leur ren-« drait leur ancienne liberté. » (WILKINS, *Concil.*, tom. 1er.) Comment les Irlandais ont-ils été payés de cette résolution de leurs pères ? On le sait : le temps de l'affranchissement du Christ est enfin venu pour eux.

SHAKESPEARE.

Nous arrivons à Shakespeare! parlons-en tout à notre aise, comme dit Montesquieu d'Alexandre.

Je cite seulement ici pour mémoire *Everyman*, joué sous Henri VIII, l'*Aiguille de la mère Garton*, par Stell, en 1551. Les auteurs dramatiques contemporains de Shakespeare étaient Robert Green, Heywood, Decker, Rowley, Peal, Chapman, Ben-Johnson, Beaumont, Fletcher : *jacet oratio!* Pourtant la comédie du *Fox* et celle de l'*Alchimiste*, de Ben-Johnson, sont encore estimées.

Spenser fut le poëte célèbre sous Élisabeth. L'auteur éclipsé de *Macbeth* et de *Richard III* se montrait à peine dans les rayons du *Calendrier du Berger* et de la *Reine des fées*. Montmorency, Biron, Sully, tour à tour ambassadeurs de France auprès d'Élisabeth et de Jacques Ier, entendirent-ils jamais parler d'un baladin, acteur dans ses propres farces et dans celles des autres? prononcèrent-ils jamais le nom, si barbare en français, de *Shakespeare?* soupçonnèrent-ils qu'il y avait là une gloire devant laquelle leurs honneurs, leurs pompes, leurs rangs, viendraient s'abîmer ? Hé bien! le comédien de tréteaux, chargé du rôle du spectre dans *Hamlet*, était le grand fantôme, l'ombre du moyen âge qui se levait sur le monde, comme l'astre de la nuit, au moment où le moyen âge achevait de descendre parmi les morts : siècles énormes que Dante ouvrit, que ferma Shakespeare [1].

Dans le *Précis historique* de Wilheloke, contemporain du chantre du *Paradis perdu*, on lit : « Un certain aveugle, nommé Milton, secrétaire du parlement « pour les dépêches latines. » Molière, l'*histrion*, jouait son Pourceaugnac,

---

[1] Shakespeare écrit lui-même son nom *Shakspeare*; l'autre orthographe a prévalu. On trouve aussi souvent *Shakespear*.

de même que Shakespeare, le *bateleur*, grimaçait son Falstaff. Camarade du pauvre Mondorge, l'auteur du *Tartufe* avait changé son illustre nom de *Poquelin* pour le nom obscur de Molière, afin de ne pas déshonorer son père le tapissier.

> Avant qu'un peu de terre obtenu par prière
> Pour jamais sous la tombe eût enfermé Molière,
> Mille de ses beaux traits, aujourd'hui si vantés,
> Furent des sots esprits à nos yeux rebutés.

Ainsi ces voyageurs voilés, qui viennent de fois à autre s'asseoir à notre table, sont traités par nous en hôtes vulgaires ; nous ignorons leur nature immortelle jusqu'au jour de leur disparition. En quittant la terre ils se transfigurent et nous disent, comme l'envoyé du ciel à Tobie : « Je suis l'un des sept qui sommes « présents devant le Seigneur. »

Ces divinités méconnues des hommes à leur passage, ne se méconnaissent point entre elles. « Qu'a besoin mon Shakespeare, dit Milton, pour ses os vé-« nérés, de pierres entassées par le travail d'un siècle ? ou faut-il que ses saintes « reliques soient cachées sous une pyramide à pointe étoilée [1] ? Fils chéri de « la mémoire, grand héritier de la gloire, que t'importe un si faible témoignage « de ton nom ? toi qui t'es bâti, à notre merveilleux étonnement, un monument « de longue vie.... Tu demeures enseveli dans une telle pompe, que les rois, « pour avoir un pareil tombeau, souhaiteraient mourir. »

> What needs my Shakspear, for his hono'd bones,
> The labour of an age in piled stones?
> Or that his hallov'd reliques should be hid
> Under a stary-pointing pyramid?
> Dear son of memory, great heir of fame,
> What need'st thou such veak witness of thy name?
> Thou in our wonder and astonishment
> Hast built thyself a live-long monument.
> . . . .
> And so sepulchr'd in such pomp dost lie,
> That kings, for such a tomb, would wish to die.

Michel-Ange, enviant le sort et le génie de Dante, s'écrie :

> Pur fuss' io tal ! . . . .
> Per l'aspro esilio suo con sua virtute,
> Darei del mondo il piu felice stato.

« Que n'ai-je été tel que lui !... Pour son dur exil avec sa vertu, je donnerais « toutes les félicités de la terre. »

Le Tasse célèbre Camoëns encore presque ignoré, † lui sert de renommée en attendant la messagère aux cent bouches.

> Vasco. . . . .
> . . . .
> . . . . buon Luigi.
> Tant' oltre stende il glorioso volo,
> Che i tuoi spalmati legni andar men lunge.
> (Le Tasse.)

---

[1] C'est la traduction mot pour mot : on peut aussi traduire (par un de ces souvenirs classiques si familiers au génie de Milton) une pyramide dont le *sommet frappe les astres, porte les astres, perce les astres*.

« Vasco. . . . . Camoëns a tant déployé son vol glorieux, que tes
« vaisseaux spalmés ont été moins loin. ».

Est-il rien de plus admirable que cette société d'illustres égaux se révélant
les uns aux autres par des signes, se saluant et s'entretenant ensemble dans une
langue d'eux seuls connue ?

Mais que pensait Milton des prédictions heureuses faites aux Stuarts à travers le terrible drame du *Prince de Danemark?* L'apologiste du jugement de
Charles Ier était à même de prouver à *son* Shakespeare qu'il s'était trompé ; il
pouvait lui dire, en se servant de ces paroles d'Hamlet : *L'Angleterre n'a pas
encore usé les souliers avec lesquels elle a suivi le corps!* La prophétie a été
retranchée : les Stuarts ont disparu d'Hamlet comme du monde.

QUE J'AI MAL JUGÉ SHAKESPEARE AUTREFOIS. — FAUX ADMIRATEURS DU POETE.

J'ai mesuré autrefois Shakespeare avec la lunette classique; instrument
excellent pour apercevoir les ornements de bon ou de mauvais goût, les détails
parfaits ou imparfaits ; mais microscope inapplicable à l'observation de l'ensemble, le foyer de la lentille ne portant que sur un point et n'embrassant pas
la surface entière. Dante, aujourd'hui l'objet d'une de mes plus hautes admirations, s'offrit à mes yeux dans la même perspective raccourcie. Je voulais
trouver une épopée selon les *règles* dans une épopée libre qui renferme l'histoire des idées, des connaissances, des croyances, des hommes et des événements
de toute une époque ; monument semblable à ces cathédrales empreintes du
génie des vieux âges, où l'élégance et la variété des détails égalent la grandeur
et la majesté de l'ensemble.

L'école classique, qui ne mêlait pas la vie des auteurs à leurs ouvrages, se
privait encore d'un puissant moyen d'appréciation. Le bannissement du Dante
donne une clef de son génie : quand on suit le proscrit dans les cloîtres où il
demandait la paix; quand on assiste à la composition de ses poëmes sur les
grands chemins, en divers lieux de son exil; quand on entend son dernier soupir
s'exhaler en terre étrangère; ne lit-on pas avec plus de charme les belles strophes
mélancoliques des trois destinées de l'homme après sa mort?

Qu'Homère n'ait pas existé ; que ce soit la Grèce entière qui chante au lieu
d'un de ses fils, je pardonne aux érudits cette poétique hérésie; mais toutefois
je ne veux rien perdre des aventures d'Homère. Oui, le poëte a nécessairement
joué dans son berceau avec neuf tourterelles; son gazouillement enfantin
ressemblait au ramage de neuf espèces d'oiseaux. Niez-vous ces faits *incontestables?* Comment comprendrez-vous alors la ceinture de Vénus? Nargue des
anachronismes! Je tiens que la vie du père des fables a été retracée par Hérodote, père de l'histoire. Pourquoi donc serais-je allé à Scio et à Smyrne, si ce
n'eût été pour y saluer l'école et le fleuve de Mélésigènes, en dépit de Wolf,
de Woold, d'Ilgen, de Dugaz-Montbel et de leurs semblables? Des traditions
relatives au chantre de l'Odyssée, je ne repousse que celle qui fait du poëte un
Hollandais. Génie de la Grèce, génie d'Homère, d'Hésiode, d'Eschyle, de So-

phocle, d'Euripide, de Sapho, de Simonide, d'Alcée, trompez-nous toujours : je crois ferme à vos mensonges ; ce que vous dites est aussi vrai qu'il est vrai que je vous ai vu assis sur le mont Hymète, au milieu des abeilles, sous le portique d'un couvent de caloyers? vous étiez devenu chrétien, mais vous n'en aviez pas moins gardé votre lyre d'or et vos ailes couleur du ciel où se dessinent les ruines d'Athènes.

Toutefois si jadis on resta trop en deçà du romantique, maintenant on a passé le but ; chose ordinaire à l'esprit français qui sautille du blanc au noir comme le cavalier au jeu d'échecs. Le pis est que notre enthousiasme actuel pour Shakespeare est moins excité par ses clartés que par ses taches ; nous applaudissons en lui ce que nous sifflerions ailleurs.

Pensez-vous que les adeptes soient ravis des traits de passion de Roméo et Juliette? Il s'agit bien de cela! Vous n'avez donc pas entendu Mercutio comparer Roméo à *un hareng saure sans ses œufs!*

Without his roe, like a dried herring.

Pierre n'a-t-il pas dit aux musiciens : « Je ne vous apporterai pas des *cro-*
« *ches;* je ferai de vous un *re,* je ferai de vous un *fa; notez*-moi bien. »
Il will carry no crotchets; J' ill re you, J' ill fa you; do you note me.
Pauvres gens qui ne sentez pas ce qu'il y a de merveilleux dans ce dialogue : la nature elle-même prise sur le fait! Quelle simplicité! quel naturel! quelle franchise! quel contraste comme dans la vie! quel rapprochement de tous les langages, de toutes les scènes, de tous les rangs de la société!

Et toi, Shakespeare, je te suppose revenant au monde et je m'amuse de la colère où te mettraient tes faux adorateurs. Tu t'indignerais du culte rendu à des trivialités dont tu serais le premier à rougir, bien qu'elles ne fussent pas de toi, mais de ton siècle; tu déclarerais incapables de sentir tes beautés, des hommes capables de se passionner pour tes défauts, capables surtout de les imiter de sang-froid, au milieu des mœurs nouvelles.

OPINION DE VOLTAIRE SUR SHAKESPEARE. — OPINION DES ANGLAIS.

Voltaire fit connaître Shakespeare à la France. Le jugement qu'il porta d'abord du tragique anglais fut, comme la plupart de ses premiers jugements, plein de mesure, de goût et d'impartialité. Il écrivait à lord Bolingbroke vers 1730 :

« Avec quel plaisir n'ai-je pas vu à Londres votre tragédie de *Jules César*
« qui, depuis cent cinquante années, fait les délices de votre nation! »

Il dit ailleurs :

« Shakespeare créa le théâtre anglais. Il avait un génie plein de force et de
« fécondité, de naturel et de sublime, sans la moindre étincelle de bon goût et
« sans la moindre connaissance des règles. Je vais vous dire une chose ha-
« sardée, mais vraie : c'est que le mérite de cet auteur a perdu le théâtre
« anglais. Il y a de si belles scènes, des morceaux si grands et si terribles ré-
« pandus dans ses farces monstrueuses qu'on appelle *tragédies,* que ces pièces
« ont toujours été jouées avec un grand succès. »

Telles furent les premières opinions de Voltaire sur Shakespeare; mais lorsqu'on eut voulu faire passer ce génie pour un modèle de perfection, lorsqu'on ne rougit point d'abaisser devant lui les chefs-d'œuvre de la scène grecque et française, alors l'auteur de *Mérope* sentit le danger. Il vit qu'en révélant des beautés, il avait séduit des hommes qui ne sauraient pas, comme lui, séparer l'alliage de l'or. Il voulut revenir sur ses pas; il attaqua l'idole par lui-même encensée; il était trop tard, et en vain il se repentit d'avoir *ouvert la porte à la médiocrité, déifié le Sauvage ivre, placé le monstre sur l'autel.*

Irons-nous plus loin dans notre engouement que nos voisins eux-mêmes? En théorie, admirateurs sans réserve de Shakespeare, leur zèle en pratique est beaucoup plus circonspect : pourquoi ne jouent-ils pas tout entier l'œuvre du dieu? par quelle audace ont-ils resserré, rogné, altéré, transposé des scènes d'*Hamlet,* de *Macbeth,* d'*Othello,* du *Marchand de Venise,* de *Richard III,* etc.? pourquoi ces sacriléges ont-ils été commis par les hommes les plus éclairés des trois royaumes? Dryden assure que *la langue de Shakespeare est hors d'usage,* et il a repétri avec Davenant les ouvrages de Shakespeare. Shaftesbury déclare que le style du vieux ménestrel est *grossier et barbare, ses tournures et son esprit, tout à fait passés de mode.* Pope remarque qu'il a écrit *pour la populace, sans songer à plaire à des esprits d'une meilleure sorte; qu'il présente à la critique le sujet le plus agréable et le plus dégoûtant.* Tate s'était approprié le *Roi Lear,* alors si complétement oublié qu'on ne s'aperçut pas du plagiat. Rowe, dans sa Vie de Shakespeare, prononce aussi bien des blasphèmes. Sherlock a osé dire qu'*il n'y a rien de médiocre dans Shakespeare; que tout ce qu'il a écrit est excellent ou détestable; que jamais il ne suivit ni même ne conçut un plan, mais qu'il fait souvent fort bien une scène.* Lansdown a poussé l'impiété jusqu'à refaire le *Marchand de Venise.* Prenons bien garde à d'innocentes méprises : quand nous nous pâmons à telle scène du dénoûment de *Roméo et Juliette,* nous croyons brûler d'un pur amour pour Shakespeare, et nos ardents hommages s'adressent à Garrick. Comme le jeune Diafoirus, nous nous trompons de caresses, de personnes et de compliments :

« Madame, c'est avec justice que le ciel vous a concédé le nom de belle-mère.
« — Ce n'est pas ma femme, monsieur, c'est ma fille à qui vous parlez. — Où
« donc est-elle?—Elle va venir.—Attendrai-je, mon père, qu'elle soit venue? »

Écoutons Johnson, le grand admirateur de Shakespeare, le restaurateur de sa gloire : « Shakespeare avec ses qualités a des défauts, et des défauts capa-
« bles d'obscurcir et d'engourdir tout autre mérite que le sien.... Les effusions
« de la passion, quand la force de la situation les fait sortir de son génie, sont,
« pour la plupart, frappantes et énegiques; mais, lorsqu'il sollicite son inven-
« tion, et qu'il tend ses facultés, le fruit de cet enfantement laborieux est l'en-
« flure, la bassesse, l'ennui et l'obscurité, *tumour, meanness, tediousness and*
« *obscurity.* Dans la narration, il affecte une pompe disproportionnée de dic-
« tion.... Il a des scènes d'une excellence continue et non douteuse; mais il n'a
« pas peut-être une seule pièce qui, si elle était aujourd'hui représentée comme
« l'ouvrage d'un contemporain, pût être entendue jusqu'au bout. »

Sommes-nous meilleurs juges d'un auteur anglais que le célèbre critique

Johnson ? Et néanmoins, si nous venions dire maintenant en France des choses aussi crues, ne serions-nous pas lapidés ? Le malin aristarque n'aurait-il pas raison, quand il soupçonne certains enthousiastes de caresser leurs propres difformités sur les bosses de Shakespeare ?

Si vous vous rappelez ce que j'ai dit des changements survenus dans la langue écrite et parlée en Angleterre, et des deux époques où le normand et l'italien envahirent l'idiome anglo-saxon, vous aurez déjà une idée des compositions de l'Eschyle britannique. On y retrouve le mélange des sujets et des styles du Midi et du Nord. Dans les sujets empruntés de l'Italie, Shakespeare transporte le naturel de sentiment des nations scandinaves et calédoniennes; dans les sujets tirés des chroniques septentrionales, il introduit l'affectation du style des populations transalpines; passant de la ballade écossaise à la nouvelle italienne, il n'a en propre que son génie : ce présent du ciel était assez beau pour s'en contenter.

QUE LES DÉFAUTS DE SHAKESPEARE TIENNENT A SON SIÈCLE.
LANGUE DE SHAKESPEARE. — LANGUE DE DANTE.

Mais, s'il n'est pas raisonnable d'offrir pour modèle, dans les Œuvres de Shakespeare, ce que l'on stygmatise dans les autres monuments de la même époque, il serait injuste d'attribuer au poëte seul des infirmités de goût et de diction auxquelles son temps était sujet.

L'orateur de la chambre des communes compare Henri VIII à Salomon pour la justice et la prudence, à Samson pour la force et le courage, à Absalon pour la grâce et la beauté. Un autre orateur de la même chambre, déclare à la reine Élisabeth que, parmi les grands législateurs, on a compté trois femmes : la reine Palestina avant le déluge, la reine Cérès après, et la reine Marie, mère du roi Stilicus ; la reine Élisabeth sera la quatrième. Le roi Jacques I*er* parle comme le tragique lorsqu'il dit à son parlement : « Je suis l'époux, et « la Grande-Bretagne est mon épouse légitime; je suis la tête, elle est le corps. « L'Angleterre et l'Écosse étant deux royaumes dans une même île, je ne « puis, moi, prince chrétien, tomber dans le crime de bigamie. »

Le *beau style*, vers le milieu du seizième siècle, était un canevas scolastique et subtil, brodé de sentences, de jeux de mots et de *concetti* italiens. Élisabeth aurait pu donner à son poëte des leçons de collège; elle parlait latin, composait des épigrammes en grec, traduisait des tragédies de Sophocle et des harangues de Démosthène. A sa cour galante, guindée, quintessenciée, pesante et réformatrice, il était du bon ton d'entremêler les locutions anglaises d'expressions françaises, et d'articuler de manière à laisser un doute dans les sons, pour produire une équivoque dans les mots.

En France, même afféterie : Ronsard est à sa manière une espèce de Shakespeare, non par son génie, non par son néologisme grec, mais par le tour forcé de sa phrase. Les Mémoires, charmants d'ailleurs, de la savante Marguerite ou *Margot* de Valois, jargonnent une métaphysique sentimentale, qui couvre assez mal des sensations très-physiques. Un demi-siècle plus tôt, la

sœur de François Ier avait donné des *contes*, lesquels ont du moins le naturel de ceux de Boccace. La *Guisiade*, de Pierre-Matthieu, tragédie classique, avec des chœurs, sur un sujet national, reproduit la phraséologie de Shakespeare : d'Épernon s'écrie :

> Venez, mes compagnons, monstres abominables,
> Jetez sur Blois l'horreur de vos traits effroyables.
> Prenez pour mains des crocs, pour yeux des dards de feux,
> Pour voix un gros canon, des serpents pour cheveux ;
> Changez Blois en enfer, apportez-y vos gênes,
> Vos roues, vos gibets, vos feux, vos fouets, vos peines.

Coligny, dans la tragédie qui porte son nom :

> O mânes noircissants ès enfers impiteux !
> O mes chers compagnons, hé ! que je suis honteux
> Qu'un enfant ait bridé mon effroyable audace ;
> Que me reste, chétif, pour hontoyer ma race,
> Sinon que me cacher, et du vilain licol,
> De mes bourelles mains hault estreindre mon col ?

Il est bon de faire ici une observation sur deux hommes que les imaginations à la fois vagues et systématiques de nos jours confondent souvent et fort mal à propos, mêlant les temps, les positions, les supériorités et les souvenirs.

Il n'en fut pas de Shakespeare comme il en fut de Dante : le tragique anglais rencontra une langue non achevée, il est vrai, mais aux trois quarts faite, déjà employée par de grands esprits et des poëtes célèbres, Bacon et Thomas More, Surrey et Spenser. Cette langue était devenue une espèce de barbare maniérée, grotesquement atifée, surchargée de modes étrangères. Se figure-t-on ce que souffrait Shakespeare, lorsque, au milieu d'une vive conception, il était obligé d'introduire dans sa phrase inspirée quelques mots d'outre-mer : *Bon! je proteste!* ou tel autre ? Se représente-t-on ce colosse obligé d'enfoncer ses pieds énormes dans de petits sabots chinois, trébuchant avec des entraves qu'il rompait en rugissant, comme un lion brise ses chaînes ?

Dante, venu deux siècles et demi avant Shakespeare, ne trouva rien en arrivant au monde. La société latine expirée avait laissé une langue belle, mais d'une beauté morte ; langue inutile à l'usage commun, parce qu'elle n'exprimait plus le caractère, les idées, les mœurs et les besoins de la vie nouvelle. La nécessité de s'entendre avait fait naître un idiome vulgaire employé des deux côtés des Alpes du midi, et aux deux versants des Pyrénées orientales. Dante adopta ce bâtard de Rome, que les savants et les hommes du pouvoir dédaignaient de reconnaître ; il le trouva vagabond dans les rues de Florence, nourri au hasard par un peuple républicain, dans toute la rudesse plébéienne et démocratique. Il communiqua au fils de son choix sa virilité, sa simplicité, son indépendance, sa noblesse, sa tristesse, sa sublimité sainte, sa grâce sauvage. Dante tira du néant la parole de son esprit ; il donna l'être au verbe de son génie ; il fabriqua lui-même la lyre dont il devait obtenir des sons si beaux, comme ces astronomes qui inventèrent les instruments avec lesquels ils mesurèrent les cieux. *L'italien* et la *Divina Commedia* jaillirent à la fois de son cerveau ; du même coup l'illustre exilé dota la race humaine d'une langue admirable et d'un poëme immortel.

ÉTAT MATÉRIEL DU THÉATRE EN ANGLETERRE AU SEIZIÈME SIÈCLE.

Du temps de Shakespeare de jeunes garçons remplissaient encore les rôles de femmes, les acteurs ne se distinguaient des spectateurs que par les plumes dont ils ornaient leurs chapeaux et les nœuds de rubans qu'ils portaient sur leurs souliers : point de musique dans les entr'actes. Les pièces se jouaient souvent dans la cour des auberges : les fenêtres de la maison donnant sur cette cour servaient de loges. Lorsqu'on représentait une tragédie à Londres, la salle était tendue de noir, comme la nef d'une église pour un enterrement.

Quant aux moyens d'illusion, Shakespeare les rappelle, en s'en moquant, dans le *Songe d'une nuit d'été* : un homme, enduit de plâtre, figurait la muraille interposée entre Pyrame et Thisbé, et l'écartement des doigts de cet homme, la crevasse formée dans cette muraille. Un comparse avec une lanterne, un buisson et un chien, signifiaient le clair de la lune. La scène, sans changer, était supposée tantôt un jardin rempli de fleurs, tantôt un rocher contre lequel se brisait un vaisseau, tantôt un champ de bataille où quatre matamores désignaient deux armées. Pour attirail dramatique, dans l'inventaire d'une troupe de comédiens, on trouve un dragon, une roue pour le siége de Londres, un grand cheval avec ses jambes, des membres de Maures, quatre têtes de Turcs, une bouche de fer, chargée apparemment de prononcer les accents les plus doux et les plus sublimes du poëte. On avait aussi de *fausses peaux* à l'usage des personnages qu'on écorchait vifs sur la scène, comme le juge prévaricateur dans *Cambyse*; un pareil spectacle ferait aujourd'hui courir tout Paris.

Au reste, la vérité du théâtre et l'exactitude du costume sont beaucoup moins nécessaires à l'art qu'on ne le suppose. Le génie de Racine n'emprunte rien de la coupe de l'habit ; dans les chefs-d'œuvre de Raphaël, les fonds sont négligés et les costumes inexacts. Les fureurs d'Oreste ou la prophétie de Joad, lues dans un salon par Talma, en frac, faisaient autant d'effet que déclamées sur la scène par Talma, en manteau grec ou en robe juive. Iphigénie était accoutrée comme madame de Sévigné, lorsque Boileau adressait ces beaux vers à son ami :

> Jamais Iphigénie, en Aulide immolée,
> N'a coûté tant de pleurs à la Grèce assemblée,
> Que dans l'heureux spectacle à nos yeux étalé,
> En a fait sous son nom verser la Champmêlé.

Cette exactitude dans la représentation de l'objet inanimé, est l'esprit de la littérature et des arts de notre temps : elle annonce la décadence de la haute poésie et du vrai drame ; on se contente de petites beautés, quand on est impuissant aux grandes ; on imite, à tromper l'œil, des fauteuils et du velours, quand on ne peut plus peindre la physionomie de l'homme assis sur ce velours et dans ces fauteuils. Cependant une fois descendu à cette vérité de la forme matérielle, on se trouve forcé de la reproduire, car le public, matérialisé lui-même, l'exige.

À l'époque de Shakespeare les *gentlemen* se tenaient sur le théâtre, ayant pour siége les planches mêmes, ou un tabouret dont ils payaient le prix. Le parterre, debout et pressé, roulait dans un trou noir et poudreux : c'étaient deux camps hostiles en présence. Le parterre accueillait les *gentlemen* avec des huées, leur jetait de la boue et leur crachait au nez en criant : « *A bas les sots !* » Les gentlemen ripostaient par les épithètes de *stinkards* et d'animaux. Les *stinkards* mangeaient des pommes et buvaient de la bière ; les *gentlemen* jouaient aux cartes, et fumaient le tabac nouvellement introduit. Le bel air était de déchirer les cartes comme si l'on avait fait quelque grande perte, d'en jeter avec colère les débris sur l'avant-scène, de rire, de parler haut, de tourner le dos aux acteurs. Ainsi furent accueillies et respectées, à leur apparition, les tragédies du grand maître : John Bull lançait des trognons de pomme à la divinité dont il encense aujourd'hui les images. L'insulte de la fortune fit de Shakespeare et de Molière deux comédiens, afin de donner pour quelques oboles, au dernier des misérables, le droit d'outrager à la fois des chefs-d'œuvre et deux grands hommes.

Shakespeare a retrouvé l'art dramatique ; Molière l'a porté à sa perfection ; semblables à deux philosophes anciens, ils s'étaient partagé l'empire des ris et des larmes, et tous les deux se consolaient peut-être des injustices du sort, l'un en peignant les travers, l'autre les douleurs des hommes.

CARACTÈRE DU GÉNIE DE SHAKESPEARE.

Shakespeare est donc admirable encore en raison des obstacles qu'il lui fallut surmonter. Jamais esprit plus vrai n'eut à se servir d'une langue plus fausse ; heureusement il ne savait presque rien, et il échappa par son ignorance à l'une des contagions de son siècle : des chants populaires, des extraits de l'histoire d'Angleterre, puisés dans le *Miroir des magistrats*, de lord Buckhurst, des lectures des Nouvelles françaises de Belleforest, des versions des poëtes et des conteurs de l'Italie composaient toute son érudition.

Ben Johnson, son rival, son admirateur et son détracteur, était au contraire très-instruit. Les cinquante-deux commentateurs de Shakespeare ont recherché curieusement les traductions des auteurs anciens, qui pouvaient exister de son temps. Je ne remarque, comme pièces dramatiques, dans le catalogue, qu'une *Jocaste*, tirée des *Phéniciennes* d'Euripide, l'*Andria* et l'*Eunuque* de Térence, les *Ménechmes* de Plaute, et les tragédies de Sénèque. Il est douteux que Shakespeare ait eu connaissance de ces traductions, car il n'a pas emprunté le fond de ses pièces des originaux *translatés en anglais*, mais de quelques imitations anglaises de ces mêmes originaux : c'est ce qu'on voit par *Roméo et Juliette*, dont il n'a pris l'histoire ni dans *Girolamo de la Corte* ni dans la nouvelle de *Bandello*; mais dans un petit poëme anglais, intitulé *la tragique Histoire de Roméo et Juliette*. Il en est ainsi du sujet *d'Hamlet*, qu'il n'a pu tirer immédiatement de *Saxo Grammaticus*.

La réforme sous Henri VIII, en faisant tomber les *Miracles* et les *Mystères*, hâta la renaissance du théâtre en dehors du cercle des croyances religieuses ;

et si l'antiquité grecque n'eût rencontré Shakespeare pour l'empêcher de passer, le classique se fût emparé des lettres anglaises un siècle avant son triomphe en France.

Au jugement de Samuel Johnson, et c'est en général l'opinion des Anglais, Shakespeare était plutôt doué du génie comique que du génie tragique : la critique remarque que, dans les scènes les plus pathétiques, le rire prend au poëte, tandis que dans les scènes comiques, une pensée sérieuse ne lui vient jamais. Si nous autres Français nous avons de la peine à sentir le *vis comica* de Falstaff, tandis que nous comprenons la douleur de Desdémone, c'est que les peuples ont différentes manières de rire, et qu'ils n'en ont qu'une de pleurer.

Les poëtes tragiques trouvent quelquefois le comique, les poëtes comiques s'élèvent rarement au tragique : il y a donc quelque chose de plus vaste dans le génie de Melpomène, que dans l'esprit de Thalie. Quiconque représente le côté souffrant de l'homme, peut aussi représenter le côté gai, parce que celui qui saisit le *plus* peut saisir le *moins*. Au contraire, le peintre qui s'attache aux choses plaisantes, laisse échapper les rapports sévères, parce que la faculté de distinguer les petits objets suppose presque toujours l'impossibilité d'embrasser les grands. Un seul poëte comique marche l'égal de Sophocle et de Corneille, Molière : mais, chose remarquable, le comique du *Tartufe* et du *Misanthrope*, par son extrême profondeur, et, si j'ose le dire, par sa *tristesse*, se rapproche de la gravité tragique.

Il y a deux manières de faire rire : l'une est de présenter d'abord les défauts, et de mettre ensuite en relief les qualités ; ce comique mène quelquefois à l'attendrissement : l'autre manière consiste à donner d'abord des louanges, et à couvrir ensuite la personne louée de tant de ridicules, qu'on finit par perdre l'estime qu'on avait conçue pour de nobles talents ou de hautes vertus. Ce comique est le *nihil mirari*, qui flétrit tout.

Le caractère dominant du fondateur du théâtre anglais se forme de la nationalité, de l'éloquence, des observations, des pensées, des maximes tirées de la connaissance du cœur humain et applicables aux diverses conditions de l'homme ; il se forme surtout de l'abondance de la vie. On comparait un jour le génie de Racine à l'Apollon du Belvédère, et le génie de Shakespeare à la statue équestre de Philippe IV, à Notre-Dame de Paris : « Soit, répondit Diderot : mais que penseriez-vous si cette statue de bois, enfonçant son casque, secouant ses gantelets, agitant son épée, se mettait à chevaucher dans la cathédrale ? » Le poëte d'Albion, doué de la puissance créatrice, anime jusqu'aux objets inanimés, décorations, planches de la scène, rameau d'arbre, brin de bruyère, ossements, tout parle : rien n'est mort sous son toucher, pas même la Mort.

Shakespeare fait un grand usage des contrastes ; il aime à mêler les divertissements et les acclamations de la joie à des pompes funèbres et à des cris de douleur. Que des musiciens appelés aux noces de Juliette arrivent précisément pour accompagner son cercueil ; qu'indifférents au deuil de la maison, ils se livrent à d'indécentes plaisanteries et s'entretiennent des choses les plus étrangères à la catastrophe : qui ne reconnaît là toute la vie, qui ne sent toute l'amertume de ce tableau et qui n'a été témoin de pareilles scènes? Ces effets ne furent point inconnus des Grecs; on retrouve dans Euripide des traces de ces naïvetés que Shakespeare mêle au plus haut ton tragique. Phèdre vient d'expirer; le chœur ne sait s'il doit entrer dans l'appartement de la princesse.

PREMIER DEMI-CHOEUR.

Compagnons, que ferons-nous? Devons-nous entrer dans la palais, pour aider à dégager la reine de ses liens *étroits?*

SECOND DEMI-CHOEUR.

Ce soin appartient à ses esclaves. Pourquoi ne sont-ils pas présents? Quand on se mêle de beaucoup d'affaires, il n'y a plus de sûreté dans la vie.

Dans *Alceste*, la Mort et Apollon échangent des plaisanteries. La Mort veut saisir Alceste tandis qu'elle est jeune, parce quelle ne se soucie pas d'une proie ridée. Ces contrastes touchent de près au terrible, mais aussi une seule nuance ou trop forte ou trop faible dans l'expression les rend bas ou ridicules.

QUE LA MANIÈRE DE COMPOSER DE SHAKESPEARE A CORROMPU LE GOUT. — ÉCRIRE EST UN ART.

Shakespeare joue ensemble, et au même moment, la tragédie dans le palais, la comédie à la porte; il ne peint pas une classe particulière d'individus; il mêle, comme dans le monde réel, le roi et l'esclave, le patricien et le plébéien, le guerrier et le laboureur, l'homme illustre et l'homme ignoré; il ne distingue pas les genres : il ne sépare pas le noble de l'ignoble, le sérieux du bouffon, le triste du gai, le rire des larmes, la joie de la douleur, le bien du mal. Il met en mouvement la société entière, ainsi qu'il déroule en entier la vie d'un homme. Le poëte semble persuadé que notre existence n'est pas renfermée dans un seul jour, qu'il y a unité du berceau à la tombe : quand il tient une jeune tête, s'il ne l'abat pas, il ne vous la rendra que blanchie; le temps lui a remis ses pouvoirs.

Mais cette universalité de Shakespeare a, par l'autorité de l'exemple et l'abus de l'imitation, servi à corrompre l'art; elle a fondé l'erreur sur laquelle s'est malheureusement établie la nouvelle école dramatique. Si pour atteindre la hauteur de l'art tragique il suffit d'entasser des scènes disparates sans suite et sans liaison, de brasser ensemble le burlesque et le pathétique, de placer le porteur d'eau auprès du monarque, la marchande d'herbes auprès de la reine, qui ne peut raisonnablement se flatter d'être le rival des plus grands maîtres? Quiconque se voudra donner la peine de retracer les accidents d'une de ses journées, ses conversations avec des hommes de rangs divers, les objets variés qui ont passé sous ses yeux, le bal et le convoi, le festin du riche et la détresse du pauvre; quiconque aura écrit d'heure en heure son journal, aura fait un drame à la manière du poëte anglais.

Persuadons-nous qu'écrire est un art; que cet art a des genres; que chaque genre a des règles. Le genre et les règles ne sont point arbitraires, ils sont nés de la nature même : l'art a seulement séparé ce que la nature a confondu; il a choisi les plus beaux traits sans s'écarter de la ressemblance du modèle. La perfection ne détruit point la vérité : Racine, dans toute l'excellence de son *art*, est plus *naturel* que Shakespeare, comme l'*Apollon*, dans toute sa *divinité*, a plus les formes *humaines* qu'un colosse égyptien.

La liberté qu'on se donne de tout dire et de tout représenter, le fracas de la scène, la multitude des personnages, imposent, mais ont au fond peu de valeur ; ce sont liberté et jeux d'enfants. Rien de plus facile que de captiver l'attention et d'amuser par un conte ; pas de petite fille qui, sur ce point, n'en remontre aux plus habiles. Croyez-vous qu'il n'eût pas été aisé à Racine de réduire en actions les choses que son goût lui a fait rejeter en récit? Dans *Phèdre*, la femme de Thésée eût attenté, sous les yeux du parterre, à la pudeur d'Hippolyte ; au lieu du beau récit de Théramène, on aurait eu les chevaux de Franconi et un terrible monstre de carton ; dans *Britannicus*, Néron, au moyen de quelque stratagème de coulisse, eût violé Junie sous les yeux des spectateurs ; dans *Bajazet*, on eût vu le combat de ce frère du sultan contre les eunuques ; ainsi du reste. Racine n'a retranché de ses chefs-d'œuvre que ce que des esprits ordinaires y auraient pu mettre. Le plus méchant drame peut faire pleurer mille fois davantage que la plus sublime tragédie. Les vraies larmes sont celles que fait couler une belle poésie, les larmes qui tombent au son de la lyre d'Orphée ; il faut qu'il s'y mêle autant d'admiration que de douleur : les anciens donnaient aux Furies mêmes un beau visage, parce qu'il y a une beauté morale dans le remords.

Cet amour du laid qui nous a saisis, cette horreur de l'idéal, cette passion pour les bancroches, les culs-de-jatte, les borgnes, les moricauds, les édentés ; cette tendresse pour les verrues, les rides, les escharres, les formes triviales, sales, communes, sont une dépravation de l'esprit ; elle ne nous est pas donnée par cette nature dont on parle tant. Lors même que nous aimons une certaine laideur, c'est que nous y trouvons une certaine beauté. Nous préférons naturellement une belle femme à une femme laide, une rose à un chardon, la baie de Naples à la plaine de Montrouge, le Parthénon à un toit à porc : il en est de même au figuré et au moral. Arrière donc cette école *animalisée* et *matérialisée* qui nous mènerait, dans l'effigie de l'objet, à préférer notre visage moulé avec tous ses défauts par une machine, à notre ressemblance produite par le pinceau de Raphaël.

Toutefois je ne prétends pas ôter aux temps et aux révolutions les changements forcés qu'ils apportent dans les opinions littéraires, comme dans les opinions politiques ; mais ces changements ne justifient pas la corruption du goût ; ils en montrent seulement une des causes. Il est tout simple que les mœurs, en changeant, fassent varier la forme de nos peines et de nos plaisirs.

Le silence intérieur régna dans la monarchie absolue sous le pouvoir de Louis XIV et sous la somnolence de Louis XV : manquant d'émotion au dedans, les poëtes en cherchaient au dehors ; ils empruntaient des catastrophes à Rome et à la Grèce, pour faire pleurer une société assez malheureuse pour n'avoir que des sujets de rire. A cette société si peu accoutumée aux événements tragiques, il ne fallait pas même présenter des scènes fictives trop sanglantes ;

elle aurait reculé devant des horreurs, eussent-elles eu trois mille ans de date, eussent-elles été consacrées par le génie de Sophocle.

Mais aujourd'hui que le peuple n'étant plus à l'écart, a pris sa place dans notre gouvernement, comme le chœur dans la tragédie grecque ; que des spectacles terribles et réels nous ont occupés depuis quarante années, le mouvement communiqué à la société tend à se communiquer au théâtre. La tragédie classique, avec ses unités et ses décorations immobiles, paraît et doit paraître froide : de la froideur à l'ennui il n'y a qu'un pas. Par là s'explique, sans l'excuser, l'outré de la scène moderne, le *fac-simile* de tous les crimes, l'apparition des gibets et des bourreaux, la présence des assassinats, des viols, des incestes, la fantasmagorie des cimetières, des souterrains et des vieux châteaux.

Il n'existe ni un acteur pour jouer la tragédie classique, ni un public pour la goûter, l'entendre et la juger. L'ordre, le vrai, le beau, ne sont ni connus, ni sentis, ni appréciés. Notre esprit est si gâté par le laisser-aller et l'outrecuidance du siècle, que si l'on pouvait faire renaître la société charmante des La Fayette et des Sévigné, ou la société des Geoffrin et des philosophes, elles nous paraîtraient insipides. Avant et après la civilisation, lorsqu'on n'a pas ou qu'on n'a plus le goût des jouissances intellectuelles, on cherche la représentation des objets sensibles : les peuples commencent et finissent par des gladiateurs et des marionnettes, les enfants et les vieillards sont puérils et cruels.

CITATIONS DE SHAKESPEARE.

S'il me fallait choisir parmi les plus beaux ouvrages de Shakespeare, je serais bien embarrassé entre *Macbeth, Richard III, Roméo et Juliette, Othello, Jules César, Hamlet ;* non que j'estime beaucoup dans la dernière pièce le monologue tant vanté, et pour cause, de l'école voltairienne : je me demande toujours comment le prince très-philosophe du Danemark pouvait avoir les doutes qu'il manifeste sur l'autre vie : après avoir causé avec la « pauvre ombre » *poor ghost* du roi son père, ne devait-il pas savoir à quoi s'en tenir?

Une des plus fortes scènes qui soient au théâtre, est celle des trois reines dans *Richard III*, Marguerite, Élisabeth et la duchesse. Écoutez Marguerite retraçant ses adversités pour s'endurcir aux misères de sa rivale, et finissant par ces mots : « Tu usurpes ma place, et tu ne prendras pas la part qui te re-« vient de mes maux? Adieu, femme d'Yorck ! reine des tristes revers ! *Farewel,* « *Yorck's wife! and queen of sad mischance!* » C'est là du tragique, et du tragique au plus haut degré.

Je ne sais si jamais homme a jeté des regards plus profonds sur la nature humaine que Shakespeare.

Troisième scène du quatrième acte de Macbeth :

MACDUFF. Qui s'avance ici?

MALCOLM. C'est un Écossais, et cependant je ne le connais pas.

MACDUFF. Cousin, soyez le bienvenu !

MALCOLM. Je le reconnais à présent. Grand Dieu, renverse les obstacles qui nous rendent étrangers les uns aux autres !

rosse. Puisse votre souhait s'accomplir !

macduff. L'Écosse est-elle toujours aussi malheureuse?

rosse. Hélas! déplorable patrie! elle est presque effrayée de connaître ses propres maux. Ne l'appelons plus notre mère, mais notre tombe. On n'y voit plus sourire personne, hors l'enfant qui ignore ses malheurs. Les soupirs, les gémissements, les cris frappent les airs, et ne sont point remarqués. Le plus violent chagrin semble un mal ordinaire; quand la cloche de la mort sonne on demande à peine pour qui.

macduff. O récit trop véritable !

malcolm. Quel est le dernier malheur?

rosse, *à Macduff*..... Votre château est surpris, votre femme et vos enfants sont inhumainement massacrés.....

macduff. Mes enfants aussi?

rosse. Femme, enfants, serviteurs, tout ce qu'on a trouvé

macduff. Et ma femme aussi?

rosse. Je vous l'ai dit.

malcolm. Prenez courage; la vengeance offre un remède à vos maux. Courons, punissons le tyran.

macduff. Il n'a point d'enfants !

Ce dialogue rappelle celui de Flavian et de Curiace dans Corneille. Flavian vient annoncer à l'amant de Camille qu'il a été choisi pour combattre les Horaces.

> curiace.
> Albe de trois guerriers a-t-elle fait le choix?
> flavian.
> Je viens pour vous l'apprendre.
> curiace.
> Eh bien! qui sont les trois?
> flavian.
> Vos deux frères et vous.
> curiace.
> Qui?
> flavian.
> Vous et vos deux frères.

Les interrogations de *Macduff* et de *Curiace* sont des beautés du même ordre : *Mes enfants aussi? — Femmes, enfants. — Et ma femme aussi? — Je vous l'ai dit.* — Eh bien ! qui sont les trois? — Vos deux frères et vous. — Qui? — Vous et vos deux frères. Mais le mot de Shakespeare : *Il n'a point d'enfants !* reste sans parallèle.

Le même homme qui a tracé ce tableau, a soupiré la scène charmante des adieux de *Roméo et Juliette*. Roméo, condamné à l'exil, est surpris par le jour naissant chez Juliette, à laquelle il est marié secrètement :

> Wilt thou be gone? It is not yet near day :
> It was the nightingale, and not the lark
> That pierced the fearful hollow of thine ear, etc.

juliette. Veux-tu déjà partir? le jour ne paraît point encore : c'était le rossignol, et non l'alouette, dont la voix a frappé ton oreille alarmée : il chante toute la nuit sur cet oranger lointain. Crois-moi, mon jeune époux, c'était le rossignol.

ROMÉO. C'était l'alouette, qui annonce l'aurore, ce n'était pas le rossignol. Regarde, ô mon amour! regarde les traits de lumière qui pénètrent les nuages dans l'orient. Les flambeaux de la nuit s'éteignent, et le jour se lève sur le sommet vaporeux des montagnes. Il faut ou partir et vivre, ou rester et mourir.

JULIETTE. La lumière que tu vois là-bas n'est pas celle du jour : c'est quelque météore qui te servira de flambeau, et t'éclairera sur la route de Mantoue. Reste encore; il n'est pas nécessaire encore que tu me quittes.

ROMÉO. Eh bien! que je sois arrêté! que je sois conduit à la mort! si tu le désires, je suis satisfait. Je dirai : « Cette blancheur lointaine n'est pas celle du « matin; ce n'est que le pâle reflet de la lune; ce n'est pas l'alouette dont les « chants retentissent si haut au-dessus de nos têtes, dans la voûte du ciel! » Ah! je crains moins de rester que de partir. Viens, ô mort! Mais que regardes-tu, ma bien-aimée! Parlons, parlons encore ensemble; il n'est pas encore jour!

JULIETTE. Il est jour! il est jour! Fuis, pars, éloigne-toi! C'est l'alouette qui chante; je reconnais sa voix aiguë. Ah! dérobe-toi à la mort : la lumière croit de plus en plus.

Ce contraste des charmes du matin et des derniers plaisirs des deux jeunes époux avec la catastrophe qui va suivre est bien touchant : le sentiment dramatique en est plus naïf encore que celui des pièces grecques, et moins pastoral que celui des tragi-comédies italiennes. Je ne connais qu'une scène indienne de quelque ressemblance lointaine avec la scène de *Roméo et Juliette;* encore n'est-ce que par la fraîcheur des images, la simplicité des regrets et des adieux; nullement par l'intérêt de la situation. *Sacontala,* prête à quitter le séjour paternel, se sent arrêtée par son voile.

SACONTALA. Qui saisit ainsi les plis de mon voile?

UN VIEILLARD. C'est le chevreau que tu as tant de fois nourri des grains du synmaka. Il ne veut pas quitter les pas de sa bienfaitrice.

SACONTALA. Pourquoi pleures-tu, tendre chevreau? Je suis forcée d'abandonner notre commune demeure. Lorsque tu perdis ta mère, peu de temps après ta naissance, je te pris sous ma garde. Retourne à ta crèche, pauvre jeune chevreau; il faut à présent nous séparer.

La scène des adieux de Roméo et Juliette n'est point indiquée dans *Bandello,* elle appartient à Shakespeare. *Bandello* raconte en peu de mots la séparation des deux amants.

A la fine cominciando l'aurora a voler uscire si basciarono, estrettamente abbraciarono gli amanti, e pieni di lagrime e sospiri si dissero adio.

« Enfin, l'aurore commençant à paraître, les deux amants se baisèrent, s'em- « brassèrent étroitement, et, pleins de larmes et de soupirs, ils se dirent adieu. »

SUITE DES CITATIONS. — FEMMES.

Rapprochez lady Macbeth et Marguerite de Desdémone, d'Ophélia, de Miranda, de Cordélia, de Jessica, de Perdita, d'Imogène, et vous serez émerveillés de la souplesse du talent du poëte. Ces jeunes femmes ont une idéalité ravissante : le vieux roi Léar, aveugle, dit à sa fidèle Cordélia : « Quand tu me demanderas

« ma bénédiction, je me mettrai à genoux et je te demanderai pardon ; nous
« vivrons ainsi en priant et en chantant. »

Ophélia, bizarrement parée de brins de paille et de fleurs, prenant son frère pour Hamlet qu'elle aime et qui a tué son père, lui adresse ces paroles : « Voilà
« du romarin ; c'est pour la mémoire ; je vous en prie, cher amour, souvenez-
« vous de moi. . . . . . Je vous donnerais bien des violettes, mais elles se sont
« toutes fanées quand mon père est mort. »

Dans *Hamlet*, dans cette tragédie des aliénés, dans ce *Bedlam royal* où tout le monde est insensé et criminel, où la démence simulée se joint à la démence vraie, où le fou contrefait le fou, où les morts eux-mêmes fournissent à la scène la tête d'un *fou ;* dans cet odéon des ombres, où l'on ne voit que des spectres, où l'on n'entend que des rêveries, que le *qui vive* des sentinelles, que le criaillement des oiseaux de nuit et le bruit de la mer, Gertrude raconte qu'Ophélia s'est noyée : « Au bord du ruisseau croît un saule qui réfléchit son feuillage
« gris dans le cristal de l'onde. Elle fit avec ce feuillage de capricieuses guir-
« landes entrelacées de coquelicots, d'orties, de marguerites et de ces longues
« fleurs pourpres que nos simples bergers appellent d'un nom grossier, mais
« que nos froides vierges nomment des doigts de mort. Là, grimpant pour atta-
« cher aux rameaux pendants sa couronne d'herbes sauvages, une jalouse éclisse
« se rompt ; Ophélia et son trophée rustique tombent dans le ruisseau en
« pleurs ; ses robes s'étalent larges, et la soutiennent un moment, semblable à
« une *mermaid*[1]. Pendant ce temps, elle chantait des morceaux de vieilles bal-
« lades, comme une personne incapable de sentir son propre péril, ou comme
« une créature née et revêtue de l'élément qu'elle habite. Mais cela ne pouvait
« durer ; ses vêtements, appesantis par l'eau qu'ils avaient bue, entraînèrent
« la pauvre infortunée de ses lais mélodieux à une fangeuse mort : *From me-*
« *lodious lay to muddy death.* »

On apporte le corps d'Ophélia dans le cimetière. La coupable reine s'écrie : « Des parfums au parfum ! adieu ! » *sweets to sweet ! Farewell !* elle répand des fleurs sur le corps de la jeune fille. « J'avais espéré que tu serais la femme de
« mon Hamlet ; je pensais, aimable fille, que je sèmerais de fleurs ton lit nup-
« tial et non ton cercueil. »

C'est un enchantement que tout cela.

Othello au milieu de son délire, dit à Desdémone : « O toi, fleur des bois, qui
« es si belle et exhales un parfum si doux ! ton approche enivre les sens ! . . .
« je voudrais que tu ne fusses jamais née. . . . »

Le Maure, prêt à tuer sa femme endormie, s'approche du lit : « Je veux res-
« pirer encore la rose sur sa tige... encore un baiser ; encore un ! Sois telle que
« tu es là quand tu seras morte, et je veux te tuer et je t'aimerai après. *I wil*
« *kill thee, and love thee after.* »

Dans le *Conte d'Hiver*, on retrouve la même grâce appliquée au bonheur. Perdita s'adressant à Florizel :

« Et vous le plus beau de mes amis, je voudrais bien avoir quelques fleurs

---

[1] Vierge de la mer, fée de mer, sirène.

« de printemps qui pussent aller avec votre jeunesse. . . . je suis dépourvue
« de toutes les fleurs dont je voudrais entrelacer les festons pour vous en couvrir
« tout entier, vous, mon doux ami. »

Florizel répond :

« Quand vous parlez, je voudrais vous entendre parler toujours ; si vous
« chantez, je voudrais vous entendre chanter toujours ; je voudrais vous voir
« donner l'aumône, prier, régler votre maison, tout faire en chantant. Lorsque
« vous dansez, je voudrais que vous fussiez une vague de la mer toujours mobile.»

Dans *Cymbeline*, Imogène est accusée d'infidélité par Posthumus : « Infidèle
« à sa couche ! Qu'est-ce qu'être infidèle ? Est-ce d'y veiller et d'y penser à lui ;
« d'y pleurer au son de chaque heure ? »

A la caverne, Arviragus croit Imogène morte et la rapporte dans ses bras ;
alors Guiderius : — « O le plus charmant, le plus beau des lis, mon frère ne te
« soutient pas la moitié si bien que tu te soutenais toi-même ! »

— « O Mélancolie, dit Belarius, qui jamais a pu sonder ton sein, trouver la
« terre qui indique la côte accessible à ta barque languissante ? »

Imogène se jette au cou de Posthumus détrompé : « Reste, lui dit-il, ô mon
« âme, suspendue là comme un fruit, jusqu'à ce que l'arbre meure. »

. . . . . Hang there like fruit, my soul
Till the tree die!

« Eh quoi ! s'écrie Cymbeline, Imogène, ma fille, n'as-tu rien à demander
« à ton père ? — Votre bénédiction, seigneur, » répond Imogène en tombant
à ses pieds. *Your blessing, sir.*

Je ne considère ici que le style et je n'entre point dans la composition du drame ; je ne montre point ce qu'il y a de poignant dans l'égarement d'Ophélia, de résolution, d'amour dans l'adolescente Juliette ; ce qu'il y a de nature, de passion et de frayeur dans Desdémone, quand Othello la réveille pour la tuer ; ce qu'il y a de pieux, de tendre et de généreux dans Imogène, bien qu'en tout cela le romanesque prenne la place du tragique, et que le tableau tienne plus des sens que de l'âme.

MODÈLES CLASSIQUES.

Mais enfin, pleine et entière justice étant rendue à des suavités de pinceau et d'harmonie, je dois dire que les ouvrages de l'ère romantique gagnent beaucoup à être cités par extraits : quelques pages fécondes sont précédées de beaucoup de feuillets arides. Lire Shakespeare jusqu'au bout sans passer une ligne, c'est remplir un pieux mais pénible devoir envers la gloire et la mort : des chants entiers de Dante sont une chronique rimée dont la diction ne rachète pas toujours l'ennui. Le mérite des monuments des siècles classiques est d'une nature contraire : il consiste dans la perfection de l'ensemble et la juste proportion des parties.

Force est encore de reconnaître une autre vérité : Shakespeare n'a qu'un type pour ses jeunes femmes, toutes si jeunes qu'elles sont presque des enfants : sœurs jumelles, elles se ressemblent (à part la différence des caractères de *fille*, d'*amante*, d'*épouse*); elles ont le même sourire, le même regard, le même son de voix; si l'on effaçait leurs noms, ou si l'on fermait les yeux, on ne saurait laquelle d'entre elles a parlé ; leur langage est plus élégiaque que dramatique. Ces têtes charmantes d'éphèbes, sont des croquis tels que ces dessins tracés par Raphaël, lorsqu'il voulait fixer la physionomie d'une figure céleste au moment où elle apparaissait à son génie ; il se promettait de convertir ce trait en tableau. Shakespeare, obligé de s'en tenir à ses premiers crayons, n'a pas toujours eu le temps de peindre.

N'allons donc pas comparer les ombres ossianiques du théâtre anglais, ces victimes si tendres et cependant si hardies qui se laissent immoler comme de courageux agneaux ; n'allons pas comparer ces Délie de Tibulle, ces Chariclès d'Héliodore, aux femmes de la scène grecque ou française, soutenant à elles seules le poids d'une tragédie. Autres sont des situations isolées, des effets heureux d'un instant, des touches vives ; autres des rôles écrits d'un bout à l'autre avec la même supériorité, des caractères fortement accusés, occupant leur vraie place dans le tableau. Les Desdémone, les Juliette, les Ophélia, les Perdita, les Cordélia, les Miranda, ne sont ni des Antigone, ni des Électre, ni des Iphigénie, ni des Phèdre, ni des Andromaque, ni des Chimène, ni des Roxane, ni des Monime, ni des Bérénice, ni des Esther, ni même des Zaïre et des Aménaïde. Quelques phrases d'une passion émue, plus ou moins bien rendues en prose poétique, ne sauraient l'emporter sur les mêmes sentiments exprimés dans le pur langage des dieux, Iphigénie dit à son père :

> Peut-être assez d'honneurs environnaient ma vie
> Pour ne pas souhaiter qu'elle me fût ravie,
> Ni qu'en me l'arrachant un sévère destin
> Si près de ma naissance en eût marqué la fin.
> Fille d'Agamemnon, c'est moi qui la première
> Seigneur, vous appelai de ce doux nom de père.
> . . . .
> Hélas! avec plaisir je me faisais conter
> Tous les noms des pays que vous allez dompter;
> Et déjà d'Ilion présageant la conquête,
> D'un triomphe si beau je préparais la fête.

Monime dit à Phœdime :

> Si tu m'aimais, Phœdime, il fallait me pleurer
> Quand d'un titre funeste on me vit honorer,
> Et lorsque, m'arrachant du doux sein de la Grèce,
> Dans ce climat barbare on traîna ta maîtresse.
> Retourne maintenant chez ces peuples heureux;
> Et si mon nom encor s'est conservé chez eux,
> Dis-leur ce que tu vois, et de toute ma gloire,
> Phœdime, conte-leur la malheureuse histoire.

La romance du *saule* approche-t-elle de cette complainte exhalée du *doux sein de la Grèce?*

Voulez-vous des combats de l'âme pour les opposer à l'amour de Juliette et de Desdémone?

Pauline répond à Polyeucte qui lui conseille de retourner à Sévère :

> Que t'ai-je fait, cruel, pour être ainsi traitée,

> Et pour me reprocher, au mépris de ma foi,
> Un amour si puissant que j'ai vaincu pour toi ?
> . . . .
> Souffre que de toi-même elle obtienne ta vie,
> Pour vivre sous tes lois à jamais asservie.

Polyeucte est allé à la mort, *à la gloire;* Pauline dit à Félix :

> Mon époux, en mourant, m'a laissé ses lumières ;
> Son sang, dont tes bourreaux viennent de me couvrir,
> M'a dessillé les yeux, et me les vient d'ouvrir
> Je vois, je sais, je crois, je suis désabusée,
> De ce bienheureux sang tu me vois baptisée ;
> Je suis chrétienne ! . . . .

Que cela est beau ! quelle lutte de toutes les affections de la nature humaine, au milieu desquelles intervient la Divinité pour créer miraculeusement une passion nouvelle dans le cœur de Pauline, l'enthousiasme religieux. On sent qu'on habite des régions plus élevées que la terre où demeure Desdémone et Juliette. Ce *je suis chrétienne*, est une déclaration d'amour dans le ciel.

Et Chimène ? Il faudrait citer le rôle entier. Corneille compose le caractère du Cid et de Chimène d'un mélange d'honneur, de piété filiale et d'amour.

> J'aimais, j'étais aimée, et nos pères d'accord ;
> Et je vous en contais la première nouvelle
> Au malheureux moment que naissait leur querelle.

La passion, l'entraînement, l'intérêt dramatique vont croissant et s'échauffant de scène en scène jusqu'à ce vers fameux :

> Sors vainqueur d'un combat dont Chimène est le prix !

lequel amène ce cri de bonheur, de courage, d'orgueil et de gloire :

> Paraissez, Navarrais, Maures et Castillans !

Que sont enfin toutes les filles de Shakespeare auprès d'Esther ?

> Est-ce toi, chère Élise ? O jour trois fois heureux !
> Que béni soit le ciel qui te rend à mes vœux !
> Toi qui, de Benjamin comme moi descendue,
> Fus de mes premiers ans la compagne assidue,
> Et qui, d'un même joug souffrant l'oppression,
> M'aidais à soupirer les malheurs de Sion.
> . . . .
> On m'élevait alors solitaire et cachée,
> Sous les yeux vigilants du sage Mardochée.
> . . . .
> Du triste état des Juifs, jour et nuit agité,
> Il me tira du sein de mon obscurité,
> Et, sur mes faibles mains fondant leur délivrance,
> Il me fit d'un empire accepter l'espérance.
> . . . .
> Cependant mon amour pour notre nation
> A rempli ce palais des filles de Sion,
> Jeunes et tendres fleurs par le sort agitées,
> Sous un ciel étranger comme moi transplantées.
> . . . .
> Aux pieds de l'Éternel je viens m'humilier,
> Et goûter le plaisir de me faire oublier.
> Mais à tous les Persans je cache leurs familles.

Il faut les appeler. Venez, venez, mes filles
Compagnes autrefois de ma captivité,
De l'antique Jacob jeune postérité.

S'il était des Huns, Hottentots, Hurons, Wendes, Wilzes et Welches, insensibles à la pudeur, à la noblesse, à la mélodie de cet ineffable langage, qu'ils soient septante fois sept fois heureux du charme de leurs propres ouvrages! « J'ai cru, » dit Racine dans sa préface d'*Esther*, « que je pourrais remplir toute « mon action avec les seules scènes que Dieu lui-même, pour ainsi dire a « préparées. » Racine avait raison de le croire : lui seul avait cette harpe de David consacrée aux scènes *préparées* de Dieu.

En jugeant avec impartialité dans leur ensemble les ouvrages étrangers et les nôtres (si toutefois on peut juger les ouvrages étrangers, ce dont je doute beaucoup), on trouverait qu'égaux en force de pensée, nous l'emportons par l'ordre et la raison de la composition. Le génie enfante, le goût conserve. Le goût est le bon sens du génie ; sans le goût le génie n'est qu'une sublime folie. Ce toucher sûr, par qui la lyre ne rend que le son qu'elle doit rendre, est encore plus rare que la faculté qui crée. L'esprit et le génie diversement répartis, enfouis, latents, inconnus, *passent souvent parmi nous sans déballer*, comme dit Montesquieu : ils existent en même proportion dans tous les âges, mais, dans le cours de ces âges, il n'y a que certaines nations, chez ces nations qu'un certain moment où le goût se montre dans sa pureté : avant ce moment, après ce moment, tout pèche par défaut ou par excès. Voilà pourquoi les ouvrages accomplis sont si rares ; car il faut qu'ils soient produits aux heureux jours de l'union du goût et du génie. Or, cette grande rencontre, comme celle de quelques astres, semble n'arriver qu'après la révolution de plusieurs siècles, et ne durer qu'un instant.

SIÈCLE DE SHAKESPEARE.

Le moment de l'apparition d'un grand génie doit être remarqué, afin d'expliquer plusieurs affinités de ce génie, de montrer ce qu'il a reçu du passé, puisé dans le présent, laissé à l'avenir. L'imagination fantasmagorique de notre époque, qui pétrit des personnages avec des nuées ; cette imagination maladive, dédaignant la réalité, s'est engendré un Shakespeare à sa façon : l'enfant du boucher de Stratford est un géant tombé de Pélion et d'Ossa au milieu d'une société sauvage, et dépassant cette société de cent coudées ; que sais-je ! Shakespeare est, comme Dante, une comète solitaire, qui traversa les constellations du vieux ciel, retourna aux pieds de Dieu, et lui dit comme le tonnerre : « Me voici. »

L'amphigouri et le roman n'ont point droit de cité dans le domaine des faits. Dante parut en un temps qu'on pourrait appeler de ténèbres ; la boussole conduisait à peine le marin dans les eaux connues de la Méditerranée ; ni l'Amérique ni le passage aux Indes par le cap de Bonne-Espérance n'étaient trouvés ; la poudre à canon n'avait point encore changé les armes, et l'imprimerie, le monde ; la féodalité pesait de tout le poids de sa nuit sur l'Europe asservie.

Mais lorsque la mère de Shakespeare accoucha d'un enfant obscur en 1564, déjà s'étaient écoulés les deux tiers du fameux siècle de la renaissance et de la réformation, de ce siècle où les principales découvertes modernes étaient accomplies, le vrai système du monde trouvé, le ciel observé, le globe exploré, les sciences étudiées, les beaux-arts arrivés à une perfection qu'ils n'ont jamais atteinte depuis. Les grandes choses et les grands hommes se pressaient de toutes parts : des familles allaient semer dans les bois de la Nouvelle-Angleterre les germes d'une indépendance fructueuse ; des provinces brisaient le joug de leurs oppresseurs, et se plaçaient au rang des nations.

Sur les trônes, après Charles-Quint, François Ier, Léon X, brillaient Sixte-Quint, Élisabeth, Henri IV, don Sébastien, et ce Philippe qui n'était pas un tyran vulgaire.

Parmi les guerriers, on comptait : don Juan d'Autriche, le duc d'Albe, les amiraux Veniero et Jean André Doria, le prince d'Orange, les deux Guise, Coligny, Biron, Lesdiguières, Montluc, Lanoue.

Parmi les magistrats, les légistes, les ministres, les politiques : l'Hôpital, Harlay, du Moulins, Cujas, Sully, Olivarez, Cécil, d'Ossat.

Parmi les prélats, les sectaires, les savants, les érudits, les gens de lettres : saint Charles Borromée, saint François de Sales, Calvin, Théodore de Bèze, Buchanan, Tycho-Brahé, Galilée, Bacon, Cardan, Kepler, Ramus, Scaliger, Étienne, Manuce, Just Lipse, Vida, Baronius, Mariana, Amyot, du Haillan, Montaigne, Bignon, de Thou, d'Aubigné, Brantôme, Marot, Ronsard et mille autres.

Parmi les artistes : Titien, Paul Veronèse, Annibal Carrache, Sansovino, Jules Romain, le Dominiquin, Palladio, Vignole, Jean Goujon, le Guide, Poussin, Rubens, Van-Dyck, Velasquez : Michel-Ange avait voulu attendre pour mourir l'année de la naissance de Shakespeare

Loin d'être un chef de civilisation rayonnant au sein de la barbarie, Shakespeare, dernier né du moyen âge, était un Barbare se dressant dans les rangs de la civilisation en progrès, et la rentraînant au passé. Il ne fut point une étoile solitaire, il marcha de concert avec des astres dignes de son firmament, Camoëns, Tasse, Ercilla, Lope de Vega, Caldéron, trois poëtes épiques et deux tragiques du premier ordre. Examinons tout cela en détail, et commençons d'abord par le matériel de la société.

Aux jours de Shakespeare, si la culture de l'esprit était poussée plus loin, en différentes branches, qu'elle ne l'est même de notre temps, la société matérielle s'était également raffinée. Sans parler de l'Italie où les palais, chefs-d'œuvre des arts, étaient meublés d'autres chefs-d'œuvre ; de l'Italie, enrichie du commerce de Florence, de Gênes, de Venise, étincelante de ses manufactures d'étoffes de soie, d'or et de velours ; sans aller chercher une civilisation complète au delà des Alpes, restons dans la patrie du poëte ; nous y verrons les améliorations considérables dues à l'administration d'Élisabeth.

Érasme nous apprend que sous Henri VII et Henri VIII on pouvait à peine respirer dans les appartements : ils ne recevaient l'air et le jour qu'au travers de treillis extrêmement serrés, les vitraux étaient réservés au fenestrage des châteaux et des églises. Chaque étage des maisons s'avançait en saillie et abritait l'étage au-dessous : portés ainsi sur deux lignes obliques et à redans, les toits se touchaient presque, et les rues noires se trouvaient quasi fermées par le haut. La plupart des habitations n'avaient point de cheminées; le plain-pied des chambres consistait en un mastic de terre recouvert de joncs ou d'une couche de sable, destinée à absorber les immondices des chats et des chiens. Érasme attribue les pestes, fréquentes alors en Angleterre, à la malpropreté des Anglais.

Chez les riches, l'ameublement se composait de tapisseries d'Arras, de longues planches portées sur des tréteaux en guise de tables de réfectoire, d'un buffet, d'une chaise, de quelques bancs et de plusieurs escabelles. Les pauvres dormaient sur une claie ou sur une paillasse, ayant pour couverture une serpillière, pour traversin une bûche. Celui qui possédait un matelas de laine et un oreiller rempli de son, excitait l'envie de ses voisins. Harrison déclare tenir ces détails de la bouche des vieillards, et il ajoute : « A présent (règne d'Élisabeth) les « fermiers ont trois ou quatre lits de plume garnis de couvertures et de tapis, « de tentures de soie; leurs tables sont parées de linge blanc, leurs buffets « garnis de vaisselle de terre, d'une salière d'argent, d'une timbale et d'une « douzaine de cuillers du même métal. »

Les fermiers de notre France actuelle, si fière de sa civilisation, ne sont pas encore tous arrivés à une pareille aisance.

Shakespeare s'éleva sous la protection de cette reine, qui envoyait le matelot chercher au bout du monde la richesse du laboureur. Assez de paix et de gloire florissait dans l'intérieur de l'Angleterre, pour qu'un poëte chantât en sûreté, sans toutefois que la société manquât *au dedans* et *au dehors* de spectacles propres à remuer l'âme et à échauffer la pensée.

Au dedans : Élisabeth offrait en sa personne un caractère historique. Shakespeare avait vingt-trois ans lorsque Marie Stuart fut décapitée. Né de parents catholiques, peut-être catholique lui-même, il ouït raconter sans doute à ses coreligionnaires qu'Élisabeth essaya de faire séduire sa captive par Rolstone, afin de la déshonorer, et que, profitant du massacre de la Saint-Barthélemy, elle fut tentée de livrer la reine d'Écosse au talion des Écossais protestants. Qui sait si la curiosité n'avait pas attiré le jeune William de Stratford à Fotheringay, au moment de la catastrophe ? Qui sait s'il n'avait pas vu le lit, la chambre, les voûtes tendues de noir, le billot, la tête de Marie séparée du tronc et dans laquelle un premier coup de hache mal appliqué avait enfoncé la coiffe et des cheveux blancs ? Qui sait si ses regards ne s'étaient pas arrêtés sur l'élégant cadavre, objet de la curiosité et de la souillure du bourreau ?

Plus tard Élisabeth jeta une autre tête aux pieds de Shakespeare ; Mahomet II décapitait un icoglan pour faire poser la mort devant un peintre. Étrange composé d'homme et de femme, Élisabeth ne paraît avoir eu dans sa vie enveloppée d'un mystère, qu'une passion et jamais d'amour : « La dernière ma« ladie de cette reine, disent les Mémoires du temps, procédait d'une tristesse « qu'elle a toujours tenue fort secrète ; elle n'a jamais voulu user de remèdes « quelconques, comme si elle eût pris cette résolution de longue main de vou« loir mourir, ennuyée de sa vie par quelque occasion secrète qu'on a voulu « dire être la mort du comte d'Essex. »

Ce seizième siècle, printemps de la civilisation nouvelle, germait en Angleterre plus qu'ailleurs; il développait, en les éprouvant, les générations puissantes dont les entrailles portaient déjà la liberté, Cromwell et Milton. Élisabeth dînait au son des tambours et des trompettes, tandis que son parlement faisait des lois atroces contre les papistes, et que le joug d'une sanglante oppression s'appesantissait sur la malheureuse Irlande. Les hautes œuvres de Tiburn se mêlaient aux ballets des nymphes; les austérités des puritains, aux fêtes de Kenilworth; les comédies, aux sermons; les libelles, aux cantiques; les critiques littéraires, aux discussions philosophiques et aux controverses des sectes.

Un esprit d'aventures agitait la nation comme à l'époque des guerres de la Palestine : des volontaires croisés protestants s'embarquaient pour aller combattre les *idolâtres*, c'est-à-dire les *catholiques;* ils suivaient sur l'Océan sir Francis Drake, sir Walter Raleigh, ces Pierre l'Ermite des mers, amis du Christ, ennemis de la croix. Engagés dans la cause des libertés religieuses, les Anglais servaient quiconque cherchait à s'affranchir; ils versaient leur sang sous le panache blanc de Henri IV, sous le drapeau jaune du prince d'Orange. Shakespeare assistait à ce spectacle : il entendit gronder les orages protecteurs qui jetèrent les débris des vaisseaux espagnols sur les grèves de sa patrie délivrée.

Au dehors, le tableau ne favorisait pas moins l'inspiration du poëte : en Écosse, l'ambition et les vices de Murray, le meurtre de Rizzio, Darnley étranglé et son corps lancé au loin, Bothwell épousant Marie dans la forteresse de Dunbar, obligé de fuir et devenant pirate en Norwège; Morton livré au supplice.

Dans les Pays-Bas, tous les malheurs inséparables de l'émancipation d'un peuple : un cardinal de Granvelle, un duc d'Albe, la fin tragique du comte d'Egmont et du comte de Horn.

En Espagne, la mort de don Carlos; Philippe II bâtissant le sombre Escurial, multipliant les auto-da-fé, et disant à ses médecins : « Vous craignez de « tirer quelques gouttes de sang à un homme qui en a fait répandre des fleuves.

En Italie, l'histoire de la Cenci renouvelée des anciennes *aventures* de Venise, de Vérone, de Milan, de Bologne, de Florence.

En Allemagne, le commencement de Wallenstein.

En France, la plus prochaine terre de la patrie de Shakespeare, que voyait-il ?

Le tocsin de la Saint-Barthélemy sonna la huitième année de la vie de l'auteur de *Macbeth :* l'Angleterre retentit de ce massacre, elle en publia les détails exagérés, s'ils pouvaient l'être. On imprima à Londres et à Édimbourg, on vendit dans les villes et dans les campagnes des relations capables d'ébranler l'imagination d'un enfant. On ne s'entretenait que de l'accueil fait par Élisabeth à l'ambassadeur de Charles IX. « Le silence de la nuit régnait dans « toutes les pièces de l'appartement royal. Les dames et les courtisans étaient « rangés en haie de chaque côté, tous en grand deuil; et quand l'ambassadeur « passa au milieu d'eux, aucun ne lui jeta un regard de politesse, ni ne lui « rendit son salut. » Marloe mit sur la scène *le massacre de Paris :* et Shakespeare à son début put s'y trouver chargé de quelque rôle.

Après le règne de Charles IX, vint celui de Henri III, si fécond en catastrophes ? Catherine de Médicis, les mignons, la journée des barricades, l'égorgement des deux Guise à Blois, la mort de Henri III à Saint-Cloud, les fureurs de la Ligue, l'assassinat de Henri IV, variaient sans cesse les émotions d'un poëte qui vit se dérouler cette longue chaîne d'événements. Les soldats d'Élisabeth, le comte d'Essex lui-même, mêlés à nos guerres civiles, combattirent au Havre, à Ivry, à Rouen, à Amiens. Quelques vétérans de l'armée anglaise pouvaient conter au foyer de William ce qu'ils avaient su de nos calamités et de nos champs de bataille.

C'était donc le génie même de son temps qui soufflait à Shakespeare son génie. Les drames innombrables joués autour de lui préparaient des sujets aux héritiers de son art : Charles IX, le duc de Guise, Marie Stuart, don Carlos, le comte d'Essex, devaient inspirer Schiller, Ottway, Alfieri, Campistron, Thomas Corneille, Chénier, Reynouard.

Shakespeare naquit entre la révolution religieuse commencée sous Henri VIII, et la révolution politique prête à s'opérer sous Charles Ier. Tout était meurtre et catastrophe au-dessus de lui, tout fut meurtre et catastrophe au-dessous.

Au règne d'Édouard VI : Sommerset, le protecteur du royaume et oncle du jeune roi, envoyé au supplice.

Au règne de Marie : les martyrs du protestantisme, Jane Gray décapitée; Philippe, l'exterminateur des protestants, débarquant en Angleterre, comme pour passer en revue et dévouer à la mort le camp ennemi.

Au règne d'Élisabeth : les martyrs du catholicisme, Élisabeth elle-même, marquée de l'onction sainte selon le rit romain, et devenue la persécutrice de la foi qui lui posa la couronne sur la tête; Élisabeth, fille de cette Anne Bouleyn, cause du schisme, sacrifiée après Thomas Morus, morte à demi folle, priant, riant, comparant la petitesse de son cou à la largeur du coutelas de l'exécuteur.

Shakespeare, dans sa jeunesse, rencontra de vieux moines, chassés de leurs cloîtres, lesquels avaient vu Henri VIII, ses réformes, ses destructions de monastères, ses *fous*, ses épouses, ses maîtresses, ses bourreaux : lorsque le poëte quitta la vie, Charles Ier comptait seize ans.

Ainsi, d'une main Shakespeare avait pu toucher les têtes blanchies que menaça le glaive de l'avant-dernier des Tudor; de l'autre, la tête brune du second des Stuarts, que peignit Van-Dyck, et que la hache des parlementaires devait abattre. Appuyé sur ces fronts tragiques, le grand tragique s'enfonça dans la tombe; il remplit l'intervalle des jours où il vécut de ses spectres, de ses rois aveugles, de ses ambitieux punis, de ses femmes infortunées, afin de joindre par des fictions analogues les réalités du passé aux réalités de l'avenir.

POËTES ET ÉCRIVAINS CONTEMPORAINS DE SHAKESPEARE.

Jacques Ier gouverna entre l'épée qui l'avait effrayé dans le ventre de sa mère et l'épée qui fit mourir, mais ne fit pas trembler son fils. Son règne sépara l'échafaud de Fotheringay de celui de White-Hall; espace obscur où s'éteignirent Bacon et Shakespeare.

Ces deux illustres contemporains se retrouvèrent sur le même sol; je vous ai nommé plus haut les étrangers leurs compagnons de gloire. La France, la moins bien partagée alors dans les lettres, ne nous offre qu'Amyot, de Thou, Ronsard et Montaigne, esprits d'un moindre vol; Hardy et Garnier balbutiaient à peine les premiers accents de notre Melpomène. Toutefois la mort de Rabelais n'avait précédé que de quinze années la naissance de Shakespeare : le bouffon eût été de taille à se mesurer avec le tragique.

Celui-ci avait déjà passé trente et un ans sur la terre quand l'infortuné Tasse et l'héroïque Ercilla la quittèrent, tous deux morts en 1595. Le poëte anglais fondait le théâtre de sa nation lorsque Lope de Vega établissait la scène espagnole : mais Lope eut un rival dans Caldéron. L'auteur du *Meilleur Alcade* était embarqué en qualité de volontaire sur l'invincible armada au moment où l'auteur de Falstaff calmait les inquiétudes de *la belle Vestale assise sur le trône d'Occident.*

Le dramatiste castillan rappelle cette fameuse flotte dans la *Fuerza lastimosa :* « Les vents, dit-il, détruisirent la plus belle armée navale qu'on ait « jamais vue. » Lope venait l'épée au poing assaillir Shakespeare dans ses foyers, comme les ménestrels de Guillaume le Conquérant attaquèrent les scaldes d'Harold. Lope a fait de la religion ce que Shakespeare a fait de l'histoire : les personnages du premier entonnent sur la scène le *Gloria Patri* entrecoupé de romances; ceux du second chantent des ballades égayées des *lazzi* du fossoyeur.

Blessé à Lépante en 1570, esclave à Alger en 1575, racheté en 1581, Cervantes, qui commença dans une prison son inimitable comédie, n'osa la continuer que longtemps après, tant le chef-d'œuvre avait été méconnu ! Cervantes mourut la même année et le même mois que Shakespeare : deux documents constatent la richesse des deux auteurs.

William Shakespeare, par son testament, lègue à sa femme le second de ses lits après le meilleur; il donne à deux de ses camarades de théâtre trente-deux schellings pour acheter une bague; il institue sa fille aînée, Suzanne, sa légataire universelle; il fait quelques petits cadeaux à sa seconde fille Judith, laquelle signait une croix au bas des actes, déclarant ne savoir écrire.

Michel Cervantes reconnaît, par un billet, qu'il a reçu en dot de sa femme, Catherine Salazar y Palacios, un dévidoir, un poêlon de fer, trois broches, une pelle, une râpe, une vergette, six boisseaux de farine, cinq livres de cire, deux petits escabeaux, une table à quatre pieds, un matelas garni de sa laine, un chandelier de cuivre, deux draps de lit, deux enfants Jésus avec leurs petites robes et leurs chemises, quarante-quatre poules et poulets avec un coq. Il n'y a pas aujourd'hui si mince écrivain qui ne crie à l'injustice des hommes, à leur mépris pour les talents, s'il n'est gorgé de pensions dont la centième partie aurait fait la fortune de Cervantes et de Shakespeare. Le peintre du fou du *Roi Léar* alla donc, en 1616, chercher un monde plus sage, avec le peintre de *Don Quichotte;* dignes compagnons de voyage.

Corneille était venu pour les remplacer dans cette famille cosmopolite de grands hommes dont les fils naissent chez tous les peuples, comme à Rome les Brutus succédaient aux Brutus, les Scipion aux Scipion. Le chantre du *Cid,* enfant de six ans, vit les derniers jours du chantre d'*Othello*, comme Michel-Ange remit sa palette, son ciseau, son équerre et sa lyre à la mort, l'année même où Shakespeare, le cothurne au pied, le masque à la main, entra dans la vie; comme le poëte mourant de la Lusitanie salua les premiers soleils du poëte d'Albion. Lorsque le jeune boucher de Stratford, armé du couteau, adressait, avant de les égorger, une harangue à ses victimes, les brebis et les génisses, Camoëns faisait entendre au tombeau d'Inès, sur les bords du Tage, les accents du cygne :

« Depuis tant d'années que je vous vais chantant, ô nymphes du Tage, ôg
« vous, Lusitaniens, la fortune me traîne errant à travers les malheurs et les
« périls, tantôt sur la mer, tantôt au milieu des combats. . . . . . . tantôt
« dégradé par une honteuse indigence, sans autre asile qu'un hôpital. . . . .
« . . . . Il ne suffisait pas que je fusse voué à tant de misères, il fallait en-
« core qu'elles me vinssent de ceux-là même que j'ai chantés. . . . .
« Poëtes ! vous donnez la gloire ; en voilà le prix. . . . .
« . . . .

Vaõ os annos descendo, et já do estio
Ha pouco que passar até o outono, etc.

« Mes années vont déclinant; avant peu j'aurai passé de l'été à l'automne. Les
« chagrins m'entraînent au rivage du noir repos et de l'éternel sommeil. »

Faut-il donc que chez toutes les nations et dans tous les siècles les plus grands génies arrivent à ces dernières paroles du Camoëns !

Milton, âgé de huit ans quand Shakespeare mourut, s'éleva comme à l'ombre du tombeau de ce grand homme; Milton se plaint aussi d'être venu dans de mauvais jours, un siècle trop tard. Il craint que *la froideur du climat ou des ans n'ait engourdi ses ailes humiliées*. . . . .
« cold climat, or years damp, my intended-wing deprest. . . . . :

Il a cette frayeur au moment même où il écrit le neuvième livre du *Paradis perdu*, qui renferme la séduction d'Ève, et les scènes les plus pathétiques entre Ève et Adam !

Ces hommes divins, prédécesseurs ou contemporains de Shakespeare, ont quelque chose en eux qui participe de la beauté de leur patrie : Dante était un citoyen illustre et un guerrier vaillant : le Tasse eût été bien placé dans la troupe brillante qui suivait Renaud; Lope et Caldéron portèrent les armes; Ercilla est à la fois l'Homère et l'Achille de son épopée; Cervantes et le Camoëns montraient les cicatrices glorieuses de leur courage et de leur infortune. Le style de ces poëtes-soldats a souvent l'élévation de leur existence : il aurait fallu à Shakespeare une autre carrière; il est passionné dans ses compositions, rarement noble : la dignité manque quelquefois à son style, comme elle manque à sa vie.

VIE DE SHAKESPEARE.

Et quelle a été cette vie? qu'en sait-on ? peu de chose. Celui qui l'a portée, l'a cachée, et ne s'est soucié ni de ses travaux ni de ses jours.

Si l'on étudie les sentiments intimes de Shakespeare dans ses ouvrages, le peintre de tant de noirs tableaux semblerait avoir été un homme léger, rapportant tout à sa propre existence : il est vrai qu'il trouvait assez d'occupation dans une aussi grande vie intérieure. Le père du poëte, probablement catholique, d'abord chef bailli et alderman à Stratford, était devenu marchand de laine et boucher. William, fils aîné d'une famille de dix enfants, exerça le métier de son père. Je vous ai dit que le dépositaire du poignard de Melpomène saigna des veaux avant de tuer des tyrans, et qu'il adressait des harangues pathétiques aux spectateurs de l'injuste mort de ces innocentes bêtes. Shakespeare, dans sa jeunesse, livra, sous un pommier resté célèbre, des assauts de cruchons de bière aux trinqueurs de Bidford. A dix-huit ans il épousa la fille d'un cultivateur, Anna Hatway, plus âgée que lui de sept années. Il en eut une première fille, et puis deux jumeaux, un fils et une fille. Cette fécondité ne le fixa et ne le toucha guère ; il oublia si bien et si vite madame Anna qu'il ne s'en souvint que pour lui laisser, par *interligne*, dans son testament mentionné plus haut, *le second de ses lits après le meilleur.*

Une aventure de braconnier le chassa de son village. Appréhendé au corps dans le parc de sir Thomas Lucy, il comparut devant l'offensé, et se vengea de lui en placardant à sa porte une ballade satirique. La rancune de Shakespeare dura ; car de sir Thomas Lucy il fit le bailli Shallow, dans la seconde partie de *Henri VI*, et l'accabla des bouffonneries de Falstaff. La colère de sir Thomas ayant obligé Shakespeare de quitter Stratford, il alla chercher fortune à Londres.

La misère l'y suivit. Réduit à garder les chevaux des gentlemen à la porte des théâtres, il disciplina une troupe d'intelligents serviteurs, qui prirent le nom de *garçons de Shakespeare* (Shakespeare's boys). De la porte des théâtres se glissant dans la coulisse, il y remplit la fonction de *callboy* (garçon appeleur). Green, son parent, acteur à Blak-Friars, le poussa de la coulisse sur la scène, et d'acteur il devint auteur. On publia contre lui des critiques et des pamphlets auxquels il ne répondit pas un mot. Il remplissait le rôle de *frère Laurence* dans *Roméo et Juliette*, et jouait celui du *spectre* dans *Hamlet* d'une manière effrayante. On sait qu'il joutait d'esprit avec Ben Johnson au club de la Sirène, fondé par sir Walter Raleigh. Le reste de sa carrière théâtrale est ignoré ; ses pas ne sont plus marqués dans cette carrière que par des chefs-d'œuvre qui tombaient deux ou trois fois l'an de son génie, *bis pomis utilis arbos*, et dont il ne prenait aucun souci. Il n'attachait pas même son nom à ses chefs-d'œuvre, tandis qu'il laissait écrire ce grand nom au catalogue de comédiens oubliés, *entre-parleurs* (comme on disait alors) dans des pièces encore plus oubliées. Il ne s'est donné la peine ni de recueillir ni d'imprimer ses drames : la postérité, qui ne lui vint jamais en mémoire, les exhuma des vieux répertoires, comme on déterre les débris d'une statue de Phidias parmi les obscures images des athlètes d'Olympie.

Dante se joint sans façon au groupe des grands poëtes : *Vidi quattro grand ombre a moi venire ;* le Tasse parle de son immortalité ; ainsi des autres. Shakespeare ne dit rien de sa personne, de sa famille, de sa femme, de son fils (mort à l'âge de douze ans), de ses deux filles, de son pays, de ses ouvrages, de sa

gloire; soit qu'il n'eût pas la conscience de son génie, soit qu'il en eût le dédain, il paraît n'avoir pas cru au souvenir : « Ah! ciel! s'écrie Hamlet, mort
« depuis deux mois et pas encore oublié ! on peut espérer alors que la mémoire
« d'un grand homme lui survivra six mois; mais, par Notre-Dame, il faudra
« pour cela qu'il ait bâti des églises; autrement, qu'il se résigne à ce qu'on ne
« pense plus à lui. »

Shakespeare quitta brusquement le théâtre à cinquante ans, dans la plénitude de ses succès et de son génie. Sans chercher des causes extraordinaires à cette retraite, il est probable que l'insouciant acteur descendit de la scène aussitôt qu'il eut acquis une petite indépendance. On s'obstine à juger le caractère d'un homme par la nature de son talent, et réciproquement la nature de ce talent par le caractère de l'homme; mais l'homme et le talent sont quelquefois très-disparates, sans cesser d'être homogènes. Quel est le véritable homme, de Shakespeare le tragique, ou de Shakespeare le joyeux vivant? Tous les deux sont vrais : ils se lient ensemble au moyen des mystérieux rapports de la nature.

Lord Southampton fut l'ami de Shakespeare, et l'on ne voit pas qu'il ait rien fait de considérable pour lui. Élisabeth et Jacques I*er* protégèrent l'acteur, et apparemment le méprisèrent. De retour à ses foyers, il planta le premier mûrier qu'on ait vu dans le canton de Stratford. Il mourut, en 1616, à Newplace, sa maison des champs. Né le 23 avril 1564, ce même jour, 23 avril, qui l'avait amené devant les hommes, le vint chercher, en 1618, pour le conduire devant Dieu. Enterré sous une dalle de l'église de Stratford, il eut une statue, assise dans une niche comme un saint, peinte en noir et en écarlate, repeinte par le grand-père de mistress Siddon, et rebarbouillée de plâtre par Malone. Une crevasse se forma, il y a plusieurs années, dans le sépulcre; le marguillier de surveillance ne découvrit ni ossements ni cercueil : il aperçut de la poussière, et l'on a dit que c'était quelque chose que d'avoir vu la poussière de Shakespeare. Le poëte, dans une épitaphe, défendait de toucher à ses cendres : ami du repos, du silence et de l'obscurité, il se mettait en garde contre le mouvement, le bruit et l'éclat de son avenir. Voici donc toute la vie et toute la mort de cet immortel : une maison dans un hameau, un mûrier, la lanterne avec laquelle l'auteur-acteur jouait le rôle de *frère Laurence* dans *Roméo et Juliette*, une grossière effigie villageoise, une tombe entr'ouverte.

Castrell, ministre protestant, acheta la maison de Newplace; l'ecclésiastique bourru, importuné du pèlerinage des dévots à la mémoire du grand homme, abattit le mûrier; plus tard il fit raser la maison, dont il vendit les matériaux. En 1740, des Anglaises élevèrent à Shakespeare, dans Westminster, un monument de marbre; elles honorèrent ainsi le poëte qui tant aima les femmes, et qui avait dit dans *Cymbeline* : « L'Angleterre est un nid de cygnes au milieu
« d'un vaste étang. »

Shakespeare était-il boiteux comme lord Byron, Walter Scott et les Prières, filles de Jupiter? Les libelles publiés contre lui de son vivant ne lui reprochent pas un défaut si apparent à la scène. *Lame* se disait d'une main comme d'un pied : *lame of one hand*. *Lame* signifie, en général, *imparfait, défectueux*, et se prend dans le même sens au figuré. Quoi qu'il en soit, le *boy* de Stratford, loin d'être honteux de son infirmité comme Childe-Harold, ne craint pas de la rappeler à l'une de ses maîtresses :

. . . . . . lame by fortene's dearest spite.

« Boiteux par la moquerie la plus chère de la fortune. »

Shakespeare aurait eu beaucoup d'amours, si l'on en comptait un par sonnet : total, cent cinquante-quatre. Sir William Davenant se vantait d'être le fils d'une belle hôtelière, amie de Shakespeare, laquelle tenait l'auberge de la *Couronne* à Oxford. Le poëte se traite assez mal dans ses petites odes, et dit des vérités désagréables aux objets de son culte. Il se reproche à lui-même quelque chose : gémit-il mystérieusement de ses mœurs, ou se plaint-il du peu d'honneur de sa vie? C'est ce qu'on ne peut démêler. « Mon nom a reçu une « flétrissure, *my name receives a brand*. Ayez pitié de moi, et souhaitez que je « sois renouvelé, tandis que, comme un patient volontaire, je boirai une an- « tidote d'Eysell contre ma forte corruption. . . . . Je ne puis tou- « jours t'avouer, de peur que ma faute déplorée ne te fasse honte. Et toi, tu « ne peux m'honorer d'une faveur publique, sans ravir l'honneur à ton nom, « *unless thou ake that honour from thy name.* »

Des commentateurs se sont figuré que Shakespeare rendait hommage à la reine Élisabeth ou à lord Southampton transformé symboliquement en une maîtresse. Rien de plus commun, au quinzième siècle, que ce mysticisme de sentiment et cet abus de l'allégorie : Hamlet parle d'Yorick comme d'une femme, quand les fossoyeurs retrouvent sa tête : « Hélas ! pauvre Yorick ! je l'ai connu, « Horatio : c'était un compagnon joyeux et d'une imagination exquise. . . . « . . . . Là étaient attachées ces lèvres que j'ai baisées ne « sais combien de fois ! » *That I have kiss'd, I know not how oft !* Au temps de Shakespeare l'usage de s'embrasser sur la joue était inconnu : Hamlet dit à Yorick ce que Marguerite d'Écosse disait à Alain Chartier.

Quoi qu'il en soit, beaucoup de sonnets sont visiblement adressés à des femmes. Des jeux d'esprit gâtent ces effusions érotiques, mais leur harmonie avait fait surnommer l'auteur *le poëte à la langue de miel*. Depuis Catulle il est question, chez les nourrissons des Muses, d'une rose qu'il se faut hâter d'enlever à sa tige, avant qu'elle soit effeuillée; Shakespeare parle plus clair : il invite son amie à renaître dans une belle petite fille, laquelle renaîtra à son tour dans une autre belle petite fille, et ainsi de suite, moyen sûr pour que la rose, toujours cueillie, ne soit jamais fanée.

Le créateur de Desdémone et de Juliette vieillissait sans cesser d'être amoureux. La femme inconnue à laquelle il s'adresse en vers charmants était-elle fière et heureuse d'être l'objet des sonnets de Shakespeare? on peut en douter : la gloire est pour un vieil homme ce que sont les diamants pour une vieille femme : ils la parent, et ne peuvent l'embellir.

My love is strengthen'd, though more weak in seeming, etc.

« Mon amour est augmenté, quoique plus faible en apparence. . . . . . .
« notre amour nouveau n'était encore qu'au printemps, quand j'avais accou-

« tumé de le saluer de mes vers ; ainsi Philomèle chante au commencement
« de l'été, et retient ses soupirs à mesure que les jours mûrissent ; non que l'été
« soit maintenant moins doux qu'il était quand les hymnes mélancoliques du
« rossignol *silenciaient* la nuit ! mais une musique du désert s'élève à présent
« de chaque rameau, et les choses agréables, devenues communes, perdent
« leurs plus chères délices. Comme l'oiseau, je me tais quelquefois pour ne pas
« vous fatiguer de mes chansons. »

> That time of year thou may'st in me behold,
> When yellow leaves, or none, or few, do hang, etc.

« Tu peux voir en moi ce temps de l'année où quelques feuilles jaunies
« pendent aux rameaux qui tremblent à la bise, voûtes en ruines et dépouil-
« lées où naguère les petits oiseaux gazouillaient. . . . . Tu vois
« en moi le rayon d'un feu qui s'éteint sur les cendres de sa jeunesse, comme
« sur un lit de mort où il expire, consumé par ce qui le nourrissait. Ces choses
« que tu vois doivent rendre ton amour plus empressé d'aimer un bien que si
« tôt tu vas perdre. »

> No longer mourn for me, when I am dead ;
> Than you shall hear the surly sullen bell, etc.

« Ne pleurez pas longtemps pour moi, quand je serai mort : vous entendrez
« la triste cloche, suspendue haut, annoncer au monde que j'ai fui ce monde
« vil, pour habiter avec les vers plus vils encore. Si vous lisez ces mots, ne
« vous rappelez pas la main qui les a tracés ; je vous aime tant que je veux être
« oublié dans vos doux souvenirs, si en pensant à moi vous pouviez être mal-
« heureuse. Oh ! si vous jetez un regard sur ces lignes quand peut-être je ne
« serai plus qu'une masse d'argile, ne redites pas même mon pauvre nom, et
« laissez votre amour se faner avec ma vie. »

Il y a plus de poésie, d'imagination, de mélancolie dans ces vers que de sensibilité, de passion et de profondeur. Shakespeare aime, mais il ne croit pas plus
à l'amour qu'il ne croyait à autre chose : une femme pour lui est un oiseau,
une brise, une fleur, chose qui charme et passe. Par l'insouciance ou l'ignorance de sa renommée, par son état qui le jetait à l'écart de la société, en dehors
des conditions où il ne pouvait atteindre, il semble avoir pris la vie comme une
heure légère et désoccupée, comme un loisir rapide et doux.

Les poëtes aiment mieux la liberté et la muse que leur maîtresse ; le pape
offrit à Pétrarque de le séculariser, afin qu'il pût épouser Laure. Pétrarque répondit à l'obligeante proposition de Sa Sainteté : « J'ai encore bien des sonnets
« à faire. »

Shakespeare, cet esprit si tragique, tira son sérieux de sa moquerie, de son
dédain de lui-même et de l'espèce humaine : il doutait de tout : *Perhaps* est un
mot qui lui revient sans cesse. Montaigne, de l'autre côté de la mer, répétait :
« Peut-être. Que sais-je ? »

SHAKESPEARE AU NOMBRE DES CINQ OU SIX GRANDS GÉNIES DOMINATEURS.

Pour conclure,

Shakespeare est au nombre des cinq ou six écrivains qui ont suffi aux besoins et à l'aliment de la pensée : ces génies mères semblent avoir enfanté et allaité tous les autres. Homère a fécondé l'antiquité ; Eschyle, Sophocle, Euripide, Aristophane, Horace, Virgile, sont ses fils. Dante a engendré l'Italie moderne, depuis Pétrarque jusqu'au Tasse. Rabelais a créé les lettres françaises ; Montaigne, La Fontaine, Molière, viennent de sa descendance. L'Angleterre est toute Shakespeare, et, jusque dans ces derniers temps, il a prêté sa langue à Byron, son dialogue à Walter Scott.

On renie souvent ces maîtres suprêmes ; on se révolte contre eux ; on compte leurs défauts ; on les accuse d'ennui, de longueur, de bizarrerie, de mauvais goût, en les volant et en se parant de leurs dépouilles ; mais on se débat en vain sous leur joug. Tout se teint de leurs couleurs ; partout s'impriment leurs traces : ils inventent des mots et des noms qui vont grossir le vocabulaire général des peuples ; leurs dires et leurs expressions deviennent proverbes ; leurs personnages fictifs se changent en personnages réels, lesquels ont hoirs et lignée. Ils ouvrent des horizons d'où jaillissent des faisceaux de lumière ; ils sèment des idées, germes de mille autres ; ils fournissent des imaginations, des sujets, des styles à tous les arts : leurs œuvres sont des mines inépuisables, ou les entrailles mêmes de l'esprit humain.

De tels génies occupent le premier rang ; leur immensité, leur variété, leur fécondité, leur originalité, les font reconnaître tout d'abord pour lois, exemplaires, moules, types des diverses intelligences, comme il y a quatre ou cinq races d'hommes, dont les autres ne sont que des nuances ou des rameaux. Donnons-nous garde d'insulter au désordre dans lequel tombent quelquefois ces êtres puissants ; n'imitons pas Cham le maudit ; ne rions pas si nous rencontrons nu et endormi, à l'ombre de l'Arche échouée sur les montagnes d'Arménie, l'unique et solitaire nautonnier de l'abîme. Respectons ce navigateur diluvien qui recommença la création après l'épuisement des cataractes du ciel : pieux enfants bénis de notre père, couvrons-le pudiquement de notre manteau.

Shakespeare, de son vivant, n'a jamais pensé à vivre après sa vie : que lui importe aujourd'hui mon cantique d'admiration ? En admettant toutes les suppositions, en raisonnant d'après les vérités et les erreurs dont l'esprit humain est pénétré ou imbu, que fait à Shakespeare une renommée dont le bruit ne peut monter jusqu'à lui ! Chrétien, au milieu des félicités éternelles, s'occupe-t-il du néant du monde ? Déiste, dégagé des ombres de la matière, perdu dans les splendeurs de Dieu, abaisse-t-il un regard sur le grain de sable où il a passé ? Athée, il dort de ce sommeil sans souffle et sans réveil, qu'on appelle la mort. Rien donc de plus vain que la gloire au delà du tombeau, à moins qu'elle n'ait fait vivre l'amitié, qu'elle n'ait été utile à la vertu, secourable au malheur, et qu'il ne nous soit donné de jouir dans le ciel d'une idée consolante, généreuse, libératrice, laissée par nous sur la terre.

TROISIÈME PARTIE.

LITTÉRATURE SOUS LES DEUX PREMIERS STUARTS ET PENDANT LA RÉPUBLIQUE.

CE QUE L'ANGLETERRE DOIT AUX STUARTS.

A ce nom de Stuart, l'idée d'une longue tragédie vient à l'esprit. On se demande si Shakespeare n'aurait pas dû naître à leur époque : non, Shakespeare, enveloppé dans le mouvement révolutionnaire, n'eût pas eu assez de loisir pour développer les diverses parties de son génie : peut-être même, devenu homme politique, n'eût-il rien produit ; les faits auraient dévoré sa vie.

La Grande-Bretagne doit à la race des Stuarts deux choses inappréciables pour une nation : la force et la liberté. Jacques Ier, en apportant la couronne d'Écosse à l'Angleterre, réunit les peuples de l'île en un seul corps, et fit disparaître du sol la guerre étrangère. L'Écosse avait des alliances continentales ; presque toutes les fois que des hostilités éclataient entre la France et l'Angleterre, l'Écosse faisait une puissante diversion en faveur de la première. Si l'Écosse n'eût pas été réunie en 1792 à l'Angleterre, celle-ci n'aurait pu soutenir la longue guerre de la révolution.

Quant à la liberté anglaise, les Stuarts la fixèrent en la combattant : Charles Ier la paya de sa tête, Jacques II, de sa race.

JACQUES Ier. — BASILICON DORON.

A l'époque où l'on existe, on tient compte des médiocrités, par la raison que les médiocrités sont hargneuses, intrigantes, envieuses, et que du commun des choses et des hommes se compose le train du monde ; mais, lorsqu'il s'agit du passé, rien n'oblige à ressusciter le troupeau vulgaire qui, désabusé sur lui-même par la bonne foi de la mort, serait stupéfait de revivre, et incapable de se tenir debout. Quelques personnages demeurent sur la vieille toile du temps, quand le reste du tableau est effacé ; c'est d'eux qu'il se faut uniquement occuper : il suffit de nommer les individus secondaires en ne s'arrêtant qu'aux grandes figures qui, à de grands intervalles, succèdent aux grandes figures. Cependant il est essentiel de noter, chemin faisant, les révolutions survenues dans le fond ou dans la forme de la pensée humaine. Je dis *essentiel*, pour parler comme les importants et les doctes, car hors la religion et ses vertus, qui seules peuvent produire la liberté, est-il quelque chose *d'essentiel* dans ce monde ?

Le premier des quatre Stuarts qui monta sur le trône d'Angleterre a laissé des ouvrages plus estimés que sa mémoire ; je le nomme : il faut mentionner les rois qui peuvent écrire sur l'*Apocalypse, la vraie loi des monarchies libres*, et le Don royal, *Basilicon Doron*. Si Jacques Ier ne se fût pas donné tant de peine afin d'établir le *droit divin* et conquérir le titre de *Majesté sacrée*, on n'aurait peut-être pas eu l'occasion de faire passer son malheureux fils pour l'auteur de l'*Icon Basiliké*.

Toutefois le *Don royal*, Basilicon Doron, mérite un examen particulier : il contient des choses historiques intéressantes, et fait voir Jacques Ier sous un nouveau jour.

Le *Don* ou le *Présent royal* est dédié à Henri, fils aîné de Jacques. Le roi, dans une épître au jeune prince, lui dit d'abord (je me sers d'une vieille traduction française, fidèle et naïve) : « Et afin que cette instruction soulage votre
« mémoire, je l'ai divisée en trois parties. La première vous dira votre devoir
« envers Dieu comme chrétien ; la seconde, votre devoir vers votre peuple
« comme roi ; et la dernière vous enseignera comment vous avez à vous porter
« ès choses communes et ordinaires de notre vie, lesquelles de soi ne sont ni
« bonnes ni mauvaises sinon en tant que l'on en use bien ou mal, et qui ser-
« viront toutefois à augmenter votre réputation et autorité, si vous en usez bien. »

Le roi s'adresse ensuite au lecteur :

« Or, parmi mes plus secrètes actions, lesquelles, outre mon attente, sont
« venues à la connaissance du public, il en est ainsi arrivé à mon écrit auquel
« je donnai le titre de *Don Royal*, parce que je l'adressais à mon fils aîné, des-
« tiné de Dieu, comme je crois, pour seoir un jour sur mon trône après moi.

« Pour tenir cet écrit plus caché, j'avais pris serment du libraire de n'en
« imprimer que sept copies pour les distribuer et faire garder secrètement par
« sept de mes plus confidents serviteurs, afin que si par le temps, qui perd et
« consume toutes choses, les unes étaient perdues, il en restât encore quel-
« qu'une après ma mort, pour servir de gage à mon fils de la sincérité de mon
« affection envers lui, même du soin que j'ai eu de son éducation.

« Mais puisque, contre mon dessein, cet écrit est publié partout et ensuite
« sujet à la censure de tous (car chacun en jugera selon son humeur et sa
« passion), je suis maintenant contraint d'en permettre l'impression. »

La première partie de l'ouvrage, *Devoirs d'un roi chrétien envers Dieu*, renferme des choses bonnes, mais communes ; on n'y trouve guère de remarquable que ce passage :

« J'ai nommé la conscience gardienne de la religion. C'est un œil que Dieu
« a mis dans l'homme toujours veillant sur toutes les actions de sa vie, pour
« lui donner joie et contentement du bien qu'il a fait, et un vif ressentiment
« au contraire quand il a mal fait. Car comme la conscience sert aux mé-
« chants de torture et de bourreau, aussi est-elle pour consolation aux gens
« de bien.

« N'est-ce pas un avantage grand d'avoir chez nous et avec nous, pendant
« notre vie, le registre de tous les péchés, desquels nous sommes accusés ou à
« l'heure de la mort, ou bien au jour du jugement?

« Gardez donc votre conscience nette, même de deux taches et imperfec-
« tions auxquelles les hommes sont sujets pour la plupart : ou de stupidité qui
« engendre l'athéisme, ou de superstition, mère des hérésies. Par la première
« j'entends une âme infectée de lèpre, une conscience cautérisée, devenue
« sans sentiment de son mal, et endormie dans son péché. Par la superstition
« j'entends ceux qui se lient eux-mêmes à une autre règle et forme de servir
« Dieu que celle qui est ordonnée en sa parole. »

La seconde partie du Présent royal : ***Devoirs d'un roi en sa charge***, s'ouvre par ce bel exorde :

« Comme vous portez ces deux qualités de chrétien et de roi, aussi faut-il
« que vous mettiez peine à vous en bien acquitter, afin que vous soyez et bon
« chrétien et bon roi tout ensemble, gardant justice et équité en votre admi-
« nistration, ce qui se fera par deux moyens : l'un à établir de bonnes lois, et
« les faire bien observer; car l'un sans l'autre ne sert de rien, puisque l'ob-
« servation de la loi est la vie de la loi; l'autre, que par vos mœurs et votre
« vie vous soyez en bon exemple à vos sujets, car naturellement le peuple
« forme ses mœurs au moule de son prince : même les lois n'ont tant de pou-
« voir et d'effet sur les hommes, que la vie et l'exemple de ceux qui leur com-
« mandent. »

Jacques semble être un prophète de famille, quand il écrit ces paragraphes sur la mort d'un bon roi et sur celle d'un tyran :

« Pour le premier, considérez la différence qu'il y a entre le roi légitime
« et le tyran; et par ce moyen, vous entendrez beaucoup mieux quel est votre
« devoir, car les contraires mis à l'opposite l'un de l'autre se font mieux voir
« et discerner. L'un sait qu'il est ordonné pour son peuple, et que Dieu lui en
« a commis la charge et le gouvernement, duquel il est comptable : l'autre
« croit que le peuple est fait pour lui, afin de s'en servir pour ses passions et
« ses appétits déréglés; en un mot, que son peuple est sa proie; sa tyrannie,
« le fruit de sa domination.

« Et ores qu'il y en ait que la déloyauté des sujets fait mourir avant le
« temps (ce qui arrive rarement), si est-ce que leur réputation vit après eux;
« et la déloyauté de ces traîtres est toujours suivie de sa punition en leurs
« corps, biens et renommée ; car l'infamie en reste même à leur postérité.
« Mais quant au tyran, sa méchante vie arme et anime enfin ses sujets à de-
« venir ses bourreaux. Et, bien que la révolte ne soit jamais loisible de leur
« part, si est-on si las et rebuté de ses déportements, que sa chute n'est guère
« regrettée par la plupart de son peuple, moins par ses voisins. Et outre la
« mémoire honteuse qu'il laisse au monde après soi, et les peines éternelles
« qui l'attendent en l'autre, il arrive souvent que les auteurs de cet assassinat
« demeurent impunis, et le fait ratifié par les lois, approuvé par la postérité. Il
« vous est donc fort facile, mon fils, de choisir de ces deux façons de vivre la
« meilleure ; et élisant plutôt le chemin de la vertu, assurer votre vie et votre
« État : et ores qu'il vous arrive quelque infortune, vous soyez pour le moins
« regretté des gens de bien, votre vie approuvée, et votre nom en bonne odeur
« à tout le monde. »

En parlant des excès qu'il faut réprimer, Jacques dit à son héritier :

« Puisque vous avez l'autorité du magistrat légitime et souverain, ne souf-
« frez point que ceux desquels vous avez l'honneur d'être issu, et qui auront
« eu puissance et autorité sur vous, soient diffamés par qui que ce soit : mê-
« mement, puisque le fait vous touche aussi en particulier, pour ne laisser à
« ceux qui viendront après vous sujet de vous traiter à la même mesure que
« vous aurez mesuré les autres.

« Ayant donc l'honneur de tirer votre origine d'aussi illustres aïeux qu'autre
« prince de la chrétienté, réprimez l'insolence des médisants qui, sous titre de
« taxer un vice dans la personne, essayent malicieusement de tacher la race
« et la famille entière pour la rendre odieuse à la postérité. Car quel amour
« pouvez-vous espérer de ceux qui veulent mal à ceux desquels vous êtes né?
« Et pour quelle raison détruit-on tant qu'on peut les louveteaux et les renar-
« deaux sous la mère, sinon parce qu'on n'en peut aimer la race malfaisante?
« Et d'ailleurs pourquoi sera le poulain d'un coursier de Naples de plus grand
« prix en un marché que celui d'une haridelle, sinon pour l'estime qu'on fait
« de la race dont il est? Aussi est-ce une chose monstrueuse de voir une per-
« sonne haïr le père et aimer les enfants, et à la vérité le plus court chemin
« pour rendre le fils méprisé est de diffamer le père et l'exposer en haine. En
« un mot, j'en parle comme savant par mon expérience propre. Car outre les
« jugements de Dieu que j'ai vus à l'œil, et remarqués sur les principaux chefs
« des conspirations faites contre mes pères et aïeux, je puis dire avec vérité
« n'en avoir point trouvé de plus fidèles et affectionnés à mon service, même
« au plus fort de mes affaires et afflictions, que ceux qui les ont fidèlement
« servis jusqu'à la fin, et particulièrement la reine, ma mère. J'entends de
« ceux qui lors étaient en âge de discrétion.

« Ainsi, mon fils, je vous décharge mon cœur et ma conscience, en vous
« ouvrant la vérité, et ne me soucie de ce qu'en diront ou penseront les traîtres,
« leurs fauteurs et complices. »

Ces énergiques paroles font voir que Jacques a été calomnié lorsqu'on a prétendu qu'il avait été indifférent à la catastrophe de sa mère. Ces paroles ont d'autant plus de mérite qu'il n'était pas roi d'Angleterre lorsqu'il les écrivait. En Écosse, les ennemis de Marie Stuart l'environnaient, et Élisabeth, dont il attendait le trône, vivait encore.

Le paragraphe suivant donne une idée de l'état de l'Écosse à cette époque.

« Ce propos me ramentait de parler des excès et ravages qui se font au haut
« pays d'Écosse et aux frontières. De ces gens il y a de deux sortes. Les uns
« en la terre-ferme, qui sont grossiers pour la plupart, et toutefois non sans
« quelque reste et apparence de civilité. L'autre sorte est aux isles, entière-
« ment sauvage et incivile. Faites valoir étroitement mes ordonnances contre
« telles gens, leurs chefs et conducteurs, et sans doute vous les dompterez.
« Quant aux autres, suivez ma piste et mon dessein à y faire des peuplades et
« colonies de gens civilisés du dedans de notre isle, afin de ramener ces Bar-
« bares à quelque douceur et civilité, ou bien les transporter ailleurs.

« Mais quant à la frontière, d'autant que je sais si vous n'êtes un jour roi de
« toute l'isle, selon que le droit de votre succession vous y appelle, que malai-
« sément viendrez-vous à bout de jouir paisiblement de cette plus rude et sté-
« rile partie septentrionale, d'icelle même de bien assurer la couronne sur
« votre tête propre; il me serait ensuite superflu de vous en parler davantage.
« Mais si un jour vous êtes seigneur de toute l'isle, vous en chevirez aussi fa-
« cilement que de tout le reste; car cette frontière viendra à être le milieu de
« votre royaume.

« La réformation de la religion fut faite en Écosse assez extraordinairement
« et par œuvre de Dieu.

« Le changement ne se fit point, ainsi que chez nos voisins d'Angleterre, en
« Danemark et plusieurs autres lieux de l'Allemagne, avec ordre et par l'au-
« torité du prince, ou magistrat souverain. Aussi quelques esprits brouillons
« et bouillants, parmi les désordres, empiétèrent tellement l'autorité sur le
« peuple, qu'ayant après goûté la douceur du commandement, commencèrent
« à se figurer entre eux-mêmes une forme de gouvernement populaire, et
« s'y trouvant amorcés premièrement par le naufrage de ma grand'mère, puis
« par celui de feu ma mère, et par la licence du long temps de ma minorité,
« avancèrent tellement l'œuvre de leur démocratie imaginaire, qu'ils ne se
« nourrissaient plus de là en avant que de l'espérance de se faire tribuns du
« peuple. »

Ce que dit ici Jacques Ier de la faction puritaine explique la théorie du *droit divin* qu'il fit si malheureusement soutenir dans la suite. N'ayant vu que les troubles et les désolations occasionnés par le principe de la *souveraineté du peuple*, il se réfugia dans le *droit divin :* il ne se trouvait pas assez en sûreté dans le principe de l'hérédité monarchique.

Jacques discourt de la noblesse ; il en examine les défauts et les qualités. Le système du roi sur les grandes charges de l'État est d'un esprit judicieux. A l'égard des classes industrielles, Jacques devance les idées de son siècle : il veut que *l'on donne et que l'on publie toute liberté de commerce aux étrangers.*

Traitant du mariage des princes, Jacques recommande la pureté à son fils : un conseil politique d'une vérité frappante se trouve mêlé à ces instructions morales.

« Il vous faut principalement avoir égard aux raisons principales de l'insti-
« tution du mariage, et toutes autres choses vous seront ajoutées, qui me fait
« désirer que vous en preniez une qui soit entièrement de votre religon, si son
« rang et ses autres qualités sont sortables à votre état et dignité. Car bien
« qu'à mon grand regret le nombre des grands princes, faisant profession de
« notre religion, soit petit, et à cette cause que ce mien avis réussira plus diffi-
« cilement, si vous faut-il penser à bon escient à ces difficultés : à savoir com-
« ment vous et votre femme serez une chair, pour tenir cette union et amitié
« nécessaire, si vous êtes membre de deux Églises opposites : diversité de re-
« ligions apporte quand et soi diversité de mœurs ; et la division de vos pasteurs
« causera division parmi vos sujets, qui prendront exemple sur votre maison
« et famille ; outre la conséquence d'une mauvaise éducation de vos enfants.
« Et ne présumez pas de pouvoir toujours manier et former une femme à vos
« mœurs. — Salomon s'y trompa et se laissa tromper aux femmes, le plus
« sage toutefois de tous les rois ; et à la vérité le don de persévérance est de
« Dieu, non pas de nous. »

Si Charles Ier eût suivi le conseil que Jacques donnait à Henri, il se fût épargné bien des malheurs.

Au reste, l'horreur avec laquelle le roi d'Écosse parle de certaines dépravations me fait croire que, sur ce point, il a été encore mal jugé : un mot soldalesque de notre Henri IV ne peut pas faire autorité historique; il ne faut prendre ce mot que pour un *ventre-saint-gris*. L'abandonnement aux favoris prouve la faiblesse et ne suppose pas nécessairement la corruption ; quand on est livré à des vices honteux, on les cache ; mais on ne fait pas avec un certain accent l'éloge des vertus contraires : le voile des paroles couvrirait mal la rougeur du front.

La troisième partie du *Basilicon Doron*, *des déportements d'un roi, ès choses communes et indifférentes*, amuse par sa naïveté. Jacques instruit son fils à être attentif à *sa grâce et sa façon à table* : Henri ne doit être ni friand, ni gour-
« mand ; son vivre doit être apprêté sans beaucoup de sauces, car ces compo-
« sitions et meslinges ressemblent mieux à médecine qu'à viande, et l'usage
« en était anciennement blâmé par les Romains. » Henri doit éviter l'ivrognerie, vice qui croît avec l'âge et ne meurt qu'avec la vie : « En votre manger,
« mon fils, ne soyez grossier et incivil comme un cynique, ni mignard et dé-
« licat comme une épousée ; mais mangez d'une façon franche, virile et honnête.

« Soyez pareillement modéré en votre dormir,... ne vous arrêtez point aux
« songes ni aux présages... Votre habillement doit être modeste, non superflu
« comme d'un débauché, non chétif et mécanique comme d'un faquin, non
« trop curieusement enrichi et façonné comme d'un galant de cour, ni d'une
« façon grossière et rustique comme celui d'un manant, non bigarré comme
« d'un gendarme éventé ou d'un mignon frisé, ni trop grave et simple comme
« d'un homme d'Église.... En temps de guerre, que votre vêtement soit plus
« grave et votre contenance plus gaillarde et relevée. Toutefois que ce soit sans
« porter vos cheveux longs ou laisser croître vos ongles, qui ne sont qu'excré-
« ment de nature. »

Quant aux jeux et aux exercices, Jacques veut que son fils y mette du choix ; il recommande le *courir*, le *sauter*, le *tirer* des *armes*, le *tirer* de *l'arc*, le *jouer à la paume*. « Exercez-vous, mon fils, à dompter les grands chevaux, et
« qui ont le plus de fougue, afin que je puisse dire de vous ce que Philippe
« disait de son fils Alexandre : « La Macédoine est trop peu de chose pour lui. »

Jacques permet aussi la chasse, mais la chasse aux chiens courants, qu'il trouve plus noble et plus propre à un prince. Au reste, il renvoie sur ce point son fils à Xénophon, « auteur ancien et renommé, lequel n'a eu dessein, dit-il,
« de flatter ni vous ni moi. »

« Quant au langage, mon fils, soyez franc en votre parler, naïf, net, court
« et sentencieux, évitant ces deux extrémités, ou de termes grossiers et rus-
« tiques, ou de mots trop recherchés qui ressentent l'écritoire.... Si votre es-
« prit vous porte à composer en vers ou en prose, c'est chose que je ne veux
« blâmer. N'entreprenez point de trop long ouvrage ; que cela ne vous diver-
« tisse de votre charge.

« Pour écrire dignement, il faut élire un sujet digne de vous, plein de vertu
« et non de vanité, vous rendant toujours clair et intelligible le plus que vous
« pourrez. Et si ce sont vers, souvenez-vous que ce n'est la partie principale
« de la poésie de bien rimer et couler doucement avec mots bien propres et
« bien choisis ; mais plutôt, lorsqu'elle sera tournée en prose, d'y faire voir

« une riche invention des fleurs poétiques et des comparaisons belles et judi-
« cieuses, afin que la prose même retienne le lustre et la grâce du poëme. Je
« vous avise aussi d'écrire en votre langue propre ; car il ne nous reste quasi
« rien à dire en grec et en latin, et prou de petits écoliers vous surpasseront
« en ces deux langues. Joint qu'il est plus séant à un roi d'orner et enrichir sa
« langue propre, en laquelle il peut et doit devancer tous ses sujets, comme
« pareillement en toutes autres choses honnêtes et recommandables. »

Ces derniers conseils sont curieux ; ce roi auteur qui s'exprimait avec tant d'emphase devant ses parlements, montre ici du goût et de la mesure. Son ouvrage finit par une grande vue : Jacques croit que tôt ou tard la réunion de l'Écosse et de l'Angleterre produira un puissant empire.

Je me suis étendu sur le traité du *Don Royal*, presque ignoré aujourd'hui ; on ne le connaît guère que par un de ces jugements composés à l'usage de ceux qui ne lisent rien, par ceux qui n'ont point lu. Voltaire feuilletait tout, sans se donner le temps d'étudier ; il a jeté dans le monde une foule de ces opinions de prime-abord, qu'adoptent l'ignorance et la paresse ; si quelquefois l'auteur de l'*Essai sur les mœurs* rencontre juste, c'est qu'il devine. Ainsi de siècle en siècle, des choses d'une fausseté évidente sont crues et répétées comme articles de foi ; elles acquièrent par le temps une sorte de vérité et d'authenticité de mensonge que rien ne saurait détruire.

Henri, ce nom me fait mal à écrire ; Henri, à qui le *Basilicon Doron* est adressé, mourut à l'âge de dix-huit ans. S'il eût vécu, Charles 1er n'eût pas régné ; les révolutions de 1649 et de 1688 n'auraient pas eu lieu ; notre révolution n'aurait pas eu les mêmes conséquences : sans l'antécédent du jugement de Charles Ier, l'idée ne serait venue à personne en France, de conduire Louis XVI à l'échafaud ; le monde était changé.

Ces réflexions, qui se présentent à l'occasion de toutes les catastrophes historiques, sont vaines : il y a toujours un moment dans les annales des peuples où, si telle chose n'était pas advenue, si tel homme n'était pas mort où était mort, si telle mesure avait été prise, si telle faute n'avait été faite, rien de ce qui est arrivé ne serait arrivé. Mais Dieu veut que les hommes naissent avec le caractère propre à l'événement qu'ils doivent amener : Louis XVI a cent fois pu se sauver ; il ne s'est pas sauvé, tout simplement parce qu'il était Louis XVI. Il est donc puéril de se lamenter sur des accidents qui produisent ce qu'ils sont destinés à produire : à chaque pas dans la vie, mille lointains divers, mille futuritions s'ouvrent devant nous ; cependant vous n'atteignez qu'un horizon, vous ne courez qu'à un avenir.

RALEIGH. — COWLEY.

Jacques Ier tua le fameux Walter Raleigh : l'*Histoire universelle* est encore lue à cause de sir Walter lui-même : s'il y a des livres qui font vivre le nom de leurs auteurs, il y a des auteurs dont le nom fait vivre leurs livres.

Cowley, dans l'ordre des poëtes, arrive immédiatement après Shakespeare, bien qu'il fût né plus tard que Milton : royaliste d'opinion, il travailla pour le théâtre, et composa des poëmes, des satires et des élégies. Il abonde en traits d'esprit; sa versification manque, dit-on, d'harmonie ; son style, souvent recherché, est cependant plus naturel et plus correct que celui de ses prédécesseurs.

Cowley nous attaque : depuis Surrey jusqu'à lord Byron, il n'y a eu peut-être pas un écrivain anglais qui n'insulte le nom, le caractère et le génie français. Nous, avec une impartialité et une abnégation admirables, nous acceptons l'outrage : confessant humblement notre infériorité, nous célébrons à son de trompe l'excellence de tous les auteurs d'outre-mer nés ou à naître, petits ou grands, mâles ou femelles.

Dans son poëme de la guerre civile, Cowley s'écrie :

> It was not so, when Edward prov'd his cause,
> By a sword stronger than the salique laws,
> . . . . . . ; when the French did fight,
> With women's hearts, against the women's right.

« Il n'en était pas ainsi quand Édouard soutenait sa cause par une épée plus
« forte que la loi salique, alors que les Français combattaient avec des cœurs de
« femmes contre le droit des femmes. »

Le roi Jean, Charny, Ribeaumont, Beaumanoir, les trente Bretons, Duguesclin, Clisson, et cent mille autres, avaient des cœurs de femmes.

De tous les hommes qui ont illustré la Grande-Bretagne, celui qui m'attire le plus est lord Falkland : j'ai souhaité cent fois avoir été ce modèle accompli de lumières, de générosité, d'indépendance ; de n'avoir jamais paru sur la terre dans ma propre forme et sous mon nom. Doué du triple génie des lettres, des armes et de la politique ; fidèle aux Muses sous la tente, à la liberté dans les palais; dévoué à un monarque infortuné, sans méconnaître les fautes de ce monarque : Falkand a laissé un souvenir mêlé de mélancolie et d'admiration. Les vers que Cowley lui adresse au retour d'une expédition militaire sont nobles et vrais : le poëte commence par énumérer les vertus et les talents de son héros; puis il ajoute :

> Such is the man whom we require the same
> We lent the north; untouch'd, as is his fame.
> He his too good for war, and ought to be
> As far from danger, as from fear he's free.
> Those men alone. . . . .
> Whose valour is the only art they know,
> Were for sad war and bloody battles born;
> Let them the state defend, and he adorn.

« Voilà l'homme que nous demandons aux Écossais, tel que nous le leur
« avons prêté, exempt de blessures comme sa gloire. Trop bon pour la guerre,
« il doit être tenu aussi loin du danger qu'il est de la crainte. Les guerriers
« dont la valeur est le seul art... sont nés pour la triste guerre et les batailles
« sanglantes : qu'ils défendent l'État et que Falkland l'embellisse. »

Inutiles vœux! la vie au milieu des malheurs de son pays devint à charge à l'ami des Muses. Sa tristesse se laissait remarquer jusque dans la négligence de ses vêtements. Le matin de la première bataille de Naseby, on devina son dessein de mourir au changement de ses habits ; il se para comme pour un jour

de fête ; il demanda du linge blanc : « Je ne veux pas, dit-il, en souriant, que
« mon corps soit trouvé dans du linge sale : je prévois de grands malheurs,
« mais j'en serai dehors avant la fin de la journée. » Il se mit au premier rang
du régiment de lord Byron : une balle de la liberté qu'il aimait l'affranchit des
serments de l'honneur dont il était l'esclave.

Il reste quelques discours et quelques vers de Falkland : secrétaire d'État de
Charles I*er*, il rédigeait avec Clarendon les proclamations royales. Il aida Chilling Worth dans son *Histoire du Protestantisme*.

La Bible, traduite en partie sous Henri VIII, fut retraduite sous Jacques II
par les quarante-sept savants : cette dernière traduction est un chef-d'œuvre.
Les auteurs de cet immense ouvrage firent pour la langue anglaise ce que Luther fit pour la langue allemande, ce que les écrivains, sous Louis XIII, firent
pour la langue française : ils la fixèrent.

ÉCRITS POLITIQUES SOUS CHARLES I*er* ET CROMWELL.

Chercher les lettres dans les temps d'orage, c'est demander un abri à ces vallées paisibles que les poëtes placent au bord de la mer ; mais si l'on n'est mené
par quelque génie heureux dans ces retraites, d'autres esprits vous poussent au
milieu de la tempête et des flots. La politique monte sur le trépied et se transforme en sibylle, les pamphlets, les libelles, les vers satiriques abondent,
s'imprègnent de haines et sont écrits avec le sang des factions. Les guerres civiles d'Angleterre firent pulluler des productions déplorables.

Un de ces fanatiques, que Butler a livrés au ridicule, s'écrie :

« An alarm to all flesh, etc.

« Howle, bowle, shriek, bawl and roar, ye lustfull, cursing, swearing, drun-
« ken, lewd, superstitions, devilish, sensual, earthly inhabitants of the whole
« earth ; bow, bow you most surly trees and lofty oaks ; ye tall cedars and low
« shrubs, cry out aloud ; hear, hear ye, proud waves, and boistrous seas ; also
« listen, ye uncircumcised, stiff-necked and mad-raging bubbles, who even hate
« to be reformed. »

« Alarme à toute chair, etc.

« Hurlez, hurlez, criez, beuglez, rugissez, ô vous, libidineux, maudits, ju-
« reurs, ivrognes, impurs, superstitieux, diaboliques, sensuels, habitants ter-
« restres de la terre. Courbez-vous, courbez-vous, ô vous arbres très-dédai-
« gneux ; et vous, chênes élevés, vous, hauts cèdres et petits buissons, criez
« de toutes vos forces ; écoutez, écoutez, vagues orgueilleuses, et vous mers
« indomptables, écoutez aussi, vous, incirconcis, écume raide, nue et enragée,
« qui haïssez la réforme. »

Les poëtes égalaient les orateurs.

>Dear friend J. C., with true unfeigned love
>I thee salute. . . . .
>. . . . .
>. . . . . dear friend ; a member joyntly kni
>To all in Christ, in heavenly places sit ;
>And there, to friends no stranger would I be,
>. . . . .

For truly, friend, I dearly love and own
All travelling souls, who truly sigh and groan
For the adoption which sets free from sin, etc.

« Cher ami Jésus-Christ, je te salue avec un amour sans réserve. . . . . . .
« Cher ami, moi membre conjointement uni à tous en Christ, qui est assis aux
« lieux célestes. Là, je ne serais point étranger parmi les amis ; j'aime tendre-
« ment, et je l'avoue, les âmes voyageuses qui soupirent et gémissent vérita-
« blement pour l'adoption qui rachète les péchés. »

Cromwell ne s'élevait guère au-dessus de cette éloquence ; on peut en juger par ses discours obscurs et ses lettres diffuses. Sa poésie était dans les faits et dans son épée : il fut poëte quand il regarda Charles Ier dans son cercueil. Sa muse était cette femme qui, à son dire, lui était apparue dans son enfance et lui avait annoncé la royauté.

L'ABBÉ DE LAMENNAIS.

La révolution française a produit aussi des écrivains qui ont vu la liberté dans la religion ; mais ici notre supériorité est manifeste. C'est dans les champs de la Croix que l'abbé de Lamennais a recueilli cet intérêt si tendre pour la nature humaine, pour les classes laborieuses, pauvres et souffrantes de la société c'est en errant avec le Christ sur les chemins, en voyant les petits rassemblés aux pieds du Sauveur du monde, qu'il a retrouvé la poésie de l'Évangile. Ne dirait-on pas que ce tableau est une parabole détachée du sermon de la Montagne ?

« C'était une nuit d'hiver. Le vent soufflait dehors, et la neige blanchissait
« les toits.

« Sous un de ces toits, dans une chambre étroite, étaient assises, travaillant
« de leurs mains, une femme à cheveux blancs et une jeune fille.

« Et de temps en temps la vieille femme réchauffait à un petit brasier ses
« mains pâles. Une lampe d'argile éclairait cette pauvre demeure, et un rayon
« de la lampe venait expirer sur une image de la Vierge, suspendue au mur.

« Et la jeune fille levant les yeux regarda en silence, pendant quelques mo-
« ments, la femme à cheveux blancs ; puis elle lui dit : Ma mère, vous n'avez
« pas été toujours dans ce dénûment.

« Et il y avait dans sa voix une douceur et une tendresse inexprimables.

« Et la femme à cheveux blancs répondit : Ma fille, Dieu est le maître ; ce
« qu'il fait est bien fait.

« Ayant dit ces mots, elle se tut un peu de temps : ensuite elle reprit :

« Quand je perdis votre père, ce fut une douleur que je crus sans consola-
« tions : cependant vous me restiez ; mais je ne sentais qu'une chose alors.

« Depuis, j'ai pensé que s'il vivait et qu'il nous vît en cette détresse, son
« âme se briserait ; et j'ai reconnu que Dieu avait été bon envers lui.

« La jeune fille ne répondit rien, mais elle baissa la tête, et quelques larmes,
« qu'elle s'efforçait de cacher, tombèrent sur la toile qu'elle tenait entre ses
« mains.

« La mère ajouta : Dieu qui a été bon envers lui a été bon aussi envers nous.
« De quoi avons-nous manqué, tandis que tant d'autres manquent de tout ?

« Il est vrai qu'il a fallu nous habituer à peu, et, ce peu, le gagner par notre
« travail ; mais ce peu ne suffit-il pas ? et tous n'ont-ils pas été dès le com-
« mencement condamnés à vivre de leur travail ?

« Dieu, dans sa bonté, nous a donné le pain de chaque jour ; et combien ne
« l'ont pas ! un abri ; et combien ne savent où se retirer !

« Il vous a, ma fille, donnée à moi : de quoi me plaindrais-je ?

« A ces dernières paroles, la jeune fille tout émue tomba aux genoux de sa
« mère, prit ses mains, les baisa, et se pencha sur son sein en pleurant.

« Et la mère, faisant un effort pour élever la voix : Ma fille, dit-elle, le bon-
« heur n'est pas de posséder beaucoup, mais d'espérer et d'aimer beaucoup.

« Notre espérance n'est pas ici-bas ni notre amour non plus, ou, s'il y est,
« ce n'est qu'en passant.

« Après Dieu, vous m'êtes tout en ce monde ; mais ce monde s'évanouit
« comme un songe, et c'est pourquoi mon amour s'élève avec nous vers un
« autre monde.

« Lorsque je vous portais dans mon sein, un jour j'ai prié avec plus d'ar-
« deur la Vierge Marie, et elle m'apparut pendant mon sommeil, et il me sem-
« blait qu'avec un sourire céleste elle me présentait un petit enfant.

« Et je pris l'enfant qu'elle me présentait, et lorsque je le tins dans mes
« bras, la Vierge-Mère posa sur sa tête une couronne de roses blanches.

« Peu de mois après vous naquîtes, et la douce vision était toujours devant
« mes yeux.

« Ce disant, la femme aux cheveux blancs tressaillit, et serra sur son cœur
« la jeune fille.

« A quelque temps de là une âme sainte vit deux formes lumineuses monter
« vers le ciel, et une troupe d'anges les accompagnait, et l'air retentissait de
« leurs chants d'allégresse. »

Nous vivons, comme au siècle de Cromwell, dans un siècle de réforme : si
l'on remarque au temps de Cromwell plus de morale et plus de conviction dans
les âmes, on remarque en notre temps plus de mansuétude et de douceur dans
les esprits. Le sentiment du puritain est loin de cette harmonie et de cette paix
que la philosophie religieuse de M. Ballanche introduit dans le christianisme.

KILLING NO MURDER. — LOCKE. — HOBBES. — DENHAM. — HARRINGTON. —
HARVEY. — SIÉYÈS. — MIRABEAU. — BENJAMIN CONSTANT. — CARREL.

Le pamphlet le plus célèbre de cette époque fut le *Killing no murder*,
« tuer n'est pas assassiner. » L'auteur, le colonel républicain Titus, invite
dans une dédicace ironique, son *Altesse Olivier Cromwell* à mourir pour le
bonheur et la délivrance des Anglais. Depuis la publication de cet écrit, on ne
vit plus le Protecteur sourire ; il se sentait abandonné de l'esprit de la révolution d'où lui était venue sa grandeur. Cette révolution, qui l'avait pris pour
guide, ne le voulait pas pour maître. La mission de Cromwell était accomplie ;
sa nation et son siècle n'avaient plus besoin de lui : le temps ne s'arrête pas
pour admirer la gloire ; il s'en sert et passe outre.

J'ai lu (dans Gui Patin peut-être) un fait curieux ; il n'a jamais été remarqué, que je crois : le docteur affirme que *Killing no murder* fut d'abord écrit en français par un gentilhomme bourguignon.

Voici Locke comme poëte : il fit de très-mauvais vers en l'honneur de Cromwell ; Waller en avait fait de très-beaux.

La bassesse de la flatterie, qui survit à l'objet de l'adulation, n'est que l'excuse d'une conscience infirme : on exalte un maître qui n'est plus, pour justifier par l'admiration la servilité passée. Cromwell trahit la liberté dont il était sorti : si le succès était réputé l'innocence ; si, débauchant jusqu'à la postérité, le succès la chargeait de ses chaînes ; si, esclave future engendrée d'un passé esclave, cette postérité subornée devenait la complice de quiconque aurait triomphé, où serait le droit ? où serait le prix des sacrifices ? Le bien et le mal n'étant plus que relatifs, toute moralité s'effacerait des actions humaines.

D'un autre côté, qui voudrait défendre la sainte indépendance et la cause du faible contre le fort, si le courage, exposé à la vengeance des abjections du présent, devait encore subir le blâme des lâchetés de l'avenir ? L'infortune sans voix perdrait jusqu'à l'organe de la plainte, et ces deux grands avocats de l'opprimé, la probité et le génie.

Hobbes, royaliste par haine des doctrines populaires, se jeta dans une extrémité opposée ; il dériva tout de la force et de la nécessité ; réduisant la justice à une des fonctions de la puissance, et ne la faisant pas sortir du sens moral, il ne s'aperçut pas que la *démocratie* avait autant de droit que l'*unité* à partir de ce même principe. La société, qui allait selon sa pente naturelle vers l'établissement populaire, ne rétrograda point avec le système de Hobbes, malgré les excès de la révolution anglaise ; elle ne fut arrêtée dans sa marche que par Louis XIV, qui lui barra le chemin avec sa gloire. Hobbes enseignait le scepticisme, ainsi que nos philosophes du dix-huitième siècle, d'un ton impérieux et de toute la hauteur dogmatique. Il voulait qu'on crût ferme à ce qu'il ne croyait pas, et il prêchait le doute en inquisiteur. Son style a de l'énergie, et son *Thucydide* est trop décrié. Cet esprit fort était le plus faible des hommes ; il tremblait à la pensée de la tombe : la nature le conduisit jusqu'à l'âge de quatre-vingt-douze ans, pour le livrer évanoui à la mort, comme un patient tombé en défaillance est porté sous le fer fatal.

Sir Jonh Denham vit encore un peu dans son poëme descriptif de Cooper's Gill. Il était royaliste et agent à Londres de la correspondance de Charles Ier avec la reine ; Cowley l'était à Paris : les muses servaient la tendresse conjugale et le malheur.

L'*Oceana* d'Harrington est une répétition de l'*Utopie* de Thomas More. Où un gouvernement parfait se trouve-t-il ? En *Utopie, nulle part*, comme le nom le signifie.

Harvey écrivit sa découverte de la *grande* circulation du sang. Aucun médecin en Europe, ayant atteint l'âge de quarante ans, ne voulut adopter la doctrine d'Harvey, et lui-même perdit ses pratiques à Londres, parce qu'il avait trouvé une importante vérité. Harvey fut encouragé de Charles Ier et lui demeura fidèle. Servet, brûlé en *effigie* par les catholiques, et en *personne* par Calvin, avait indiqué la circulation du sang dans le *poumon* ; le siècle ne fit d'un savant de génie qu'un hérétique vulgaire, lequel un autre hérétique conduisit au bûcher.

Au reste, quant aux pamphlets anglais de pure politique, lorsqu'ils ne sont point infectés du jargon théologique de l'époque, ce qui est rare, ils restent à une immense distance de nos investigations modernes. Si vous en exceptez Milton, aucun plubliciste de la révolution de 1649 n'approche de Siéyès, de Mirabeau, de M. Benjamin Constant, encore moins de M. Carrel : ce dernier, serré, ferme, habile et logique écrivain, a dans sa manière quelque chose de l'éloquence positive des faits : son style creuse et grave ; c'est de l'histoire par les monuments.

MILTON.

SA NAISSANCE. — COLLÉGE.

Au-dessus d'une foule de prosateurs et de poëtes, pendant les règnes orageux de Charles Ier et du Protecteur, s'élève la belle tête de Milton. Où sont les contemporains de ce génie, les Cowley, les Waller, les Denham, les Marvel, les Suckling, les Crashaw, les Lovelace, les Davenant, les Wither, les Habington, les Herbert, les Carew, les Stanley ? Excepté deux ou trois de ces noms, quel lecteur français connaît les autres ? Le *Génie du Christianisme* parle raisonnablement du *Paradis Perdu :* j'avais à faire amende honorable d'une partie de mes jugements sur Shakespeare et Dante ; je n'ai rien à réparer auprès de l'homme dont le poëme a été l'occasion de ces recherches sur la littérature anglaise : il ne me reste qu'à développer les motifs d'une admiration accrue par un examen plus approfondi d'un chef-d'œuvre. Obligé de m'arrêter à des beautés que j'essayais de faire passer dans notre langue, je les ai mieux appréciées, en désespérant de les reproduire telles que je les sentais.

Milton n'était plus ; on ne le connaissait pas : son génie, sorti du tombeau comme une ombre, vint demander au monde pourquoi on l'ignorait sur la terre. Étonné, on regarda ces grands mânes ; on se demanda si réellement l'auteur de douze mille vers oubliés était immortel. La vision éclatante et majestueuse fit d'abord baisser les yeux, puis on se prosterna et on adora. Alors il fallut savoir ce qu'avait été ce secrétaire de Cromwell, ce pamphlétaire apologiste du régicide, détesté des uns, méprisé des autres. Bayle commença et s'enquit des *faits touchant la taille et la mine de Milton ;* cette mine-là était fière, et valait bien celle d'un roi.

Une malédiction était dans la famille noble de Milton, dépouillée de sa fortune pendant les guerres civiles de la Rose rouge et de la Rose blanche : le père de Milton était *protestant* et son grand-père, catholique ; celui-ci avait déshérité son fils. La malédiction de l'aïeul, sautant une génération, se reposa sur la tête du petit-fils.

Le père de Milton, établi à Londres, où il devint notaire (*scrivener*), épousa Sarah Caston, de l'ancienne famille de Bradshaw ou des Haughton, dont il eut une fille, Anne, et deux fils, Jean et Christophe. Christophe, le cadet, fut royaliste, devint un des barons de l'échiquier et juge des *Common Pleas* sous Jacques II ; il s'éteignit dans l'obscurité, dépouillé ou démissionnaire de sa place, peu de temps après ou avant la révolution de 1688 ; Jean, l'aîné, fut républicain et mourut non aperçu comme son frère : mais la raison de la nuit qui l'environnait était d'une tout autre nature ; on peut dire de lui ce qu'il a dit de la montagne sainte dans le ciel : « On ne la voyait point, parce qu'elle était « obscurcie par l'excès de la lumière. »

Le père de Milton aimait les arts : il avait composé un *in Nomine* à quarante parties ; quelques vieux airs de lui ont été conservés dans le recueil de Wilby. Apollon, partageant ses présents entre le père et le fils, avait donné la musique au père, la poésie au fils.

Dividuumque deum, genitorque, puerque tenemus.
(*Milto ad patrem*.)

Milton, le père, était peut-être né en France. Son immortel fils naquit le 9 décembre 1608, dans la cité de Londres, Bread-Street, à l'enseigne de *l'Aigle*, augure et symbole. Shakespeare vivait encore : Milton reçut une éducation domestique lettrée, à l'ombre du tombeau de ce grand génie inculte. Il acheva ses humanités à l'école de Saint-Paul à Londres, sous le docteur Alexandre Gill ; il eut pour tuteur Young, puritain. Son extrême application à l'étude lui donna de bonne heure des douleurs de tête et une grande faiblesse de vue ; maux habituels de sa vie, dont il avait reçu le germe de sa mère. A dix-sept ans il passa au collège de Christ à Cambridge en qualité de pensionnaire *minor*, et à la surveillance du savant William Chappel, depuis évêque de Cork et Ross en Irlande. La beauté de Milton le fit surnommer « la dame du collège de Christ : » *the lady of Christ's college :* il rappelle complaisamment ce nom dans un de ses discours à l'université. Il donna des marques de ses dispositions poétiques, en composant des pièces latines et des paraphrases des psaumes en vers anglais. L'hymne sur la *Nativité* est admirable de rhythme et d'un effet inattendu.

« C'était l'hiver ; l'enfant né du ciel était venu enveloppé dans de rudes et
« pauvres langes ; la nature s'était dépouillée de sa riante parure pour sympa-
« thiser avec son maître : ce n'était pas le moment pour elle de se livrer aux
« plaisirs avec le soleil son amant ; seulement elle avait caché sa faiblesse sous
« l'innocente neige, et jeté sur elle le saint et blanc voile des vierges. . . . .
« . . . .
« La terre était en paix ; les rois demeuraient en silence, comme s'ils sentaient
« l'approche de leur souverain. Les vents caressaient les vagues annonçant tout
« bas de nouvelles joies au doux océan. Les étoiles, regardant immobiles et
« surprises, ne voulaient pas s'enfuir : malgré toute la lumière du matin, elles
« s'obstinaient à briller dans le ciel, jusqu'à ce que leur seigneur leur parlât
« lui-même, et leur dit de s'en aller. »

Reçu bachelier en 1628, Milton, maître en 1632, quitta Cambridge par esprit d'indépendance, et refusa d'entrer dans le clergé. « Celui qui s'engage dans

« les *ordres*, dit-il, souscrit à son esclavage et prête un serment : il lui faut alors
« ou devenir parjure ou briser sa conscience. »

Quelques passages de sa première élégie latine, où il a l'air de préférer les plaisirs de Londres aux ennuis de Cambridge, devinrent la source des calomnies que l'on répandit contre lui dans la suite : on l'accusa d'avoir été vomi de l'université après les désordres d'une impure jeunesse ; des pamphlets assurèrent qu'il avait été forcé d'aller cacher sa vie en Italie. Johnson pense que Milton fut le dernier étudiant de l'université puni d'une peine corporelle. Rien de tout cela n'est vrai, et ne s'accorde même pas avec les dates d'une vie aussi correcte que religieuse.

MILTON CHEZ SON PÈRE. — OUVRAGES DE SA JEUNESSE.

Le père de Milton ayant fait une petite fortune, s'était retiré à la campagne d'Horton, près Colebrooke, en Buckingham-Shire. Milton l'y rejoignit, et passa cinq années enseveli dans la lecture des auteurs grecs et latins. Il faisait, de temps en temps, quelques courses à Londres pour acheter des livres et prendre des leçons de mathématiques, d'escrime et de musique.

Il écrivait à un ami qui lui reprochait de vivre dans la retraite : « Vous croyez
« qu'un trop grand amour d'apprendre est une faute ; que je me suis abandonné
« à rêver inutilement mes années dans les bras d'une solitude lettrée, comme
« Endymion perdait ses jours avec la lune sur le mont Latmus. . . Mais ces
« belles espérances dont vous m'entretenez, qui flattent la vanité et la jeunesse,
« ne s'accordent point avec ce casque obscur de Pluton, dont parle Homère. Je
« mettrais bas ce casque, si dans ma vie cachée je n'avais d'autre vue que de
« satisfaire une frivole curiosité. Mais l'exemple terrible rapporté dans l'Évan-
« gile, du serviteur qui avait enfoui son talent, est présent à mes yeux : ce n'est
« pas le plaisir d'une étude spéculative, c'est la considération même du com-
« mandement évangélique qui m'empêche d'aller aussi vite que d'autres et me
« retient par un religieux respect. Cependant, afin que vous voyiez que je me
« défie quelquefois de moi-même, et que je prends note de certain retardement
« en moi, j'ai la hardiesse de vous envoyer quelques-unes de mes rêveries de
« nuit, dans la forme des stances de Pétrarque.

> How soon hath Time, the subtle thief of youth,
> Stoln on his wing my three and twentieth year!
> My hasting days fly on with full carreer,
> But my late spring no bud or blossom shew'th.

« Combien vite le temps, adroit voleur de la jeunesse, a dérobé sur son aile
« mes vingt-trois années ! Mes jours hâtés fuient en pleine carrière ; mais mon
« dernier printemps ne montre ni boutons ni fleurs. . . . . »

De 1624 à 1638 il composa l'*Arcades*, *Comus* ou le *Masque*, *Lycidas*, dans lequel il semble prophétiser la mort tragique de l'évêque Laud ; l'*Allegro* et le *Penseroso*, des *Élégies* latines et des *Sylves*.

Johnson a fait de l'*Allegro* et du *Penseroso* une vive analyse.

« L'*homme gai* entend l'alouette le matin ; l'homme *pensif* entend le ros-
« signol le soir.

« *L'homme gai* voit le coq se pavaner, il prête l'oreille à l'écho qui répète le
« bruit du cor et de la meute dans le bois ; il voit le soleil s'élever avec gloire ;
« il écoute le chant de la laitière ; il regarde les travaux du laboureur et du
« faucheur ; il jette les yeux sur une tour éloignée où réside quelque belle
« dame : la nuit il fait ses délices de quelque conte fabuleux.

« L'homme *pensif* tantôt se promène à minuit pour rêver, tantôt écoute le
« triste son de la cloche du couvre-feu. Si le mauvais temps l'oblige de rentrer
« chez lui, il s'assied dans une chambre éclairée par la lueur du foyer. Ayant
« près de lui une lampe solitaire, il épie l'étoile du pôle pour découvrir l'ha-
« bitation des âmes séparées de leurs corps, ou bien il lit les scènes pathétiques
« de la tragédie ou de l'épopée. Quand vient le matin, matin obscurci par la
« pluie et le vent, il erre dans les sombres forêts où il n'y a pas de sentier ; il
« tombe assoupi au bord de quelque eau qui murmure, et, dans un enthou-
« siasme mélancolique, il attend un rêve d'avenir ou une musique exécutée par
« quelques personnages aériens.

« La *gaieté et la mélancolie* sont toutes les deux solitaires, silencieuses habi-
« tantes des cœurs qui ne reçoivent ni ne transmettent des sentiments.

« *L'homme gai* assiste à la ville aux fêtes brillantes, aux savantes comédies
« de Ben Johnson et aux drames sauvages de Shakespeare. (*Wild dramas of*
« *Shakespeare*.)

« Le *pensif*, loin de la foule, se promène dans les cloîtres, ou fréquente les
« cathédrales. »

Pour le vieil âge de la *gaieté*, Milton ne fait point de provisions ; mais il conduit la *mélancolie* avec une grande dignité jusqu'à la fin de la vie.

Je ne sais si les deux caractères sont suffisamment distincts ; on ne peut
trouver, il est vrai, de la gaieté dans la mélancolie du poëte ; mais j'ai peur qu'on
ne rencontre quelque mélancolie dans sa gaieté. Le *Penseroso* et l'*Allegro* sont
deux nobles efforts d'imagination.

Milton a emprunté plusieurs images de ses beaux poëmes à l'*Anatomie de la
mélancolie*, par Burton, imprimée en 1624.

MILTON EN ITALIE.

En 1638, Milton obtint de son père la permission de voyager. Le vicomte
Scudamore, ambassadeur de Charles Ier, reçut à Paris l'apologiste futur du
meurtre de ce roi ; il le présenta à Grotius. A Florence, Milton visita Galilée
presque aveugle et demi-prisonnier de l'inquisition ; il a souvent rappelé le cour-
rier céleste, *nuncius sidereus*, dans le *Paradis perdu*, lui rendant ainsi l'hospitalité des grands hommes. A Rome, il se lia avec Holstein, bibliothécaire du
Vatican. Chez le cardinal Barberini, il entendit chanter Léonora ; il lui adressa
des vers inspirés par les lieux qui avaient entendu la voix d'Horace.

>Altera Torquatum cepit Leonora poetam,
>Cujus ab insano cessit amore furens.
>Ah! miser ille tuo quanto felicius ævo
>Perditus, et propter te Leonora, foret !

« Une autre Léonore ravit le Tasse qui devint insensé par l'ardeur de l'amour.

« Ah ! qu'avec bonheur, de ton temps, Léonore, l'infortuné se serait perdu
« pour toi ! »

M'lton s'est plu à renfermer son génie dans quelques sonnets italiens ; on aime à voir le terrible chantre de Satan se jouer à travers les doux nombres de Pétrarque.

> Canto, dal mio buon popol non inteso ;
> E'l bel Tamigi cangio col bel Arno.
> Amor lo volse. . . . .
> Seppi ch' amor cosa mai volse indarno.

« Je chante, non entendu de mon bon peuple ; j'ai changé la belle Tamise
« pour le bel Arno. L'amour l'a voulu ; l'amour n'a jamais voulu quelque chose
« en vain. »

Milton connut à Naples Manso, marquis de Villa, vieillard qui eut le double honneur d'être l'ami du Tasse et l'hôte de Milton : il adressa à ce dernier un distique renouvelé du pape saint Grégoire :

> Ut mens, forma, decor, facies, mos, si pietas sic,
> Non Anglus, verum Hercle, angelus ipse fores.

« Si la piété répondait au génie, à la forme, à la bonne grâce, à la beauté,
« aux manières, par Hercule ! tu ne serais pas un Anglais, mais un ange. »

Milton lui paya sa dette de reconnaissance dans une églogue latine pleine de charme.

> Diis dilecte senex, te Jupiter æquus oportet
> Nascentem, et miti lustrarit lumine Phœbus,
> Atlantisque nepos ; neque enim nisi charus ab ortu
> Dis superis poterit magno favisse poetæ.

« Vieillard aimé des dieux, il faut que Jupiter (j'emprunte ici l'élégante tra-
« duction de M. Villemain) ait protégé ton berceau, et que Phœbus l'ait éclairé
« de sa douce lumière ; car il n'y a que le mortel aimé des dieux dès sa nais-
« sance, qui puisse avoir eu le bonheur de secourir un grand poëte. »

Le chantre à venir des innocentes joies d'Éden priait le ciel de lui accorder un pareil ami ; il promettait alors de célébrer les rois de la Grande-Bretagne, cet Arthur qui « livra des combats sur la terre, » *terris bella moventem.* Milton n'obtint pas la faveur qu'il implorait ; il n'a eu pour ami et pour défenseur de son nom que la postérité. Le poëte convie Manso de ne pas trop mépriser une muse hyperboréenne ; car, lui dit-il gracieusement, « dans l'ombre obscure de
« la nuit nous croyons avoir entendu des cygnes chanter sur la Tamise :

> Nos etiam in nostro modulantes flumine cygnos
> Credimus obscuras noctis sensisse per umbras.

Milton avait formé le projet de parcourir la Sicile et la Grèce : quel précurseur de Byron ! Les troubles de sa patrie le rappelèrent : il ne rentra point en Angleterre sans avoir vu Venise, cette beauté de l'Italie, aujourd'hui si belle encore, bien que mourante au bord de ses flots.

MILTON REVENU EN ANGLETERRE. — SES OCCUPATIONS ET SES PREMIERS
OUVRAGES DE CONTROVERSE.

Le voyageur revenu à Londres ne prit aucune part active aux premiers mouvements de la révolution. Écoutons Johnson :
« Que notre respect pour Milton ne nous défende pas de regarder avec
« quelque degré d'amusement, de grandes promesses et de petits effets, un
« homme qui revient en hâte au logis, parce que ses compatriotes luttent pour
« leur liberté, et qui, arrivé sur le théâtre de l'action, évapore son patriotisme
« dans une école privée. Cette période de la vie du poëte est celle devant la-
« quelle tous ses biographes ont reculé : il leur est désagréable d'abaisser Milton
« au rang de maître d'école ; mais comme on ne peut nier qu'il enseigna des
« enfants, l'un trouve qu'il les instruisit pour rien, l'autre pour le seul amour
« de la propagation du savoir et de la vertu. Tous disent ce qu'ils savent n'être
« pas vrai, afin d'excuser une condition à laquelle un homme sage ne peut
« trouver aucun reproche à faire. »

L'esprit satirique et la malveillance de Johnson se font ici remarquer. Le docteur, qui n'avait pas vu de révolution, ignorait que dans ces grands troubles les champs de bataille sont partout, et que chacun choisit celui où l'appelle son inclination ou son génie : l'épée de Milton n'aurait pas fait pour la liberté ce que fit sa plume. Le docteur, grand royaliste, oublie encore que tous les royalistes ne prirent pas les armes ou ne montèrent pas sur l'échafaud, comme le duc d'Hamilton, le lord de Holland et lord Capel, que lord Arundel, par exemple, ami des Muses comme Milton, et à qui la science doit les marbres d'Oxford, quitta Londres, tout grand maréchal d'Angleterre qu'il était, au commencement de la guerre civile, et alla mourir paisiblement à Padoue : il est vrai que son malheureux neveu, Guillaume Howard, lord Stratford, paya pour lui tribu au malheur, et l'on sait trop par qui son sang fut répandu.

Pendant trois ans, Milton donna des soins à l'éducation des deux fils de sa sœur et à quelques jeunes garçons de leur âge. Il habita successivement au cimetière de Saint-Bride dans Fleet-Street et un grand hôtel avec un jardin dans Aldersgate. Il se fortifia dans les langues anciennes en les enseignant ; il apprit l'hébreu, le chaldéen et le syriaque. En 1640, à l'époque de la convocation du Long Parlement, il débuta dans la polémique et plaida la cause de la liberté religieuse contre l'Église établie. Son ouvrage, divisé en deux livres, adressé à un ami, a pour titre : *of Reformation touching church discipline*, etc., — « de « la Réformation touchant la discipline de l'Église en Angleterre et des causes « qui jusqu'ici l'ont empêchée. » Il publia ensuite trois traités : *Épiscopat anglais*, *Raison du gouvernement de l'Église*, *Apologie pour Smectymnus;* ce nom était composé de la réunion de six lettres prises des noms des six théologiens auteurs du *Traité de Smectymnus*. Pour les lecteurs d'aujourd'hui, il n'y a rien à tirer de ces ouvrages, si ce n'est ce que Milton dit dans la *Raison du gouvernement de l'Église*, de son dessein de composer un poëme en *anglais*.

« Peut-être avec le temps, le travail, et le penchant de la nature, j'enverrai

« *quelque chose* d'écrit à la postérité, qu'elle ne laissera pas volontiers mourir :
« je suis possédé de cette idée. Peu m'importe d'être célèbre au loin ; je me
« contenterai des Iles Britanniques, mon univers. Mais il ne suffit pas d'invo-
« quer les filles de mémoire, il faut par des prières ferventes implorer l'esprit
« éternel ; lui seul peut envoyer le séraphin qui du feu sacré de son autel touche
« et purifie nos lèvres. »

Milton ne faisait pas aussi bon marché de sa renommée que Shakespeare : celui-ci plaît par l'insouciance de sa vie ; d'un autre côté, on aime à voir un génie encore inconnu se prophétiser lui-même, quand la postérité confirmant la prédiction, lui répond : « Non! je n'ai pas laissé mourir ce *quelque chose* que tu as écrit. »

Malheureusement Milton, cédant à l'ardeur de son caractère dans cette dispute religieuse, parle avec dédain du savant et vénérable évêque anglican Usher, à qui la science doit des travaux admirables sur l'histoire de la chronologie.

MARIAGE DE MILTON.

Milton, à l'âge de dix-neuf ans, avait composé sa septième élégie latine dans laquelle il dit :

« Un jour de mai, dans une promenade aux environs de Londres, je ren-
« contrai une jeune femme d'une beauté extraordinaire. J'en devins passion-
« nément amoureux ; mais soudain je la perdis de vue : je n'ai jamais su qui
« elle était, et ne l'ai jamais retrouvée. Je fis le serment de ne jamais aimer. »

Si le poëte tint son serment, il faudrait suppposer qu'il n'aima aucune de ses trois femmes, car il se maria trois fois. En ce cas qu'aurait été la vierge si promptement évanouie? Peut-être cette compagne céleste qui visitait l'Homère anglais pendant la nuit, et lui dictait ses plus tendres vers. Dans un beau portrait de Milton, M. Pichot raconte que cette sylphide mystérieuse était Léonora, l'Italienne : l'auteur du *Pèlerinage à Cambridge* brode là-dessus une touchante nouvelle historique. W. Bowles et M. Bulwer ont développé la même fiction.

Le comte d'Essex ayant pris Reading en 1643, le père et le frère de Milton, qui s'étaient retirés dans cette ville, retournèrent à Londres et vinrent demeurer chez le poëte. Milton avait alors trente-cinq ans : un jour il se dérobe de sa maison, sans être accompagné de personne ; son absence dura un mois, au bout duquel il rentra marié, sous le toit d'où il était sorti garçon. Il avait épousé la fille aînée de Richard Powel, juge de paix de Forest-Hill, près Shotover, dans Oxford-Shire. Richard Powel avait emprunté du père de Milton cinq cents livres sterling qu'il ne lui rendit jamais, et qu'il crut payer en donnant sa fille au fils de son créancier. Ces noces, aussi furtives que des amours, en eurent l'inconstance : Milton ne quitta pas sa femme, comme Shakespeare : ce fut sa femme qui l'abandonna. La famille de Marie Powel était royaliste : soit que Marie ne voulût pas vivre avec un républicain, soit tout autre motif, elle retourna chez ses parents. Elle avait promis de revenir à la Saint-Michel, et elle ne revint pas : Milton écrit lettres sur lettres, point de réponse ; il dépêche un messager qui perd son éloquence et son temps. Alors l'époux délaissé se résout à répudier l'épouse fugitive : pour faire jouir les autres maris de l'indépendance qu'il se propose, son esprit le porte à changer en une question de liberté une question de susceptibilité personnelle ; il publie son traité sur le divorce.

TRAITÉ DE MILTON SUR LE DIVORCE.

Ce traité est divisé en deux livres : *The Doctrine and discipline of divorce, restaured to the good of both sexes*, etc., « Doctrine et discipline du divorce, « rétablies pour le bien des deux sexes. » Il s'ouvre par une adresse au Long Parlement.

« S'il était sérieusement demandé, ô Parlement renommé, assemblée choisie !
« qui de tous les docteurs et maîtres a jamais attiré à lui un plus grand nombre
« de disciples en matière de religion et mœurs, on répondrait avec une appa-
« rence de vérité : C'est la coutume. La théorie et la conscience recommandent
« pour guide la vertu ; cependant, que cela arrive par le secret de la volonté
« divine ou par l'aveuglement original de notre nature, la coutume est silen-
« cieusement reçue comme le meilleur instructeur. »

L'écrivain pose ensuite divers principes qu'il ne prouve pas tous également.

« L'homme est l'occasion de ses propres misères, dans la plupart de ses
« maux qu'il attribue à la main de Dieu. Ce n'est pas Dieu qui a défendu le di-
« vorce, c'est le prêtre. La loi de Moïse permet le divorce, la loi du Christ n'a
« pas aboli cette loi de Moïse. La loi canonique est ignorante et inique lorsque,
« en stipulant les droits du corps, elle n'a rien fait pour la réparation des
« injustices et des souffrances qui naissent de l'esprit. Le mariage n'est pas
« un remède contre les exigences de la nature ; il est l'accomplissement de l'a-
« mour conjugal et d'un aide mutuel : l'amour et la paix de la famille font le
« mariage aux yeux de Dieu. Or, si l'amour et la paix n'existent pas, il n'y a
« plus de mariage. Rien ne trouble et ne désole plus un chrétien qu'un ma-
« riage où l'incompatibilité de caractère se rencontre : l'adultère corporel n'est
« pas la plus grande offense faite au mariage : il y a un adultère spirituel, une
« infidélité des intelligences antipathiques, plus cruelle que l'adultère cor-
« porel. Prohiber le divorce pour cause naturelle, est contre nature. Deux per-
« sonnes mal engagées dans le mariage passent les nuits dans les discordes et
« les inimitiés, se réveillent dans l'agonie et la douleur ; ils traînent leur exis-
« tence de mal en mal, jusqu'à ce que le meilleur de leurs jours se soit épuisé
« dans l'infortune, ou que leur vie se soit évanouie dans quelque peine sou-
« daine. Moïse admet le divorce pour dureté de cœur ; le Christ n'a pas aboli
« le divorce, il l'a expliqué ; saint Paul a commenté les paroles du Christ. Le
« Christ ne faisait pas de longs discours, souvent il parlait en monosyllabes ; il
« semait çà et là, comme des perles, les grains célestes de sa doctrine ; ce qui
« demande de l'attention et du travail pour les recueillir. On peut dire à celui
« qui renvoie sa femme pour cause d'adultère : Pardonnez-lui. — Vous pou-
« vez montrer de la miséricorde ; vous pouvez gagner une âme : ne pourriez
« vous donc divorcer doucement avec celle qui nous rend malheureux ? Dieu
« n'aime pas à labourer de chagrins le cœur de l'homme ; il ne se plaît pas dans

« nos combats contre des obstacles invincibles. Dieu-le Fils a mis toute chose
« sous ses pieds; mais il a commandé aux hommes de mettre tout sous les pieds
« de la charité. »

Milton ne résout ici aucune question particulière; il n'entre point dans les difficultés touchant les enfants et les partages : son esprit large était contraire à l'esprit anglais, qui se renferme dans le cercle de la société pratique. Milton généralise les idées, les applique à la société dans son ensemble, à la nature humaine entière; il fait liberté de tout, et prêche l'indépendance de l'homme sous quelque rapport que ce soit. Et cependant cet ardent champion du divorce a divinement chanté la sainteté et les délices de l'amour conjugal : « Salut, « amour conjugal, mystérieuse loi, véritable source de l'humaine postérité. ». (*Paradis perdu*, liv. IV.)

D'après ses principes sur le divorce, Milton voulut épouser une fille du docteur Dawis, jeune et spirituelle; mais elle ne se souciait pas du beau génie qui la recherchait. La première femme du poëte se ressouvint de lui alors : la famille Powel, devenue moins royaliste à mesure que la cause royale devenait moins victorieuse, désirait un raccommodement. Milton étant allé chez un de ses voisins nommé Blackborough, soudain la porte d'une chambre s'ouvre : Marie Powel se jette en larmes aux pieds de son mari et confesse ses torts; Milton pardonne à la pécheresse : aventure qui nous a valu l'admirable scène entre Adam et Ève au xe livre du *Paradis perdu*.

> Soon his heart relented
> Tow'rds her, his life so late and sole delight,
> Now at his feet submissive in distress!

« Son cœur bientôt s'attendrit pour elle, naguère sa vie et ses seules délices,
« à présent à ses pieds soumise dans la douleur. »

La postérité a profité d'une tracasserie de ménage.

Un mariage romanesque commencé dans le mystère, renoué dans les larmes, eut pour résultat la naissance de trois filles, et deux de ces Antigones rouvrirent les pages de l'antiquité à leur père aveugle.

Après le triomphe des parlementaires, Milton offrit un asile à la famille de sa femme. Told a retrouvé des papiers dans les archives publiques, par lesquels on voit que Milton prit possession du reste de la fortune de son beau-père lorsqu'il mourut, fortune qui lui revenait comme hypothèque d'une somme prêtée par le père du poëte. La veuve de Powel pouvait réclamer son douaire, elle ne l'osa, « car, dit-elle, M. Milton est un homme dur et colère; et ma « fille qu'il a épousée, serait perdue si je poursuivais ma réclamation. »

Les presbytériens ayant attaqué l'écrit sur le divorce, l'auteur irascible se détacha de leur secte, et devint leur ennemi.

DISCOURS SUR LA LIBERTÉ DE LA PRESSE.

Milton fit bientôt paraître son *Areopagitica*, le meilleur ouvrage en prose anglaise qu'il ait écrit; cette manière de s'exprimer, *liberté de la presse*, n'étant pas encore connue, il intitula son ouvrage : *A speech for the liberty of unli-*

cens'd printing, to the parliament of England. « Discours pour la liberté d'im-
« primer sans licence (permission), au parlement d'Angleterre. »

Après avoir remarqué que la censure est inutile contre les mauvais livres, puisqu'elle ne les empêche pas de circuler, l'auteur ajoute : « Tuer un homme,
« c'est tuer une créature raisonnable ; tuer un livre, c'est tuer la raison, c'est
« tuer l'immortalité plutôt que la vie. Les révolutions des âges souvent ne re-
« trouvent pas une vérité rejetée, et faute de laquelle des nations entières
« souffrent éternellement.

« Le peuple vous conjure de ne pas rétrograder, d'entrer dans le chemin de
« la vérité et de la vertu. Il me semble voir dans ma pensée une noble et puis-
« sante nation se lever, comme un homme fort après le sommeil ; il me semble
« voir un aigle muant sa puissante jeunesse, allumant ses regards non éblouis
« au plein rayon du soleil de midi, ôtant à la fontaine même de la lumière cé-
« leste les écailles de ses yeux longtemps abusés, tandis que la bruyante et ti-
« mide volée des oiseaux qui aiment le crépuscule fuit en désordre. Suppri-
« merez-vous cette moisson fleurie de connaissances et de lumières nouvelles
« qui ont grandi et qui grandissent encore journellement dans cette cité ? Éta-
« blirez-vous une oligarchie de vingt monopoleurs, pour affamer nos esprits ?
« N'aurons-nous rien au delà de la nourriture qui nous sera mesurée par leur
« boisseau ? Croyez-moi, lords et communes, je me suis assis parmi les savants
« étrangers ; ils me félicitaient d'être né sur une terre de liberté philosophique,
« tandis qu'ils étaient réduits à gémir de la servile condition où le savoir était
« réduit dans leur pays. J'ai visité le fameux Galilée devenu vieux, prisonnier
« de l'inquisition pour avoir pensé en astronomie autrement qu'un censeur
« franciscain ou dominicain. La liberté est la nourrice de tous les grands esprits :
« c'est elle qui éclaire nos pensées comme la lumière du ciel. »

A cet énergique langage on reconnaît l'auteur du *Paradis perdu*. Milton est un aussi grand écrivain en prose qu'en vers ; les révolutions l'ont rapproché de nous ; ses idées politiques en font un homme de notre époque : il se plaint dans ses vers d'être venu un siècle trop tard ; il aurait pu se plaindre dans sa prose d'être venu un siècle trop tôt. Maintenant l'heure de sa résurrection est arrivée ; je serais heureux d'avoir donné la main à Milton pour sortir de sa tombe comme prosateur ; depuis longtemps la gloire lui a dit comme poëte : « Lève-toi ! » Il s'est levé et ne se recouchera plus.

La liberté de la presse doit tenir à grand honneur d'avoir pour patron l'auteur du *Paradis perdu;* c'est lui qui le premier l'a nettement et formellement réclamée. Avec quel art pathétique le poëte ne rappelle-t-il pas qu'il a vu Galilée, sous le poids de l'âge et des infirmités, près d'expirer dans les fers de la censure, pour avoir osé affirmer le mouvement de la terre ! C'était un exemple pris à la hauteur de Milton. Où irions-nous aujourd'hui si nous tenions un pareil langage ?

> Regardez, regardez, peuples du Nouveau-Monde !
> N'apercevez-vous rien sur votre mer profonde ?
> Ne vient-il pas à vous, du fond de l'horizon,
> Un cétacée informe au triple pavillon ?

Vous ne devinez pas ce qui se meut sur l'onde :
C'est la première fois qu'on lance une prison [1].

MORT DU PÈRE DE MILTON. — ÉVÉNEMENTS HISTORIQUES. — TRAITÉ SUR L'ÉTAT DES ROIS ET DES MAGISTRATS.

En 1645 Milton recueillit les poëmes latins et anglais de sa jeunesse. Les chansons furent mises en musique par Henri Lawes, attaché à la chapelle de Charles Ier : la voix de l'apologiste allait bientôt se faire entendre au cercueil du monarque à la chapelle de Windsor.

Le père de Milton mourut ; les parents de la femme du poëte retournèrent chez eux, et sa maison, dit Philips, redevint encore une fois le temple des Muses. A cette époque, Milton fut au moment d'être employé en qualité d'adjudant dans les troupes de sir Willian Waler, général du parti presbytérien, dont nous avons des Mémoires.

Lorsque, au mois d'avril 1647, Fairfax et Cromwell se furent emparés de Londres, Milton, pour continuer plus tranquillement ses études, quitta son grand établissement de Berbicane, et se retira dans une petite maison de *High Holborne*, près de laquelle j'ai longtemps demeuré. Et c'est ici le lieu de rappeler une observation que j'ai faite au commencement de cet Essai : « Une vue de la littérature, isolée de l'histoire des nations, ai-je dit, créerait un prodigieux mensonge ; en entendant des poëtes successifs chanter imperturbablement leurs amours et leurs moutons, on se figurerait l'existence non interrompue de l'âge d'or sur la terre. . . . . Il y a toujours chez une nation au moment des catastrophes et parmi les plus grands événements, un prêtre qui prie, un poëte qui chante, etc. »

Nous voyons Milton se marier, s'occuper de l'étude des langues, élever des enfants, publier des opuscules en prose et en vers, comme si l'Angleterre jouissait de la plus profonde paix : et la guerre civile était allumée, et mille partis se déchiraient, et l'on marchait dans le sang parmi les ruines.

En 1644 les batailles de Marstonmoor et de Newbury avaient été livrées ; la tête du vieil archevêque Laud était tombée sous le fer du bourreau. Les années 1645 et 1646 virent le combat de Naseby, la prise de Bristol, la défaite de Montross, la retraite de Charles Ier à l'armée écossaise qui livra aux Anglais leur monarque pour quatre cent mille livres sterling.

Les années 1647, 1648, 1649, furent plus tragiques encore ; elles renferment dans leur période fatale le soulèvement de l'armée, l'enlèvement du roi par Joyce, l'oppression du parlement par les soldats, la seconde guerre civile, l'évasion du roi, la seconde arrestation de ce monarque, l'épuration violente du parlement, le jugement et la mort de Charles Ier.

Qu'on se reporte à ces dates, et l'on y placera successivement ces ouvrages de Milton dont je viens de parler. Milton assista peut-être comme spectateur à la décapitation de son souverain ; il revint peut-être chez lui faire quelques vers, ou arranger pour des enfants un paragraphe de sa grammaire latine :

---

[1] Loi de la presse. M. A. Musset.

Genders are three; masculine, feminine and neuter; « il y a trois genres, le
« masculin, le féminin et le neutre. » Le sort des empires et des hommes ne
compte pas plus que cela dans le mouvement qui entraîne les sociétés.

En France, en 1793, il y avait aussi des poëtes qui chantaient *Thyrsis*, un
des personnages du *Masque*, et qui n'étaient pas des Milton : on allait au spectacle peuplé de bons villageois ; les bergers occupaient la scène quand la tragédie courait les rues. On sait que les terroristes étaient d'une bénignité de
mœurs extraordinaire : ces tendres pastoureaux aimaient surtout les petits enfants. Fouquier-Tinville et son serviteur Sanson qui sentait le sang, se délas-
saient le soir au théâtre, et pleuraient à la peinture de l'innocente vie des
champs.

Charles Ier n'eut pas plutôt été exécuté, que les presbytériens crièrent au
meurtre, à l'inviolabilité de la personne royale : bien que ces girondins de l'Angleterre eussent puissamment contribué à la catastrophe, du moins ils ne vo-
tèrent pas, comme les girondins français, la mort du prince dont ils déploraient
la perte. Pour répondre à leur clameur, Milton écrivit son *Tenure of kings and
magistrats*, « État des rois et des magistrats. » Il n'eut pas de peine à démon-
trer que ceux qui se lamentaient le plus du sort de Charles l'avaient eux-mêmes
conduit à l'échafaud. Ainsi qu'il arrive dans toutes les révolutions, les partis
essaient de tenir à certaines bornes où ils ont fixé le *droit* et la *justice ;* mais
les hommes qui les suivent les renversent et franchissent ce but, comme dans
une charge de cavalerie le dernier escadron passe sur le ventre du premier, si
celui-ci vient à s'arrêter.

Milton cherche à prouver qu'en tout temps, et sous toutes les formes de gouvernement, il a été légal de faire le procès à un mauvais roi, de le déposer ou
de le condamner à mort. « Si un sujet, dit-il, en raison de certains crimes, est
« frappé par la loi dans lui-même, dans sa postérité, dans son héritage dévolu
« au roi, quoi de plus juste que le roi, en raison de crimes analogues, perde
« ses titres, et que son héritage soit dévolu au peuple? Direz-vous que les
« nations sont créées pour le monarque, et que celui-ci n'est pas créé pour les
« nations? que ces nations sont regardées, dans leur multitude, comme infé-
« rieures à l'individu royal? cette doctrine serait une espèce de trahison contre
« la dignité de l'espèce humaine. Soutenir que les rois ne doivent rendre
« compte de leur conduite qu'à Dieu, c'est abolir toute société politique. C'est
« alors que les serments que les princes ont prêtés à leur couronnement sont
« de pures moqueries, et que les lois qu'ils ont juré de garder sont comme non
« avenues. » Milton dans ces doctrines n'allait pas plus loin que Mariana, et il
les appuyait des textes de l'Écriture : la révolution anglaise, en cela toute contraire à la nôtre, était essentiellement religieuse.

MILTON SECRÉTAIRE LATIN DU CONSEIL D'ÉTAT DE LA RÉPUBLIQUE L'ICONOCLASTE.

Les écrits politiques de Milton le recommandèrent enfin à l'attention des chefs
du gouvernement ; il fut appelé aux affaires et nommé secrétaire latin du conseil d'État de la république : quand celle-ci se changea en protectorat, Milton

se trouva tout naturellement secrétaire du Protecteur pour la même langue latine. A peine entré dans ses nouvelles fonctions, il reçut l'ordre de répondre à l'*Eikon Basiliké*, publié à Londres après la mort de Charles, comme le testament de Louis XVI se répandit dans Paris après la mort du roi-martyr. Une traduction française de l'*Eikon* parut sous ce titre : *Pourtraict de Sa sacrée Majesté durant sa solitude et ses souffrances.*

Milton intitula spirituellement sa réponse au *Pourtraict* : l'*Iconoclaste*. Tout en immolant de nouveau le monarque, il prétend n'avoir aucun dessein de souffleter une tête coupée ; mais enfin les circonstances l'obligent à parler, et il préfère au roi Charles la REINE Vérité : *Reginam Veritatem regi Carolo anteponendam arbitratus.*

L'ouvrage est écrit avec méthode et clarté ; l'auteur y semble moins dominé par son imagination que dans ses autres traités politiques. « Discourir sur les
« malheurs d'une personne tombée d'un rang si élevé, et qui a payé sa dette
« finale à ses fautes et à la nature, n'est pas une chose en elle-même recom-
« mandable ; ce n'est pas non plus mon intention. Je ne suis poussé ni par
« l'ambition, ni par la vanité de me faire un nom, en écrivant contre un roi :
« les rois sont forts en soldats et faibles en arguments, ainsi que tous ceux qui
« sont accoutumés dès le berceau à user de leur volonté comme de leur main
« droite, et de leur raison comme de leur main gauche. Cependant, pour
« l'amour des personnes d'habitude et de simplicité, qui croient les monarques
« animés d'un souffle différent des autres mortels, je relèverai au nom de la
« liberté et de la république le gant qui a été jeté dans l'arène, quoiqu'il soit
« le gant d'un roi. »

Milton, d'autant plus cruel pour Charles Ier dans l'*Iconoclaste* qu'il est plus contenu, oppose à l'*Eikon* ce raisonnement au sujet de la mort de Strafford :

« Charles se repent, nous dit-il, d'avoir donné son consentement à l'exécu-
« tion de Strafford : il est vrai que Charles déclara aux deux chambres qu'il
« ne pouvait condamner son favori pour haute trahison ; que ni la crainte ni
« aucune considération ne lui feraient changer une résolution puisée dans sa
« conscience. Mais où la résolution de Charles n'était pas puisée dans sa con-
« science, ou sa conscience reçut de meilleures informations, ou enfin sa con-
« science et sa ferme résolution plièrent les voiles devant quelque crainte plus
« forte, car peu de jours après ses fermes et glorieuses paroles à son parlement,
« il signa le bill pour l'exécution de Strafford. »

Milton appelle l'*Eikon* un livre de pénitence. « Charles était un diligent lec-
« teur de poésie plus que de politique ; peut-être l'*Eikon* n'est qu'une pièce
« de vers : les mots en sont bons, la fiction claire ; il n'y manque que la rime.
« Charles donne la rudesse au parlement anglais, la vertu à la reine dans des
« paroles qui arrivent presque à la douce autorité du sonnet. »

Milton se joue des réflexions du roi à Holmby et de sa lettre testamentaire au prince de Galles : il rappelle encore à ce propos les condamnations de diverses têtes couronnées, et descend, impitoyable, jusqu'à l'exécution de Marie Stuart, aïeule de Charles ; souvenir sans courage, car Charles dormait à Windsor et n'entendait pas ce que son ennemi lui disait.

« Vous parlez, s'écrie le poëte, de la couronne d'épines de notre Sauveur !
« Les rois peuvent sans doute trouver assez de couronnes d'épines cueillies et
« tressées par eux ; mais la porter comme Christ la porta n'est pas donné à ceux
« qui ont souffert pour leurs propres démérites. »

Malgré son intrépidité républicaine, le publiciste paraît embarrassé quand il arrive au dernier chapitre de l'*Eikon*. Ce dernier chapitre a pour titre : *Méditations sur la mort*. Que fait Milton ? Il fuit devant ces méditations. « Toutes
« les choses humaines, dit-il, peuvent être controversées ; les jugements se-
« ront divers jusqu'à la fin du monde ; mais cette affaire de la mort est un
« cas simple, et n'admet pas de controverse ; dans ce centre commun toutes
« les opinions se rencontrent. »

C'est ainsi que Milton prit part à la gloire du régicide : le bourreau fit jaillir jusqu'à lui le sang de Charles Ier, comme l'immolateur, dans les sacrifices antiques, arrosait les spectateurs du sang de la victime.

Milton soupçonnait l'*Eikon* de n'être pas du roi : ce qu'il avait pressenti s'est trouvé vrai ; l'ouvrage est du docteur Gauden. L'*Eikon* renferme une prière empruntée, mot pour mot, de celle de Pamela dans l'*Arcadie* de Philippe Sidney. Ce fut un grand sujet de moquerie pour les républicains et de confusion pour les royalistes qui avaient cru à l'authenticité du *Pourtraict* de leur maître. Dans la suite un nommé Henri Hills, imprimeur de Cromwell, prétendit que Milton et Bradshaw avaient obtenu de Dugar, éditeur de l'*Eikon*, l'insertion de la prière de Pamela, afin de détruire l'effet de l'*Eikon*. Rien dans le caractère de Milton n'autorise à croire qu'il eût pu se rendre coupable d'une pareille lâcheté. Comment aurait-il su qu'on imprimait le portrait royal ? Comment les parlementaires, qui auraient connu l'existence du manuscrit, ne l'auraient-ils pas arrêté ? Les violences arbitraires étaient fort en usage parmi ces gens libres, non les fourberies : dans la correspondance secrète du roi avec la reine, qu'ils surprirent et imprimèrent, ils ne changèrent rien. Les interpolations, les falsifications, les suppressions, sont des moyens bas que la révolution anglaise a laissés à notre révolution.

Toutefois Johnson a cru qu'on avait dépravé le texte de l'*Eikon Basiliké* :
« Les factions, dit-il, laissent rarement un homme honnête, quoiqu'il puisse
« y être entré tel. . . . . Les régicides s'emparèrent des papiers que le roi
« donna à Juxon sur l'échafaud, de sorte qu'ils furent au moins les éditeurs
« de cette prière (la prière prise de l'*Arcadie* de Sidney), et le docteur Biche,
« qui a examiné ce sujet avec beaucoup de soin, croit qu'ils en furent les fa-
« bricateurs. »

Pour moi, en examinant de près l'*Eikon Basiliké*, il m'est venu une autre espèce de doute sur cet ouvrage : je ne puis me persuader que l'*Eikon* soit sorti tout entier de la plume du docteur Gauden. Le ministre aura vraisemblablement travaillé sur des notes laissées par Charles Ier. Des sentiments intimes ne trompent pas ; on ne peut se mettre si bien à la place d'un homme, que l'on reproduise les mouvements d'esprit de cet homme dans telle ou telle circonstance de sa vie. Il me semble, par exemple, que Charles Ier a pu seul écrire cette suite de pensées :

« Sous prétexte d'arrêter une bourrasque populaire, j'ai excité une tempête
« dans mon sein. » (Charles se reproche ici la mort de Strafford.)

« O Dieu! que ta bénédiction m'octroye d'être toujours raisonnable comme
« homme, religieux comme chrétien, constant et juste comme roi!

« Les événements de toutes les guerres sont incertains; ceux de la guerre
« civile, inconsolables : puis donc que, vainqueur ou vaincu, il me faut toujours
« souffrir, donne-moi de ton esprit au double.

« J'ai besoin d'un cœur propre à beaucoup souffrir!

« Ils m'ont bien peu laissé de cette vie, et seulement l'écorce.

« Mon fils, s'il faut que vous ne voyiez plus ma face, et que ce soit l'ordre de
« Dieu que je sois enterré pour jamais dans cette obscure et si barbare prison,
« adieu.

« Je laisse à vos soins votre mère : souvenez-vous qu'elle a été contente de
« souffrir pour moi, avec moi et avec vous aussi, par une magnanimité in-
« comparable.

« Quand ils m'auront fait mourir, je prie Dieu qu'il ne verse point les fioles
« de son indignation sur la généralité du peuple.

« J'aimerais mieux que vous fussiez Charles *le Bon* que Charles *le Grand*.
« J'espère que Dieu vous aura destiné à pouvoir être l'un et l'autre.

« Vous ferez plus paraître et exercerez plus légitimement votre autorité en re-
« lâchant un peu de la sévérité des lois, qu'en vous y attachant si fort; car il
« n'y a rien de pire qu'un pouvoir tyrannique exercé sous les formes de la loi.

« Que ma mémoire et mon nom vivent en votre souvenir.

« Adieu, jusqu'à ce que nous puissions nous rencontrer au ciel, si nous ne
« le pouvons pas en la terre.

« J'espère qu'un siècle plus heureux vous attend. »

DÉFENSE DU PEUPLE ANGLAIS CONTRE SAUMAISE.

Bientôt parut celui des ouvrages de Milton, qui, de son vivant, lui donna le plus de renommée ; c'est sa *Défense du peuple anglais* contre l'écrit de Saumaise en faveur de la mémoire de Charles Ier. « Les attaques contre un roi
« qui n'est plus, dit avec raison et éloquence M. Villemain, ces insultes au
« delà de l'échafaud avaient quelque chose d'abject et de féroce, que l'éblouis-
« sement du faux zèle cachait à l'âme enthousiaste de Milton. »

Defensio pro populo anglicano est écrit en prose latine, élégante et classique; mais Milton ne s'y montre que le *traducteur* de ses propres sentiments *pensés* en anglais, et il perd ainsi son originalité nationale. Tous ces chefs-d'œuvre de latinité moderne feraient bien rire les écoliers de Rome, s'ils venaient à ressusciter.

Milton dit d'abord à Saumaise que lui, Saumaise, ne sait pas le latin ; il lui demande comment il a écrit *persona regia*. Milton affectait de faire remonter en bonne latinité, *persona* à la signification classique, un *masque*, bien que Saumaise eût pour lui l'autorité de Varron et de Juvénal; mais en se relevant tout à coup, il ajoute : « Ton expression, Saumaise, est plus juste que tu ne
« l'imagines; un tyran est en effet le masque d'un roi. »

Cette querelle sur le latin est une querelle commune entre les érudits, tout homme habile en grec et en latin, prétend que son voisin n'en sait pas un mot.

« Tu commences, Saumaise, ton écrit par ces mots : Une horrible nouvelle
« a dernièrement frappé nos oreilles ! un parricide a été commis en Angle-
« terre ! Mais cette *horrible nouvelle* doit avoir eu une épée beaucoup plus
« longue que celle de saint Pierre, et tes oreilles doivent être d'une étonnante
« longueur, car cette nouvelle ne peut frapper que celles d'un âne... O avo-
« cat mercenaire ! ne pouvais-tu écrire la défense de Charles le père, selon toi
« le meilleur des rois défunts, à Charles le fils, le plus indigent de tous les rois
« vivants, sans mettre ton écrit à la charge de ce roi piteux? Quoique tu sois
« un coquin, tu n'as pas voulu te rendre ridicule et appeler ton écrit : *Défense*
« *du roi*, car ayant *vendu* ton écrit, il n'est pas à *toi*; il appartient à ton roi,
« lequel l'a trop payé au prix de cent *jacobus*, grande somme pour ce pauvre
« hère de monarque ! »

Milton ne reçut-il pas de ses maîtres mille livres sterling pour sa réponse à Saumaise? c'était plus de cent *jacobus*. Heureusement tout n'est pas de ce ton dans la défense.

« Je vais discourir sur des choses considérables et non communes : je dirai
« comment un roi très-puissant, après avoir foulé aux pieds les lois de la na-
« tion et ébranlé le culte, gouverna selon sa volonté et son bon plaisir, et fut
« enfin vaincu sur le champ de bataille par ses sujets : ils avaient souffert sous
« ce roi une longue servitude. Je dirai comment il fut jeté en prison; comment,
« n'ayant pu donner dans ses paroles ou ses actions l'espoir d'obtenir de lui
« une meilleure règle, il fut finalement condamné à mort par le suprême con-
« seil du royaume, et décapité devant la porte même de son palais. Je dirai en
« vertu de quel droit et de quelles lois particulières à ce pays ce jugement fut
« prononcé, et je défendrai facilement mes dignes et vaillants compatriotes
« contre les calomnies domestiques et étrangères.

« La nature et les lois seraient en danger, si l'esclavage parlait et que la li-
« berté fût muette, si les tyrans rencontraient des hommes prêts à plaider
« leur cause, tandis que ceux qui ont vaincu ces tyrans ne pourraient trouver
« un avocat. Chose déplorable en vérité, si la raison, présent de Dieu dont
« l'homme est doué, ne fournissait pas plus d'arguments pour la conservation
« et la délivrance des hommes, que pour leur oppression et leur ruine ! »

De là, l'auteur passe aux réponses directes. Saumaise avance qu'on a vu des rois, des tyrans assassinés dans leur palais ou tués dans des émeutes populaires, mais qu'on n'en a point vu conduits à l'échafaud. Milton lui demande s'il est meilleur de tuer un prince par violence et sans jugement, que de le mener à un tribunal où il n'est condamné, comme tout autre citoyen, qu'après avoir été entendu dans sa défense?

Saumaise soutient que la loi de nature est imprimée dans le cœur des hommes : Milton répond que le droit de succession n'est point un droit de nature ; qu'aucun homme n'est roi par la loi de nature. Il cite à cette occasion tous les rois jugés et surtout en Angleterre. « Dans un ancien manuscrit, dit-il, appelé *Modus tenendi parlamenta*, on lit : « Si le roi dissout le parlement avant

« que les affaires pour lesquelles le conseil a été convoqué ne soient dépêchées,
« il se rend coupable de parjure et sera réputé avoir violé le serment de son
« couronnement. » « A qui la faute si Charles a été condamné? N'a-t-il pas
pris les armes contre ses peuples? N'a-t-il pas fait massacrer cent cinquante-
quatre mille protestants dans la seule province d'Ulster en Irlande? »

Hobbes prétend que, dans la *Défense du peuple anglais*, le style est aussi bon
que les arguments sont mauvais. Voltaire dit que Saumaise attaque en pédant,
et que Milton répond comme une bête féroce. « Aucun homme, selon Johnson,
« n'oublie son premier métier : les droits des nations et des rois deviennent des
« questions de grammaire, si des grammairiens les discutent. »

La *défense* fut traduite du latin dans toutes les langues de l'Europe : le traducteur anglais s'appelle *Washington*.

Les ambassadeurs des puissances étrangères à Londres s'empressèrent d'aller
faire leurs compliments à Milton sur son *admirable* ouvrage : c'est une chose si
heureuse pour les rois que de tuer les rois! Philarès, Athénien de naissance,
et ambassadeur du duc de Parme auprès du roi de France, écrivit des éloges
sans fin à l'apologiste du jugement de Charles Ier. Nous avons vu les ambassadeurs ramper à Paris aux pieds des secrétaires de Buonaparte. Abstraction faite
des hommes, des corps diplomatiques, qui ne sont plus en rapport avec le
système de la nouvelle société, ne servent souvent qu'à troubler les cabinets
auprès desquels ils sont accrédités, et à nourrir leurs maîtres d'illusions.

Milton a remué d'une main puissante toutes les idées agitées dans notre siècle.
Ces idées ont dormi pendant cent cinquante années, et se sont réveillées en 1789.
Ne croirait-on pas que les ouvrages politiques du poëte ont été écrits de nos
jours, sur des sujets que nous voyons traiter chaque matin dans les feuilles publiques?

Saumaise se vantait d'avoir fait perdre la vue à Milton, et Milton d'avoir fait
mourir Saumaise. Une réplique de celui-ci ne parut qu'après sa mort; il y
traite Milton de *prostitué*, de *larron fanatique*, d'*avorton*, de *chassieux*, de
myope, d'*homme perdu*, de *fourbe*, d'*impur*, de *scélérat audacieux*, de *génie
infernal*, d'*imposteur infâme*; il déclare qu'il voudrait le voir torturer et expirer
dans de la poix fondue ou dans de l'huile bouillante. Saumaise n'oublie pas
quelques vers latins où Milton a manqué à la quantité. Vraisemblablement la
colère du savant venait moins de son horreur du régicide, que des mauvaises
plaisanteries de Milton contre le latin de la *Defensio regia*.

SECONDE DÉFENSE.

Milton répliqua peut-être encore avec plus de violence à la brochure de Pierre
du Moulin, chanoine de Canterbury, publiée par le ministre François Morus :
Cri du sang royal vers le ciel contre les régicides anglais. Les royalistes croyaient
émouvoir les princes étrangers en appelant Cromwell régicide et usurpateur;
ils se trompaient : les souverains sont fort accommodants en fait d'usurpation ; ils
n'ont horreur que de la liberté.

Defensio secunda est plus intéressante pour nous que la *première :* dans ce
second traité, Milton a passé de la défense des principes à la défense des hommes :

il raconte l'histoire de sa vie et repousse les reproches qu'on lui adresse ; il établit ainsi magnifiquement le lieu de sa plaidoirie :

« Il me semble commander, comme du sommet d'une hauteur, une grande « étendue de mer et de terre. Des spectateurs se pressent en foule : leurs visages « inconnus trahissent des pensées semblables aux miennes. Ici, des Germains « dont la mâle force dédaigne la servitude ; ici, des Français d'une impétuosité « vivante et généreuse au nom de la liberté ; de ce côté-ci, le calme et la valeur « de l'Espagnol ; de ce côté-là, la retenue et la circonspecte magnanimité de « l'Italien. Tous les amants de l'indépendance et de la vertu, le courageux et « le sage, dans quelque endroit qu'ils se trouvent, sont pour moi. Quelques-« uns me favorisent en secret, quelques-uns m'approuvent ouvertement ; « d'autres m'accueillent par des applaudissements et des félicitations ; d'autres, « qui s'étaient refusés longtemps à toute conviction, se livrent enfin captifs à « la force de la vérité. Entouré par la multitude, je m'imagine à présent que, « des colonnes d'Hercule aux extrémités de la terre, je vois toutes les nations « recouvrant la liberté dont elles avaient été si longtemps exilées ; je crois voir « les hommes de ma patrie transporter dans d'autres pays une plante d'une « qualité supérieure, et d'une plus noble croissance que celle que Triptolème « transporta de régions en régions ; ils sèment les avantages de la civilisation « et de la liberté parmi les cités, les royaumes et les nations. Peut-être n'ap-« procherai-je pas inconnu de cette foule, peut-être en serai-je aimé, si on lui « dit que je suis cet homme qui soutient un combat singulier contre le fier « avocat du despotisme. »

N'est-ce pas là ce qu'on appelle aujourd'hui *la propagande révolutionnaire* éloquemment annoncée? Milton avait seul ces idées ; on n'en trouve aucune trace dans les révolutionnaires de son temps. Sa fiction s'est réalisée : l'Angleterre a répandu ses principes et les formes de son gouvernement sur toute la terre.

L'auteur de *Defensio secunda*, en parcourant son sujet, trace plusieurs portraits historiques :

BRADSHAW.

« Jean Bradshaw, dont la liberté même recommande le nom à une éternelle « mémoire, est sorti, comme chacun le sait, d'une noble famille.... Appelé par « le parlement à présider le procès du roi, il ne se récusa pas, et accepta cette « charge pleine de péril. Il joignait à la science des lois un esprit généreux, « une âme élevée, des mœurs intègres qui ne déplaisaient à personne. Il s'ac-« quitta de son devoir avec tant de gravité, de constance, de présence d'esprit, « qu'on eût pu croire que Dieu, comme autrefois dans son admirable provi-« dence, l'avait désigné de tout temps parmi son peuple pour conduire ce « jugement. »

Voilà ce que les partis font d'un homme! Bradshaw était un avocat bavard et médiocre.

FAIRFAX.

« Il ne serait pas juste de passer sous silence Fairfax, qui unit le plus grand

« courage à la plus grande modestie, à la plus haute sainteté de vie, et qui est
« l'objet des faveurs de Dieu et de la nature. Ces louanges te sont justement
« dues, quoique tu te sois retiré à présent du monde, comme autrefois Scipion
« à Literne. Tu as vaincu non-seulement l'ennemi, mais l'ambition, mais la
« gloire, qui ont vaincu tant d'éclatants mortels. La pureté de tes vertus, la
« splendeur de tes actions consacrent la douceur de ce repos dont tu jouis, et
« qui constitue la récompense désirée des travaux des hommes. Tel était le repos
« que possédaient les héros de l'antiquité après une vie de gloire : les poëtes,
« désespérant de trouver des idées et des expressions propres à exprimer la paix
« de ces guerriers, disaient qu'ils avaient été reçus dans le ciel et admis à la
« table des dieux. Mais quelles que soient les causes de ta retraite, soit la santé,
« comme je le crois principalement, soit tout autre motif, je suis convaincu que
« rien ne t'aurait fait abandonner le service de ton pays, si tu n'avais su que
« dans ton successeur la liberté trouverait un protecteur, l'Angleterre un refuge
« et une colonne de gloire. »

Les efforts de Milton sont visibles ; il appelle à lui toute la poésie de l'histoire pour masquer la véritable cause de la retraite de Fairfax, le jugement de Charles Ier. On sait la comédie que Cromwell fit jouer auprès de cet honnête mais pauvre homme.

CROMWELL.

Milton parle d'abord de la noble naissance du Protecteur : la naissance joue un grand rôle dans les idées républicaines du poëte, lui-même noble.

« Il me serait impossible de conter toutes les villes qu'il a prises, toutes les
« batailles qu'il a gagnées. La surface entière de l'empire britannique a été la
« scène de ses exploits et le théâtre de ses triomphes.......... A toi, notre pays
« doit ses libertés ; tu ne pouvais porter un titre plus utile et plus auguste que
« celui d'auteur, de gardien, de conservateur de nos libertés. Non-seulement
« tu as éclipsé les actions de tous nos rois, mais celles qui ont été racontées de
« nos héros fabuleux. Réfléchis souvent au cher gage que la terre qui t'a donné
« la naissance a confié à tes soins : la liberté qu'elle espéra autrefois de la fleur
« des talents et des vertus, elle l'attend maintenant de toi ; elle se flatte de l'ob-
« tenir de toi seul. Honore les vives espérances que nous avons conçues, honore
« les sollicitudes de ta patrie inquiète. Respecte les regards et les blessures de
« tes braves compagnons qui, sous ta bannière, ont hardiment combattu pour
« la liberté ; respecte les ombres de ceux qui périrent sur le champ de bataille ;
« respecte les opinions et les espérances que les États étrangers ont conçues de
« nous, de nous qui leur avons promis pour eux-mêmes tant d'avantages de
« cette liberté, laquelle, si elle s'évanouissait, nous plongerait dans le plus pro-
« fond abîme de la honte ; enfin respecte-toi toi-même ; ne souffre pas, après
« avoir bravé tant de périls pour l'amour des libertés, qu'elles soient violées
« par toi-même, ou attaquées par d'autres mains. Tu ne peux être vraiment
« libre que nous ne le soyons nous-mêmes. Telle est la nature des choses : celui
« qui empiète sur la liberté de tous est le premier à perdre la sienne et à de-
« venir esclave. »

Milton aurait pu écrire l'histoire comme Tite-Live et Thucydide. Johnson n'a cité que les louanges données au protecteur par le poëte, pour mettre en contradiction le républicain avec lui-même ; le beau passage que je viens de traduire montre ce qui faisait le contre-poids de ces louanges. Aux jours de la toute-puissance de Buonaparte, qui aurait osé lui dire qu'il n'avait obtenu l'empire que pour protéger la liberté? Cependant Milton aurait mieux fait d'imiter quelques fermes démocrates qui ne se rapprochèrent jamais de Cromwell, et le regardèrent toujours comme un tyran : mais Milton n'était pas démocrate.

Sur ces ouvrages, aujourd'hui complétement oubliés, reposa la réputation du grand écrivain, pendant sa vie ; triste réputation, qui empoisonna ses jours et que n'a point consolée l'impérissable renommée sortie de la tombe du poëte. Tout ce qui tient aux entraînements des partis et aux passions du moment meurt comme eux et avec elles.

Les réactions de la restauration en Angleterre furent beaucoup plus vives que les réactions de la restauration en France, parce que les convictions étaient plus profondes et les caractères plus prononcés. Le retour des Bourbons n'a point étouffé les réputations de la république ou de l'empire, comme le retour des Stuarts étouffa la renommée de Milton. Il est juste aussi de dire, que le poëte ayant écrit en latin la plupart de ses disquisitions, elles restèrent inaccessibles à la foule.

AFFRANCHISSEMENT DE LA GRÈCE.

De même qu'il avait demandé la liberté de la presse, l'Homère anglais remplit un devoir filial en se déclarant pour l'affranchissement de la Grèce. Camoëns avait déjà dit : « Et nous laissons la Grèce dans la servitude ! » Milton écrit à Philarès « qu'il voudrait voir l'armée et les flottes de l'Angleterre em-« ployées à délivrer du tyran ottoman la Grèce, patrie de l'éloquence, » *ut exercitus nostros et classes, ad liberandam ab ottomannico tyranno Crœciam, eloquentiæ patriam.*

Si ces vœux avaient été exaucés, le plus beau monument de l'antiquité existerait encore : les Vénitiens ne firent sauter une partie du temple de Minerve qu'en 1682 ; Cromwell aurait conservé le Parthénon dont lord Elgin n'a dérobé que les ruines. Milton avait encore ici une de ces idées qui appartiennent aux générations actuelles et qui de nos jours a porté son fruit.

Qu'il soit permis au traducteur de Milton de lui faire hommage de quelques lignes qui ont préparé la délivrance de la Grèce :

« Il s'agit de savoir si Sparte et Athènes renaîtront, ou si elles resteront à ja-
« mais ensevelies dans leur poussière. Malheur au siècle témoin passif d'une
« lutte héroïque, qui croirait qu'on peut, sans péril comme sans pénétration de
« l'avenir, laisser immoler une nation ! cette faute ou plutôt ce crime serait
« tôt ou tard suivi du plus rude châtiment.

« Des esprits détestables et bornés, qui s'imaginent qu'une injustice, par cela
« seul qu'elle est consommée, n'a aucune conséquence funeste, sont la peste des
« États. Quel fut le premier reproche adressé pour l'extérieur, en 1789, au
« gouvernement monarchique de la France? Ce fut d'avoir souffert le partage

« de la Pologne. Ce partage, en faisant tomber la barrière qui séparait le nord
« et l'orient du midi et de l'occident de l'Europe, a ouvert le chemin aux ar-
« mées qui tour à tour ont occupé Vienne, Berlin, Moscou et Paris.

« Une politique immorale s'applaudit d'un succès passager : elle se croit fine,
« adroite, habile; elle écoute avec un mépris ironique le cri de la conscience
« et les conseils de la probité. Mais tandis qu'elle marche, et qu'elle se dit
« triomphante, elle se sent tout à coup arrêtée par les voiles dans lesquels elle
« s'enveloppait; elle tourne la tête et se trouve face à face avec une révolution
« vengeresse qui l'a silencieusement suivie. « Vous ne voulez pas serrer la
« main suppliante de la Grèce, eh bien! sa main mourante vous marquera
« d'une tache de sang, afin que l'avenir vous reconnaisse et vous punisse [1]. »

A la Chambre des pairs j'obtins un amendement pour qu'on ne vendît plus en Égypte, sous le pavillon français, les victimes enlevées à la Morée.

« Considéré dans ses rapports avec les affaires du monde, disais-je, mon
« amendement est aussi sans le moindre inconvénient. Le terme générique
« que j'emploie n'indique aucun peuple particulier. J'ai couvert le Grec du
« manteau de l'esclave, afin qu'on ne le reconnût pas, et que les signes de sa
« misère rendissent au moins sa personne inviolable à la charité du chrétien.
. . . .

« J'ai lu hier une lettre d'un enfant de quinze ans datée des remparts de Mis-
« solonghi. « Mon cher compère, » écrit-il dans sa naïveté à un de ses cama-
« rades à Zante, « j'ai été blessé trois fois; mais je suis, moi et mes compa-
« gnons, assez guéri pour avoir repris nos fusils. Si nous avions des vivres,
« nous braverions des ennemis trois fois plus nombreux. Ibrahim est sous nos
« murs; il nous a fait faire des propositions et des menaces; nous avons tout
« repoussé. Ibrahim a des officiers français avec lui; qu'avons-nous fait aux
« Français pour nous traiter ainsi? »

« Messieurs, ce jeune homme sera-t-il pris, transporté par des chrétiens aux
« marchés d'Alexandrie? S'il doit encore nous demander ce qu'il a fait aux
« Français, que notre amendement soit là pour satisfaire à l'interrogation de
« son désespoir, au cri de sa misère, pour que nous puissions lui répondre :
« Non, ce n'est pas le pavillon de saint Louis qui protége votre esclavage, il
« voudrait plutôt couvrir vos nobles blessures.

« Pairs de France, ministres du roi très-chrétien, si nous ne pouvons pas, par
« nos armes, secourir la malheureuse Grèce, séparons-nous du moins par nos
« lois des crimes qui s'y commettent; donnons un noble exemple qui préparera
« peut-être en Europe les voies à une politique plus élevée, plus humaine, plus
« conforme à la religion, et plus digne d'un siècle éclairé; et c'est à vous, mes-
« sieurs, c'est à la France qu'on devra cette noble initiative [2]. »

Le combat de Navarin acheva de réaliser le souhait de Milton.

---

[1] Préface de l'*Itinéraire* pour l'édition des œuvres complètes, 1826.
[2] *Opinion, Chambre des Pairs*, 13 mars 1826, *et réponse au garde des sceaux.*

MILTON AVEUGLE. — SES DÉPÊCHES.

Hume a, je crois, remarqué le premier la phrase de Whitlocke, relative à Milton dans son emploi de secrétaire du conseil d'État. « Un certain Milton, « aveugle, occupé à traduire en latin un traité entre la Suède et l'Angleterre. » L'historien ajoute : *These forms of expression, are amusing to posterity, who consider how obscure Whitlocke himself, though lord keeper and ambassador, and indeed a man of great abilities and merit, has become in comparison of Milton.* « Ces formules d'expressions sont amusantes pour la postérité qui re-« marque combien Whitlocke, quoique garde des sceaux et ambassadeur, « d'ailleurs homme d'une grande habileté et d'un grand mérite, est devenu « obscur en comparaison de Milton. »

Un ambassadeur se plaignait à Cromwell du retard d'une réponse diplomatique ; le Protecteur lui répondit : « Le secrétaire ne l'a point encore expé-« diée, parce qu'étant aveugle il va lentement. » L'ambassadeur répliqua : « Pour écrire convenablement en latin, n'a-t-on pu, dans toute l'Angleterre, « trouver qu'un aveugle? » Cromwell, par un instinct de gloire, découvrit la gloire cachée de Milton, et enchaîna la renommée du héros à celle du poëte : c'est quelque chose dans l'histoire du monde que Cromwell ayant pour secrétaire Milton.

On attribue à Milton les huit vers si connus que Cromwell envoya avec son portrait à Christine de Suède, et qui se terminent par ce trait :

Nec sunt hi vultus regibus usque truces.
Mon front n'est pas toujours l'épouvante des rois.

Les notes du cabinet de Saint-James avaient été jusqu'alors écrites en français ; Milton les rédigea en latin, et voulut faire du latin la langue diplomatique universelle. Il n'y réussit pas. Le français a généralement repris le dessus, à cause de sa clarté; mais l'orgueil national du cabinet de Londres suit aujourd'hui en anglais la correspondance officielle, ce qui la rend perplexe, comme je le sais par expérience.

Cromwell mourut; la mort aime la gloire : les entraves que le Protecteur avait mises à l'opinion furent brisées. Si l'on peut tuer pendant quelques jours la liberté, elle ressuscite : le Christ rompit les chaînes de la mort, en dépit de la garde romaine qui veillait à son sépulcre. On fit part aux souverains de l'avénement nominal de Richard à la puissance de son père ; dans le recueil des lettres de Milton se trouvent celles qu'il adressa à la cour de France. De telles dépêches sont un monument par la nature des faits et par la nature des hommes. L'auteur du *Paradis perdu*, au nom du fils de Cromwell, écrit ainsi à Louis XIV et au cardinal Mazarin :

Richard, protecteur de la république d'Angleterre, etc., au sérénissime et puissant prince Louis, roi de France.

« Sérénissime et puissant roi, notre ami et confédéré,
« Aussitôt que notre sérénissime père Olivier, protecteur de la république

« d'Angleterre, par la volonté de Dieu l'ordonnant ainsi, quitta cette vie le
« troisième jour de septembre; nous, déclaré légalement son successeur dans
« la suprême magistrature (quoique dans les larmes et l'extrême tristesse),
« nous n'avons pu faire moins à la première occasion, que de faire connaître
« par nos lettres cette matière à Votre Majesté. Comme vous avez été un très-
« cordial ami de notre père et de cette république, nous avons la confiance que
« cette nouvelle douloureuse et inattendue sera reçue par vous avec autant
« de chagrin qu'elle nous en a causé. Notre affaire à présent est de requérir
« Votre Majesté d'avoir une telle opinion de nous, comme d'une personne dé-
« terminée religieusement et constamment à garder l'amitié et l'alliance con-
« tractées entre vous et notre père renommé, et, avec le même zèle et la même
« bonne volonté, à maintenir les traités par lui conclus, et entretenir les mêmes
« rapports et intérêts avec Votre Majesté. A cette intention, c'est notre plaisir
« que notre ambassadeur, résidant à votre cour, y reste, accrédité par les pou-
« voirs qu'il avait autrefois. Vous lui accorderez le même crédit pour agir en
« notre nom, comme si tout était fait par nous-même. En même temps nous
« souhaitons à Votre Majesté toutes sortes de prospérités.
« De notre cour, à Whitehall, 5 septembre 1658. »

A l'éminentissime seigneur cardinal Mazarin.

« Quoique rien ne puisse nous arriver de plus amer et de plus douloureux
« que d'écrire les tristes nouvelles de la mort de notre sérénissime et très-re-
« nommé père, cependant nous ne pouvons ignorer la haute estime qu'il avait
« pour Votre Éminence et le grand cas que vous faisiez de lui.
« Nous n'avons aucune raison de douter que Votre Éminence, de l'admi-
« nistration de laquelle dépend la prospérité de la France, ne gémisse comme
« nous sur la perte de votre constant ami et très-dévoué allié. Nous pensons
« qu'il est important par nos lettres de vous faire connaître un accident qui
« doit être aussi profondément déploré de Votre Éminence que du roi. Nous
« assurons Votre Éminence que nous observerons très-religieusement toutes
« les choses que notre père, de sérénissime mémoire, s'était engagé par les
« traités à confirmer et à ratifier. Nous ferons en sorte, au milieu de votre
« deuil pour un ami si fidèle, si florissant et applaudi de toutes les vertus, que
« rien ne manque à la foi de notre alliance, pour la conservation de laquelle,
« et pour le bien des deux nations, puisse le Seigneur Dieu tout-puissant con-
« server Votre Éminence!

« Westminster, septembre 1658.

Milton est ici un grand historien de l'histoire de France et d'Angleterre! Il
est curieux de voir Richard faire, comme un vieil héritier des trois couronnes,
ses préparatifs pour régner. Milton écrivait au nom d'un homme investi d'un
pouvoir de quelques heures à un jeune souverain qui devait conduire son arrière-petit-fils, par la monarchie non contrôlée, à l'échafaud du premier Stuart.
Cet échafaud de Whitehall se changea en trône, lorsqu'un sang royal l'eut couvert de sa pourpre, et le Protecteur s'y assit. La France, sous le petit-fils

d'Henri IV, allait monter de tout ce que l'Angleterre devait descendre sous Charles II et son frère. Il faut toujours que la gloire soit quelque part : en s'en volant de la tête de Cromwell, elle se posa sur celle de Louis XIV.

Louis XIV porta le deuil d'un régicide, et ce fut le chantre de Satan, le républicain apologiste de la mort de Charles Ier, l'ennemi des rois et des catholiques, qui fit part au monarque absolu, auteur de la révocation de l'édit de Nantes, de la mort d'Olivier, le Protecteur.

Ce qui paraît contraste ici est harmonie : les hautes renommées se mêlent, comme enfants d'une même famille. Tout ce qui a de la grandeur se touche : deux hommes de sentiments semblables, mais d'esprits inégaux, sont plus antipathiques l'un à l'autre, que ne le sont deux hommes d'esprit supérieurs, quoique opposés d'opinions et de conduite.

RICHARD CROMWELL — OPINION DE MILTON SUR LA RÉPUBLIQUE, SUR LES DIMES, SUR LA RÉFORME PARLEMENTAIRE.

Tandis que Milton, au nom de Richard, rappelait aux souverains et à leurs ministres le tendre amour et l'admiration profonde qu'ils avaient pour le juge d'un roi, les factions renaissaient en Angleterre. Les gouvernements qui ne tiennent qu'à l'existence d'un homme, tombent avec cet homme : l'effet cesse avec la cause. L'ancien parti républicain de l'armée se souleva; les officiers que Cromwell avait destitués se réunirent. Lambert se mit à la tête de *la bonne vieille cause*. Menacé par les officiers, Richard eut la faiblesse de dissoudre la chambre des communes; la chambre des pairs était nulle.

Les assemblées aristocratiques règnent glorieusement lorsqu'elles sont souveraines et seules investies, de droit ou de fait, de la puissance : elles offrent les plus fortes garanties à la liberté, à l'ordre et à la propriété; mais dans les gouvernements mixtes, elles perdent la plus grande partie de leur valeur, et sont misérables quand arrivent les grandes crises de l'État. Elles n'ont jamais rien arrêté : faibles contre le roi, elles n'empêchent pas le despotisme; faibles contre le peuple, elles ne préviennent pas l'anarchie. Toujours prêtes à être chassées dans les commotions populaires, elles ne rachètent leur existence qu'au prix de leurs parjures et de leur esclavage. La chambre des lords sauva-t-elle Charles Ier? Sauva-t-elle Richard Cromwell, auquel elle avait prêté serment? Sauva-t-elle Jacques II? sauvera-t-elle aujourd'hui les princes de Hanovre? se sauvera-t-elle elle-même! Ces prétendus contre-poids aristocratiques ne font qu'embarrasser la balance et seront jetés tôt ou tard hors du bassin. Une aristocratie ancienne et opulente, ayant l'habitude de la tribune et des affaires, n'a qu'un moyen de garder le pouvoir quand il lui échappe : c'est de passer par degrés à la démocratie, et de se placer insensiblement à sa tête, à moins qu'elle ne se croie encore assez forte pour jouer à la guerre civile; terrible jeu!

Peu après la dissolution de la chambre des communes, Richard abdiqua : il était écrasé sous la renommée d'Olivier. Détestant le joug militaire, il n'avait pas la force de le secouer; sans conviction aucune, il ne se souciait de rien : il laissait ses gardes lui dérober son dîner, et l'Angleterre aller toute seule : il emporta deux grandes malles remplies de ces *adresses* et de ces *congratulations* en l'honneur de tous les hommes puissants, et à l'usage de tous les hommes serviles. On lui disait dans ces *félicitations* que Dieu lui avait donné l'autorité pour le *bonheur* des trois royaumes. « Qu'emportez-vous dans ces malles? » lui demanda-t-on. — « Le *bonheur* du peuple anglais, » répondit-il en riant.

Le conseil des officiers rappela le Rump ; le Rump attaqua aussitôt l'autorité militaire qui lui avait rendu la vie. Lambert bloqua, selon l'usage, les communes. Ce parlement dissous, le peuple brûla en réjouissance sur les places publiques des monceaux de croupions de divers animaux. Monk parut, et tout annonça la restauration.

Que faisait Milton pendant cette décomposition sociale? Voyant la liberté rétrograder, rêvant toujours la république, oubliant qu'il y a des moments où les écrits ne peuvent plus rien, il publia une brochure sur *le moyen prompt et facile d'établir une société libre.* Dans un exposé rapide, il rappelle ce que les Anglais ont fait pour abolir la monarchie.

« Si nous nous relâchons, dit-il, nous justifierons les prédictions de nos en-
« nemis : ils ont condamné nos actions comme téméraires, rebelles, hypocrites,
« impies ; nous ferons voir qu'un esprit dégénéré s'est soudainement répandu
« parmi nous. Préparés et faits pour un nouvel esclavage, nous serons en mé-
« pris à nos voisins ; le nom anglais deviendra un objet de risée. D'ailleurs, si
« l'on retourne à la monarchie, l'on n'y restera pas longtemps ; il faudra bien-
« tôt combattre ce que l'on a déjà combattu, sans parvenir jamais au point où
« l'on était parvenu ; on perdra les batailles que l'on avait déjà gagnées : Dieu
« n'écoutera plus ces ardentes prières qu'on lui adressait pour être délivré de
« la tyrannie, puisque nous n'aurons pas su mieux nous en tenir à la victoire.
« Ainsi sera rendu vain et plus méprisable que la boue le sang de tant d'An-
« glais vaillants et fidèles qui achetèrent la liberté de leur pays au prix de
« leur vie. Un roi veut être adoré comme un demi-dieu ; il sera entouré d'une
« cour hautaine et dissolue ; il dissipera l'argent de l'État en festins, en bals
« et en mascarades ; débauchant notre première noblesse, mâles et femelles,
« il transformera les lords en chambellans, en écuyers et en grooms de la
« garde-robe. »

L'esprit pénétrant de Milton lui découvrait l'avenir ; il voyait les longs combats que l'on serait obligé de livrer pour reconquérir ce qu'on allait perdre : ce n'est qu'aujourd'hui même que l'Angleterre revient sur ce terrain, défendu pied à pied par le grand poëte publiciste. Et ce roi, *entouré d'une cour hautaine et dissolue,* que l'auteur du *Paradis perdu* peignait si bien d'avance, était prêt à débarquer à Douvres.

Quelques mois avant la publication de cet ouvrage, il en avait donné deux autres : le premier sur *l'autorité civile en matière ecclésiastique ;* le second sur le meilleur moyen de chasser les *mercenaires* hors de l'Église : il examine le fait des dîmes, des redevances et des revenus de l'Église : il doute que les ministres du culte puissent être maintenus par le pouvoir de la loi.

Son opinion sur la réforme parlementaire mérite d'être rappelée :

« Si l'on donne le droit à tous de nommer tout le monde, ce ne sera pas

« la sagesse et l'autorité, mais la turbulence et la gloutonnerie qui élèveront
« bientôt les plus vils mécréants de nos tavernes et de nos lieux de débauche,
« de nos villes et de nos villages, au rang et à la dignité de sénateur. Qui vou-
« drait confier les affaires de la république à des gens à qui personne ne vou-
« drait confier ses affaires particulières? Qui voudrait voir le trésor de l'État
« remis aux soins de ceux qui ont dépensé leur propre fortune dans d'infâmes
« prodigalités? Doivent-ils être chargés de la bourse du peuple, ceux qui la
« convertiraient bientôt dans leur propre bourse? Sont-ils faits pour être les
« législateurs de toute une nation, ceux qui ne savent pas ce qui est loi et rai-
« son, juste ou injuste, oblique ou droit, licite ou illicite ; ceux qui pensent
« que tout pouvoir consiste dans l'outrage, toute dignité, dans l'insolence ; qui
« négligent tout pour satisfaire la corruption de leurs amis, ou la vivacité de
« leurs ressentiments ; qui dispersent leurs parents et leurs créatures dans les
« provinces, pour lever des taxes et confisquer des biens? hommes les plus dé-
« gradés et les plus vils, qui achètent eux-mêmes ce qu'ils prétendent exposer
« en vente, d'où ils recueillent une masse exorbitante de richesses détournées
« des coffres publics : ils pillent le pays et émergent en un moment, de la mi-
« sère et des haillons, à un état de splendeur et de fortune. Qui pourrait souffrir
« de tels fripons de serviteurs, de tels vice-régents de leurs maîtres? Qui pour-
« rait croire que des chefs de bandits seraient propres à conserver la liberté?
« Qui se supposerait devenu d'un cheveu plus libre par une telle race de fonc-
« tionnaires (ils pourraient s'élever à cinq cents élus de telle sorte par les com-
« tés et les bourgs), lorsque, parmi ceux qui sont les vrais gardiens de la
« liberté, il y en a tant qui ne savent ni comment user, ni comment jouir de
« cette liberté, qui ne comprennent ni les principes, ni les mérites de la
« propriété? »

On n'a jamais rien dit de plus fort contre la réforme parlementaire. Cromwell avait essayé cette réforme, il fut bientôt obligé de dissoudre le parlement produit d'une loi d'élection élargie. Mais ce qui était vrai du temps de Milton, n'est pas également vrai aujourd'hui. La disproportion entre les propriétaires et les classes populaires n'est plus aussi grande. Les progrès de l'éducation et de la civilisation ont commencé à rendre les électeurs d'une classe moyenne plus aptes à comprendre des intérêts qu'ils ne comprenaient pas autrefois. L'Angleterre de ce siècle a pu, quoique non sans péril, conférer des droits à une classe de citoyens qui, au dix-septième siècle, auraient renversé l'État en entrant dans les communes.

Ainsi, toutes les questions générales et particulières, agitées aujourd'hui chez les peuples du continent et dans le parlement d'Angleterre, avaient été traitées et résolues par Milton, dans le sens où notre siècle les résout. Il a créé jusqu'à la langue constitutionnelle moderne : les mots de *fonctionnaires*, de *décrets*, de *motions*, etc., sont de lui. Quel était donc ce génie capable d'enfanter à la fois un monde nouveau et une parole nouvelle de politique et de poésie?

RESTAURATION. — MILTON ARRÊTÉ ET REMIS EN LIBERTÉ. — FIDÉLITÉ DU POËTE A CROMWELL.

Milton eut la douleur de voir le fils de Charles Ier remonter sur le trône, non que son cœur ferme fût effrayé, mais ses chimères de liberté républicaine s'évanouissaient : toute chimère qui s'évanouit fait du mal et laisse un vide. Charles II, dans sa déclaration de Bréda, annonçait qu'il pardonnait à tout le monde, s'en remettant aux communes du soin d'excepter les indignes du pardon. Les vengeances sanglantes, sous les Stuarts et sous la maison de Hanovre, ne purent être imputées à la couronne : elles furent l'œuvre des chambres. Les corps sont plus implacables que les individus, parce qu'ils réunissent en eux plus de passions, et qu'ils sont moins responsables.

A l'avénement de Charles II, Milton se démit de la place de secrétaire latin, et quitta son hôtel de Pitty-France, où pendant huit années il avait reçu tant d'hommages. Il se retira chez un de ses amis, dans *Bartholomew-Close*, aux environs de *West-Smithfield*. Des poursuites furent commencées contre la *Défense du peuple anglais* et l'*Iconoclaste*, et, le 27 juin 1660, le parlement ordonna l'arrestation de l'auteur de ces ouvrages. On ne le trouva point d'abord, mais peu de mois après on le voit remis entre les mains d'un sergent d'armes ; il fut néanmoins bientôt relâché. Le 17 décembre de la même année il eut l'audace de s'adresser à cette terrible chambre qui pensait l'avoir généreusement traité en ne faisant pas tomber sa tête ; il réclama contre l'excès du salaire requis par le sergent ; il croyait qu'on l'avait plus outragé en lui ôtant la liberté, qu'en le privant de la vie. Les registres du parlement constatent ces deux faits :

« Samedi, 15 décembre 1660.

« Ordonné que M. Milton, à présent à la garde d'un sergent d'armes de cette
« chambre, soit relâché en payant les honoraires. »

« Lundi, 17 décembre 1660.

« Une plainte ayant été faite que le sergent d'armes a demandé des hono-
« raires excessifs pour la garde de M. Milton,
« Ordonné qu'il en sera référé au comité des priviléges pour examiner cette
« affaire. »

Davenant sauva Milton : histoire honorable aux muses sur laquelle j'ai rimaillé jadis des vers détestables. Cunningham raconte autrement la délivrance du poëte : il prétend que Milton se déclara trépassé et qu'on célébra ses funérailles : Charles aurait applaudi à la ruse d'un homme échappé à la mort en faisant le mort. Le caractère de l'auteur de la *Défense*, et les monuments de l'histoire, ne permettent pas d'admettre cette anecdote. Milton fut oublié dans la retraite où il s'ensevelit ; et à cet oubli nous devons le *Paradis perdu*. Si Cromwell eût vécu dix ans de plus, comme le remarque M. Mosneron, il n'aurait jamais été question de son secrétaire.

Les fêtes de la restauration passées, les illuminations éteintes, vinrent les supplices : Charles s'était déchargé sur les communes de toute responsabilité

144   ESSAI SUR LA LITTÉRATURE ANGLAISE.

de cette nature, et celles-ci n'épargnèrent pas les réactions violentes. Cromwell fut exhumé, et sa carcasse pendue, comme si l'on eût hissé le pavillon de sa gloire sur les piliers du gibet. L'histoire a gardé dans *le trésor de ses Chartes* la quittance du maçon qui brisa, par ordre, le sépulcre du Protecteur, et qui reçut une somme de quinze schellings pour sa besogne :

May the 4th day, 1661, rec^d then in full, of the worshipful serjeant Norforke, fiveteen shillinges, for taking up the corpes of Cromell, et Ierton et Brassaw.   *Rec. by me* JOHN LEWIS.

« Mai, le 4me jour, 1661, reçu alors en totalité, du respectable sergent Nor-
« forke, quinze schellings pour enlever le corps de *Cromell*, et *Ierton* et *Brassaw*.

                                « Reçu par moi JOHN LEWIS. »

Milton seul resta fidèle à la mémoire de Cromwell : tandis que de petits auteurs bien vils, bien parjures, bien vendus au pouvoir revenu, insultaient les cendres du grand homme aux pieds duquel ils avaient rampé, Milton lui donnait un asile dans son génie, comme dans un temple inviolable.

Milton put rentrer dans les affaires : sa troisième femme (car il avait épousé successivement deux autres femmes après la mort de Marie Powell) le suppliant d'accepter son ancienne place de secrétaire du conseil, il lui répondit : « Vous « êtes femme et vous voulez avoir des équipages ; moi je veux mourir honnête « homme. » Demeuré républicain, il s'enferma dans ses principes avec sa muse et sa pauvreté. Il disait à ceux qui lui reprochaient d'avoir servi un tyran : « Il nous a délivré des rois. » Il affirmait n'avoir combattu que pour la cause de Dieu et de la patrie.

Un jour se promenant dans le parc de Saint-James, il entendit tout à coup répéter autour de lui : Le roi ! le roi ! « Retirons-nous, » dit-il à son guide ; « je n'ai jamais aimé les rois. » Charles II aborde l'aveugle : « Monsieur, voilà « comme le ciel vous a puni d'avoir conspiré contre mon père. — Sire, si les « maux qui nous affligent dans ce monde sont le châtiment de nos fautes, votre « père devait être bien coupable. »

NOUVEAUX TRAVAUX DE MILTON. — SON DICTIONNAIRE LATIN. — SA MOSCOVIE. — SON HISTOIRE D'ANGLETERRE.

La saison la plus favorable aux inspirations de Milton était l'automne, plus en rapport avec la tristesse et le sérieux de ses pensées : il dit cependant dans quelques vers qu'il *renaît au printemps*. Il se croyait recherché la nuit par une femme céleste. Il avait eu trois filles de Marie Powell : l'une d'elles, Deborah, lui lisait Isaïe en hébreu, Homère en grec, Ovide en latin, sans entendre aucune de ces langues : l'anecdote est contestée par Johnson. Aussi savant qu'il était grand poëte, on a vu qu'il écrivait en latin comme en anglais ; il faisait des vers grecs, témoin quelques-uns de ses opuscules. C'est dans le texte même des prophètes qu'il se pénétrait de leur feu : la lyre du Tasse ne lui était point étrangère. Il parlait presque toutes les langues vivantes de l'Europe. Antoine Francini, Florentin, s'exprime sur Milton comme si le poëte d'Albion, à son passage en Italie, jouissait déjà de tout son éclat :

Nell' altera Babelle
Per te il parlar confuse Giove in vano,
. . . .
Ch' ode oltr' alla Anglia il tuo più degno idioma,
Spagna, Francia, Toscana, e Grecia e Roma.

« Dans une autre Babel, la confusion des langues serait vaine pour toi, qui
« outre l'anglais, ton plus noble idiome, entends l'espagnol, le français, le tos-
« can, le grec et le latin. »

Milton, vers la fin du protectorat, avait commencé sérieusement à écrire le
Paradis perdu : il menait de front avec ce travail des muses, des travaux d'histoire, de logique et de grammaire. Il a rassemblé en trois volumes in-folio les
matériaux d'un nouveau *Thesaurus linguæ latinæ*, qui ont servi aux éditeurs
du dictionnaire de Cambridge, imprimé en 1693. On a de lui une grammaire
latine pour les enfants : Bossuet faisait le catéchisme aux petits garçons de
Meaux. L'auteur du *Paradis perdu* est dominé du sujet de son *poëme*, jusque
dans le Traité d'*éducation*, adressé à Hartlib en 1650 : « La fin de tout savoir,
« dit-il, est d'apprendre à réparer les ruines de nos premiers parents, en re-
« trouvant la vraie connaissance de Dieu. »

« Ces travaux, qui auraient fait honneur à Ducange ou à un bénédictin de la
congrégation de Saint-Maur, n'accablaient pas le génie de Milton et ne lui suffisaient pas : de même que Leibnitz, il embrassait l'histoire dans ses recherches.
Sa *Moscovie* est un abrégé amusant par de petits détails de la nature des
voyages. « Il fait si froid l'hiver en Moscovie, que la sève des branches mises
« au feu gèle en sortant du bout opposé à celui qui brûle. Moscou a un beau
« château à quatre faces, bâti sur une colline ; les murs de brique en sont
« très-hauts : on dit qu'ils ont dix-huit pieds d'épaisseur, seize portes et autant
« de boulevards. Ce château renferme le palais de l'empereur et neuf belles
« églises avec des tours dorées. »

C'est le Kremlin, d'où la fortune de Buonaparte s'envola.

L'*Histoire d'Angleterre* de Milton se compose de six livres ; elle ne va pas
au delà de la bataille d'Hastings. L'heptarchie, quoi qu'en dise Hume, y est
fort bien débrouillée : le style de l'ouvrage est mâle, simple, entremêlé de réflexions presque toujours relatives au temps où l'historien écrivait. Le troisième
livre s'ouvre par une description de l'état de la société dans la Grande Bretagne
au moment où les Romains abandonnèrent l'île ; il compare cet État à celui de
l'Angleterre lorsqu'elle se trouva délaissée du véritable pouvoir sous le règne
de Charles Ier. A la fin du cinquième livre, Milton déduit les causes qui firent
tomber les Anglo-Saxons sous le joug des Normands : il demande si les mêmes
causes de corruption ne pourraient pas faire retomber ses compatriotes sous
le joug de la superstition et de la tyrannie.

L'imagination du poëte ne dédaigne pas les origines fabuleuses des Bretons ;
il consacre plusieurs pages aux règnes de ces monarques de romans, qui depuis
Brutus, arrière-petit-fils d'Énée, jusqu'à Cassibelan, ont gouverné la Grande-
Bretagne. Sur son chemin il rencontre le roi Leir (Lear) ;

« Leir, qui régna après Bladud, eut trois filles. Étant devenu vieux, il réso-
« lut de marier ses filles et de diviser son royaume entre elles ; mais il voulut

« auparavant connaître celle de ces trois filles qui l'aimait le mieux. Gonorille,
« l'aînée, interrogée par son père, lui répondit, en invoquant le ciel, qu'elle
« *l'aimait plus que son âme.* Ainsi, dit le vieil homme plein de joie, puisque
« tu honores mon âge défaillant, je te donne, avec un mari que tu choisiras,
« la troisième partie de mon royaume. Regan, la seconde fille interrogée, ré-
« pondit à son père qu'elle l'aimait au-dessus *de toutes les créatures;* et elle
« reçut une récompense égale à celle de sa sœur. Mais Cordeilla, la plus jeune
« et jusque-là la plus aimée, fit cette sincère et vertueuse réponse : Mon père,
« mon amour pour vous est comme mon devoir l'ordonne : que peut deman-
« der de plus un père? que peut promettre de plus un enfant? ceux qui vont
« au delà vous flattent.

« Le vieillard, fâché d'entendre cela, et désirant que Cordeilla reprît ses
« paroles, répéta sa demande; mais Cordeilla, avec une loyale tristesse pour
« les infirmités de son père, répondit, faisant allusion à ses sœurs, plutôt qu'en
« révélant ses propres sentiments : *Comptez* ce que vous avez, dit-elle, telle
« est votre *valeur*, et je vous aime ce que vous *valez.* — Eh bien! s'écria le
« roi Leir dans une grande colère, écoute ce que ton ingratitude te *vaut :* puis-
« que tu n'as pas révéré ton vieux père, comme ont fait tes sœurs, tu n'auras
« pas ta part de mon royaume.

« Cependant la renommée de la sagesse et des grâces de Cordeilla s'étant
« répandue au loin, Aganippus, grand monarque dans les Gaules, la demanda
« en mariage. Après quoi, le roi Leir, tombant de plus en plus dans les an-
« nées, devint la proie de ses deux autres filles et de leurs maris. Il demeurait
« chez sa fille aînée, et il n'avait pour serviteurs que soixante chevaliers, et
« ils furent bientôt réduits à trente. Leir ne pouvant digérer cet affront, se re-
« tira chez sa seconde fille; mais la discorde s'étant mise parmi les serviteurs
« de différents maîtres, on ne laissa au roi que cinq chevaliers. Il retourna
« chez sa fille aînée, espérant qu'elle aurait pitié de ses cheveux blancs, mais
« elle refusa de le recevoir, à moins qu'il ne se contentât d'un seul chevalier.
« Alors Cordeilla, sa plus jeune fille, revint en pensée au roi Leir; il recon-
« nut le sens caché de ses paroles, et il espéra qu'elle aurait pitié de sa misère.
« Il s'embarqua pour la France. Cordeilla poussée de son amour et sans compter
« sur la plus petite récompense, se prit à verser des larmes au récit des malheurs
« de son père. Ne voulant pas qu'il fût vu dans la détresse ni par elle ni par
« personne, elle envoya secrètement un de ses plus fidèles serviteurs, qui le
« conduisit dans quelque bonne ville au bord de la mer, afin de le baigner,
« de le vêtir, de lui faire bonne chère, de le fournir d'une suite convenable à
« sa dignité. Cela étant fait, Cordeilla avec le roi son mari et tous les barons
« de son royaume allèrent au-devant de lui en grande fête et en grande joie.
« Cordeilla passa en Angleterre avec une armée, et remit son père sur le trône.
« Elle vainquit ses sœurs impies avec leurs ducs, et le roi Leir porta la cou-
« ronne pendant trois ans. Il mourut après, et Cordeilla, menant une grande
« pompe et un grand deuil, l'enterra dans la ville de Leicester. Cordeilla régna
« cinq ans, jusqu'à ce que Marganus, et Canedagius, fils de ses sœurs, lui firent
« la guerre, la dépossédèrent, l'emprisonnèrent, et elle se tua.

Il m'a été impossible de faire sentir dans cette traduction le charme de l'original. Le conteur a vieilli son style à l'égal des chroniques dont il emprunte ce récit; il m'aurait fallu reproduire l'histoire du roi Leir, dans la langue de Froissard. Milton s'est plu à lutter avec Shakespeare comme Jacob avec l'Ange.

TRAVAUX POÉTIQUES DE MILTON. — PLAN DU PARADIS PERDU POUR UNE TRAGÉDIE.

Ce n'est pas tout : les compositions poétiques de Milton étaient aussi gigantesques que ses études en prose. Et ce n'était pas de ces fantaisies de la médiocrité abondante dont les vers ruissellent aussi facilement que des paroles : soit qu'il quittât la lyre pour la plume, ou la plume pour la lyre, Milton accroissait toujours en quelque chose les moissons de la postérité. On eût dit qu'il avait résolu de mettre, comme certains Pères de l'Église, la Bible entière en tragédies. On conserve, à la bibliothèque du collège de la Trinité à Cambridge, des manuscrits du poëte : parmi ces manuscrits se trouvent les titres de trente-six tragédies à prendre dans l'histoire d'Angleterre depuis Vertiger jusqu'à Édouard le Confesseur, et de quarante-huit tragédies à tirer des livres saints. Quelques notes et des indications de discours, de chants, de caractères, sont assez souvent jointes à ces titres.

Parmi les sujets sacrés choisis par Milton, j'ai remarqué celui d'Athalie. Milton n'eût point surpassé Racine, mais il eût été curieux de voir comment ce mâle génie aurait conduit une action qui a produit le chef-d'œuvre de la scène. Le poëte *républicain* aurait-il donné aux rois des avertissements plus nobles et plus sévères que le poëte *royaliste*?

> Loin du trône nourri, de ce fatal honneur,
> Hélas! vous ignorez le charme empoisonneur.
> De l'absolu pouvoir vous ignorez l'ivresse,
> Et des lâches flatteurs la voix enchanteresse.
> Bientôt ils vous diront que les plus saintes lois,
> Maîtresses du vil peuple, obéissent aux rois;
> Qu'un roi n'a d'autre frein que sa volonté même;
> Qu'il doit immoler tout à sa grandeur suprême;
> Qu'aux larmes, au travail le peuple est condamné,
> Et d'un sceptre de fer veut être gouverné;
> Que s'il n'est opprimé, tôt ou tard il opprime.

Milton avait aussi formé le projet de traduire Homère.

Voici un des plans du *Paradis perdu*, pour une tragédie, tel qu'il existe écrit de la main du poëte dans les manuscrits du collège de la Trinité.

PERSONNAGES.

Michel.
L'Amour divin.
Chœur d'anges.
Lucifer.
Adam,
Eve, } avec le serpent.
L'Espérance.
La Charité.

La Conscience.
La Mort.
Le Travail.
La Maladie.
Le Mécontentement. } Muets.
L'Ignorance.
La Foi.

AUTRES PERSONNAGES.

Moïse.
La divine Justice, la Miséricorde,
　la Sagesse, l'Amour divin.
Hesperus, l'Étoile du soir.
Chœur d'anges.
Lucifer.
Adam.
Eve.

La Conscience.
Le Travail.
La Maladie.
Le Mécontentement.　⎫
L'Ignorance.　　　　　⎬ Muets.
La Peur.　　　　　　　⎭
La Mort.
La Foi.
L'Espérance.
La Charité.

PLAN DU PARADIS PERDU.

TRAGÉDIE.

Acte I. — Moïse, *prologiste*, raconte qu'il a son vrai corps; que ce corps ne se corrompt point parce qu'il habite avec Dieu sur la montagne; que lui, Moïse, est semblable à Élie et à Énoch; qu'outre la pureté du lieu qu'il habite, les vents purs, la rosée et les nuages le préservent de la corruption. De là, il exhorte les hommes à parvenir à la vue de Dieu; il leur dit qu'ils ne peuvent voir Adam dans l'état d'innocence, à cause de leurs péchés.

La Justice, la Miséricorde, la Sagesse s'enquièrent de ce qui arrivera à l'homme s'il tombe.

Chœur d'anges qui chantent un hymne à la création.

Acte II. — L'Amour céleste, l'Étoile du soir et le chœur chantent le cantique nuptial et décrivent le paradis.

Acte III. — Lucifer machine la ruine d'Adam.

Le chœur craint pour Adam et raconte la rébellion et la chute de Lucifer.

Acte IV. — Adam et Ève tombés.

La Conscience les cite à l'examen de Dieu.

Le chœur se lamente et dit les biens qu'Adam a perdus.

Acte V. — Adam et Ève chassés du paradis.

Un ange présente à Adam le Travail, la Peine, la Haine, l'Envie, la Guerre, la Famine, la Maladie, le Mécontentement, l'Ignorance, la Peur et la Mort, entrés dans le monde : Adam leur donne leurs noms, ainsi qu'à l'Hiver, à la Chaleur, à la Tempête, etc.

La Foi, l'Espérance et la Charité consolent Adam et l'instruisent.

Le chœur conclut rapidement.

Dans ce plan, la plupart des personnages *surnaturels* du *Paradis perdu* sont remplacés par des personnages *allégoriques*. Lucifer, dans la tragédie, projette la ruine d'Adam comme Satan la machine dans le poëme; mais toutes les grandes scènes de l'enfer sont supprimées, de même que les grandes scènes du ciel : on ne voit point les conseils tenus dans l'abîme; on n'entend point les oracles du Père, les paroles du Fils sur la sainte montagne; le drame ne comportait pas ces développements de l'épopée. Le chœur raconte la rébellion et la chute de Lucifer, mais il est évident qu'il n'aurait pu le faire que d'une manière fort courte, non dans un long récit, et comme celui de Raphaël. Dans la tragédie, l'Amour céleste et l'Étoile du soir chantent le cantique nuptial; dans le poëme, c'est le poëte lui-même qui entonne le cantique : on peut regretter le chant de l'Étoile du soir et en présumer la beauté. Mais Milton ne peut se passer de génie, témoin ce trait remarquable jeté dans une simple note : l'ange présente à Adam, après sa chute, toutes les calamités de la terre, depuis le Travail jusqu'à la Mort; Adam *pécheur* les *nomme*, comme dans son *innocence* il avait imposé des *noms* aux innocents animaux de la création. Cette sublime allégorie ne se retrouve point dans le *Paradis perdu*.

AUTRES DÉTAILS SUR MILTON.

Le chantre d'Eden disait que « le poëte doit être un vrai poëme, » *ought himself to be a true poem,* c'est-à-dire un modèle des choses les meilleures et les plus honorables.

Milton se levait à quatre heures du matin en été, à cinq en hiver. Il portait presque toujours un habit de gros drap gris; il étudiait jusqu'à midi, dînait frugalement, se promenait avec un guide, chantait le soir en s'accompagnant de quelque instrument : il savait l'harmonie et avait la voix belle. Il s'était longtemps livré à l'exercice des armes. A en juger par le *Paradis perdu*, il aimait passionnément la musique et le parfum des fleurs. Il soupait de cinq ou six olives et d'un peu d'eau, se couchait à neuf heures et composait la nuit dans son lit. Quand il avait fait quelques vers, il sonnait, et les dictait à sa femme ou à ses filles. Les jours de soleil, il se tenait assis sur un banc à sa porte : il demeurait dans Bunhill-Row, au bord d'une espèce de chemin.

Au dehors, on accablait d'outrages le lion malade et abandonné; on lui disait : « Parricide de ton roi, si, par la clémence de Charles II, tu as échappé
« à ton supplice, tu n'es maintenant que plus puni. Vieux, infirme, pauvre,
« privé des yeux, réduit à écrire pour vivre, rappelle donc pour gagner ta vie
« Saumaise de la mort. » On lui reprochait son âge, sa laideur, sa petitesse; on lui appliquait ce vers de Virgile :

Monstrum horrendum, informe, ingens, cui lumen ademptum :

observant que le mot *ingens* était le seul qui ne s'appliquât pas à sa personne. Il avait la simplicité de répondre (*Defensio autoris*) qu'il était pauvre, parce qu'il ne s'était jamais enrichi; qu'il n'était ni petit ni grand; qu'à aucun âge il n'avait été trouvé laid; que dans sa jeunesse, l'épée au côté, il n'avait jamais craint les plus hardis. En effet, il avait été très-beau, et l'était encore dans sa vieillesse : le portrait d'Adam était le sien (livre IV du *Paradis perdu*). Ses cheveux étaient admirables, ses yeux, d'une pureté extraordinaire; on n'y voyait aucune tache, et il eût été impossible de le croire aveugle.

Si l'on ne connaissait la rage des partis, croirait-on qu'on pût jamais faire un crime à un homme d'être aveugle? Mais remercions ces abominables haines, elles nous ont valu quelques lignes admirables. Milton répond d'abord qu'il a perdu la vue à la défense de la liberté, et il ajoute ces paroles de sublimité et de tendresse :

« Dans la nuit qui m'environne, la lumière de la divine présence brille pour
« moi d'un plus vif éclat. Dieu me regarde avec plus de tendresse et de com-

« passion, parce que je ne puis plus voir que lui. La loi divine non-seulement
« doit me servir de bouclier contre les injures, mais me rendre plus sacré ; non
« à cause de la privation de la vue, mais parce que je suis à l'ombre des ailes
« divines qui semblent produire en moi ces ténèbres. J'attribue à cela les affec-
« tueuses assiduités de mes amis, leurs attentions consolantes, leurs bonnes
« visites et leurs égards respectueux. »

On voit à quelle extrémité il était réduit pour écrire, par le passage d'une de ses lettres à Pierre Heimbach :

« Celle de mes vertus, que vous appelez ma vertu politique, et que j'aime-
« rais mieux que vous eussiez appelée mon dévouement à ma patrie (doux
« nom qui me charme toujours), ne m'a pas trop bien récompensé. En finis-
« sant ma lettre, si vous en trouvez quelque partie tracée incorrectement, vous
« en imputerez la faute au petit garçon qui écrit pour moi ; il ignore absolu-
« ment le latin, et je suis forcé misérablement de lui épeler chaque lettre que
« je dicte. »

Les maux de Milton étaient encore aggravés par des chagrins domestiques : j'ai déjà dit qu'il avait perdu sa première femme, Marie Powell, morte en couches ; sa seconde femme, Catherine Wood Cock de Hackney, mourut aussi en couches au bout d'un an. Sa troisième femme, Élisabeth Minshul, lui survécut et le servit bien. Il paraît qu'il fut peu aimé : ses filles qui jouent un si beau rôle poétique dans sa vie, le trompaient et vendaient secrètement ses livres. Il s'en plaignait. Malheureusement son caractère semble avoir eu l'inflexibilité de son génie. Johnson a dit avec précision et vérité que Milton croyait la femme faite seulement pour *l'obéissance* et l'homme pour la *rébellion*.

PUBLICATION DU PARADIS PERDU.

Il touchait à l'âge de cinquante-neuf ans, lorsqu'en 1667 il songea à publier le *Paradis perdu*. Il en avait montré le manuscrit, alors divisé en dix livres, à Ellwood, quaker qui a laissé à la littérature anglaise l'*Histoire sacrée* et la *Davidéide*. Le manuscrit du *Paradis perdu* n'était pas de la main de l'auteur : Milton n'ayant pas le moyen de payer un copiste, quelques amis avaient écrit alternativement sous sa dictée. Le censeur refusait l'*imprimatur* à cet autre Galilée, découvreur d'astres nouveaux ; il chicanait à chaque vers ; il lui semblait surtout que le crime de *haute trahison* ressortait du magnifique passage où la gloire obscurcie de Satan est comparée à une éclypse, laquelle alarme *les rois par la frayeur des révolutions*.

Mais comment le docteur Tomkyns ne s'aperçut-il pas des allusions aux mœurs de la dynastie restaurée, allusions si sensibles dans ces vers qui font partie de la belle invocation à l'amour conjugal ?

« Il n'a point ces plaisirs (l'amour) dans le sourire acheté des prostituées,
« dans de rapides jouissances sans passion, sans joie, et que rien ne rend chères ;
« il ne les a point dans la danse des favorites ou sous le masque lascif, ou dans
« le bal de minuit, ou dans la sérénade donnée par un amant famélique à sa
« fière beauté qu'il serait mieux de quitter avec mépris. »

Milton peint encore plus clairement la cour de Charles dans la *cour de Bacchus*, lorsqu'il représente les courtisans prêts à le déchirer, lui Milton, comme les Bacchantes déchirèrent Orphée sur les monts de la Thrace :

« Chasse au loin les barbares discords de Bacchus et de ses enfants de la
« joie; race de cette horde forcenée qui déchira sur le Rodope le chantre de
« la Thrace : il ravit l'oreille des bois et des rochers, jusqu'à ce qu'une cla-
« meur sauvage noyât et la voix et la lyre : la Muse ne put défendre son fils. »

Il est probable que l'ingénieuse lâcheté du censeur sauva le *Paradis perdu* : Tomkyns n'osa point reconnaître le roi et ses amis dans un portrait dont la ressemblance frappait tous les yeux.

Les libraires intimidés ne se pressaient pas d'acquérir le manuscrit d'un auteur pauvre, presque inconnu comme poète, suspect et détesté comme prosateur. Enfin il y en eut un plus hardi que les autres : il osa se charger en tremblant de l'ouvrage fatal.

On a conservé le contrat de vente et le manuscrit du poëme souillé de l'*imprimatur :* le contrat porte ce titre : *Milton's agreement with M. Symons for Paradise lost, dated* 27th *april* 1667. Convention de Milton avec M. Symons pour le *Paradis perdu*, daté du 27 avril 1667.

Il est dit, dans cette *convention*, que Jean Milton, gentleman, cède à Samuel Symons, imprimeur, en propriété et pour toujours, pour la somme de cinq livres sterling, à lui, Milton, présentement payée, tous les exemplaires, copies et manuscrits d'un poëme intitulé : *Paradis perdu;* ou de *quelque autre titre ou nom que ledit poëme est ou sera nommé*. Clause singulière par laquelle on voit que Milton, son poëme fait et vendu, hésitait encore sur le titre qu'il lui donnerait. Samuel Symons s'engage, en considération (*in consideration*) de l'acquisition du *Paradis perdu*, à payer une autre somme de cinq livres sterling à la fin de la première impression, quand il aura vendu treize cents exemplaires de l'ouvrage. Il s'engage de plus à payer à Jean Milton ou à ses héritiers, à la fin d'une seconde édition, après la vente aussi de treize cents exemplaires, une troisième somme de cinq livres sterling. A la suite de ce contrat on voit trois quittances, l'une datée du 26 avril 1669, et signée Jean Milton, qui reconnaît avoir reçu les secondes cinq livres sterling mentionnées au contrat; l'autre signée d'Élisabeth, veuve Milton, le 21 décembre 1680, qui reconnaît avoir reçu la somme de huit livres sterling, en cession de tous ses droits sur l'édition en douze livres du *Paradis perdu;* enfin une troisième quittance, ou plutôt des espèces de lettres-patentes d'Élisabeth Milton, du 29 avril 1781, laquelle renonce à jamais à toute reprise contre Samuel Symons, à toutes réclamations qui pourraient être à faire, *from the beginning of the world unto the day of these presents*, « depuis le commencement du monde « jusqu'au jour de ces présentes. » *Faites dans la trente-troisième année du règne de notre souverain seigneur Charles, par la grâce de Dieu roi d'Angleterre, d'Ecosse, d'Irlande et de France, et défenseur de la foi.*

Ainsi Milton reçut dix livres sterling pour la cession de la propriété du *Paradis perdu*, et sa veuve huit. Les dernières *lettres* de cette veuve sont datées de la *trente-troisième année du règne du Charles second*, c'est-à-dire que la révolution de 1649 est non avenue; que Cromwell n'a pas régné, et que Milton, secrétaire de la république et du Protecteur, n'a point écrit sous la république et le protectorat, le poëme immortel vendu pour dix livres sterling, payées dans l'espace de deux ans. Et c'est la veuve de Milton qui signe tout cela! Qu'importe! il n'appartenait pas plus à Charles II d'effacer les temps dont Cromwell et Milton avaient fixé la date, qu'à Louis XVIII de rayer de son règne celui de Napoléon.

SAMSON AGONISTE. — PARADIS RECONQUIS. — NOUVELLE LOGIQUE. — VRAIE RELIGION — MORT DE MILTON.

Le *Paradis perdu*, pendant toute la vie du poëte, demeura enseveli au fond de la boutique du libraire aventureux. En 1667, dans toute la gloire de Louis XIV; lorsque *Andromaque* faisait son apparition sur la scène, John Milton était-il connu en France? Oui : peut-être de quelques gens de justice, comme un coquin d'écrivassier dont les diatribes avaient été dûment brûlées par la main du bourreau à Paris et à Toulouse.

Milton survécut sept ans à la publication de son poëme, et n'en vit point le succès. Johnson, qui retranche au poëte tout ce qu'il lui peut retrancher, ne lui veut pas même laisser l'amer plaisir d'avoir cru qu'il s'était trompé, d'avoir pensé qu'il avait perdu sa vie, ou qu'un âge indifférent et jaloux méconnaissait son génie. Le docteur prétend que le *Paradis perdu* eut un succès *véritable* durant la vie de l'auteur; que celui-ci « vit les progrès *silencieux* de son ou-
« vrage; qu'il ne fut point découragé, se reposant sur son propre mérite avec
« une confiance intime dans son talent, attendant sans impatience les vicissi-
« tudes de l'opinion et l'impartialité de la génération suivante. »

Cette supposition est contraire aux faits matériels, et l'on va voir par le *Samson* si Milton se croyait apprécié de ses contemporains.

Milton avait cette force d'âme qui surmonte le malheur et se sépare d'une illusion : ayant jeté tout son génie au monde dans son poëme, il continua ses travaux comme s'il n'avait rien donné aux hommes, comme si le *Paradis perdu* était un pamphlet tombé, un accident dont il ne fallait plus s'occuper. Il publia successivement *Samson*, le *Paradis reconquis*, une *nouvelle Logique*, un traité sur la *vraie religion*.

Le *Paradis reconquis* est une œuvre de lassitude, quoique calme et belle; mais la tragédie de *Samson* respire la force et la simplicité antique. Le poëte s'est peint dans la personne de l'Israélite aveugle, prisonnier et malheureux : noble manière de se venger de son siècle.

Le jour de la fête de Dagon, Samson obtient la permission de respirer un moment à la porte de sa prison, à Gaza ; là, il se lamente de ses misères :

« Je cherche ce lieu infréquenté pour donner quelque repos à mon corps;
« mais je n'en trouve point à mes pensées inquiètes : comme des frelons ar-
« més, elles ne m'ont pas plutôt rencontré seul, qu'elles se précipitent sur moi
« en foule, et me tourmentent de ce que j'étais au temps passé, et de ce que je
« suis à présent..... Le plus grand de mes maux est la perte de la vue : aveugle
« au milieu de mes ennemis! Oh! cela est pire que les chaînes, les donjons,

« la mendicité, la décrépitude! Le plus vil des animaux est au-dessus de moi :
« le vermisseau rampe, mais il voit. Mais moi, plongé dans les ténèbres au
« milieu de la lumière! O ténèbres! ténèbres! ténèbres! en pleins rayons du
« midi! Ténèbres irrévocables, éclipse totale sans aucune espérance de jour!
« Si la lumière est si nécessaire à la vie, si elle est presque la vie ; s'il est vrai
« que la lumière soit dans l'âme, pourquoi la vue est-elle confinée au tendre
« globle de l'œil, si aisé à éteindre?.... Ah! s'il en eût été autrement, je n'au-
« rais pas été exilé de la lumière pour vivre dans la terre de la nuit, exposé à
« toutes les insultes de la vie, captif chez des *ennemis inhumains.* »

On croit que par ces dernières paroles le poëte faisait allusion à l'exécution du second Henri Vane.

Samson, mené à la fête de Gaza pour amuser les convives, prie Dieu de lui rendre sa force ; il ébranle les colonnes de la salle du banquet, et périt sous les illustres ruines dont il écrase les Philistins, comme Milton en mourant a enseveli ses ennemis sous sa gloire.

Milton, dans ses derniers jours, fut obligé de vendre sa bibliothèque. Il approchait de sa fin : le docteur Wright l'étant allé voir, le trouva retiré au premier étage de sa petite maison, dans une toute petite chambre : on montait à cette chambre par un escalier tapissé momentanément d'une moquette verte, afin d'assourdir le bruit des pas et de commencer le silence de l'homme qui s'avançait vers le silence éternel. L'auteur du *Paradis perdu*, vêtu d'un pourpoint noir, reposait dans un fauteuil à coude : sa tête était nue ; ses cheveux argentés tombaient sur ses épaules, et ses beaux yeux noirs d'aveugle brillaient sur la pâleur de son visage.

Le 10 novembre 1674, la divinité qui parlait la nuit au poëte le vint chercher ; il se réunit dans l'Éden céleste à ces anges au milieu desquels il avait vécu, et qu'il connaissait par leurs noms, leurs emplois et leur beauté.

Milton trépassa avec tant de douceur, qu'on ne s'aperçut pas du moment où, à l'âge soixante-six ans moins un mois, il rendit à Dieu un des souffles les plus puissants qui animèrent jamais l'argile humaine. Cette vie du temps, ni longue ni courte, servit de base à une vie immortelle : le grand homme traîna assez de jours sur la terre pour s'ennuyer, pas assez pour épuiser son génie, qu'il posséda tout entier jusqu'à son dernier soupir. Bossuet, comme Milton, avait cinquante-neuf ans lorsqu'il composa le chef-d'œuvre de son éloquence : avec quel feu et quelle jeunesse il parle de ses cheveux blancs! Ainsi l'auteur du *Paradis perdu* se plaint d'être glacé par les années, en peignant les amours d'Adam et d'Ève. L'évêque de Meaux prononça l'*Oraison funèbre de la reine d'Angleterre* en 1669, l'année même où Milton donna quittance des secondes cinq livres sterling reçues pour la vente de son poëme. Ces incomparables génies, qui tous les deux, dans des rangs opposés, avaient fait le portrait de Cromwell, s'ignoraient l'un l'autre, et n'entendirent peut-être jamais prononcer leurs noms ; les aigles qui sont vus de tous, vivent un à un et solitaires dans la montagne.

Milton mourut juste à moitié terme entre deux révolutions, quatorze ans après la restauration de Charles II, et quatorze ans avant l'avénement de Guillaume. Il fut enterré près de son père, dans le chœur de l'église de Saint-Gilles. Longtemps après, les curieux allaient voir une petite pierre dont l'inscription n'était plus lisible : cette pierre gardait les cendres délaissées de Milton ; on ne sait si le nom de l'auteur du *Paradis perdu* n'avait point été effacé.

La famille du poëte s'enfonça vite dans l'obscurité. Trente ans s'étaient écoulés depuis la mort de Milton, lorsque Déborah, voyant pour la première fois le portrait du poëte, alors devenu célèbre, s'écria : « O mon père, mon « cher père ! » Déborah avait épousé Abraham Clarke, tisserand dans Spithfields ; elle mourut, âgée de soixante-seize ans, au mois d'août 1727. Une de ses filles se maria à Thomas Foster, tisserand aussi. Réduite à la misère, un critique proposa une souscription en sa faveur : « Cette proposition, dit-il, doit « être bien reçue, puisqu'elle est faite par moi, qu'on pourrait regarder comme « le Zoïle de l'Homère anglais. » Zoïle n'eut pas le plaisir de nourrir la petite-fille d'Homère des outrages qu'il avait prodigués au père de l'épopée biblique. Le parterre anglais devint le tuteur de l'orpheline ; elle eut à son bénéfice une représentation du *Masque*, dont Samuel Johnson, d'ailleurs assez dur dans son jugement sur Milton, fit le prologue.

Déborah fut connue du professeur Ward, et de Richardson, à qui nous devons une vie de Milton. Addison se fit le patron de Déborah, et obtint pour elle, de la reine Caroline, cinquante guinées.

Un fils de Déborah, Caleb Clarke, passa aux Indes dans les premières années du dix-huitième siècle. On a su, par sir James Mackintosh, que ce petit-fils de Milton avait été clerc de paroisse à Madras. Caleb Clarke eut de sa femme Marie trois enfants : Abraham, Marie, morte en 1706, et Isaac. Abraham, arrière-petit-fils de Milton, épousa au mois de septembre 1725, Anna Clarke ; il en eut une fille, Marie Clarke, portée sur les registres de naissance, à Madras, 2 avril 1727. Là disparaît toute trace de la famille de Milton. On ne sait ce que sont devenus Abraham et Isaac, qui ne moururent point à Madras, et dont jusqu'à présent on n'a point fait vérifier le décès sur les registres de Calcutta et de Bombay. S'ils étaient retournés en Angleterre, ils n'auraient point échappé aux admirateurs et biographes de Milton : ils se sont donc perdus dans les vastes régions de l'Inde, au berceau du monde chanté par leur aïeul. Peut-être quelques gouttes inconnues du sang libre de Milton animent aujourd'hui le cœur d'un esclave ; peut-être aussi coulent-elles dans les veines d'un prêtre de Buddha, ou dans celles d'un de ces bergers indiens, qui se retire au frais sous un figuier, et surveille « ses troupeaux à travers les entaillures cou- « pées dans le feuillage le plus épais. »

> Shelters in cool, end tends his pasturing herds
> At loopholes cut thro' thickest shade. . . . . .
> (*Paradise lost.*)

Rien de plus naturel que la curiosité qui nous porte à nous enquérir de la famille des hommes illustres : celle de Buonaparte n'a point péri ; parce qu'il a laissé après lui les reines et les rois qu'il fit avec son épée. J'ai recherché ailleurs ce qu'étaient devenus les descendants de ce Cromwell, dont le nom se trouve inséparablement uni dans la gloire à celui de Milton.

« Il est possible, ai-je dit, qu'un héritier direct d'Olivier Cromwell, par
« Henri, soit maintenant quelque paysan irlandais, inconnu, catholique peut-
« être, vivant de pommes de terre dans les tourbières d'Ulster, attaquant la
« nuit les orangistes, et se débattant contre les lois atroces du Protecteur. Il
« est possible encore que ce descendant inconnu de Cromwell ait été un Fran-
« klin ou un Washington en Amérique [1]. »

PARADIS PERDU. — DE QUELQUES IMPERFECTIONS DE CE POËME.

Le comte de Dorset, cherchant des livres, entra chez le libraire de Milton et mit par hasard la main sur le *Paradis perdu*. Le libraire pria humblement sa seigneurie de le lire et de lui procurer des acheteurs. Le comte l'emporta, le lut, le fit passer à Dryden, qui le lui renvoya avec ces mots : *Cet homme nous efface, nous et les anciens.*

Cependant la renommée du *Paradis perdu* ne marcha qu'avec lenteur : des mœurs frivoles et corrompues, l'aversion qu'on portait à des sectes religieuses dont les excès avaient fait naître l'esprit d'incrédulité, s'opposaient au succès d'un poëme aussi sévère par le sujet, le style et la pensée : ni le duc de Buckingham, ni le comte de Rochester, ni le chevalier Temple, ne s'occupent de Milton. Mais, en 1688, une édition in-folio du *Paradis perdu*, sous le patronage de lord Sommers, fit du bruit : on eût dit que la gloire de l'ennemi des Stuarts, par eux opprimée, avait attendu l'année de leur chute pour éclater. Si Milton eût vécu, comme son frère, jusqu'à l'époque de la révolution de 1688, eût-il trouvé grâce devant le gouvernement nouveau ? J'en doute ; on ne fit que changer de roi. Le vieux régicide Ludlow, accouru de Lausanne, se trouva aussi étranger sous Guillaume III qu'il l'eût été sous Jacques II : homme d'un autre temps, il retourna mourir dans sa solitude.

Peu à peu les éditions du *Paradis perdu* se multiplièrent. Addison lui consacra dix-huit articles du *Spectateur*. Alors il n'y eut plus assez d'autels pour le dieu ; Milton prit, dans le culte public, sa place à côté de Shakespeare.

Quelques voix opposantes se firent entendre pourtant ; aucune grande renommée ne s'élève sans contradicteurs. On prétendit que Milton avait imité Masénius, Ramsay, Vida, Sannazar, Romœus, Fletcher, Staforst, Taubman, Andreini, Quintianus, Malapert, Fox : on aurait pu ajouter à cette liste Saint-Avite, Dubartas et le Tasse : Saint-Avite a de très-belles scènes dans Éden. Il est probable que Milton, à Naples, dans la compagnie de Manso, avait lu les *Sette giornate del mondo creato* du Tasse. Le chantre de la Jérusalem fait sortir Ève du sein d'Adam tandis que *Dieu arrosait d'un sommeil paisible les membres de notre premier père assoupi* :

> Ed irrigò di placida quiete
> Tutte le membra al sonnacchioso..

Le Tasse amollit l'image biblique, et dans ses douces créations la femme n'est plus que le premier songe de l'homme.

Les Quatre Stuarts.

Que fait tout cela à la gloire de Milton ? Ces prétendus originaux ont-ils ouvert leurs ouvrages par le réveil de Satan dans l'enfer ? ont-ils traversé le chaos avec l'ange rebelle, aperçu la création du seuil de l'empyrée, apostrophé le soleil, contemplé le bonheur de l'homme dans sa primitive innocence, deviné les majestueuses amours d'Ève et d'Adam ?

Soit qu'en traduisant Milton, l'habitude d'une société intime m'ait accoutumé à ses défauts ; soit qu'élargissant la critique, je juge le poëte d'après les idées qu'il devait avoir, je ne suis plus blessé des choses qui me choquaient autrefois. La découverte de l'artillerie dans le ciel me semble aujourd'hui découler d'une idée fort naturelle : Milton fait inventer par Satan ce qu'il trouve de pire parmi les hommes. Il revient souvent sur cette invention à propos de la conspiration des poudres ; il a cinq pièces latines, *in Proditionem bombardicam ; in Inventorem bombardæ.*

Les railleries des démons sont une imitation des railleries des héros d'Homère. J'aime à voir l'*Iliade* apparaître au travers du *Paradis perdu.*

Les démons changés en serpents qui sifflent leur chef, lorsqu'il vient se vanter d'avoir (sous la figure d'un serpent) perdu la race humaine, sont les caprices, d'ailleurs étonnamment bien exprimés, d'une imagination surabondante. Dans les critiques que l'on a faites de ce passage, on n'a pas vu, ou on n'a pas voulu voir l'explication que le poëte lui-même donne de la métamorphose : elle est conforme au sujet de l'ouvrage et aux traditions les plus populaires du christianisme. C'est pour la dernière fois que l'on aperçoit Satan : le prince des ténèbres, superbe intelligence au commencement du poëme, avant la séduction d'Adam, devient hideux reptile à la fin du poëme, après la chute de l'homme : au lieu de l'esprit qui brillait encore à l'égal du soleil éclipsé, il ne vous reste plus que l'*ancien serpent*, que le *vieux dragon* de l'abîme.

Il serait moins injuste de reprocher à Milton quelques traits de mauvais goût : « ce dîner (de fruits) qui ne refroidit pas, » par exemple. J'aurais voulu pouvoir supprimer les vers où Adam dit à Ève qu'elle est une *côte tortueuse* que lui, *Adam, avait de trop ;* et malheureusement cette injure se trouvait placée dans un morceau dramatique d'une beauté achevée.

Le poëte abuse un peu de son érudition ; mais après tout, mieux vaut être trop instruit que de ne l'être pas assez : Milton a tiré plus de beautés de son savoir que Shakespeare de son ignorance. N'est-il pas surprenant qu'au milieu de la mauvaise physique de son temps il annonce l'*attraction*, démontrée depuis par Newton ? Keppler, Boullian et Hook, il est vrai, avaient mis sur la voie de la découverte, et Milton aurait pu connaître ce qu'on appelait alors la force *tractoire.* Dans l'antiquité, Aristarque fait du soleil le centre unique de l'univers.

Des nuances et des lumières manquent, de fois à autre, dans les tableaux du poëte ; on devine que le peintre ne voit plus, comme en musique on reconnaît le jeu d'un aveugle à l'indéfini de certaines notes. Les descriptions du *Paradis perdu* ont quelque chose de doux, de velouté, de vaporeux, d'idéal, comme des souvenirs : les *soleils couchants* de Milton, en rapport avec son âge, la nuit de ses paupières et la nuit approchante de sa tombe, ont un caractère de mélancolie qu'on ne retrouve nulle part. Lui demanderez-vous rien de plus, lorsqu'en peignant une nuit dans Éden, il vous dit : « Le rossignol répétait ses « plaintes amoureuses, et le silence était ravi. » Cinq ou six vers, hors de tous les lieux communs, lui suffisent pour offrir le spectacle religieux du matin. « La lumière sacrée commença de poindre dans l'orient parmi les fleurs humides; « elles exhalaient leur encens matinal, alors que tout ce qui respire sur le « grand autel de la terre élève vers le Créateur des louanges silencieuses et « une odeur qui lui est agréable. » On croit lire un verset des psaumes : *Jubilate Deo omnis terra; Benedic anima mea Domino.*

Enfin, si le poëte montre quelquefois de la fatigue, si la lyre échappe à sa main lassée, il repose et je me repose avec lui : je ne voudrais pas que les beaux endroits du *Cid* et des *Horaces* fussent joints ensemble par des harmonies élégantes et travaillées ; les simplicités de Corneille sont un passage à ses grandeurs qui me charme encore.

PLAN DU PARADIS PERDU.

Que dirai-je du *Paradis perdu* qui n'ait déjà été dit? Mille fois on en a cité les traits sublimes, les discours, les combats, la chute des anges, et cet enfer qui *eût fui épouvanté si Dieu n'en avait creusé si profondément l'abîme.* J'insisterai donc principalement sur la composition générale de l'ouvrage, pour faire remarquer l'art avec lequel le tout est conduit.

Satan s'est réveillé au milieu du lac de feu (et quel réveil!). Il rassemble le conseil des légions punies ; il rappelle à ses compagnons de malheur et de désobéissance, un ancien oracle qui annonçait la naissance d'un monde nouveau, la création d'une nouvelle race formée à dessein de remplir le vide laissé par les anges tombés : chose formidable! c'est dans l'enfer que l'on entend prononcer pour la première fois le nom de l'HOMME.

Satan propose d'aller à la recherche de ce monde inconnu, de le détruire ou de le corrompre. Il part, explore l'enfer, rencontre le Péché et la Mort, se fait ouvrir les portes de l'abîme, traverse le chaos, découvre la création, descend au soleil, arrive sur la terre, voit nos premiers parents dans Éden, est touché de leur beauté et de leur innocence, et donne, par ses remords et son attendrissement, une idée ineffable de leur nature et de leur bonheur. Dieu aperçoit Satan du haut du ciel, prédit la faiblesse de l'homme, annonce sa perte totale, à moins que quelqu'un ne se présente pour être sa caution et mourir pour lui : les anges restent muets d'épouvante. Dans le silence du ciel, le FILS seul prend la parole et s'offre en sacrifice. La victime est acceptée, et l'homme est racheté avant même d'être tombé.

Le Tout-Puissant envoie Raphaël prévenir nos premiers pères de l'arrivée et des projets de leur ennemi. Le messager céleste fait à Adam le récit de la révolte des anges, arrivée au moment où le PÈRE annonça du haut de la montagne sainte qu'il avait engendré son FILS, et qu'il lui remettait tout pouvoir. L'orgueil et la jalousie de Satan, excités par cette déclaration, l'entraînent au combat : vaincu avec ses légions, il est précipité dans l'enfer. Milton n'avait aucunes données ; pour trouver le motif de la révolte de Satan, il a fallu qu'il tirât tout de son génie. Ainsi, avec l'art d'un grand maître, il fait connaître ce qui a précédé l'ouverture du poëme. Raphaël raconte encore à Adam l'œuvre des six jours. Adam raconte à son tour à Raphaël sa propre création. L'ange retourne au ciel. Ève se laisse séduire, goûte au fruit, et entraîne Adam dans sa chute.

Au dixième livre, tous les personnages reparaissent ; ils viennent subir leur sort. Au onzième et au douzième livres, Adam voit la suite de sa faute et tout ce qui arrivera jusqu'à l'incarnation du Christ : le Fils doit, en s'immolant, racheter l'homme. Le Fils est un des personnages du poëme : au moyen d'une vision, il reste seul et le dernier sur la scène, afin d'accomplir dans le monologue de la croix l'action définitive : *consummatum est*.

Voilà l'ouvrage en sa simplicité. Les faits et les récits naissent les uns des autres ; on parcourt l'enfer, le chaos, le ciel, la terre, l'éternité, le temps, au milieu des blasphèmes et des cantiques, des supplices et des joies ; on se promène dans ces immensités tout naturellement, sans s'en apercevoir, sans ressentir aucun mouvement, sans se douter des efforts qu'il a fallu pour vous porter si haut sur des ailes d'aigle, pour créer un pareil univers.

Cette observation touchant la dernière apparition du Fils montre, contre l'opinion de certains critiques, que Milton aurait eu tort de retrancher les deux derniers livres. Ces livres, que l'on regarde, je ne sais pourquoi, comme les plus faibles du poëme, sont, selon moi, tout aussi beaux que les autres ; ils ont même un intérêt humain qui manque aux premiers. Du plus grand des poëtes qu'il était, l'auteur devient le plus grand historien, sans cesser d'être poëte. Michel annonce à nos premiers pères qu'il faut sortir du paradis. Ève pleure ; elle se désole de quitter ses fleurs : « O fleurs, dit-elle, qui toutes avez « reçu de moi vos noms. » Trait charmant, qu'on a cru d'un dernier poëte germanique, et qui n'est qu'une de ces beautés dont les ouvrages de Milton fourmillent. Adam se plaint aussi, mais c'est d'abandonner les lieux que Dieu avait daigné honorer de sa présence : « J'aurais pu dire à mes enfants : « Sur « cette montagne il m'apparut ; sous cet arbre il se rendit visible à mes yeux ; « entre ces pins j'entendis sa voix ; au bord de cette fontaine, je m'entretins « avec lui. »

Cette idée de Dieu, dont l'homme est dominé dans le *Paradis perdu*, est d'une sublimité extraordinaire. Ève en naissant à la vie, n'est occupée que de sa beauté et ne voit Dieu qu'à travers l'homme ; Adam, aussitôt qu'il est créé, devinant qu'il n'a pas pu se créer seul, cherche et appelle aussitôt son créateur.

Ève demeure endormie au pied de la montagne : Michel, au sommet de la même montagne, montre à Adam, dans une vision, toute sa race. Alors se déroule la Bible. D'abord vient l'histoire de Caïn et d'Abel : « O maître, s'écrie « Adam à l'ange, en voyant tomber Abel, est-ce là la mort ? est-ce par ce « chemin que je dois retourner à ma poussière natale ? » Remarquons que dans l'Écriture il n'est plus question d'Adam après sa chute ; un grand silence s'étend entre son péché et sa mort ; pendant neuf cent trente années, il semble que le genre humain, sa postérité malheureuse, n'a osé parler de lui ; saint

Paul même ne le nomme pas parmi les saints qui ont vécu de la foi; l'apôtre n'en commence la liste qu'à Abel. Adam passe pour le chef des morts, parce que tous les hommes sont morts en lui; et néanmoins, durant neuf siècles, il vit défiler ses fils vers la tombe dont il était l'inventeur, et qu'il leur avait ouverte.

Après le meurtre d'Abel, l'ange montre à Adam un hôpital et les différentes espèces de morts; tableau plein de vigueur à la manière du Tintoret. « Adam pleure à cette vue, dit le poëte, quoiqu'il ne fût pas né d'une « femme. » Réflexion pathétique inspirée au poëte par ce passage de Job : « L'homme *né de la femme* ne vit que peu de temps, et il est rempli de beau- « coup de misères. »

L'histoire des géants de la montagne, que séduisent les femmes de la plaine, est merveilleusement contée. Le déluge offre une vaste scène. Dans ce XIe livre Milton imite Dante par ses formes d'interpellations du dialogue : MAITRE ! Dante aurait invité Milton, comme un frère, à entrer avec lui dans le groupe des grands poëtes.

Au XIIe livre, ce n'est plus une *vision*, c'est un *récit*. La tour de Babel, la vocation d'Abraham, la venue du Christ, son incarnation, sa résurrection, sont remplies de beautés de tous les genres. Le livre se termine par le bannissement d'Adam et d'Ève, et par les vers si tristes que tout le monde sait par cœur.

Dans ces deux derniers livres, la mélancolie du poëte s'est augmentée; il paraît sentir davantage le poids du malheur et des ans. Il met dans la bouche de Michel ces paroles :

« Tu jouiras de la vie; et, pareil à un fruit parvenu à sa maturité, tu retom-
« beras dans le sein de la terre d'où tu es sorti. Tu seras, non pas durement
« arraché, mais doucement cueilli par la mort, quand tu seras parvenu à cette
« maturité qui s'appelle vieillesse. Mais alors il te faudra survivre à ta jeunesse,
« à ta force, à ta beauté qui se changera en laideur, en faiblesse, en maigreur.
« Tes sens émoussés auront perdu ces goûts et ces douceurs qui les flattent
« maintenant, et au lieu de cet air de jeunesse, de gaieté, de vivacité qui t'a-
« nime, règnera dans ton sang desséché une froide et stérile mélancolie, qui
« appesantira tes esprits et consumera enfin le baume de ta vie. »

Un commentateur, à propos du génie de Milton, dans ces derniers livres du *Paradis perdu*, dit : « C'est le même océan, mais dans le temps du reflux; le « même soleil, mais au moment où il finit sa carrière. »

Soit. La mer me paraît plus belle lorsqu'elle me permet d'errer sur ses grèves abandonnées, et qu'elle se retire à l'horizon avec le soleil couchant.

CARACTÈRE DES PERSONNAGES DU PARADIS PERDU. — ADAM ET ÈVE.

Milton a placé dans le premier homme et la première femme le type original de leurs fils et de leurs filles sur la terre.

« Dans leurs regards divins brillait l'image de leur glorieux auteur, avec la
« vérité, la sagesse, la sainteté sévère et pure; sévère, mais placée dans cette
« véritable liberté filiale d'où vient la véritable autorité dans les hommes. Ils

« ne sont pas égaux, comme leur sexe n'est pas semblable : lui, formé pour
« la contemplation et le courage; elle, pour la mollesse et la douce grâce sé-
« duisante; lui, pour Dieu seulement; elle, pour Dieu en lui. Le beau large
« front de l'homme et son œil sublime déclaraient sa suprême puissance; ses
« cheveux d'hyacinthe, partagés autour de son front, pendent en grappe d'une
« manière mâle, mais non au-dessous de ses larges épaules. La femme porte
« comme un voile sa chevelure d'or qui descend éparse et sans ornement jus-
« qu'à sa ceinture déliée : ses tresses roulent en capricieux anneaux, comme
« la vigne replie ses attaches; ce qui implique la dépendance, mais une dé-
« pendance demandée avec un doux empire; par la femme accordée, par
« l'homme mieux reçue; accordée avec une soumission modeste, un décent
« orgueil, une tendre résistance; amoureux délai !..

« Ainsi ils passaient nus ; ils n'évitaient ni la vue de Dieu, ni celle de l'ange,
« car ils ne songeaient point au mal ; ainsi en se tenant par la main, passait
« le plus charmant couple qui s'unit jamais depuis dans les embrassements de
« l'amour, Adam le plus beau des hommes qui furent ses fils, Ève la plus belle
« des femmes qui naquirent ses filles. » (*Paradis perdu*, liv. iv.)

Adam, simple et sublime, instruit du ciel, et tirant son expérience de Dieu, n'a qu'une faiblesse, et l'on voit que cette faiblesse le perdra : après avoir raconté sa propre création à Raphaël, ses conversations avec Dieu sur la solitude, il peint ses transports à la première vue de sa compagne.

« Il me sembla voir, quoique endormi, le lieu où j'étais et la figure glorieuse
« devant laquelle je m'étais tenu éveillé. En se baissant elle m'ouvrit le côté
« gauche, y prit une côte chaude des esprits du cœur, et ruisselant du sang
« nouveau de la vie. Large était la blessure, mais soudain remplie de chair et
« guérie. Il pétrit et modela cette côte avec ses mains : sous ses mains se forma
« une créature semblable à l'homme, mais d'un sexe différent. Elle était si
« agréablement belle, que tout ce qui avait paru beau dans le monde ne parut
« plus rien maintenant, ou sembla confondu en elle, réuni en elle et dans ses
« regards qui depuis ce temps ont répandu dans mon cœur une douceur non
« auparavant éprouvée. Sa présence inspira à toutes choses l'esprit d'amour
« et les amoureuses délices. Cette créature disparut et me laissa sombre : je
« m'éveillai pour la trouver ou pour déplorer à jamais sa perte, et abjurer tous
« les autres plaisirs. Lorsque j'étais hors de tout espoir, la voici non loin, telle
« que je la vis dans mon songe, ornée de tout ce que le ciel et la terre pou-
« vaient prodiguer pour la rendre aimable. Elle s'avança conduite par son di-
« vin Créateur (quoique invisible). Elle n'était pas ignorante de la nuptiale
« sainteté et des rites du mariage; la grâce était dans tous ses pas, le ciel, dans
« ses yeux; dans chacun de ses mouvements, la dignité et l'amour. Moi, trans-
« porté de joie, je ne pus m'empêcher de m'écrier à voix haute :

« Tu as rempli ta promesse, Créateur bon et doux, donateur de toutes choses
« belles ! mais celui-ci est le plus beau de tes présents, et tu n'y as rien épar-
« gné ! Je vois maintenant l'os de mes os, la chair de ma chair, moi-même de-
« vant moi.

« Elle m'entendit, et quoiqu'elle fût divinement amenée, son innocence, sa

« modestie virginale, sa vertu, la conscience de son prix... pour tout dire enfin,
« la nature elle-même, toute pure qu'elle était de pensée pécheresse, produisit
« dans Ève un tel effet, qu'en me voyant elle se détourna. Je la suivis; elle
« connut ce que c'était que l'honneur, et avec une soumission majestueuse, il
« lui plut d'agréer mes raisons. Je la conduisis au berceau nuptial, rougissant
« comme le matin. Tous les cieux et les étoiles fortunées versèrent sur cette
« heure leur influence choisie. La terre et chaque colline donnèrent un signe
« de congratulation; les oiseaux furent joyeux; les fraîches brises, les vents
« légers murmurèrent dans les bois, en se jouant, leurs ailes nous jetèrent des
« roses, nous jetèrent les parfums du buisson embaumé, jusqu'à ce que l'a-
« moureux oiseau de la nuit chanta les noces et ordonna à l'étoile du soir de
« se hâter sur le sommet de sa colline, pour allumer la lampe nuptiale.

« Ainsi je t'ai raconté ma condition, et j'ai amené mon histoire jusqu'au
« comble de la félicité terrestre dont je jouis. Je dois avouer que dans toutes
« les autres choses je trouve à la vérité du bonheur, mais soit que j'en use ou
« non, il ne produit dans mon esprit ni changement, ni véhéments désirs...
« . . . . Mais ici tout autrement : transporté je vois, transporté je
« touche ! Ici pour la première fois j'ai senti la passion, commotion étrange !
« Supérieur et calme dans toute autre joie, ici faible contre le charme d'un re-
« gard puissant de la beauté. Ou la nature a failli en moi et m'a laissé quelque
« partie non à l'épreuve d'un pareil objet; ou, soustraite de mon côté, on m'a
« peut-être pris trop de vie, du moins on a prodigué à la femme trop d'orne-
« ments. . . . . . . Quand j'approche de ses charmes, elle me paraît si ab-
« solue et si accomplie en elle-même, si instruite de ses droits, que tout ce
« qu'elle veut faire ou dire me semble le plus sage, le plus vertueux, le plus
« discret, le meilleur. Tout savoir plus élevé tombe abaissé en sa présence; la
« sagesse discourant avec elle se perd déconcertée et paraît folie. L'autorité et
« la raison la suivent comme si elle avait été créée la première. Enfin, pour
« tout achever, la grandeur d'âme et la noblesse ont établi en elle leur demeure
« la plus charmante, et créé autour d'elle un respect mêlé de frayeur comme
« une garde angélique. »

Qui a jamais dit ces choses-là? quel poëte a jamais parlé ce langage? Combien nous sommes misérables dans nos compositions modernes auprès de ces fortes et magnifiques conceptions! Milton a soin d'écarter Ève quand Adam raconte à Raphaël sa faiblesse; mais Ève curieuse, cachée sous la feuillée, entend ce qui doit servir à la perdre.

Ève a une séduction inexprimable; elle respire à la fois l'innocence et la volupté; mais elle est légère, présomptueuse, vaine de sa beauté; elle s'obstine à aller seule à ses ouvrages du matin, malgré les supplications d'Adam; elle est offensée des craintes qu'il lui témoigne; elle se croit capable de résister au prince des ténèbres.

Le faible Adam lui cède; il la suit tristement des yeux à mesure qu'elle s'éloigne parmi les bocages. Ève n'est pas plutôt arrivée auprès de l'arbre de science, qu'elle est séduite en dépit des avertissements d'Adam, et du ciel, en dépit des images d'un rêve qui l'avait pourtant effrayée, et dans lequel l'esprit de mensonge lui avait dit ce que lui répète le serpent : quelques louanges de sa beauté l'enivrent ; elle tombe.

La stupeur d'Adam, la résolution qu'il prend de goûter lui-même au fruit fatal pour mourir avec Ève, le désespoir des époux, les reproches, le pardon, le raccommodement, la proposition qu'Ève fait à son tour de se donner la mort ou de se priver de postérité ; tout cela est du plus haut pathétique. Au surplus Ève rappelle les femmes de Shakespeare ; elle a quelque chose d'extrêmement jeune, une naïveté qui touche à l'enfance : c'est l'excuse d'une séduction accomplie avec tant de facilité.

Le style de ces scènes n'a jamais appartenu qu'à Milton. On sait par quels vers délicieux Ève rend compte de son premier réveil, en sortant des mains du Créateur.

Dans ce même quatrième livre Ève dit à notre premier père :

« Doux est le souffle du matin, son lever doux avec le charme des oiseaux
« matineux ; agréable est le soleil quand d'abord, dans ce délicieux jardin, il
« déploie ses rayons de l'orient sur l'herbe, les arbres, les fruits et les fleurs
« brillants de rosée ; parfumée est la terre fertile après de molles pluies ; char-
« mant est le venir d'un soir paisible et gracieux ; charmante la nuit silencieuse
« avec son oiseau solennel, et cette lune si belle, et ces perles du ciel, sa cour
« étoilée : mais ni le souffle du matin, quand il monte avec le charme des oiseaux
« matineux ; ni le soleil levant sur ce délicieux jardin ; ni l'herbe, ni le fruit,
« ni la fleur brillante de rosée ; ni le parfum après de molles pluies, ni le soir
« paisible et gracieux, ni la nuit silencieuse avec son oiseau solennel, ni la
« promenade à la clarté de la lune ou à la tremblante lumière de l'étoile,
« n'ont de douceur sans toi. »

A l'entrée du berceau nuptial et près d'y entrer, Adam s'arrête et cache le bonheur qu'il va goûter dans ce chaste et religieux souhait.

« Créateur, ton fortuné paradis est trop vaste pour nous ; ton abondance
« manque de mains qui la partagent ; elle tombe sur le sol sans être mois-
« sonnée. Mais tu nous as promis à tous deux une race pour remplir la terre,
« une race qui glorifiera avec nous ta bonté infinie, et quand nous nous éveil-
« lons, et quand nous cherchons, comme à cette heure, le sommeil, ton présent. »

Adam s'éveille avant Ève sous le berceau :

« Il se soulève, appuyé sur le coude, et suspendu sur sa bien-aimée ; il con-
« temple avec le regard d'un cordial amour la beauté qui, éveillée ou endor-
« mie, brille de toutes les sortes de grâces. Alors avec une voix douce, comme
« quand Zéphire souffle sur Flore, touchant doucement la main d'Ève, il
« murmure ces mots :

« Éveille-toi, ma beauté, mon épouse, mon dernier bien trouvé, le meilleur
« et le dernier présent du ciel ! Mes délices toujours nouvelles, éveille-toi ! Le
« matin brille, la fraîche campagne nous appelle ; nous perdons les prémices
« du jour ! »

Lorsque Raphaël aperçoit Ève, il lui adresse les paroles de la salutation angélique :

« Je te salue, mère des hommes, dont les entrailles fécondes rempliront le

« monde de fils plus nombreux que ne seront jamais les fruits variés dont les
« arbres de Dieu ont chargé cette table. »

«Ainsi tout se sanctifie par les souvenirs de la religion dans les hymnes du poëte. Ces suaves peintures de la béatitude sont d'autant plus dramatiques que Satan en est le témoin : il apprend de la bouche même des époux heureux leur secret et le moyen de les perdre. La félicité d'Adam et d'Ève est redoutable ; chaque instant de leur bonheur fait frémir, puisqu'il doit être suivi de la perte de la race humaine.

« Ah ! couple charmant, dit le prince de l'enfer, vous ne vous doutez guère
« combien votre changement approche ! toutes vos délices vont s'évanouir et vous
« livrer au malheur ; malheur d'autant plus grand que vous goûtez mainte-
« nant plus de joie ! Couple heureux, mais trop mal gardé pour continuer d'être
« toujours si heureux ! . . . . Non que je sois votre ennemi
« décidé ; je pourrais avoir pitié de vous, abandonnés comme vous l'êtes, bien
« qu'on soit sans pitié pour moi ! »

Si l'art du poëte se montre quelque part, c'est dans la peinture des amours de nos premiers parents après le péché. Le poëte emploie les mêmes couleurs ; mais l'effet n'en est plus le même : Ève n'est plus une épouse, c'est une maîtresse ; la vierge mariée des berceaux d'Éden est entrée dans les bosquets de Paphos ; la volupté a remplacé l'amour ; les blandices ont tenu lieu des chastes caresses. Comment le poëte a-t-il opéré cette métamorphose ? Il n'a banni qu'un seul mot de ses descriptions : Innocence. Les deux époux sortent accablés de fatigue, du sommeil que leur a procuré l'enivrement du fruit défendu ; on voit qu'ils viennent d'engendrer Caïn. Ils découvrent avec honte sur leur visage les pâles traces du plaisir : ils s'aperçoivent qu'ils sont nus, et ils ont recours au figuier.

L'homme tombé, le globe est dérangé sur son axe ; les saisons s'altèrent, et la mort fait son premier pas dans l'univers.

L'ÉTERNEL ET LE FILS.

Le caractère du Père tout-puissant est obscurément tracé. Il faut admirer la retenue de l'auteur ; il a craint de prêter une parole mortelle à l'Être impérissable ; il ne met dans la bouche de Jéhovah que des discours consacrés par le texte des livres saints et par les commentaires de l'élite des esprits chrétiens dans la suite des âges : tout roule sur les questions les plus abstraites de la grâce, du libre arbitre, de la prescience. L'Éternel s'agrandit au fond des ténèbres théologiques et philosophiques où la main du respect et du mystère le tient caché. Nous verrons que Milton, dans l'embarras de ses systèmes, ne s'était pas fait une idée bien distincte de la Divinité unique.

Mais le caractère du Fils est une œuvre dont on n'a pas assez remarqué la perfection. Dans le Christ il y a de l'homme ; l'homme peut donc mieux comprendre le Christ ; et comme aussi dans le Christ il y a de la nature divine, c'est à travers l'homme que Milton s'est élevé à la connaissance réelle de l'Homme-Dieu.

La tendresse du Fils est ineffable et ne se dément jamais. Dès le troisième livre il s'offre en victime expiatoire, même avant que l'homme soit tombé; il dit au Père : « Me voici : moi pour lui, vie pour vie, je me présente. Que ta colère « tombe sur moi; prends-moi pour l'homme. Afin de le sauver je quitterai ton « sein; j'abandonnerai librement la gloire dont je jouis auprès de toi; pour lui « je mourrai satisfait : que la mort exerce sur moi sa fureur ! »

« Ses paroles cessèrent; mais dans son aspect miséricordieux le silence parle « encore; il respire un immortel amour pour les hommes mortels. »

Au deuxième livre le Père envoie le Fils juger le couple criminel : « Je vais « donc, dit le Fils, vers ceux qui t'ont offensé; mais tu sais que, quel que soit « le jugement, c'est sur moi que retombera la plus grande peine. Je m'y suis « engagé en ta présence; je ne m'en repens point, puisque j'espère obtenir de « mon innocence l'adoucissement du châtiment quand il sera exercé sur moi.»

Le Fils refuse tout cortége : à la sentence qu'il va prononcer ne doivent assister que les deux coupables. Il descend dans le jardin comme *un vent doux du soir;* sa voix, loin d'être effrayante, est portée par la brise aux oreilles d'Ève et d'Adam. L'homme et la femme se cachent; il les appelle : « Adam, où es-« tu? » Adam hésite; puis il s'avance avec peine suivi d'Ève, il répond enfin : « Je me suis caché parce que j'étais nu. »

Le Fils ne lui fait aucun reproche; il réplique avec douceur : « Tu as sou-« vent entendu ma voix; au lieu de te causer de la crainte, elle te remplissait « de joie : pourquoi est-elle devenue pour toi si terrible? Tu dis que tu es nu : « qui te l'a appris? »

« Ainsi jugea l'homme, dit le poëte, celui qui était à la fois son juge et son « sauveur!... Ensuite voyant ces deux criminels debout et nus, au milieu d'un « air qui allait souffrir de grandes altérations, il en eut compassion; il ne dé-« daigna pas de prendre dès ce moment la forme de serviteur, qu'il prit lors-« qu'il lava les pieds de ses serviteurs. Avec l'attention d'un père de famille, « il couvrit leur nudité de peaux de bêtes. . . . . « Il eut aussi pitié de leur nudité la plus ignominieuse; il couvrit leur nudité « intérieure de sa robe de justice, l'étendant entre eux et les regards de son « père, vers lequel il retourna aussitôt. »

L'expression manque pour louer des choses si divines.

A la fin de ce même livre x, Ève et Adam, réconciliés et pénitents, vont prier Dieu à la même place où ils ont été jugés. Leurs prières volent au ciel; le grand intercesseur les présente au Père, embaumées de l'encens qui fume sur l'autel d'or : « Considérez, ô mon père, quels sont les premiers fruits qu'a « fait germer sur la terre cette grâce que vous avez fait entrer dans le cœur « humain : ce sont des soupirs et des prières, je vous les présente, moi qui suis « votre prêtre. . . . . L'homme ignore en quels termes il doit par-« ler pour lui-même; permettez que je sois son interprète, son avocat, sa vic-« time de propitiation. Gravez en moi toutes ses actions bonnes ou mauvaises : « je perfectionnerai les premières; j'expierai les autres par ma mort. »

Ici la beauté de la poésie égale la beauté du sentiment.

Enfin dans le douzième livre, Milton, quittant les hauteurs de la Bible, descend

à la mansuétude évangélique pour peindre le mystère de la rédemption. «C'est
« afin de porter ton châtiment, dit Michel à Adam, qu'il se fera chair, qu'il
« s'exposera à souffrir une vie méprisée et une mort honteuse. . . . .
« Sur la terre il se voit trahi, blasphémé, arrêté avec violence, jugé, condamné
« à la mort; mort d'ignominie et de malédiction. Il est élevé sur une croix
« par son propre peuple, mais il meurt pour donner la vie et il cloue à sa croix
« ses ennemis. »

Milton attendrit son génie aux rayons du christianisme : comme il a peint ce qui a précédé le temps, il vous laisse dans ce temps où il vous a introduit à la chute de l'homme. Pour lui, il passe à travers ce monde intermédiaire qu'il dédaigne ; il se hâte d'annoncer la destruction du temps auquel il donne des ailes d'*heures*, de proclamer le renouvellement des choses, la réunion de la fin et du commencement dans le sein de Dieu.

ANGES.

Parmi les anges il y a une grande variété de caractères : Uriel, Raphaël, Michel, ont des traits qui les distinguent les uns des autres. Raphaël est l'ange ami de l'homme. La peinture que le poëte en fait est pleine de pudeur et de grâce.

Envoyé par Dieu vers nos premiers pères, en arrivant dans Éden il secoue ses six ailes qui répandent au loin une odeur d'ambroisie. Adam appelle Ève :
« Ève, approche-toi vite! Regarde entre ces arbres du côté de l'orient : vois-tu
« cette forme éclatante qui s'avance vers nous? on dirait d'une nouvelle aurore
« qui se lève. » Raphaël aborde Adam, comme dans l'antiquité biblique des anges demandent l'hospitalité aux patriarches, ou comme dans l'antiquité païenne les dieux viennent s'asseoir à la table de Philémon et de Baucis. Raphaël salue notre première mère des mêmes paroles dont Gabriel salua Marie, seconde Ève. Il raconte ensuite, comme je l'ai dit, ce qui s'est passé dans le ciel, la chute des esprits rebelles et la création du monde ; il contente la curiosité du père des hommes, et rougit, comme rougit un ange, quand Adam ose lui faire des questions sur les amours des esprits. Lorsqu'il retourne au ciel, Adam lui dit : « Partez, hôte divin, soyez toujours le protecteur et l'ami de
« l'homme, et revenez souvent nous visiter. »

Michel, chef des milices du ciel, est envoyé à son tour, mais pour bannir du Paradis les deux coupables. Il a pris la forme humaine et l'habillement d'un guerrier ; son visage, quand la visière de son casque était levée, montre l'âge où la virilité commence et finit la jeunesse. Son épée pend comme un éclatant zodiaque à son côté, et dans sa main il porte négligemment une lance. Adam l'aperçoit de loin : « Il n'a point l'air terrible, dit-il à Ève : je ne dois pas être
« effrayé ; mais il n'a pas non plus l'air doux et sociable de Raphaël. » Le poëte connaît familièrement tous ces anges, et vous fait vivre avec eux. L'ange fidèle dans l'armée de Satan est énergique ; je citerai bientôt un de ses discours. Il n'y a pas jusqu'au chérubin de ronde qui surprend Satan à l'oreille d'Ève, dont le trait ne soit correctement dessiné. Satan insulte ce chérubin : « Ne pas me
« connaître prouve que toi-même es inconnu, et le dernier de ta bande. » Zé-

phond lui répond : « Esprit révolté, ne t'imagine pas que ta figure soit la
« même, et qu'on puisse te reconnaître ; tu n'as plus cet éclat qui t'environ-
« nait lorsque tu restais pur dans le ciel. Ta gloire t'a quitté avec ton inno-
« cence ; le moindre d'entre nous peut tout contre toi ; ton crime fait ta faiblesse. »

Quand Satan lui-même se transforme en esprit de lumière, le poëte répand sur lui toutes les harmonies de son art : « Sous une couronne, les cheveux de
« l'archange flottent en boucles, et ombragent ses deux joues ; il porte des ailes
« dont les plumes de diverses couleurs sont semées d'or ; son habit court est
« fait pour une marche rapide, et il appuie ses pas pleins de décence sur une
« baguette d'argent. »

Tous ces esprits, d'une variété et d'une beauté infinies, ont l'air d'être peints, selon leurs caractères, par Michel-Ange et par Raphaël, ou plutôt on voit que Milton les a vêtus et représentés d'après les tableaux de ces grands maîtres ; il les a transportés de la toile dans sa poésie, en leur donnant, avec le secours de la lyre, la parole que le pinceau avait laissée muette sur leurs lèvres.

LES DÉMONS ET LES PERSONNAGES ALLÉGORIQUES.

Il est inutile de rappeler ce que chacun sait des esprits de ténèbres tels que Milton les a produits : il est reconnu que Satan est une incomparable création.

Louis Racine fait cette remarque, en parlant des quatre monologues de Satan : « A quelle occasion l'esprit de fureur, le roi du mal, fait-il quelques
« réflexions qu'on peut appeler sages? 1° en contemplant la beauté du soleil ;
« 2° en contemplant la beauté de la terre ; 3° en contemplant la beauté des
« deux créatures, qui, dans une conversation tranquille s'assurent mutuelle-
« ment de leur amour ; 4° en contemplant une de ces créatures, qui, seule
« dans un bosquet, cultivant des fleurs, est l'image de l'innocence et de la
« tranquillité. Tout ce qui est beau, tout ce qui est bon, excite d'abord son ad-
« miration ; cette admiration produit des remords, par le souvenir de ce qu'il
« a perdu, et le fruit de ces remords est de s'endurcir toujours. Le roi du mal
« devient par degrés digne roi de son nouvel empire. Ève cueillant des
« fleurs lui paraît heureuse. Sa tranquillité est le plaisir de l'innocence ; il va
« détruire ce qu'il admire, parce qu'il est le destructeur de tout plaisir. Dans
« ces quatre monologues, le poëte conserve à Satan le même caractère et ne se
« copie point. Satan n'est pas le héros de son poëme, mais le chef-d'œuvre de
« sa poésie. »

Milton a presque donné un mouvement d'amour à Satan pour Ève ; l'Archange est jaloux à la vue des caresses que se prodiguent les deux époux. Ève séduisant un moment le rival de Dieu, le chef de l'enfer, le roi de la haine, laisse dans l'imagination une idée incompréhensible de la beauté de la première femme.

Les personnages allégoriques du *Paradis perdu* sont le Chaos, la Mort et le Péché. Tel est le feu du poëte, que de la Mort et du Péché il a fait deux êtres réels et formidables. Rien n'est plus étonnant que l'instinct du Péché, lorsque du seuil de l'enfer, entre les flammes du Tartare et l'océan du Chaos, ce fan-

tôme devine que son père et son amant ont fait la conquête d'un monde. La Mort elle-même avertie, dit au Péché, sa mère : « Quelle odeur je sens de car-
« nage, proie innombrable ! je goûte la saveur de la mort de toutes les choses
« qui vivent... La Forme pâle, renversant en haut ses larges narines dans l'air
« empesté, huma sa curée lointaine. »

Le Péché (j'en ai fait l'observation dans le *Génie du Christianisme*) est du genre féminin en anglais, et la Mort du genre masculin. Racine a voulu sauver en français cette difficulté des genres, en donnant à la Mort et au Péché des noms grecs; il appelle le Péché *Atè*, et la Mort *Adès* : je n'ai pas cru devoir me soumettre à ce scrupule; contre Louis Racine, j'ai l'autorité de Jean Racine :

La mort est *le seul dieu* que j'osais implorer.

Il m'a semblé que les lecteurs, accoutumés d'avance à cette fiction, se prêteraient au changement de genres; qu'ils feraient facilement la Mort du genre masculin et le Péché du genre féminin, en dépit de leurs articles.

Voltaire critiquait un jour, à Londres, cette célèbre allégorie : Young, qui l'écoutait, improvisa ce distique :

You are so wity, so profligate and thin,
At once we think you Milton, death, and sin.

« Vous êtes si spirituel, si silencieux et si maigre, que nous vous croyons à
« la fois Milton, la Mort et le Péché. »

Il ne me reste plus qu'à parler d'un autre personnage du *Paradis perdu*, je veux dire de Milton lui-même.

MILTON DANS LE PARADIS PERDU.

Le républicain se retrouve à chaque vers du *Paradis perdu;* les discours de Satan respirent la haine de l'indépendance. Mais Milton, qui, enthousiaste de la liberté, avait néanmoins servi Cromwell, fait connaître l'espèce de république qu'il comprenait : ce n'est pas une république d'égalité, une république plébéienne; il veut une république aristocratique et dans laquelle il admet des rangs. « Si nous ne sommes pas tous égaux, dit Satan, nous sommes tous éga-
« lement libres : *rangs et degrés ne jurent pas avec la liberté, mais s'accordent*
« *avec elle*. Qui donc, en droit ou en raison, peut prétendre au pouvoir sur
« ceux qui sont par droit ses égaux, sinon en pouvoir et en éclat, du moins en
« liberté? Qui peut promulguer des lois et des édits parmi nous, nous qui, même
« sans lois, n'errons jamais? Qui peut nous forcer à recevoir celui-ci pour
« maître, à l'adorer au détriment de ces *titres impériaux qui prouvent que*
« *nous sommes faits pour gouverner, non pour obéir ?* » (Paradis perdu, l. v.)

S'il pouvait rester quelques doutes à cet égard, Milton, dans son *Moyen facile d'établir une société libre*, s'explique de manière à éclaircir ces doutes : il y déclare que la république doit être gouvernée par un *grand conseil perpétuel;* il ne veut pas du *remède populaire* propre à combattre l'ambition de ce conseil permanent, car le peuple se précipiterait dans une démocratie licencieuse et sans frein, *a licentious and undridled democraty*. Milton, ce fier républicain, était noble ; il avait des armoiries : il portait un aigle d'argent éployé de sable à deux têtes de gueules, jambes et bec de sable ; un aigle était, du moins pour le poëte, des armes parlantes. Les Américains ont des écussons plus féodaux que ceux des chevaliers du quatorzième siècle ; fantaisies qui ne font de mal à personne.

Les discours, qui forment plus de la moitié du *Paradis perdu*, ont pris un nouvel intérêt depuis que nous avons des tribunes. Le poëte a transporté dans son ouvrage les formes politiques du gouvernement de sa patrie : Satan convoque un véritable parlement dans l'enfer ; il le divise en deux chambres ; il y a une chambre des pairs au Tartare. L'éloquence forme une des qualités essentielles du talent de l'auteur : les discours prononcés par ses personnages sont souvent des modèles d'adresse ou d'énergie. Abdiel, en se séparant des anges rebelles, adresse ces paroles à Satan :

« Abandonné de Dieu, esprit maudit, dépouillé de tout bien, je vois ta chute
« certaine ; ta bande malheureuse, enveloppée dans cette perfidie, est atteinte
« de la contagion de ton crime et de ton châtiment. Ne t'agite plus pour savoir
« comment tu secoueras le joug du Messie de Dieu : ses indulgentes lois ne
« peuvent plus être invoquées ; d'autres décrets sont déjà lancés contre toi sans
« appel. Ce sceptre d'or que tu repousses est maintenant changé en une verge
« de fer pour meurtrir et briser ta désobéissance. Tu m'as bien conseillé : je
« fuis, non toutefois par ton conseil et devant tes menaces ; je fuis ces tentes
« criminelles et réprouvées, dans la crainte que l'imminente colère, venant à
« éclater dans une flamme soudaine, ne fasse aucune distinction. Attends-toi à
« sentir bientôt sur ta tête la foudre, feu qui dévore ! Alors, gémissant, tu ap-
« prendras à connaître celui qui t'a créé, par celui qui peut t'anéantir. »

Il reste dans le poëme quelque chose d'inexplicable au premier aperçu : la république infernale veut détruire la monarchie céleste, et cependant Milton, dont l'inclination est toute républicaine, donne toujours la raison et la victoire à l'Éternel ? C'est qu'ici le poëte était dominé par ses idées religieuses ; il voulait, comme les indépendants, une république théocratique ; la liberté hiérarchique sous l'unique puissance du ciel ; il avait admis Cromwell comme lieutenant général de Dieu, protecteur de la république.

> Cromwel, our chief of men, who through a cloud
> Not of war only, but detractions rude,
> Guided by faith and matchless fortitude,
> To peace and truth thy glorious way hast plough'd,
> And on the neck of crowned fortune proud
> Hast rear'd God's trophies, and his work pursued,
> While Darwen stream with blood of Scots imbrued,
> And Dunbar field resounds thy praises loud,
> And Worcester's laureat wreath ! Yet much remains
> To conquer still ; peace hath her victories
> No less renown'd than war : new foes arise
> Threatning to bind our souls with secular chains :
> Help us to save free conscience from the paw
> Of hireling wolves, whose Gospel is their maw.

« Cromwell, chef des hommes, qui, à travers le nuage non-seulement de la
« guerre, mais encore d'une destruction brutale, guidé par la foi et une gran-

« deur d'âme incomparable, as labouré ton glorieux chemin vers la paix et la
« vérité ! Toi qui sur le cou de l'orgueilleuse fortune couronnée as planté les
« trophées de Dieu et continué son ouvrage, tandis que le cours du Darwen se
« teignait du sang des Écossais, que le champ de Dunbar retentissait de tes
« louanges, et des lauriers tressés à Worcester ! il te reste encore beaucoup à
« conquérir ! la paix a ses victoires non moins renommées que celles de la
« guerre. De nouveaux ennemis s'élèvent, menaçant de lier nos âmes avec des
« chaînes séculaires : aide-nous à sauver notre libre conscience des ongles des
« loups mercenaires, dont l'Évangile est leur ventre. »

Dans la pensée de Milton, Satan et ses anges pouvaient être les orgueilleux presbytériens qui refusaient de se soumettre aux *saints*, à la faction desquels Milton appartenait, et dont il reconnaissait l'inspiré Cromwell comme le chef en Dieu.

On sent dans Milton un homme tourmenté : encore ému des spectacles et des passions révolutionnaires, il est resté debout après la chute de la révolution réfugiée en lui, et palpitante dans son sein. Mais le sérieux de cette révolution le domine; la gravité religieuse fait le contre-poids de ses agitations politiques. Et néanmoins, dans l'étonnement de ses illusions détruites, de ses rêves de liberté évanouis, il ne sait plus où se prendre; il reste dans la confusion, même à l'égard de la vérité religieuse.

Il résulte d'une lecture attentive du *Paradis perdu*, que Milton flottait entre mille systèmes. Dès le début de son poëme il se déclare socinien, par l'expression fameuse *un plus grand homme*. Il ne parle point du Saint-Esprit; il ne parle jamais de la Trinité; il ne dit jamais que le Fils est égal au Père. Le Fils n'est point engendré de toute éternité; le poëte place même sa création après celle des anges. Milton est arien, s'il est quelque chose; il n'admet point la *création* proprement dite; il suppose une matière préexistante, coéternelle avec l'Esprit. La création particulière de l'univers n'est à ses yeux qu'un petit coin du chaos arrangé, et toujours prêt à retomber dans le désordre. Toutes les théories philosophiques connues du poëte ont pris plus ou moins de place dans ses croyances : tantôt c'est Platon avec les exemplaires des Idées, ou Pythagore avec l'harmonie des Sphères; tantôt c'est Épicure ou Lucrèce avec son matérialisme, comme quand il montre les animaux à moitié formés sortant de la terre. Il est fataliste lorsqu'il fait dire à l'ange rebelle que lui, *Satan*, naquit de *lui-même* dans le ciel, le *cercle fatal amenant l'heure de sa création.* Milton est encore panthéiste ou spinosiste, mais son panthéisme est d'une nature singulière.

Le poëte paraît d'abord supposer le panthéisme connu, mêlé de matière et d'esprit : mais si l'homme n'eût point péché, Adam, se dégageant peu à peu de la matière, serait devenu de la nature des anges. Adam pèche : pour racheter la partie spirituelle de l'homme, le Fils de Dieu, tout esprit, se matérialise; il descend sur la terre, meurt et remonte au ciel, après avoir passé à travers la matière. Le Christ devient ainsi le véhicule au moyen duquel la matière, mise en contact avec l'intelligence, se spiritualise. Enfin les temps étant accomplis, la matière, ou le monde matériel, cesse et va se perdre dans l'autre principe. « Le Fils, dit Milton, s'absorbera dans le sein du Père avec le reste des créa-

« tures : Dieu sera tout dans tout ; c'est le panthéisme spirituel succédant au
« panthéisme des deux principes.

Ainsi notre âme s'engloutira dans la source de la spiritualité. Qu'est-ce que cette mer de l'intelligence, dont une faible goutte renfermée dans la matière était assez puissante pour comprendre le mouvement des sphères, et s'enquérir de la nature de Dieu ? Qu'est-ce que l'infini ? Quoi ! toujours des mondes après des mondes ! L'imagination éprouve des vertiges en essayant de se plonger dans ces abîmes, et Milton y fait naufrage. Cependant au milieu de cette confusion de principes, le poëte reste biblique et chrétien : il redit la chute et la rédemption. Puritain d'abord, ensuite indépendant, anabaptiste, il devient *saint*, quiétiste et enthousiaste : ce n'est plus qu'une voix qui chante l'Éternel. Milton n'allait plus au temple, ne donnait plus aucun signe extérieur de religion : dans le *Paradis perdu*, il déclare que la prière est le seul culte agréable à Dieu.

Ce poëme, qui s'ouvre aux enfers et finit au ciel, en passant sur la terre, n'a dans le vaste désert de la création nouvelle que deux personnages humains : les autres sont les habitants surnaturels de l'abîme des félicités sans fin, ou du gouffre des misères éternelles. Eh bien ! le poëte a osé entrer dans cette solitude ; il s'y présente comme un fils d'Adam, député de la race humaine perdue par la désobéissance ; il y paraît comme l'hiérophante, comme le prophète chargé d'apprendre l'histoire de la chute de l'homme et de la chanter sur la harpe consacrée aux pénitences de David. Il est si rempli de génie, de sainteté et de grandeur, que sa noble tête n'est point déplacée auprès de celle de notre premier père, en présence de Dieu et des anges. En sortant de l'abîme des ténèbres, il salue cette lumière sacrée interdite à ses yeux.

« Salut, lumière sacrée, fille du ciel, née la première, ou de l'Éternel coé-
« ternel rayon ! Puis-je te nommer ainsi sans blâme ? Puisque Dieu est lu-
« mière, et que de toute éternité il n'habite jamais que dans une lumière
« impénétrable, il habite donc en toi, brillante effusion d'une brillante essence
« incréée ! Ou si tu préfères t'entendre appeler ruisseau de pur éther, qui dira
« ta source ? Avant le soleil, avant les cieux, tu étais : à la voix Dieu, tu
« couvris comme d'un manteau le monde qui naissait des eaux noires et
« profondes ; conquête faite sur le vide infini et sans forme.

« Maintenant je te visite de nouveau sur une aile plus hardie : échappé du
« lac stygien...... je sens l'influence de ton vivifiant et souverain flambeau.
« Mais toi tu ne visites point ces yeux qui roulent en vain pour trouver ton
« rayon perçant et ne rencontrent aucune aurore ; tant ils sont profondément
« éteints dans leur orbite, ou voilés d'un sombre tissu !

« Cependant je ne cesse d'errer aux lieux fréquentés des Muses.... Je n'ou-
« blie pas non plus ces deux mortels semblables à moi en malheur (puissé-je
« les égaler en gloire !). L'aveugle Thayris et l'aveugle Méonides, et Thyrésias
« et Phrinée, devins antiques. Nourri des pensées qui mettent en mouvement
« les nombres harmonieux, je suis semblable à l'oiseau qui veille et chante
« dans l'obscurité : caché sous le plus épais couvert, il soupire ses nocturnes
« complaintes.

« Ainsi, avec l'année reviennent les saisons ; mais le jour ne revient pas
« pour moi, ni ne reviennent la douce approche du matin ou du soir, la vue
« de la fleur du printemps, de la rose de l'été, des troupeaux et de la face
« divine de l'homme. Des nuages et des ténèbres qui durent toujours m'envi-
« ronnent. Les chemins agréables des hommes me sont coupés ; le livre du
« beau savoir ne me présente qu'un blanc universel où les ouvrages de la
« nature sont pour moi effacés et rayés. La sagesse à son entrée m'est entiè-
« rement fermée !

« Brille donc davantage intérieurement, ô céleste lumière ! que toutes les
« facultés de mon esprit soient pénétrées de tes rayons ; mets des yeux à mon
« âme, écarte et disperse tous les brouillards, afin que je puisse voir et dire
« les choses invisibles à l'œil des mortels. »

Ailleurs, non moins pathétique, il s'écrie :

« Ah ! si j'obtenais de ma céleste patronne un style qui répondît à ma pensée !
« Elle daigne me visiter la nuit sans que je l'implore.... Il me reste à chanter
« un sujet plus élevé ; il suffira pour immortaliser mon nom, si je ne suis venu
« un siècle trop tard, si la froideur du climat ou des ans n'engourdit mes ailes
« humiliées. »

Quelle hauteur d'intelligence ne faut-il pas à Milton pour soutenir ce tête-
à-tête avec Dieu et les prodigieux personnages qu'il a créés ! Il n'a jamais
existé un génie plus sérieux et en même temps plus tendre que celui de cet
homme. « Milton, dit Hume, pauvre, vieux, aveugle dans la disgrâce, envi-
« ronné de périls, écrivit le poëme merveilleux qui non-seulement surpasse
« tous les ouvrages de ses contemporains, mais encore tous ceux qu'il écrivit
« lui-même dans sa jeunesse et au temps de sa plus haute prospérité. » On
sent en effet dans ce poëme, à travers la passion des légères années, la maturité de l'âge et la gravité du malheur : ce qui donne au *Paradis perdu* un charme
extraordinaire de vieillesse et de jeunesse, d'inquiétude et de paix, de tristesse
et de joie, de raison et d'amour.

QUATRIÈME PARTIE.

LITTÉRATURE SOUS LES DEUX DERNIERS STUARTS.

HOMMES ET CHOSES DE LA RÉVOLUTION ANGLAISE ET DE LA RÉVOLUTION FRANÇAISE COMPARÉS.

En quittant Milton, si nous passions sans transition aux écrivains sous les
deux derniers Stuarts, nous trébucherions de plus haut que les anges du *Paradis perdu*, qui tombèrent du ciel dans l'abîme. Mais il nous reste à jeter un
regard sur la révolution d'où sortit le poëte, et à la comparer à notre révolution : en nous entretenant encore du siècle de Milton, nous parviendrons à
descendre ainsi d'un mouvement insensible jusqu'au niveau des règnes de
Charles et de Jacques. On a de la peine à se détacher de ces temps de 1649 ;

ils eurent de curieuses affinités avec les nôtres : nous allons voir, par le parallèle des choses et des hommes, que nos jours révolutionnaires conservent sur les jours révolutionnaires de la république et du protectorat anglais, une incontestable, mais souvent malheureuse supériorité.

La révolution française a été vaincue dans les lettres par la révolution anglaise : la république, l'empire, la restauration, n'ont rien à opposer au chantre du *Paradis perdu*: sous les autres rapports, excepté sous le rapport moral et religieux, notre révolution a laissé loin derrière elle la révolution de nos voisins.

Quand la révolution de 1649 s'accomplit, les communications entre les peuples n'étaient point arrivées au point où elles le sont aujourd'hui ; les idées et les événements d'une nation n'étaient pas rendus communs à toute la terre par la multiplicité des chemins, la rapidité des courriers, l'extension du commerce et de l'industrie, les publications de la presse périodique. La révolution de la Grande-Bretagne ne mit point l'Europe en feu : renfermée dans une île, elle ne porta point ses armes et ses principes aux extrémités de l'Europe; elle ne prêcha point la liberté et les droits de l'homme, le cimeterre à la main, comme Mahomet prêcha le Coran et le despotisme ; elle ne fut ni obligée de repousser au dehors une invasion, ni de se défendre au dedans contre un système de terreur : l'état religieux et social n'était pas tel qu'aujourd'hui.

Aussi les personnages de cette révolution n'atteignirent point la hauteur des personnages de la révolution française, mesurée sur une bien plus grande échelle, et menée par une nation bien plus liée au destin général du monde. Est-ce Hampden ou Ludlow que l'on pourrait comparer à Mirabeau ? Supérieurs en morale, ils lui étaient fort inférieurs en génie [1].

« Mêlé par les désordres et les hasards de sa vie aux plus grands événements et à l'existence des repris de justice, des ravisseurs et des aventuriers, Mirabeau, tribun de l'aristocratie, député de la démocratie, avait du Gracchus et du Don Juan, du Catilinat et du Gusman d'Alfarache, du cardinal de Richelieu et du cardinal de Retz, du roué de la régence et du sauvage de la révolution; il avait de plus du *Mirabeau*, famille florentine exilée, qui gardait quelque chose de ces palais armés et de ces grands factieux célébrés par Dante; famille naturalisée française, où l'esprit républicain du moyen âge de l'Italie et l'esprit féodal de notre moyen âge, se trouvaient réunis dans une succession d'hommes extraordinaires.

« La laideur de Mirabeau, appliquée sur le fond de beauté particulière à sa race, produisait une sorte de puissante figure du *Jugement dernier* de Michel-Ange, compatriote des *Arrighetti*. Les sillons creusés par la petite vérole sur le visage de l'orateur, avaient plutôt l'air d'escarres laissées par la flamme. La nature semblait avoir moulé sa tête pour l'empire ou pour le gibet, taillé ses bras pour étreindre une nation ou pour enlever une femme. Quand il secouait sa crinière en regardant le peuple, il l'arrêtait; quand il levait sa patte et montrait ses ongles, la plèbe courait furieuse. Au milieu de l'effroyable dés-

---

[1] Jusques et y compris le parallèle de Buonaparte et de Cromwell, tout ce qui suit est extrait, mais fort en abrégé, de mes *Mémoires*. Le commencement de chaque paragraphe est guillemeté.

ordre d'une séance, je l'ai vu à la tribune, sombre, laid et immobile; il rappelait le chaos de Milton, impassible et sans forme au centre de sa confusion.

« Deux fois j'ai rencontré Mirabeau à un banquet : une fois chez la nièce de Voltaire, madame la marquise de Villette; une autre fois au Palais-Royal, avec des députés de l'opposition que Chapelier m'avait fait connaître. Chapelier est allé à l'échafaud dans le même tombereau que mon frère et M. de Malesherbes.

En sortant de notre dîner on discutait des ennemis de Mirabeau : jeune homme timide et inconnu, je me trouvais à côté de lui et n'avais pas prononcé un mot. Il me regarda en face avec ses yeux de vice et de génie, et m'appliquant sa main épatée sur l'épaule, il me dit : « Ils ne me pardonneront jamais « ma supériorité ! » Je sens encore l'impression de cette main, comme si Satan m'eût touché de sa griffe de feu [1].

« Trop tôt pour lui, trop tard pour elle, Mirabeau se vendit à la cour, et la cour l'acheta. Il risqua l'enjeu de sa renommée devant une pension et une ambassade : Cromwell fut au moment de troquer son avenir contre un titre et l'ordre de la Jarretière. Malgré sa superbe, il ne s'évaluait pas assez haut : depuis, l'abondance du numéraire et des places a élevé le prix des consciences.

« La tombe délia Mirabeau de ses promesses et le mit à l'abri des périls que vraisemblablement il n'aurait pu vaincre : sa vie eût montré sa faiblesse dans le bien; sa mort l'a laissé en puissance de sa force dans le mal. »

CLUBS.

Il y eut des factieux et des partis en Angleterre, mais qu'est-ce que les *meetings* des saints, des puritains, des niveleurs, des agitateurs, auprès des clubs de notre révolution? J'ai dit ailleurs (*Génie du Christianisme*) que Milton avait placé dans son enfer une image des perversités dont il avait été le témoin : qu'eût-il peint s'il avait vu ce que je vis à Paris dans l'été de 1792, lorsque, revenant d'Amérique, je traversais la France pour aller à mes destinées?

« La fuite du roi, du 21 juin 1791 [2], fit faire à la révolution un pas immense. Ramené à Paris le 25 du même mois, il avait été détrôné une première fois, puisque l'assemblée nationale déclara que les décrets auraient force de loi, sans qu'il fût besoin de la sanction ou de l'acceptation royale. Une haute cour de justice, devançant le tribunal révolutionnaire, était établie à Orléans. Dès cette époque, madame Roland demandait la tête de la reine, en attendant que la révolution lui demandât la sienne. L'attroupement du Champ-de-Mars avait eu lieu contre le décret qui suspendait le roi de ses fonctions, au lieu de le mettre en jugement. L'acceptation de la constitution, le 14 septembre, ne calma rien. Le décret du 29 septembre, pour le règlement des sociétés populaires, ne servit qu'à les rendre plus violentes : ce fut le dernier acte de l'assemblée constituante; elle se sépara le lendemain, et laissa à la France une révolution éternelle.

---

[1] Mirabeau se vantait d'avoir la main très-belle : je ne m'y oppose pas; mais j'étais fort maigre et il était fort gros, et sa main me couvrait toute l'épaule.
[2] *Mes Mémoires.*

« L'assemblée législative, installée le 1ᵉʳ octobre 1791, roula dans le tourbillon qui allait balayer les vivants et les morts. Des troubles ensanglantèrent les départements : à Caen, on se rassasia de massacres et l'on mangea le cœur de M. de Belzunce. Le roi opposa son *veto* au décret contre les émigrés, et cet acte légal augmenta l'agitation. Péthion était devenu maire de Paris. Les députés décrétèrent d'accusation, le 1ᵉʳ janvier 1792, les princes émigrés : le 2, ils fixèrent à ce 1ᵉʳ janvier le commencement de l'an quatrième de la liberté. Vers le 13 de février, les bonnets rouges se montrèrent dans les rues de Paris, et la municipalité fit fabriquer des piques. Le manifeste des émigrés parut le 1ᵉʳ mars. L'Autriche armait. Le traité de Pilnitz et la convention entre l'empereur et le roi de Prusse étaient connus. Paris était divisé en sections plus ou moins hostiles les unes aux autres. Le 20 mars 1792, l'assemblée législative adopta la mécanique sépulcrale sans laquelle les jugements de la Terreur n'auraient pu s'exécuter : on l'essaya d'abord sur des morts, afin qu'elle apprît d'eux son œuvre. On peut parler de cet instrument comme d'un bourreau, puisque des personnes touchées de ses bons services, lui faisaient présent de sommes d'argent pour son entretien [1].

« Le ministre Roland (ou plutôt son étonnante femme) avait été appelé au conseil du roi. Le 20 avril la guerre fut déclarée au roi de Hongrie et de Bohême. Marat publiait l'*Ami du peuple* malgré le décret dont lui, Marat, était frappé. Le régiment royal-allemand et le régiment de Berchini désertèrent. Isnard parlait de la perfidie de la cour. Gensonné et Brissot dénonçaient le comité autrichien. Une insurrection éclata à propos de la garde du roi, qui fut licenciée. Le 28 mai l'assemblée se forma en séances permanentes. Le 20 juin le château des Tuileries fut forcé par les masses des faubourgs Saint-Antoine et Saint-Marceau ; le prétexte était le refus de Louis XVI de sanctionner la proscription des prêtres : le roi courut risque de la vie. La patrie était décrétée en danger. On brûlait en effigie M. de La Fayette. Les fédérés de la seconde fédération arrivaient ; les Marseillais, attirés par Danton, étaient en marche : ils entrèrent dans Paris le 30 juillet, et furent logés par Péthion aux Cordeliers.

« Auprès de la tribune nationale s'étaient élevées deux tribunes concurrentes, celle des Jacobins et celle des Cordeliers, la plus formidable alors, parce qu'elle donna des membres à la fameuse commune de Paris, et qu'elle lui fournissait des moyens d'action.

« Le club des cordeliers était établi dans ce monastère, dont une amende en réparation d'un meurtre avait servi à bâtir l'église sous saint Louis, en 1259[2] ; elle devint en 1590 le repaire des plus fameux ligueurs. En 1792, les tableaux, les images sculptées ou peintes, les voiles, les rideaux du couvent des cordeliers, avaient été arrachés : la basilique écorchée ne présentait aux yeux que ses ossements et ses arêtes. Au chevet de l'église, où le vent et la pluie entraient par les rosaces sans vitraux, des établis de menuisier servaient de bureau au président, quand la séance se tenait dans l'église. Sur ces établis étaient dépo-

---

[1] *Moniteur*, nº 198.
[2] Elle fut brûlée en 1580.

sés des bonnets rouges dont chaque orateur se coiffait avant de monter à la tribune. La tribune consistait en quatre poutrelles arc-boutées et traversées d'une planche, dans leur x, comme un échafaud. Derrière le président, avec une statue de la Liberté, on voyait de prétendus instruments de supplice de l'ancienne justice ; instruments remplacés par un seul, la machine à sang, comme les mécaniques compliquées sont remplacées par le bélier hydraulique. Le club des jacobins *épurés* emprunta quelques-unes de ces dispositions des cordeliers.

« Les orateurs, unis pour détruire, ne s'entendaient ni sur les chefs à choisir, ni sur les moyens à employer : ils se traitaient de gueux, de gitons, de filous, de voleurs, de massacreurs, à la cacophonie des sifflets et des hurlements de leurs différents groupes de diables. Les métaphores étaient prises du matériel des meurtres, empruntées des objets les plus sales, de tous les genres de voirie et de fumier, ou tirées des lieux consacrés aux prostitutions des hommes et des femmes. Les gestes rendaient les images sensibles ; tout était appelé par son nom avec le cynisme des chiens, dans une pompe obscène et impie de juremenls et de blasphèmes : détruire et produire, mort et génération, on ne démêlait que cela à travers l'argot sauvage dont les oreilles étaient assourdies. Les harangueurs, à la voix grêle ou tonnante, avaient d'autres interrupteurs que leurs opposants : les petites chouettes noires du cloître sans moines et du clocher sans cloches s'éjouissaient aux fenêtres brisées, en espoir du butin ; elles interrompaient les discours. On les rappelait d'abord à l'ordre par le tintamarre de l'impuissante sonnette ; mais, ne cessant point leur criaillement, on leur tirait des coups de fusil pour leur faire faire silence : elles tombaient palpitantes, blessées et fatidiques, au milieu du Pandœmonium. Des charpentes abattues, des bancs boiteux, des stalles démantibulées, des tronçons de saints roulés et poussés contre les murs, servaient de gradins aux spectateurs crottés, poudreux, soûls, suants, en carmagnole percée, la pique sur l'épaule, ou les bras nus croisés. »

DANTON.

« Les scènes des cordeliers étaient dominées et souvent présidées par Danton, Hun à taille de Goth, à nez camus, à narines au vent, à méplats couturés. On parviendrait à peine à former cet homme dans la révolution anglaise, en pétrissant ensemble Bradshaw, président de la commission qui jugea Charles Ier ; Ireton, le fameux gendre de Cromwell ; Axtell, grand exterminateur en Irlande ; Scott, qui voulait qu'on gravât sur sa tombe : *Ci-gît Thomas Scott, qui condamna le feu roi à mort ;* Harrison, qui dit à ses juges : « Plu-
« sieurs d'entre vous, mes juges, furent actifs avec moi dans les choses qui se
« sont passées en Angleterre ; ce qui a été fait l'a été par ordre du parlement,
« alors la suprême loi. »

« Dans la coque de son église, comme dans la carcasse des siècles, Danton organisa l'attaque du 10 août et les massacres de septembre ; auteur de la circulaire de la commune, il invita les hommes libres à répéter dans les départements l'énormité perpétrée aux Carmes et à l'Abbaye. Mais Sixte-Quint n'égalat-il pas, pour le salut des hommes, le dévouement de Jacques Clément au mystère de l'Incarnation, de même que l'on compara Marat au Sauveur du monde? Charles IX n'écrivit-il pas aux gouverneurs des provinces d'imiter les massacres de la Saint-Barthélemy, comme Danton manda aux patriotes de copier les massacres de septembre? Les jacobins étaient des plagiaires; ils le furent encore en immolant Louis XVI à l'instar de Charles Ier. Des crimes s'étant trouvés mêlés au mouvement social de la fin du dernier siècle, quelques esprits se sont figuré mal à propos que ces crimes avaient produit les grandeurs de la révolution, dont ils n'étaient que d'affreuses inutilités : d'une belle nature souffrante, on n'a admiré que la convulsion.

« A l'époque où les enfants avaient pour jouets de petites guillotines à oiseaux, où un homme à bonnet rouge conduisait les morts au cimetière [1]; à l'époque où l'on criait vive l'enfer! vive la mort! où on célébrait les joyeuses orgies du sang, de l'acier et de la rage, où l'on trinquait au néant, il fallait, en fin de compte, arriver au dernier banquet, à la dernière facétie de la douleur.

« Danton fut pris au traquenard qu'il avait tendu : amené devant le tribunal, son ouvrage, il ne lui servit de rien de lancer des boulettes de pain au nez de ses juges, de répondre avec courage et noblesse, de faire hésiter la cour révolutionnaire, de mettre en péril et en frayeur la Convention, de raisonner logiquement sur des forfaits par qui la puissance même de ses ennemis avait été créée.

« Il ne lui resta qu'à se montrer aussi impitoyable à sa propre mort qu'il l'avait été à celle des autres, qu'à dresser son front plus haut que le coutelas suspendu. Du théâtre de la Terreur où ses pieds se collaient dans le sang épaissi de la veille, après avoir promené un regard de mépris sur la foule, il dit au bourreau : « Tu montreras ma tête au peuple; elle en vaut la peine. » Le chef de Danton demeura aux mains de l'exécuteur, tandis que l'ombre acéphale alla se mêler aux ombres décapitées de ses victimes : c'était encore de l'égalité. »

PEUPLE DES DEUX NATIONS A L'ÉPOQUE RÉVOLUTIONNAIRE. — PAYSANS ROYALISTES ANGLAIS.

Le peuple anglais, rangé derrière les Hampden et les Ireton, n'avait rien de la force du peuple qui marchait avec les Mirabeau et les Danton; de ce peuple qui fit magnifiquement son devoir à la frontière; qui rejeta les nations étrangères dans leurs propres foyers : elles les éteignirent de leur sang, au moment où elles se flattaient de s'asseoir à notre feu, et d'y boire le vin de nos treilles. Pris collectivement, le peuple est un poëte : auteur et acteur ardent de la pièce qu'il joue ou qu'on lui fait jouer, ses excès mêmes ne sont pas tant l'instinct d'une cruauté native, que le délire d'une foule enivrée de spectacles, surtout quand ils sont tragiques; chose si vraie, que dans les horreurs populaires, il y a toujours quelque chose de superflu donné au tableau et à l'émotion.

Il y eut des guerres civiles en Angleterre : ressemblèrent-elles à celles de

---

[1] Arrêté général de la commune, 27 brum. 93.

nos provinces de l'Ouest? Là même où notre peuple se déchirait de ses propres mains, il était encore prodigieux. Mais voyons d'abord le paysan anglais.

« La cause de Charles Ier et de son fils produisit de courageux défenseurs parmi les populations rustiques. Le fermier Pendrell, ou plutôt Pendrill, et ses quatre frères, se sont noblement placés dans l'histoire. Il existe un petit livre intitulé *Boscobel, ou abrégé de ce qui s'est passé dans la retraite mémorable de S. M.* (Charles II) *après la bataille de Worcester :* là se trouve consignée la fidélité des Pendrill. Charles II, parti de Worcester le 3 septembre 1651, à six heures du soir, après la perte de la bataille, arriva à quatre heures du matin à Boscobel avec le comte de Derby. « Ils frappèrent dans l'obscurité, dit la relation,
« à la porte d'un certain Pendrill, paysan catholique, et concierge de la ferme
« appelée White-Ladies (les Dames Blanches), laquelle avait été une abbaye
« de filles bernardines ou de l'ordre de Cîteaux, éloignée d'un jet de pierre
« dans le bois. »

Le paysan reçut son jeune roi au péril de sa vie. « Aussitôt, continue la re-
« lation, on coupa les cheveux du roi, on lui noircit les mains ; on mit ses
« habits dans la terre ; il en prit un de paysan en échange. On mena le roi dans
« le bois ; il se trouva seul dans un lieu inconnu, une serpe à la main. Ce
« jour-là Charles ne vit personne, parce que le temps fut humide, si ce n'est
« la belle-sœur de Pendrill, qui lui porta quelque chose dans le taillis pour se
« couvrir et aussi pour manger. Quand le roi ne pouvait sortir de la ferme,
« à cause de quelque danger, on l'enfermait dans une cache qui servait aux
« prêtres catholiques pour y dire en secret leur messe. Cette cache se trouvait
« dans une espèce de masure qui portait le nom d'Hobbal et qu'habitait Ri-
« chard Pendrill, un des quatre frères de Guillaume.

Charles II voulut se rendre à Londres, Richard Pendrill lui servit de guide ; ils furent obligés de revenir, tous les passages étant gardés. « Le gravier qu'
« était entré dans les souliers du roi avait ensanglanté ses pieds, et la nuit était
« si noire, qu'à deux pas de Richard il ne pouvait l'apercevoir : il le suivait,
« conduit par le bruit de son haut-de-chausses, qui était de cuir. Ils furent de
« retour à Boscobel avant le jour. Richard, ayant caché le roi dans les brous-
« sailles, alla voir s'il n'y aurait pas quelques soldats dans sa maison : il n'y
« trouva qu'un seul homme, le colonel Carless. »

Ici je change d'historien : un homme fut mon ami et l'ami de M. de Fontanes ; je ne sais si au fond de sa tombe il me saura gré de révéler la noble et pure existence qu'il a cachée. Quelques articles, qu'il ne signait pas, ont seulement paru dans diverses feuilles publiques : parmi ses articles se trouve un examen du *Boscobel*. Qu'il soit permis à l'amitié de citer de courts fragments de cet examen ; ils feront naître des regrets chez les hommes sensibles au mérite véritable : c'est le seul vestige des pas qu'un talent solitaire et ignoré a laissé sur le rivage en traversant la vie.

« Carless, dit M. Joubert, était un des plus illustres chefs de l'armée du roi :
« il avait combattu jusqu'à l'extrémité à la journée de Worcester. Quand il avait
« vu tout perdu, il s'était intrépidement placé, avec le comte de Clives et Jacques
« Hamilton, à l'une des portes de la ville conquise, pour arrêter le vainqueur

« et pour s'opposer à la poursuite des vaincus. Il garda ce poste, qu'il s'était
« lui-même assigné, jusqu'à ce qu'il pût croire que le temps avait permis à son
« maître de s'éloigner et de se mettre hors de danger. Alors seulement il se re-
« tira : il allait chercher un asile dans ses propres foyers, ignorant ce qu'était
« devenu Charles, et s'il pourrait jamais le revoir, quand le sort l'offrit à sa vue.
 « Qu'on juge de leur joie à cette rencontre inespérée. C'est alors qu'ils habi-
« tèrent ce fameux chêne, qui fut depuis regardé avec tant d'admiration, et dont
« on disait en le montrant au voyageur : *Ce fut là le palais du roi*. Ce chêne était
« si gros et si touffu de branches, que vingt hommes auraient pu tenir sur sa
« tête. Charles, accablé de fatigue, avait besoin de repos ; il n'osait s'y livrer
« sur cet arbre, et quitter cet arbre était risquer d'être reconnu. Suspendu
« comme sur un abîme, et caché parmi les rameaux, un instant de sommeil
« l'en eût précipité. Carless était robuste, il se chargea de veiller. Le roi se
« plaça dans ses bras, s'appuya contre son sein, et, soutenu par ses mains vail-
« lantes, s'endormit dans les airs.
 « Quel spectacle touchant ! Ce prince, dans la fleur et dans la force de la
« jeunesse, réduit par le sommeil à la faiblesse de l'enfance, plongé dans l'as-
« soupissement avec l'abandon de cet âge, tranquillement endormi, au milieu
« de tant de périls, entre les bras d'un homme austère, d'un guerrier attentif
« et veillant sur son roi, âgé de vingt et un ans, avec toutes les inquiétudes d'une
« mère ! Ainsi les lieux, les arbres, les forêts, ont leur destin comme les
« hommes.
 « Charles quitta bientôt Boscobel. Un jour, étant dans la salle d'une hôtel-
« lerie, comme il levait son chapeau à la dame du logis qui passait par ce lieu,
« le sommelier l'ayant attentivement regardé, le reconnut. Cet homme le prit
« à l'écart, le pria de descendre avec lui dans la cave, et là, tenant une coupe,
« la remplit de vin, et but à la prospérité du roi. Je sais ce que vous êtes, lui
« dit-il ensuite en mettant un genou en terre, et vous serai fidèle jusqu'à
« ma mort. »

Ainsi a fait revivre ces scènes oubliées, l'ami que j'ai perdu : il est allé rejoindre ces hommes d'autrefois.

N'a-t-on pas cru lire un épisode de nos guerres de l'Ouest pendant la révolution ? La fidélité semble être une des vertus de l'ancienne religion chrétienne : les Pendrill gardaient le culte de leurs aïeux ; ils avaient une cachette où le prêtre disait la messe ; leur roi protestant y trouvait un asile inviolable au pied du vieil autel catholique.

Pour achever la ressemblance, la comtesse de Derby, qui défendit si vaillamment l'île de Man, et qui fut la dernière personne des trois royaumes à se soumettre à la république, était de la famille de La Trémoille : le prince de Talmont fut une des dernières victimes des guerres vendéennes.

PORTRAIT D'UN VENDÉEN.

Quoi qu'il en soit des bûcherons de Boscobel, près du *chêne royal* maintenant tombé, les Pendrill sont-ils des paysans vendéens ?

« Un jour[1], en 1798, à Londres, je rencontrai chez le chargé d'affaires des princes français une foule de vendeurs de contre-révolutions. Dans un coin de cette foule était un homme de trente à trente-quatre ans, qu'on ne regardait point, et qui lui-même ne faisait attention qu'à une gravure de la mort du général Wolf. Frappé de son air, je m'enquis de sa personne. Un de mes voisins me répondit : « Ce n'est rien ; c'est un paysan vendéen porteur d'une lettre de ses chefs. »

« Cet homme, qui n'était rien, avait vu mourir Cathelineau, premier général de la Vendée et paysan comme lui ; Bonchamp, en qui revivait Bayard ; Lescure, armé d'un cilice non à l'épreuve de la balle ; d'Elbée, fusillé dans un fauteuil, ses blessures ne lui permettant pas d'embrasser la mort debout ; La Rochejaquelein dont les patriotes ordonnèrent de *vérifier* le cadavre, afin de rassurer la Convention au milieu de ses victoires sur l'Europe. Cet homme, qui n'était rien, avait assisté aux deux cents prises et reprises de villes, villages et redoutes, aux sept cents actions particulières et aux dix-sept batailles rangées ; il avait combattu trois cent mille hommes de troupes réglées, six à sept cent mille réquisitionnaires et gardes nationaux ; il avait aidé à enlever cinq cents pièces de canon et cent cinquante mille fusils ; il avait traversé les *colonnes infernales*, compagnies d'incendiaires commandées par des conventionnels ; il s'était trouvé au milieu de l'océan de feu qui à trois reprises roula ses vagues sur les bois de la Vendée ; enfin il avait vu périr trois cent mille Hercules de charrue, compagnons de ses travaux, et se changer en un désert de cendres cent lieues carrées d'un pays fertile.

« Les deux Frances se rencontrèrent sur ce sol nivelé par elles. Tout ce qui restait de sang et de souvenir dans la France des croisades lutta contre ce qu'il y avait de nouveau sang et d'espérances dans la France de la révolution. Le vainqueur sentit la grandeur du vaincu : Thurot, général des républicains, déclarait que « les Vendéens seraient placés dans l'histoire au premier rang des peuples « soldats. » Un autre général écrivait à Merlin de Thionville : « Des troupes « qui ont battu de tels Français peuvent bien se flatter de vaincre tous les autres « peuples. » Les légions de Probus, dans leur chanson, en disaient autant de nos pères. Buonaparte appela les combats de la Vendée « des combats de géants. »

« Dans la cohue du parloir, j'étais le seul à considérer avec admiration et respect le représentant de ces anciens *Jacques* qui, tout en brisant le joug de leurs seigneurs, repoussaient, sous Charles V, l'invasion étrangère : il me semblait voir un enfant de ces communes du temps de Charles VII, lesquelles, avec la petite noblesse de province, reconquirent pied à pied, de sillon en sillon, le sol de la France. Il avait l'air indifférent du Sauvage, son regard était grisâtre et inflexible comme une verge de fer ; sa lèvre inférieure tremblait sur ses dents serrées : ses cheveux descendaient de sa tête en serpents engourdis, mais prêts à se dresser ; ses bras, pendant à ses côtés, donnaient une secousse nerveuse à d'énormes poignets taillardés de coups de sabre ; on l'aurait pris pour un scieur de long. Sa physionomie exprimait une nature populaire rustique, mise, par la puissance des mœurs, au service d'intérêts et d'idées contraires à cette nature :

[1] *Mes Mémoires.*

la fidélité naïve du vassal, la simple foi du chrétien, s'y mêlaient à la rude indépendance plébéienne accoutumée à s'estimer et à se faire justice. Le sentiment de sa liberté paraissait n'être en lui que la conscience de la force de sa main et de l'intrépidité de son cœur. Il ne parlait pas plus qu'un lion; il se grattait comme un lion, bâillait comme un lion, se mettait sur le flanc comme un lion ennuyé, et rêvait apparemment de sang et de forêts : son intelligence était du genre de celle de la mort. Quels hommes dans tous les partis que les Français d'alors, et quelle race aujourd'hui nous sommes ! Mais les républicains avaient leur principe en eux, au milieu d'eux, tandis que le principe des royalistes était hors de France. Les Vendéens députaient vers les exilés; les géants envoyaient demander des chefs aux pygmées. L'agreste messager que je contemplais avait saisi la révolution à la gorge; il avait crié : « Entrez; passez derrière moi; elle ne vous « fera aucun mal, elle ne bougera pas; je la tiens. » Personne ne voulut passer : alors Jacques Bonhomme relâcha la révolution, et Charette brisa son épée. »

CROMWELL. — BUONAPARTE.

Délivrée des mains rustiques, la révolution tomba dans des mains guerrières : Buonaparte se jeta sur elle, et l'enchaîna.

J'ai déjà mesuré la taille de cet homme extraordinaire à celle de Washington; il reste à dire si Napoléon trouva son pendant en Angleterre, dans le Protecteur.

Cromwell eut du prêtre, du tyran et du grand homme : son génie remplaça pour son pays la liberté. Il avait trop d'énergie pour parvenir à créer une autre puissance que la sienne; il ruina les institutions qu'il rencontra ou qu'il voulut donner, comme Michel-Ange brisait le marbre sous son ciseau.

Transporté sur le théâtre de Napoléon, le vainqueur des Irlandais et des Écossais aurait-il été le vainqueur des Autrichiens, des Prussiens et des Russes? Cromwell n'a pas créé des institutions comme Buonaparte; il n'a pas laissé un code et une administration par qui la France et une partie de l'Europe sont encore régies. Napoléon réagit avec une force outrée, mais il avait pour excuse la nécessité de tuer le désordre : son bras vigoureux enfonça trop avant son épée, et il perça la liberté qui se trouvait derrière l'anarchie.

« Les peuples vaincus ont appelé Napoléon un fléau[1] : les fléaux de Dieu conservent quelque chose de l'éternité et de la grandeur du courroux dont ils émanent : *Ossa arida... dabo vobis spiritum, et vivetis;* « Ossements arides, je « vous donnerai mon souffle et vous vivrez. » Ce souffle ou cette force s'est manifesté dans Buonaparte tant qu'il a vécu. Né dans une île pour aller mourir dans une île aux limites de trois continents; jeté au milieu des mers où Camoëns sembla le prophétiser en y plaçant le génie des tempêtes, Buonaparte ne se pouvait remuer sur son rocher que nous n'en fussions avertis par une secousse; un pas du nouvel Adamastor à l'autre pôle se faisait sentir à celui-ci. Si Napoléon, échappé aux mains de ses geôliers, se fût retiré aux États-Unis, ses regards, attachés sur l'Océan, auraient suffi pour troubler les peuples de l'ancien monde.

---

[1] *Mes Mémoires.*

Sa seule présence sur le rivage américain de l'Atlantique eût forcé l'Europe à camper sur le rivage opposé.

« Quand Napoléon quitta la France une seconde fois, on prétendit qu'il aurait dû s'ensevelir sous les ruines de sa dernière bataille. Lord Byron, dans son ode satirique contre Napoléon disait :

> To die a prince — or live a slave
> Thy choice is most ignobly brave.

« Mourir prince ou vivre esclave, ton choix est ignoblement brave. »

« C'était mal juger la force de l'espérance dans une âme accoutumée à la domination et brûlante d'avenir. Lord Byron crut que le dictateur des rois avait abdiqué sa renommée avec son glaive, qu'il allait s'éteindre oublié : lord Byron aurait dû savoir que la destinée de Napoléon était une muse, comme toutes les grandes destinées ; cette muse sut changer un dénoûment avorté dans une péripétie qui renouvelait et rajeunissait son héros. La solitude de l'exil et de la tombe de Napoléon a répandu sur une mémoire éclatante une autre sorte de prestige. Alexandre ne mourut point sous les yeux de la Grèce ; il disparut dans les lointains pompeux de Babylone. Buonaparte n'est point mort sous les yeux de la France ; il s'est perdu dans les fastueux horizons des zones torrides. L'homme d'une réalité si puissante s'est évaporé à la manière d'un songe ; sa vie, qui appartenait à l'histoire, s'est exhalée dans la poésie de sa mort. Il dort à jamais, comme un ermite ou comme un paria, sous un saule, dans un étroit vallon entouré de rochers escarpés, au bout d'un sentier désert. La grandeur du silence qui le presse égale l'immensité du bruit qui l'environna. Les nations sont absentes ; leur foule s'est retirée. L'oiseau des tropiques, *attelé*, dit magnifiquement Buffon, *au char du soleil*, se précipite de l'astre de la lumière, et se repose seul un moment sur des cendres dont le poids a fait pencher le globe.

« Buonaparte traversa l'océan pour se rendre à son dernier exil ; il s'embarrassait peu de ce beau ciel qui ravit Christophe Colomb, Vasco et Camoëns. Couché à la poupe du vaisseau, il ne s'apercevait pas qu'au-dessus de sa tête étincelaient des constellations inconnues ; leurs rayons rencontraient pour la première fois ses puissants regards. Que lui faisaient des astres qu'il ne vit jamais de ses bivouacs, et qui n'avaient pas brillé sur son empire ! Et néanmoins aucune étoile n'a manqué à sa destinée : la moitié du firmament éclaira son berceau ; l'autre était réservée pour illuminer sa tombe. »

LOVELACE.

MA DÉTENTION A LA PRÉFECTURE DE POLICE. — GOD SAVE THE KING.

En revenant à travers ces incidences politiques à la littérature, reprenant celle-ci au commencement de la restauration de Charles II, sous lequel nous avons vu Milton mourir, une observation se présente d'abord.

Dans le combat que se livrèrent la royauté et le peuple, le principe républicain eut Milton pour son poëte, le principe monarchique, Lovelace pour son barde : tirez de là la conséquence de l'énergie relative des deux principes.

Enfermé dans Gat-House à Westminster, sur un mandat des communes, Lovelace composa une élégante et loyale chanson, longtemps redite par les *cavaliers*.

« Quand, semblable à la linote, je suis renfermé, je chante d'une voix plus
« perçante la mansuétude, la douceur, la majesté et la gloire de mon roi. Quand
« je proclame de toute ma force combien il est bon, combien il est grand, les larges
« vents qui roulent la mer ne sont pas aussi libres que moi.

. . . .

« Des murs de pierre ne font pas une prison, des barreaux de fer, une cage;
« un esprit innocent et tranquille compose de tout cela une solitude. Si je suis
« libre en mon amour, si dans mon âme je suis libre, les anges seuls, qui pren-
« nent leur essor dans les cieux, jouissent d'une liberté semblable à la mienne. »

Nobles et généreux sentiments! pourtant ils n'ont point fait vivre Lovelace, tandis que l'apologiste du meurtre de Charles Ier s'est placé à côté d'Homère.

D'abord, Lovelace n'avait pas le génie de Milton; ensuite, il appartenait par sa nature à des idées mortes. La fidélité est toujours admirable; mais les récentes générations conçoivent à peine ce dévouement à un individu, cette vertu resserrée dans les limites d'un système ou d'un attachement particulier; elles sont peu touchées de l'honneur, soit qu'elles manquent de cet honneur même nécessaire pour le comprendre, soit qu'elles n'aient de sympathie qu'avec l'humanité prise dans le sens général, ce qui, du reste, justifie toutes les lâchetés Montrose n'était point un personnage de Plutarque, comme l'a dit le cardinal de Retz; c'était un de ces hommes restés d'un siècle qui finit dans un siècle qui commence; leurs anciennes vertus sont aussi belles que les vertus nouvelles, mais elles sont stériles : plantées dans un sol épuisé, les mœurs nationales ne les fécondent plus.

Le colonel Richard Lovelace, rempli de mille séductions, et dont peut-être Richardson emprunta le nom en souvenir de ses grâces, mourut abandonné dans l'obscurité et la misère.

Sans être jeune et beau comme le colonel Lovelace, j'ai été comme lui enfermé. Les gouvernements qui depuis 1800 jusqu'à 1830 ont dominé la France avaient usé de quelque ménagement envers le serviteur des Muses : Buonaparte, que j'avais violemment attaqué dans le Mercure, eut envie de me tuer; il leva l'épée et ne frappa pas.

Une généreuse et libérale administration toute lettrée, toute composée de poëtes, d'écrivains, de rédacteurs de feuilles publiques, n'a pas fait tant de façons avec un vieux camarade.

« Ma souricière, un peu plus longue que large, était haute de sept à huit pieds[1]. La prose et les vers de mes devanciers barbouillaient les cloisons tachées et nues. Un grabat à draps sales remplissait les trois quarts de ma loge; une planche supportée par deux tasseaux, placée à deux pieds au-dessus du lit contre le mur, servait d'armoire au linge, bottes et souliers des détenus. Une chaise, une table

[1] *Mes Mémoires.*

et un petit tonneau, meuble infâme, composaient le reste de l'ameublement. Une fenêtre grillée s'ouvrait fort haut; j'étais obligé de monter sur la table pour respirer l'air et jouir de la lumière. A travers les barreaux de ma cage à voleur, je n'apercevais qu'une cour sombre, étroite, des bâtiments noirs autour desquels tremblottaient des chauve-souris. J'entendais le cliquetis des clefs et des chaînes, le bruit des sergents de ville et des espions, le pas des soldats, le mouvement des armes, les cris, les rires, les chansons dévergondées des prisonniers mes voisins, les hurlements de Benoît, condamné à mort comme meurtrier de sa mère et de son obscène ami. Je distinguais ces mots de Benoît entre les exclamations confuses de la peur et du repentir : « Ah! ma mère! ma pauvre mère! » Je voyais l'envers de la société, les plaies de l'humanité, les hideuses machines qui font mouvoir ce monde, si beau à regarder en face quand la toile est levée.

« Le génie de mes grandeurs passées et de ma *gloire* âgée de trente ans ne m'apparut point; mais ma muse d'autrefois, bien pauvre, bien ignorée, vint rayonnante m'embrasser par ma fenêtre : elle était charmée de mon gîte et tout inspirée; elle me retrouvait comme elle m'avait vu dans ma misère à Londres, lorsque les premiers songes de René flottaient dans ma tête. Qu'allions-nous faire, la solitaire du Pinde et moi! Une chanson à l'instar de Lovelace? Sur qui? Sur un roi? non! La voix d'un prisonnier eût été de mauvais augure : c'est du pied des autels qu'il faut adresser des hymnes au malheur. Et puis il faudrait être un grand poëte pour être écouté en disant :

> O toi, de ma pitié profonde
> Reçois l'hommage solennel,
> Humble objet des regards du monde,
> Privé du regard paternel!
> Puisses-tu, né dans la souffrance
> Et de ta mère et de la France
> Consoler la longue douleur [1]!

« Je ne chantai donc pas la couronne tombée d'un front innocent; je me contentai de dire une autre couronne, blanche aussi, déposée sur le cercueil d'une jeune fille [2].

> Tu dors, pauvre Élisa, si légère d'années!
> Tu ne sens plus du jour le poids et la chaleur :
> Vous avez achevé vos fraîches matinées,
> Jeune fille et jeune fleur.

« Monsieur le préfet de police, des procédés duquel je n'ai qu'à me louer, m'offrit un meilleur asile aussitôt qu'il eut connu le lieu de plaisance où les amis de la liberté de la presse avaient eu la bonté de me loger pour avoir usé de la liberté de la presse. La fenêtre de mon nouveau réduit s'ouvrait sur un joli jardin. La linote de Lovelace n'y gazouillait pas; mais il y avait force moineaux fringants, lestes, babillards, effrontés, querelleurs : on les trouve partout, à la campagne, à la ville, aux balustrades d'un château, à la gouttière d'une geôle; ils se perchent tout aussi gaiement sur l'instrument de mort que sur un rosier. A qui peut s'envoler, qu'importe les souffrances de la terre? »

[1] V. Hugo, *Odes et Ballades*.
[2] *Elisa Trisell*.

Ma chanson ne vivra pas plus que celle de Lovelace. Les jacobites n'ont laissé à l'Angleterre que le motet du *God save the king*. L'histoire de cet air est singulière : on le croit de Lulli ; les jeunes filles des chœurs d'*Esther* charmèrent à Saint-Cyr l'oreille et l'orgueil du grand roi par les accords du *Domine, salvum fac regem*. Les serviteurs de Jacques emportèrent la majestueuse invocation dans leur patrie ; ils l'adressaient au Dieu des armées, en allant au combat pour leur souverain banni. Les Anglais de la faction de Guillaume, frappés de la beauté du bardit des fidèles, s'en emparèrent. Il resta à l'usurpation et à la souveraineté du peuple, lesquels ignorent aujourd'hui qu'elles chantent un air étranger, l'hymne des Stuarts, le cantique du droit divin et de la légitimité. Combien de temps l'Angleterre priera-t-elle encore le maître des hommes de *sauver le roi ?* Comptez les révolutions entassées dans une douzaines de notes, survivantes à ces révolutions !

Le *Domine salvum* du rite catholique est aussi un chant admirable : on l'entonnait en grec au dixième siècle, lorsque l'empereur de Constantinople paraissait dans l'hippodrome. Du spectacle il passa à l'Église : autre temps fini.

PROSE.

TILLOTSON. — TEMPLE. — BURNET. — CLARENDON. — ALGERNON-SIDNEY.

Avec le règne de Charles II une révolution s'opéra dans le goût et dans la manière des écrivains anglais. Abandonnant les traditions nationales, ils commencèrent à prendre quelque chose de la régularité et du caractère de la littérature française. Charles avait retenu de ses courses un penchant aux mœurs étrangères : Madame Henriette, sœur du roi ; la duchesse de Portsmouth, maîtresse de ce roi ; Saint-Évremont, et le chevalier de Grammont, exilés à Londres, poussèrent de plus en plus la restauration des Stuarts à l'imitation de la cour de Louis XIV : la prose gagna à ce mouvement du dehors ; la poésie y perdit.

Tillotson épura la langue de la chaire sans s'élever à l'éloquence. Le chevalier Temple fut le d'Ossat de l'Angleterre ; mais il est fort inférieur à notre grand diplomate, par les vues et le style de ses *Observations, Mélanges* et *Mémoires*. La philosophie compta Locke, la littérature proprement dite, Hamilton, modèle d'élégance et de grâce ; Shaftesbury, élève de Locke, et fils d'un père corrompu. Voltaire vante Shaftesbury, ennemi de la religion chrétienne. Les ouvrages de cet auteur ont été réunis sous le titre de *Caracteristics of men*. Les idées des *Caracteristics*, que voile d'ailleurs une élocution embarrassée, sont tombées dans le domaine des lieux communs par les apports continuels des ans.

Burnet écrivit l'histoire de la réformation d'Angleterre d'une manière partiale et caustique, mais intéressante : son plus grand honneur est d'avoir été réfuté par Bossuet. Burnet était un brouillon et un factieux à la manière des frondeurs : il n'a dans ses Mémoires ni la candeur révolutionnaire de Withelocke, ni l'exaltation républicaine de Ludlow.

Le nom de Clarendon réveille le double souvenir d'une ingratitude royale et populaire. L'*Histoire de la rébellion* est un ouvrage où les traces du talent disparaissaient sous l'empreinte de la vertu. Quelques portraits sont vivement coloriés, mais le genre des portraits est facile ; les esprits les plus communs y réussissent. Clarendon lui-même se réfléchit dans ses tableaux ; on ne se lasse pas de retrouver son image.

Algernon Sidney créa la langue politique : ses *Discours sur le gouvernement* ont vieilli : Sidney n'est qu'un grand nom et n'est pas une grande renommée. La mort tragique du fils du comte de Leicester est le fait saisissable qui donna un corps à des principes encore vagues dans l'opposition errante des wighs. Dalrympe, et après lui M. Mazure, ont prouvé les disparates de Sidney : il avait le malheur de recevoir l'argent de la France : Louis XIV, par un très-mauvais jeu, ne croyait qu'entraver Charles, et renversait Jacques ; la corruption de sa politique portait en soi son châtiment. Chez Bacon, l'intégrité n'était pas au niveau de la science ; chez Sidney, le désintéressement n'égala pas la fermeté. Dieu nous garde de triompher des misères dont les natures les plus élevées ne sont point exemptes ! Le ciel ne nous donne des vertus ou des talents qu'en y attachant des infirmités, expiations offertes au vice, à la sottise et à l'envie. Les faiblesses d'un homme supérieur sont ces victimes *noires*, NIGRÆ PECUDES, que l'antiquité sacrifiait aux dieux infernaux ; et pourtant ils ne se laissent jamais désarmer !

La révolution de 1688 s'éleva de l'échafaud de Sidney dans la vapeur du sang de l'holocauste : aujourd'hui la rosée sanglante retombe, et l'Angleterre de 1688 s'évanouit.

POÉSIE.

DRYDEN. — PRIOR. — WALLER. — BUCKINGHAM. — ROSCOMMON. — ROCHESTER. SHAFTESBURY, ETC.

Il peut sembler paradoxal de dire que la poésie anglaise souffrit de l'invasion du goût français, au moment même où Dryden paraît sur la scène ; mais toute langue qui se dépouille de son originalité pour s'adonner à l'imitation, se gâte, même en se perfectionnant. A quelle distance Shakespeare et Milton, restés Anglais, ne laissent-ils pas Dryden derrière eux !

L'esprit de la révolution de 1649 avait été l'exaltation religieuse et l'austérité morale ; la restauration de 1660 fut l'indifférence et le libertinage. « Tu es le « plus mauvais sujet de mon royaume, disait Charles II à Shaftesbury. — Oui, « Sire, répondait celui-ci : Votre Majesté n'est pas un sujet. »

Ces réactions sont inévitables : la corruption de la régence suivit la morosité de la fin du règne de Louis XIV. Au sortir de la Terreur, le dévergondage fut complet : les cadavres encore chauds et palpitants des pères, leurs têtes dans leurs bras ou à leurs pieds, regardaient danser leurs enfants.

Dryden rendit la poésie anglaise correcte à la manière de toutes les langues civilisées où l'art est venu régulariser la nature. Pope caractérise le mérite de Dryden :

Dryden taught to join

The varying verse, the full resounding line,
The long majestic march, and energy divine.

« Dryden apprit à unir le mètre varié, le vers plein d'harmonie, la longue et majestueuse période, et l'énergie divine. »

Ce jugement fait sentir qu'on n'est plus au siècle libre de l'auteur de *Macbeth*, et qu'on est arrivé au siècle académique de Boileau.

Dryden est lui-même le fondateur de la critique parmi ses compatriotes : ses dialogues sur la poésie dramatique sont encore lus. Il travailla trente ans pour le théâtre sans atteindre à la vie de Shakespeare et au pathétique d'Otway. « Dryden, qui d'ailleurs était un très-grand génie, dit Voltaire, met dans la « bouche de ses héros amoureux ou des hyperboles de rhétorique, ou des in- « décences, deux choses également opposées à la tendresse. »

Shirley, Davenant, Otway, Congrève, Farquhard, Cibber, Steele, Colman, Foote, Rowe, Addison, Moore, Aron-Hill, Sheridan, Coleridge, etc., offrent la succession des poëtes dramatiques anglais jusqu'à nos jours. Tobin, Johanna Baillie, et quelques autres, ont essayé de ressusciter l'ancien style et l'ancienne forme du théâtre.

L'homme chez Dryden était misérable ; Prior, jeune orangiste, attaqua le vieux poëte devenu catholique et resté fidèle à ses anciens maîtres. Le duc de Buckingham, aidé de ses amis, composa la jolie comédie *the Rehearsal* (la Répétition) : l'auteur de *Don Sébastien* et de l'ode *la Fête d'Alexandre* était attaqué dans cette pièce.

Buckingham se félicitait d'avoir nui à la réputation de Dryden. C'est donc un grand bonheur que d'affliger le génie et de lui ravir une part de sa gloire acquise au prix de tant de travaux, de dégoûts et de sacrifices?

Waller, Buckingham, Roscommon, Rochester, Shaftesbury, et quelques autres poëtes licencieux et satiriques, ne furent pas les premiers hommes de lettres de leur époque, mais ils donnèrent le ton à la littérature, à la mode, pendant le règne de Charles II. Le fils de Charles Ier fut un de ces hommes légers, spirituels, insouciants, égoïstes, sans attachement de cœur, sans conviction d'esprit, qui se placent assez souvent entre deux périodes historiques pour finir l'une et commencer l'autre ; un de ces princes dont le règne sert de passage aux grands changements d'institutions, de mœurs et d'idées, chez les peuples ; un de ces princes tout exprès créés pour remplir les espaces vides qui, dans l'ordre politique, disjoignent souvent la cause de l'effet. Des exhumations et des exécutions ouvrirent un règne que des exécutions devaient clore. Vingt-deux années de débauche passèrent sous des fourches patibulaires, dernières années de joie à la façon des Stuarts, et qui avaient l'air d'une orgie funèbre.

La liberté, méconnue sous Jacques Ier, ensanglantée sous Charles Ier, déshonorée sous Charles II, attaquée sous Jacques II, avait pourtant été conservée dans les formes constitutionnelles, et ces formes la transmirent à la nation qui continua de féconder le sol natal après l'expulsion des Stuarts. Ces princes ne purent jamais pardonner au peuple anglais les maux qu'il leur avait faits ; le peuple ne put jamais oublier que ces princes avaient essayé de lui ravir ses droits : il y avait de part et d'autre trop de ressentiments et trop d'offenses.

Toute confiance réciproque étant détruite, on se regarda en silence pendant quelques années. Les générations qui avaient souffert ensemble, également fatiguées, consentirent à achever leurs jours ensemble; mais les générations nouvelles, qui n'éprouvaient pas cette lassitude, ne nourrissant plus d'inimitiés, n'avaient pas besoin d'entrer dans ces compromis du malheur; elles revendiquèrent les fruits du sang et des larmes de leurs pères : il fallut dire adieu aux choses du passé.

Les écrivains ci-dessus nommés avaient tout ce qu'il fallait pour briller au bivouac d'une halte de nuit entre le règne populaire de Cromwell et le règne des parlements de Guillaume et de ses successeurs. La servile chambre des communes n'existait plus que pour tuer les hommes de liberté qui naguère avaient fait sa puissance; la monarchie de son côté laissait mourir ses plus dévoués serviteurs. Le peuple et le roi semblaient s'abandonner mutuellement pour faire place à l'aristocratie : l'échafaud de Charles Ier les séparait à jamais.

BUTLER. — ÉCRIVAINS ABANDONNÉS.

Butler se présente en première ligne, comme témoin à charge dans le procès d'ingratitude intenté à la mémoire de Charles II : Charles savait par cœur les vers d'*Hudibras*, Don Quichotte politique. Cette satire pleine de verve contre les personnages de la révolution charmait une cour où se montraient la débauche de Rochester et la grâce de Grammont : le ridicule était une espèce de vengeance à l'usage des courtisans.

Lorsqu'on est placé à distance des faits, qu'on n'a pas vécu au milieu des factions et des factieux, on n'est frappé que du côté grave et douloureux des événements; il n'en est pas ainsi quand on a été soi-même acteur ou spectateur compromis dans des scènes sanglantes.

Tacite, que la nature avait formé poëte, eût peut-être crayonné la satire de Pétrone, s'il eût siégé au sénat de Néron; il peignit la tyrannie de ce prince, parce qu'il vécut après lui : Butler, doué d'un génie observateur, eût peut-être écrit l'histoire de Charles Ier, s'il fût né sous la reine Anne; il se contenta de rimer *Hudibras*, parce qu'il avait vu les personnages de la révolution de Cromwell; il les avait vus toujours parlant d'indépendance, présenter leurs mains à toutes les chaînes, et, après avoir immolé le père, se courber sous le joug du fils.

Cependant le sujet du poëme de Butler, de ce poëme auquel travailla le fils aîné du duc de Buckingham, n'est pas aussi heureux que celui de la *Satire Ménippée*. On se pouvait railler de la Ligue malgré ses horreurs; les railleries dont elle était l'objet avaient des chances de durée, parce que la Ligue n'était pas une révolution : elle n'était qu'une sédition dont le genre humain ne tirait aucun profit. Les hommes de cette longue sédition, Lhôpital excepté, ne furent grands qu'individuellement; ils ne jalonnèrent leur passage par aucune idée, aucun principe, aucune institution politique utile à la société. La Ligue assassina Henri III, plus dévot qu'elle, et combattit Henri IV, qui la vainquit et l'acheta. Évanouie qu'elle fut, rien n'apparut derrière : elle n'eut pour écho que la

Fronde, misérable brouillerie qui se perdit dans le plein pouvoir de Louis XIV. Mais les troubles en 1649, en Angleterre, étaient d'une nature autrement grave; on n'assistait pas au duel de quelques princes ambitieux; la lutte existait entre le peuple et le roi, entre la république et la monarchie : le souverain fut jugé solennellement et mis à mort; le chef populaire qui le conduisit à l'échafaud, et qui lui succéda, n'était rien moins que Cromwell : *Un homme s'est rencontré.*

La dictature du peuple, personnifié dans un tribun, dura neuf années : en se retirant elle emporta la monarchie absolue, et déposa dans l'industrie anglaise le germe de sa puissance, l'*acte de Navigation.* Le contre-coup de la révolution de 1649 produisit la révolution de 1688, résultat immense.

Voilà pourquoi nous ne rions plus aux gausseries d'*Hudibras*, comme nous rions aux plaisanteries de la *Satire Ménippée.* Les conséquences des troubles du règne de Charles Ier se font encore sentir au monde; les abominations de la Saint-Barthélemy, les énormités de la corruption de Henri III et de l'ambition des Guise, n'ont laissé que l'effroi de la mémoire de ces abominations et de ces énormités. Un auteur qui essaierait de faire un poëme burlesque sur la révolution de 1789, parviendrait-il à égayer la Terreur ou à rapetisser Buonaparte? Les parodies qui restent ne sont fournies que par des événements qui ne restent pas; elles ressemblent à ces masques moulés sur le visage d'un mort tombé depuis en poussière ou sur celui d'un satyre dont le buste ne se retrouve plus.

On a dressé le catalogue des royalistes qui souffrirent pour la cause de Charles Ier : il est long : Charles II l'augmenta. Waller, conspirateur poltron sous la république, poëte adulateur de l'usurpation heureuse, obtenait tout de la légitimité restaurée, tandis que Butler mourait de faim. Les couronnes ont leurs infirmités comme les bonnets rouges.

Une destinée fatale s'attache aux Muses : Valeriano Bolzani a composé un traité de *litteratorum infelicitate;* Israeli a publié the *Calamities of authors :* ils sont loin d'avoir épuisé la matière. Dans la seule liste des poëtes anglais que j'ai nommés on trouve :

Jacques, roi d'Écosse, dix-huit ans prisonnier et ensuite assassiné; Rivers, Surrey et Thomas More, portant leur tête à l'échafaud; Lovelace et Butler, que la pauvreté dévora.

Clarendon mourut à Rouen, exilé par Charles II. On condamna à être brûlé par la main du bourreau le Mémoire justificatif du vertueux magistrat dont les écrits, mêlés à ceux de Falkland, avaient fait triompher la cause royale.

Milton, demi-proscrit, descendit aveugle dans le tombeau.

Dryden, vers la fin de ses jours, était obligé de vendre, morceau à morceau, son talent pour vivre : « Je n'ai guère lieu, disait-il, de remercier mon étoile « d'être né Anglais; c'est assez pour un siècle d'avoir négligé Cowley et vu « Butler mourir de faim. »

Otway, depuis, s'étouffa en avalant trop vite le morceau de pain qu'on jeta à sa misère.

Que n'a pas souffert Savage, composant au coin des rues, écrivant ses vers sur des morceaux de papier ramassés dans le ruisseau, expirant dans une prison, et laissant son cadavre à la pitié d'un geôlier qui le fit enterrer à ses frais?

Chatterton, après avoir été plusieurs jours sans manger, s'empoisonna.

Dans le cloître de la cathédrale de Worcester, on remarque une plaque sépulcrale; elle ne porte ni date, ni prière, ni symbole; on y lit ce seul mot : *Miserrimus*. Cet inconnu, ce *Miserrimus* sans nom, n'est-ce point le génie?

FIN DES STUARTS.

Jacques II, après la mort de son frère, voulut tenter en faveur de l'Église romaine ce que son père n'avait pu même exécuter pour l'épiscopat : il se croyait le maître d'opérer un changement dans la religion de l'État, aussi facilement que Henri VIII; mais le peuple anglais n'était plus le pleuple des Tudor, et quand Jacques eût distribué à ses sujets tous les biens du clergé anglican, il n'aurait pas fait un seul catholique. Son plus grand tort fut de jurer en parvenant à la couronne ce qu'il n'avait pas l'intention de tenir; la foi gardée n'a pas toujours sauvé les empires; la foi mentie les a souvent perdus.

Jacques, naturellement cruel, trouva un bourreau : Jeffreys avait commencé ses œuvres vers la fin du règne de Charles II, dans le procès où Russel et Sidney perdirent la vie. Cet homme qui, à la suite de l'invasion de Monmouth, fit exécuter dans l'ouest de l'Angleterre plus de deux cent cinquante personnes, ne manquait pas d'un certain esprit de justice : une vertu qu'on n'aperçoit pas dans un homme de bien, se fait remarquer quand elle est placée dans un homme de malheur.

La Hollande était depuis longtemps le foyer des intrigues des divers partis anglais : les émissaires de ces partis s'y rassemblaient sous la protection de Marie, fille aînée de Jacques, femme du prince d'Orange, homme qui n'inspire aucune admiration, et qui pourtant a fait des choses admirables. Souvent averti par Louis XIV, Jacques ne voulait rien croire. La flotte de Guillaume mit à la voile; il aborda avec treize mille hommes à Broxholme, dans Torbay.

A son grand étonnement, il n'y trouva personne; il attendit dix jours en vain. Que fit Jacques pendant ces dix jours? rien : il avait une armée de vingt mille hommes qui se fût battue d'abord, et il ne prit aucune résolution. Sunderland, son ministre, le vendait; le prince Georges de Danemark, son gendre, et Anne, sa fille favorite, l'abandonnaient, de même que sa fille Marie et son autre gendre Guillaume. La solitude commençait à croître autour du monarque, qui s'était isolé de l'opinion nationale. Jacques demanda des conseils au comte de Bedfort, père de lord Russel, décapité sous le règne précédent à la poursuite de Jacques : « J'avais un fils, » répondit le vieillard, « qui aurait pu vous secourir. »

Jacques s'enfuit; il débarqua à Ambleteuse, le 2 janvier 1689; hôte fatal, il enseigna l'exil aux foyers dont il embrassa l'autel. On a retrouvé les os de Jacques II à Saint-Germain. Où sont les cendres de Louis XIV! Où sont ses fils?

Au surplus, qu'importent toutes ces choses? lord Russel embrassant lady Russel pour la dernière fois, lui dit : « Cette chair que vous sentez encore, « dans peu d'heures sera glacée. » Les générations que je viens d'indiquer combien occupent-elles de place dans le monde et dans cette page? A mon retour en France en 1800, une nuit je voyageais en diligence ; la voiture fit un léger tressaut que nous sentîmes à peine ; elle avait rencontré un paysan ivre couché en travers dans le chemin : nous avions passé sur une vie, et la roue s'était à peine élevée de terre de quelques lignes. Les Francs, nos pères, égorgèrent à Metz les Romains surpris au milieu d'une fête ; nos soldats ont valsé, il n'y a pas encore vingt-cinq ans, au monastère d'Alcobaça avec le squelette d'Inès de Castro : malheurs et plaisirs, crimes et folies, quatorze siècles vous séparent, et vous êtes aussi complétement passés les uns que les autres ! L'éternité commencée tout à l'heure est aussi ancienne que l'éternité datée de la première mort, du meurtre d'Abel. Néanmoins les hommes, durant leur apparition éphémère sur ce globe, se persuadent qu'ils laissent d'eux quelque trace : sans doute ! Chaque mouche a son ombre.

Les quatre Stuarts passèrent dans l'espace de quatre-vingt-quatre ans ; les six derniers Bourbons ayant porté, ou ayant droit de porter la couronne, à compter de la mort de Louis XV, ont disparu dans la période de cinquante-quatre années.

Dans l'un et dans l'autre royaume, un roi a péri sur l'échafaud, deux restaurations ont eu lieu et ont été suivies du bannissement des souverains légitimes : et pourtant il est vrai que, loin d'être au bout des révolutions, l'Europe, ou plutôt le monde, ne fait que les commencer.

CINQUIÈME PARTIE.

LITTÉRATURE SOUS LA MAISON D'HANOVRE

ACHÈVEMENT ET PERFECTIONNEMENT DE LA LANGUE ANGLAISE. — MORT DES LANGUES.

En quittant les Stuarts nous entrons dans le repos des cent quarante années qui suivit la chute de ces princes, et laissa aux muses le temps d'épurer leur langage à l'abri de la liberté.

Au commencement de cet Essai, j'ai parlé de l'origine de la langue anglaise ; on a pu en remarquer les changements successifs, dans notre course rapide à travers les siècles. Maintenant que j'approche de la fin de mon travail, voyons à quel degré de perfection cette langue était parvenue, et comment, après avoir été l'idiome des *conteors*, des *fableors*, des *harpeors*, elle devint l'idiome des Pope, des Addison, des Swift, des Gray, des Fielding, des Walter Scott et des Byron.

La vieille langue anglaise me paraît avoir eu plus de douceur que la langue anglaise moderne : le *th* y termine une foule de mots et la troisième personne des verbes au singulier du présent de l'indicatif. Le *th* emprunté de l'Orient ne fut prononcé (sinon introduit dans l'alphabet grec avec le X *chi*, le K *kappa*, l'Ω *oméga*) que vers le commencement de la guerre du Péloponèse, à l'époque où Alcibiade rendait Athènes folle comme une femme, par la difficulté gracieuse avec laquelle il exprimait quelques lettres. Le *th* était une lettre composée que la molle Ionie semblait fournir en aide à l'élégant élève de Périclès. Le grec moderne a retenu le Θ, le *théta*.

Le *th* de l'ancien anglais, à la fin du mot, ne pouvait être que le *th doux*, comme il se prononce dans *mouth*, *sooth*, *teeth*, et non le *th rude* du commencement du mot, comme dans *thunder*, *throbbing*, *thousand*.

La lettre se redoublait souvent dans l'ancien anglais. L'*e* qui abonde et qui dispute la fin des mots au *th*, était l'*e* muet retenu du français; il contribuait à émousser le son trop aigu. La preuve que ces lettres n'étaient point étymologiques, mais euphoniques, c'est que l'orthographe variait de comté en comté et presque de village en village selon l'oreille, écho de l'accent. Les mots même variaient dans un rayon de quelques lieues : un marchand, embarqué sur la Tamise, descendit à terre, et demanda des œufs *egges* à une paysanne; elle répondit qu'elle n'entendait pas le *français*. Le compagnon de ce marchand requit à son tour des *ceyren*, des œufs; la bonne femme répliqua qu'elle le comprenait bien : *thenne the good wyf sayd that shee understode him well*. Ainsi, à une soixantaine de milles de la ville où Johnson composa son dictionnaire, des œufs s'appelaient des *ceyren*.

A mesure que l'anglais changea de prononciation et de forme, et qu'il perdit de sa sobriété, il s'enrichit des tributs du temps. Le génie d'une langue se compose de la religion, des institutions politiques, du caractère, des mœurs et des usages d'un peuple. Si ce peuple étend au loin sa domination, il reçoit un accroissement d'idées et de sentiments des pays avec lesquels il entre en contact. Et voyez d'abord tout ce que peut recueillir une langue de la durée et de la variété des lois.

Il était de principe en Angleterre qu'une loi n'est jamais abolie : de cette sorte, l'histoire passée demeurait présente au milieu des événements nouveaux, comme une aïeule immortelle au milieu de ses innombrables enfants et petits-enfants. Au commencement de ce siècle, un Anglais jeta le gant en pleine audience, et demanda le combat judiciaire contre son antagoniste.

Le droit coutumier anglais (*common law*) régit l'Angleterre en général.

Dans l'île de Man, on suit les *établissements* des anciens rois de cet État.

A Jersey et à Guernesey, les statuts de Rollon sont en vigueur.

Les procès des Indous et des Mogols sont jugés en appel à la cour du banc du roi à Londres, et se décident d'après les articles des Puranas et de l'Alcoran.

Dans les îles Ioniennes, le code de Justinien se mêle aux décisions de la cour de l'amirauté.

Au Canada, les ordonnances des rois de France fleurissent, comme au temps de saint Louis.

Dans l'île de France, le code Napoléon règne; le droit castillan et aragonais, dans les colonies anglo-espagnoles; la loi hollandaise au cap de Bonne-Espérance.

La politique, l'industrie, le commerce, ont mêlé les mots particuliers de leurs dictionnaires à ceux du dictionnaire général.

La tribune fournit au trésor commun des discours de Strafford, de Vanes, de Bolingbrocke, de Walpole, des deux Pitt, de Burke, de Fox, de Sheridan, de Canning, de Brougham.

L'économie sociale, les recherches d'Adam Smith, de Malthus, de Thornton, de Ricardo, de Macculoch, augmentent le vocabulaire.

Le service des possessions anglaises dans les quatre parties de la terre a naturellement multiplié les voyageurs : quelle nouvelle source d'importation, d'idées et d'images ! Cent et un négociants de Londres, en 1600, réunissent une somme de huit cent mille francs, et voilà les Bacchus et les Alexandre qui deviennent les maîtres et les conquérants de l'Inde.

Les Anglais eurent des grammaires et des dictionnaires samaritains, arabes, syriaques, presque avant d'avoir des dictionnaires grecs et latins : ils préludaient de la sorte à l'étude des langues mortes et vivantes de l'Asie ; ils obéissaient à l'instinct de leur génie qui les portait à la pompe des images et à l'indépendance des règles. Wilkins, Colbrooke, Carey[1], Masden, Morrison, Lockert, Gladwin, Lumsden, Gilchrist, Hadley, William Jones, se sont occupés du sanscrit, du bengali vulgaire, de la langue malaise, du persan, du chinois et de la langue commune de l'Indostan. Ainsi, avec des lois qui ne meurent point, des colonies placées aux quatre vents du ciel, la langue anglaise embrasse le temps et l'espace.

Nous possédions autrefois d'immenses contrées outre-mer; elles offraient un asile à l'excédant de notre population, un marché à notre commerce, une carrière à nos sciences, un aliment à notre marine : aujourd'hui nous sommes contraints d'ensevelir nos convicts dans des prisons infectes, faute d'un coin sur le globe pour y déposer ces malheureux ; nous sommes exclus du nouvel univers où le genre humain recommence. Les langues anglaise, portugaise, espagnole, servent en Afrique, en Asie, dans l'Océanie, dans les îles de la mer du Sud, sur le continent des deux Amériques, à l'interprétation de la pensée de plusieurs millions d'hommes ; et nous, déshérités des conquêtes de notre génie, à peine entendons-nous parler dans quelque bourgade de la Louisiane et du Canada, sous une domination étrangère, la langue de Colbert et de Louis XIV : elle y reste comme un témoin des revers de notre fortune et des fautes de notre politique.

Mais si la langue de Milton et de Shakespeare tire des avantages réels de cette diffusion de puissance, elle en reçoit aussi des atteintes. Lorsqu'elle se resserrait dans son champ natif, elle était plus individuelle, plus originale, plus énergique : elle se charge, aux rives du Gange et du fleuve Saint-Laurent, au cap de Bonne-Espérance, au port Jackson dans l'Océanie, à l'île de Malte dans la Méditerranée, à l'île de la Trinité dans le golfe du Mexique, de locutions qui la dénaturent. Pickering a fait un traité des mots en usage aux États-Unis : on y peut voir avec quelle rapidité une langue s'altère sous un ciel étranger, par la nécessité où elle est de fournir des expressions à une culture nouvelle, à une industrie, à des arts du sol, à des habitudes nées du climat, à des lois, à des mœurs qui constituent une autre société.

Si un pareil travail pouvait intéresser, je suivrais ici l'histoire des mots an-

---

[1] Il y a un autre Carey, poëte et musicien, auquel les Anglais attribuent, mal à propos, l'air du *God save the king*.

glais; je montrerais chez quels auteurs ils ont pris naissance, comment ils se sont perdus ou comment ils ont changé d'acception en s'éloignant de leur sens primitif; je parlerais des mots composés, des mots négatifs, opposés aux mots positifs qui manquent trop à notre langue, des mots à la fois substantifs et verbes : *silence,* par exemple, signifie à la fois « silence, » ou « faire faire silence, » « *to silence, silencer.* » Mais de telles recherches, extrêmement curieuses si elles avaient notre langue pour objet, comme on peut le voir dans le savant *tableau* de M. Chasle[1], seraient, à propos d'une langue étrangère, fatigantes ou inintelligibles au lecteur français.

Les langues ne suivent le mouvement de la civilisation qu'avant l'époque où leur perfectionnement s'achève : une fois arrivées là, elles s'arrêtent quelque temps, puis elles descendent et se détériorent. Il est à craindre que les talents supérieurs n'aient à l'avenir, pour faire entendre leurs harmonies, qu'un instrument discord ou fêlé. Une langue peut, il est vrai, acquérir des expressions nouvelles à mesure que les lumières s'accroissent; mais elle ne saurait changer sa syntaxe, qu'en changeant son génie. Un barbarisme heureux reste dans une langue sans la défigurer; des solécismes ne s'y établissent jamais sans la détruire. Nous aurons des Tertullien, des Stace, des Silius Italicus, des Claudien : aurons-nous désormais des Bossuet, des Corneille, des Racine, des Voltaire? Dans une langue jeune, les auteurs ont des expressions et des images qui charment comme le premier rayon du matin; dans une langue formée, ils brillent par des beautés de toutes les sortes; dans une langue vieillie, les naïvetés du style ne sont plus que des réminiscences, les sublimités de la pensée, que le produit d'un arrangement de mots péniblement cherchés, contrastés avec effort.

EFFET DE LA CRITIQUE SUR LES LANGUES. — CRITIQUE EN FRANCE : NOS VANITÉS. — MORT DES LANGUES.

La critique, d'abord si utile, est devenue à Londres, par son abondance et sa diversité, une autre source d'altération dans les monuments de la langue anglaise, en rendant les idées perplexes sur les expressions, les tours, les mots qu'on doit rejeter, ou dont il est bon de se servir. Comment un auteur pourrait-il reconnaître la vérité au milieu de ces jugements divers prononcés sur le même ouvrage par le *Monthly Review,* le *Critical Review,* le *Quarterly Review,* l'*Edimburg Review,* le *British Review,* l'*Eclectic Review,* le *Retrospective Review,* le *Foreign Review,* le *Quarterly Foreign Review,* par la *Literary Gazette,* par le *London Musœum,* par le *Monthly Censor,* par le *Gentleman's Magazine,* le *Monthly magazine,* le *New Monthly magazine,* l'*Edimburg magazine,* le *Literary magazine,* le *London magazine,* le *Blackwood's magazine,* le *Brighton magazine,* par l'*Annual Register,* par le *Classical Journal,* le *Quarterly Journal,* l'*Edimburg philosophical Journal,* par le *Monthly Repertory.* Il serait aisé d'ajouter cent autres noms à cette fastidieuse liste, à laquelle on pourrait joindre encore les articles littéraires des journaux quotidiens.

[1] *Tableau de la marche et des progrès de la langue et de la littérature françaises,* etc.

En France, nous sommes moins riches, et nos jugements actuels sont moins sévères. Il est possible que la littérature paraisse une occupation puérile à l'âge politique et positif qui commence parmi nous : si tel est le fait, on conçoit qu'on n'est guère tenté de se créer une multitude d'ennemis, pour la satisfaction de maintenir les vrais principes de l'art et du goût, dans une carrière où il n'y aurait plus ni gloire, ni honneurs à recueillir.

Un critique a osé, dans ces dernières années, exercer la censure rigoureuse : quels cris n'a-t-il pas excités ! Qu'auraient donc dit les auteurs d'aujourd'hui, si on les avait traités comme on nous traitait autrefois ? Me serait-il permis de me citer pour exemple ? J'ai eu contre moi une foule d'hommes de mérite : lorsque *Atala* parut, l'armée classique, M. l'abbé Morellet à sa tête, fondit sur ma Floridienne. Le *Génie du Christianisme* souleva le monde voltairien : il me fallut recevoir les admonitions des membres les plus distingués de l'Académie française. M. Ginguené, examinant mon ouvrage deux mois après sa publication, craint que sa critique n'arrive trop tard, le *Génie du Christianisme* étant déjà oublié. Le très-spirituel M. Hoffmann écrasa les *Martyrs* dans cinq ou six articles du *Journal de l'Empire*, enlevé alors à ses propriétaires, et lequel journal annonçait ainsi ma fin prochaine dans le vaste cercle tracé par l'épée de Napoléon. Que faisions-nous, nous pauvres prétendants à la renommée ? Pensions-nous que le monde était ébranlé sur sa base ? Avions-nous recours au charbon ou au pistolet pour nous débarrasser de nous-mêmes ou du censeur ? Pleins de notre mérite nous obstinions-nous fièrement dans nos défauts, déterminés à dompter le siècle, à le faire passer sous les fourches caudines de nos sottises ? Hélas ! non ; plus humbles, parce que nous ne possédions pas les talents sans pareils qui courent les rues maintenant, nous cherchions d'abord à nous justifier, ensuite à nous corriger. Si nous avions été attaqués d'une manière trop injuste, les larmes des Muses lavaient et guérissaient nos blessures : enfin nous étions persuadés que la critique n'a jamais tué ce qui doit vivre, et que l'éloge surtout n'a jamais fait vivre ce qui doit mourir.

N'attendez pas à cette heure une si modeste et si sotte condescendance des écrivains. Les vanités se sont exaltées jusqu'au délire, l'orgueil est la maladie du temps : on ne rougit plus de se reconnaître et d'avouer tous les dons que nous a prodigués la libérale nature. Écoutez-nous parler de nous-mêmes : nous avons la bonté de faire tous les frais des éloges qu'on s'apprêtait à nous donner ; nous éclairons charitablement le lecteur sur nos mérites ; nous lui apprenons à sentir nos beautés ; nous soulageons son enthousiasme ; nous cherchons son admiration *au fond de son cœur ;*

> *Nous lui* épargnons la pudeur
> De *nous la* découvrir *lui*-même.

Tous, un à un, nous nous croyons en conscience et avec candeur l'homme de notre siècle, l'homme qui a ouvert une nouvelle carrière, l'homme qui a fait disparaître le passé, l'homme devant qui toutes les réputations se sont évanouies, l'homme qui restera et restera seul, l'homme de la postérité, l'homme de la rénovation des choses, l'homme de l'avenir. Heureux le jour qui nous a vus naître? Heureuse la société qui nous a portés dans ses entrailles! Il arrive qu'au milieu de notre superbe, les bonnes gens courent le risque d'être étouffés : ils sont presque obligés de s'armer eux-mêmes de vanité pour se défendre de celle du passant, comme on fume dans un estaminet pour repousser la fumée de la pipe du voisin.

Cependant il faut dire, afin d'être juste, que si la critique de détail a perdu sa puissance par le manque de règles reconnues, par la révolte de l'amour-propre endurci, la critique historique et générale a fait des progrès considérables : je ne sache pas qu'à aucune époque on ait jamais rencontré dans un même pays une réunion d'hommes aussi savants, aussi distingués que ceux qui honorent aujourd'hui, en France, les chaires publiques.

Que deviendra la langue anglaise? Ce que deviennent toutes les langues. Vers l'an 1400 un poëte prussien, au banquet du grand maître de l'ordre Teutonique, chanta, en vieux prussien, les faits héroïques des anciens guerriers du pays : personne ne le comprit, et on lui donna à titre de récompense cent noix vides. Aujourd'hui le bas-breton, le basque, le gallique, meurent, de cabane en cabane, à mesure que meurent les chevriers et les laboureurs. Dans la province anglaise de Cornouailles la langue des indigènes s'éteignait vers l'an 1676 : un pêcheur disait à des voyageurs : « Je ne connais guère que quatre « ou cinq personnes qui parlent breton, et ce sont de vieilles gens comme moi, « de soixante à quatre-vingts ans. »

Des peuplades de l'Orénoque n'existent plus; il n'est resté de leur dialecte qu'une douzaine de mots prononcés dans la cime des arbres par des perroquets redevenus libres : la grive d'Agrippine gazouillait des mots grecs sur les balustrades des palais latins. Tel sera tôt ou tard le sort de nos jargons modernes : quelque sansonnet de *New-Place* sifflera sur un pommier des vers de Shakespeare, inintelligibles au passant; quelque corbeau envolé de la cage du dernier curé franco-gaulois dira, du haut de la tour en ruines d'une cathédrale abandonnée, dira à des peuples étrangers nos successeurs : « Agréez les accents d'une « voix qui vous fut connue; vous mettrez fin à tous ces discours. »

Soyez donc Shakespeare ou Bossuet, pour qu'en dernier résultat votre chef-d'œuvre survive dans la mémoire d'un oiseau à votre langage et à votre souvenir chez les hommes.

QU'IL N'Y AURA PLUS DE RENOMMÉES LITTÉRAIRES UNIVERSELLES, ET POURQUOI.

La multiplicité et la diversité des langues modernes doivent faire faire cette triste question aux hommes tourmentés de la soif de vivre : Peut-il y avoir maintenant dans les lettres des réputations universelles, comme celles qui nous sont venues de l'antiquité?

Dans l'ancien monde civilisé deux langues dominaient, deux peuples jugeaient seuls et en dernier ressort les monuments de leur génie. Victorieuse des Grecs, Rome eut pour les travaux de l'intelligence des vaincus le même respect qu'avaient Alexandrie et Athènes. La gloire d'Homère et de Virgile nous fut religieusement transmise par les moines, les prêtres et les clercs, instituteurs des

Barbares dans les écoles ecclésiastiques, les monastères, les séminaires et les universités. Une admiration héréditaire descend de race en race jusqu'à nous, en vertu des leçons d'un professorat dont la chaire, ouverte depuis quatorze siècles, confirme sans cesse le même arrêt.

Il n'en est plus ainsi dans le monde moderne civilisé : cinq langues y fleurissent; chacune de ces cinq langues a des chefs-d'œuvre qui ne sont pas reconnus tels dans les pays où se parlent les quatre autres langues : il ne s'en faut pas étonner.

Nul, dans une littérature vivante, n'est juge compétent que des ouvrages écrits dans sa propre langue. En vain vous croyez posséder à fond un idiome étranger; le lait de la nourrice vous manque, ainsi que les premières paroles qu'elle vous apprit à son sein et dans vos langes : certains accents ne sont que de la patrie. Les Anglais et les Allemands ont de nos gens de lettres les notions les plus baroques; ils adorent ce que nous méprisons; ils méprisent ce que nous adorons : ils n'entendent ni Racine, ni La Fontaine, ni même complétement Molière. C'est à rire de savoir quels sont nos grands écrivains à Londres, à Vienne, à Berlin, à Pétersbourg, à Munich, à Leipsick, à Gœttingue, à Cologne, de savoir ce qu'on y lit avec fureur, et ce qu'on n'y lit pas. Je viens d'énoncer mon opinion sur une foule d'auteurs anglais : il est fort possible que je me sois trompé, que j'aie admiré et blâmé tout de travers, que mes arrêts paraissent impertinents et grotesques de l'autre côté de la Manche.

Quand le mérite d'un auteur consiste spécialement dans la diction, un étranger ne comprendra jamais bien ce mérite. Plus le talent est intime, individuel, national, plus ses mystères échappent à l'esprit qui n'est pas pour ainsi dire *compatriote* de ce talent. Nous admirons sur parole les Grecs et les Romains; notre admiration nous vient de tradition, et les Grecs et les Romains ne sont pas là pour se moquer de nos jugements de Barbares. Qui de nous se fait une idée de l'harmonie de la prose de Démosthène et de Cicéron, de la cadence des vers d'Alcée et d'Horace, telles qu'elles étaient saisies par une oreille grecque et latine? On soutient que les beautés réelles sont de tous les temps, de tous les pays : oui, les beautés de sentiment et de pensée; non, les beautés de style. Le style n'est pas, comme la pensée, cosmopolite; il a une terre natale, un ciel, un soleil à lui.

Les peuples du Nord, écrivant toutes les langues, n'ont dans ces langues aucun style. Les vocabulaires variés qui encombrent la mémoire rendent les perceptions confuses : quand l'idée vous apparaît, vous ne savez de quel voile l'envelopper, de quel idiome vous servir pour la mieux rendre. Si vous n'aviez connu que votre langue et les glossaires grecs et latins de sa source, cette idée se serait présentée revêtue de sa forme naturelle : votre cerveau ne l'ayant pas *pensée* à la fois dans différentes langues, elle n'eût point été l'avorton multiple, le produit indigeste de conceptions synchrones; elle aurait eu ce caractère d'unité, de simplicité, ce type de paternité et de race, sans lesquels les œuvres de l'intelligence restent des masses nébuleuses, ressemblant à tout et à rien. Le moyen d'être un méchant auteur, c'est de siffler à l'écho de la mémoire, comme à un perroquet, plusieurs dialectes ; un esprit polyglotte ne charme guère que les sourds-muets. Il est très-bon, très-utile d'apprendre, d'étudier, de lire les langues vivantes quand on se consacre aux lettres, assez dangereux de les parler et surtout très-dangereux de les écrire.

Ainsi, plus ne s'élèveront de ces colosses de gloire, dont les nations et les siècles reconnaissent également la grandeur. Il faut donc entendre dans un sens limité, à l'égard des modernes, ce que j'ai dit plus haut de ces génies-mères, qui semblent avoir *enfanté et allaité tous les autres* : cela reste vrai quant au *fait*, non quant à *la renommée universelle*. A Vienne, à Pétersbourg, à Berlin, à Londres, à Lisbonne, à Madrid, à Rome, à Paris, on n'aura jamais d'un poëte allemand, anglais, portugais, espagnol, italien, français, l'idée une et semblable que l'on s'y forme de Virgile et d'Homère. Nous autres grands hommes, nous comptions remplir le monde de notre renommée; mais, quoi que nous fassions, elle ne franchira guère la limite où notre langue expire. Le temps des dominations suprêmes ne serait-il point passé? Toutes les aristocraties ne seraient-elles pas finies? Les efforts infructueux que l'on a tentés dernièrement pour découvrir de nouvelles formes, pour trouver un nouveau nombre, une nouvelle césure, pour raviver la couleur, rajeunir le tour, le mot, l'idée, pour envieillir la phrase, pour revenir au naïf et au populaire, ne semblent-ils pas prouver que le cercle est parcouru? Au lieu d'avancer on a rétrogradé ; on ne s'est pas aperçu qu'on retournait au balbutiement de la langue, aux contes des nourrices, à l'enfance de l'art. Soutenir qu'il n'y a pas d'art, qu'il n'y a point d'idéal; qu'il ne faut pas choisir, qu'il faut tout peindre; que le laid est aussi beau que le beau : c'est tout simplement un jeu d'esprit dans ceux-ci, une dépravation du goût dans ceux-là, un sophisme de la paresse dans les uns, de l'impuissance dans les autres.

AUTRES CAUSES QUI TENDENT A DÉTRUIRE LES RENOMMÉES UNIVERSELLES.

Enfin, outre cette division des langues qui s'oppose chez les modernes aux renommées universelles, une autre cause travaille à détruire les réputations : la liberté, l'esprit de nivellement et d'incrédulité, la haine des supériorités, l'anarchie des idées, la démocratie enfin est entrée dans la littérature ainsi que dans le reste de la société. Or ces choses, favorisant la passion de l'amour-propre et le sentiment d'envie, agissent dans la sphère des lettres avec une vivacité redoublée. On ne reconnaît plus de maîtres et d'autorités ; on n'admet plus de règles; on n'accepte plus d'opinions faites ; le libre examen est reçu au Parnasse, ainsi qu'en politique et en religion, comme conséquence du progrès du siècle. Chacun juge et se croit le droit de juger, d'après ses lumières, son goût, son système, sa haine ou son amour. De là une foule d'immortels cantonnés dans leur rue, renfermés dans le cercle de leur école et de leurs amis, et qui sont inconnus ou sifflés dans l'arrondissement voisin.

La vérité avait jadis de la peine à percer; elle manquait de véhicule ; la presse quotidienne et libre n'existait pas ; les gens de lettres formaient un monde à part; ils s'occupaient les uns des autres presque à l'insu du public. A présent que des journaux dénigrants ou admiratifs *sonnent la charge ou la victoire*, il faudrait avoir bien du guignon pour ignorer de son vivant ce que l'on vaut. Avec ces sentences contradictoires, si notre gloire commence plutôt, elle finit plus vite : le matin un aigle; le soir un butor.

Telle est la nature humaine, particulièrement en France : si nous possédons quelques talents, nous nous empressons de les déprécier. Après les avoir élevés au pinacle, nous les roulons dans la boue ; puis nous y revenons, puis nous les méprisons de nouveau. Qui n'a vu vingt fois depuis quelques années les opinions varier sur le même homme ? Y a-t-il donc quelque chose de certain et de vrai sur la terre à présent? On ne sait que croire : on hésite en tout, on doute de tout ; les convictions les plus vives sont éteintes au bout de la journée. Nous ne pouvons souffrir de réputations; il semble qu'on nous vole ce qu'on admire ; nos vanités prennent ombrage du moindre succès, et s'il dure un peu, elles sont au supplice. On n'est pas trop fâché, à part soi, qu'un homme de mérite vienne à mourir : c'est un rival de moins : son bruit importun empêchait d'entendre celui des sots, et le concert croassant des médiocrités. On se hâte d'empaqueter le célèbre défunt dans trois ou quatre articles de journal, puis on cesse d'en parler ; on n'ouvre plus ses ouvrages; on plombe sa renommée dans ses livres, comme on scelle son cadavre dans son cercueil, expédiant le tout à l'éternité par l'entremise du temps et de la mort.

Aujourd'hui tout vieillit dans quelques heures : une réputation se flétrit, un ouvrage passe en un moment. La poésie a le sort de la musique; sa voix fraîche à l'aube, est cassée au coucher du soleil. Chacun écrit ; personne ne lit sérieusement. Un nom prononcé trois fois importune. Où sont ces illustres qui, en se réveillant un matin, il y a quelques années, déclarèrent que rien n'avait existé avant eux; qu'ils avaient découvert des cieux et un monde ignorés ; qu'ils étaient décidés à rendre pitoyables, par leur génie, les prétendus chefs-d'œuvre jusqu'alors si bêtement admirés? Ceux qui s'appelaient la *jeunesse* en 1830, où sont-ils? Voici venir des grands hommes de 1835, qui regardent ces vieux de 1830 comme des gens de mérite dans leur temps, mais aujourd'hui usés, passés, dépassés. Les maillots arriveront bientôt dans les bras de la nourrice ; ils riront des octogénaires de seize ans, de ces dix mille poëtes, de ces cinquante mille prosateurs, lesquels se couvrent maintenant de gloire et de mélancolie dans les coins et recoins de la France. Si par hasard on ne s'aperçoit pas que ces écrivains existent ils se tuent pour attirer l'attention publique. Autre chimère! on n'entend pas même leur dernier soupir. Qui cause ce délire et ces ravages? l'absence du contre-poids des folies humaines, la religion.

A l'époque où nous vivons, chaque lustre vaut un siècle; la société meurt et se renouvelle tous les dix ans. Adieu donc toute gloire longue, *universellement* reconnue. Qui écrit dans l'espoir d'un nom sacrifie sa vie à la plus sotte comme à la plus vaine des chimères. Buonaparte sera la dernière existence isolée de ce monde ancien qui s'évanouit : rien ne s'élèvera plus dans les sociétés nivelées, et la grandeur de l'individu sera désormais remplacée par la grandeur de l'espèce.

La jeunesse est ce qu'il y a de plus beau et de plus généreux ; je me sens puissamment attiré vers elle comme à la source de mon ancienne vie ; je lui souhaite succès et bonheur : c'est pourquoi je me fais un devoir de ne pas la flatter. Par les fausses routes où elle s'égare, elle ne trouvera en dernier résultat que le dégoût et la misère. Je sais qu'elle manque aujourd'hui de carrière, qu'elle se débat au milieu d'une société obscure; de là ces brillantes lueurs de talent qui percent subitement la nuit et s'éteignent ; mais de longues et laborieuses études, poursuivies à l'écart et en silence, rempliraient bien les jours, et vaudraient mieux que cette multitude de vers trop vite faits, trop tôt oubliés.

En achevant ce chapitre il me prend des remords et il me vient des doutes; remords d'avoir osé dire que Dante, Shakespeare, Tasse, Camoëns, Schiller, Milton, Racine, Bossuet, Corneille et quelques autres, pourraient bien ne pas vivre *universellement* comme Virgile et Homère; doutes d'avoir pensé que le temps des individualités *universelles* n'est plus.

Pourquoi chercherais-je à ôter à l'homme le sentiment de l'infini, sans lequel il ne ferait rien et ne s'élèverait jamais à la hauteur qu'il peut atteindre? Si je ne trouve pas en moi la faculté d'exister, pourquoi mes voisins ne la trouveraient-il pas en eux? Un peu d'humeur contre ma nature ne m'a-t-il pas fait juger d'une manière trop absolue les facultés possibles des autres? Eh bien! remettons le tout dans le premier état : rendons aux talents nés ou à naître l'espoir d'une pérennité glorieuse, que quelques écrivains, hommes et femmes, peuvent justement nourrir aujourd'hui : qu'ils aillent donc à l'avenir *universel*, j'en serai charmé. Resté en route, je ne me plaindrai pas, surtout je ne regretterai rien :

Si post fata venit gloria, non propero.

MARIE. — GUILLAUME. — LA REINE ANNE.

ÉCOLE CLASSIQUE.

L'invasion du goût français, commencée au règne de Charles II, s'acheva sous Guillaume et la reine Anne. La grande aristocratie qui s'élevait prit du caractère noble et imposant de la grande monarchie, sa voisine et sa rivale. La littérature anglaise, jusqu'alors presque inconnue à la France, passa le détroit. Addison vit Boileau en 1701, et lui présenta un exemplaire de ses poésies latines. Voltaire, obligé de se réfugier en Angleterre au sujet de sa querelle avec le chevalier de Rohan-Chabot, dédia la *Henriade* à la reine Anne, et se gâta l'esprit par les idées philosophiques de Collins, de Chubb, de Tindal, de Wolston, de Tolland, de Bolingbrocke. Il nous fit connaître Shakespeare, Milton, Dryden, Shaftesbury, Swift, et les présenta à la France comme des hommes d'une nouvelle espèce, découverts par lui dans un nouveau monde. Racine le fils traduisit le *Paradis perdu*, et Rollin parla de ce poëme dans son *Traité des études*.

Guillaume III étant parvenu à la couronne britannique, les écrivains de Londres et de Paris s'engagèrent dans la querelle des princes et des guerriers : Boileau dit *le passage du Rhin;* Prior répond que le gérant du Parnasse occupe les neuf Muses *à chanter que Louis n'a pas passé le Rhin;* ce qui était vrai. Philips traduisait le *Pompée* de Corneille, et Roscommon en écrivait le prologue; Addison célébrait les victoires de Marlborough, et rendait hommage à Athalie; Pope publiait son *Essai sur la critique* dont l'*Art poétique* est le modèle : il donne à peu près les mêmes règles qu'Horace et Boileau; mais tout à coup, se souvenant de sa dignité, il déclare fièrement que « les braves « Bretons méprisent les lois étrangères : *But we, brave Britons, foreingn « laws despis'd.* » Foam traduisit l'*Art poétique* du poëte français : Dryden en revit le texte et remplaça seulement les noms des auteurs français par des noms d'auteurs anglais : il rend le *hâtez-vous lentement* par *gently make haste.*

La boucle de cheveux enlevée fut inspirée par le *Lutrin*, et la *Dunciade*, imitée des *Satires* de l'ami de Racine. Butler a traduit une de ces satires.

Le siècle littéraire de la reine Anne est un dernier reflet du siècle de Louis XIV. Et comme si le grand roi avait eu pour destinée de rencontrer toujours Guillaume et de faire des conquêtes, ne pouvant envahir l'Angleterre avec des gens d'armes, il y pénétra avec des gens de lettres : le génie d'Albion, qui ne céda pas à nos soldats, céda à nos poëtes.

PRESSE PÉRIODIQUE. — ADDISON. — POPE. — SWIFT. — STEELE.

Une autre révolution, dont les conséquences ont été et sont encore incalculables, s'opéra : la presse périodique, à la fois politique et littéraire, fut fondée aux bords de la Tamise. Steele composa, dans l'intérêt des whigs, le *Tatler*, le *Spectator*, le *Mentor*, l'*English man*, le *Lover*, le *Reader*, le *Town-Talk*, le *Chit-Chat*, le *Plebeian;* il combattait l'*Examiner*, écrit par Swift dans l'esprit tory; Addison, Congrève, Walsh, Arbuthnot, Gay, Pope, King, se rangeaient, selon leur opinion, sous les étendards de Swift et de Steele.

Jonatham Swift, né en Irlande le 30 novembre 1667, est fort mal à propos appelé par Voltaire le Rabelais de l'Angleterre. Voltaire n'était sensible qu'aux impiétés de Rabelais et à sa plaisanterie, quand elle est bonne; mais la profonde satire de la société et de l'homme, la haute philosophie, le grand style du curé de Meudon, lui échappaient; comme il ne voyait que le petit côté du christianisme, et ne se doutait pas de la révolution intellectuelle et morale accomplie dans l'humanité par l'Évangile.

Le *Tonneau*, où le pape, Luther et Calvin, sont attaqués; *Gulliver*, où les institutions sociales sont stigmatisées, n'offrent que de pâles copies du *Gargantua*. Les siècles où vécurent les deux auteurs mettent d'ailleurs entre eux une immense différence : Rabelais commença sa langue; Swift acheva la sienne. Il n'est pas certain d'ailleurs que le *Tonneau* soit de Swift ou qu'il l'ait fait seul. Swift s'amusa à fabriquer des vers de vingt, trente et soixante syllabes. L'historien Velly a traduit la satire sur la paix d'Utrecht, intitulée : *John Bull*.

Guillaume III, qui fit tant de choses, instruisit Swift dans l'art de cultiver les asperges à la manière hollandaise. Jonatham aima Stella, l'emmena dans son doyenné de Saint-Patrick, et au bout de seize ans, quand il fut au bout de son amour, il l'épousa. Esther van Homrigh se prit d'une passion pour Swift, bien qu'il fût vieux, laid et dégoûtant : lorsqu'elle sut qu'il était sérieusement marié avec Stella dont il ne se souciait guère, elle mourut. Stella suivit de près Esther. Le vilain homme qui tua ces deux belles jeunes femmes n'a pu, à l'exemple des grands poëtes, leur donner une seconde vie.

Steele, compatriote de Swift, devint son rival en politique. Parvenu à la chambre des communes, il en fut expulsé comme auteur de libelles séditieux. A l'occasion de la création de douze pairs, sous l'administration d'Oxford et de Bolingbrocke, il écrivit une lettre mordante à sir Milhes Wharton sur les *pairs de circonstance*. La liaison de Steele avec le grand corrupteur Walpole ne l'enrichit pas ; faisant trêve à ses pamphlets, il commença la littérature industrielle, et inventa une machine pour transporter du saumon frais à Londres.

On a su gré à Steele d'avoir purgé le théâtre des obscénités dont l'avaient infecté les écrivains de Charles II : le mérite était d'autant plus grand dans l'auteur des *Conscious Lovers*, qu'il avait des mœurs très-peu régulières. Cependant son contemporain Gay, le fabuliste, faisait représenter son *Beggar*, dont le héros est un voleur et l'héroïne une prostituée. Le *Beggar* est l'original de nos mélodrames d'aujourd'hui.

PASSAGE DE LA LITTÉRATURE CLASSIQUE A LA LITTÉRATURE DIDACTIQUE, DESCRIPTIVE ET SENTIMENTALE. — POËME DE DIFFÉRENTS AUTEURS.

La littérature anglaise classique, qui ressemblait à la nôtre, à la différence près des mœurs nationales, dégénéra vite, et passa du classique à l'esprit du dix-huitième siècle. Alors nous devînmes à notre tour imitateurs ; nous nous mîmes à copier nos voisins avec un engouement qui nous reprend encore par accès. Ici la matière est si connue et tellement épuisée qu'il serait fastidieux de procéder dans un ordre chronologique et de répéter ce que chacun sait.

La poésie morale, technique, didactique, descriptive, compte Gay, Young, Akenside, Goldsmith, Gray, Bloomfield, Glover, Thomson, etc. ; le roman rappelle Richardson et Fielding ; l'histoire, Hume, Robertson et Gibbon, qu'ont suivis Smolett et Lingard.

En outre de tous ces poëtes, on a lu, dans leur temps, l'*Art de conserver la santé*, par Armstrong ; la *Chasse*, par Somerville ; l'*Acteur*, par Lloyd ; l'*Art poétique*, de Roscommon ; l'*Art poétique*, de Francis ; l'*Art de la politique*, de Bramston ; l'*Art de la cuisine*, de King.

L'*Art de la politique* a de la verve. L'exorde de ces poëmes divers est imité du début de l'Art poétique d'Horace : Bramston compare un homme à la fois whig et tory à une figure humaine, à sein de femme et à queue de morue.

A lady's bosom, and a tail of cod.

Delacourt, dans son *Prospect of poetry*, essaya l'harmonie imitative technique, comme en composa depuis, en France, M. Piis.

RR's jar untuneful v'er the quiv'ring tongue
And serpent S with hissings spoils the song.

Les plaisirs de l'Imagination, par Akenside, manquent d'imagination; et le poëme sur la *Conversation*, de Stilingfleel n'a pu être composé que chez un peuple qui ne sait pas causer.

Il faut encore rappeler le *Naufrage*, par Falconer; le *Voyageur*, le *Village abandonné*, de Goldsmith; la *Création*, de Blackmoore; le *Jugement d'Hercule*, de Shenstone.

Je nomme Dyer et Denham. Il faut lire la *Complainte du poëte*, par l'infortuné Otway, et le *Wanderer*, par le plus malheureux Savage : c'est là qu'il a peint la furie du suicide : « Le sourcil à moitié brisé par l'agonie de la pensée, « elle crie à l'homme : Pâle misérable, attends de moi ton soulagement : née « du Désespoir, le Suicide est mon nom. »

Born on Despair, and Suicid my name.

YOUNG.

Young a fait une mauvaise école, et n'était pas lui-même un bon maître. Il dut une partie de sa première réputation au tableau que présente l'ouverture de ses *Nuits*. Un ministre du Tout-Puissant, un vieux père, qui a perdu sa fille unique, s'éveille au milieu de la nuit pour gémir sur des tombeaux; il associe à la mort, au temps et à l'éternité, la seule chose que l'homme ait de grand en soi-même, la douleur. Ce tableau frappe.

Mais avancez un peu; quand l'imagination, éveillée par le début du poëte, a déjà créé un monde de pleurs et de rêveries, vous ne trouvez rien de ce qu'on vous a promis. Vous voyez un homme qui tourmente son esprit pour enfanter des idées tendres et tristes, et qui n'arrive qu'à une philosophie morose. Young, que le fantôme du monde poursuit jusqu'au milieu des tombeaux, ne décèle, dans ses déclamations sur la mort, qu'une ambition trompée; il prend son humeur pour de la mélancolie. Point de naturel dans sa sensibilité, d'idéal dans sa douleur; c'est toujours une main pesante qui se traîne sur la lyre.

Young a cherché à donner à ses méditations le caractère de la tristesse : ce caractère se tire de ces trois sources : les scènes de la nature, le vague des souvenirs, les pensées de la religion.

Quant aux scènes de la nature, Young a voulu les faire servir à ses plaintes : il apostrophe la lune, il parle aux étoiles, et l'on ne se sent point ému. Je ne pourrais dire où gît cette tristesse qu'un poëte fait sortir des tableaux de la nature; elle est cachée dans les déserts; c'est l'écho de la Fable desséchée par la douleur, et habitante invisible de la montagne.

Ceux de nos bons écrivains qui ont connu le charme de la rêverie ont surpassé le docteur anglais. Chaulieu a mêlé, comme Horace, les pensées de la mort aux illusions de la vie :

> Grotte, d'où sort ce clair ruisseau,
> De mousse et de fleur tapissée,
> N'entretiens jamais ma pensée
> Que du murmure de ton eau.
> . . . .
> Muses, qui dans ce lieu champêtre

Avec soin me fîtes nourrir;
Beaux arbres qui m'avez vu naître,
Bientôt vous me verrez mourir.

La page la plus rêveuse d'Young ne peut être comparée à cette page de Rousseau :

« Quand le soir approchait, je descendais des cimes de l'île, et j'allais vo-
« lontiers m'asseoir au bord du lac, sur la grève, dans quelque asile caché;
« là, le bruit des vagues et l'agitation de l'eau, fixant mes sens et chassant de
« mon âme toute agitation, la plongeaient dans une rêverie délicieuse où la
« nuit me surprenait souvent, sans que je men fusse aperçu. Le flux et le re-
« flux de cette eau, son bruit continu, mais renflé par intervalle, frappant
« sans relâche mon oreille et mes yeux, suppléaient aux mouvements internes
« que la rêverie éteignait en moi, et suffisaient pour me faire sentir avec
« plaisir mon existence, sans prendre la peine de penser. De temps à autre
« naissait quelque faible et courte réflexion sur l'instabilité des choses du
« monde, dont la surface des eaux m'offrait l'image : mais bientôt ces impres-
« sions légères s'effaçaient dans l'uniformité du mouvement continu qui me
« berçait, et qui, sans aucun concours actif de mon âme, ne laissait pas de
« m'attacher au point qu'appelé par l'heure et le signal convenu, je ne pou-
« vais m'arracher de là sans efforts. »

Young a mal profité des rêveries qu'inspirent de pareilles scènes, parce que son génie manquait de tendresse.

Quant aux souvenirs du malheur, ils sont nombreux dans le poëte, mais sans vérité, comme le reste. Ils n'ont rien de ces accents de Gilbert, expirant à la fleur de l'âge, dans un hôpital, et abandonné de ses amis :

Au banquet de la vie, infortuné convive,
J'apparus un jour, et je meurs !
Je meurs, et sur ma tombe où lentement j'arrive,
Nul ne viendra verser des pleurs.

Adieu, champs fortunés; adieu, douce verdure;
Adieu, riant exil des bois;
Ciel, pavillon de l'homme, admirable nature,
Adieu pour la dernière fois !

Ah ! puissent voir longtemps votre beauté sacrée
Tant d'amis sourds à mes adieux!
Qu'ils meurent pleins de jours, que leur mort soit pleurée,
Qu'un ami leur ferme les yeux!

Dans plusieurs endroits Young déclame contre la solitude : l'habitude de son cœur n'était donc ni du prêtre ni du poëte. Les saints nourrissent leurs méditations au désert, et le Parnasse est aussi une montagne solitaire. Bourdaloue suppliait le chef de son ordre de lui permettre de se retirer du monde. « Je
« sens que mon corps s'affaiblit et tend à sa fin, écrivait-il. J'ai achevé ma
« course, et plût à Dieu que je pusse ajouter : J'ai été fidèle !... Qu'il me soit
« permis d'employer uniquement pour Dieu et pour moi-même ce qui me reste
« de vie.... Là, oubliant toutes les choses du monde, je passerai devant Dieu
« toutes les années de ma vie dans l'amertume de mon âme. » Si Bossuet, vi-

vant au milieu des pompes de Versailles, a su partout répandre dans ses écrits une sainte et majestueuse tristesse, c'est qu'il avait trouvé dans la religion toute une solitude.

Au surplus, dans ce genre descriptif élégiaque, notre siècle a surpassé le précédent. Ce n'est plus comme autrefois des descriptions vagues, mais des observations précises qui s'harmonient aux sentiments, qui charment par leur vérité et laissent dans l'âme comme une sorte de plainte.

Regretter ce qu'il a perdu, habiter dans ses souvenirs, marcher vers la tombe en s'isolant, c'est l'homme. Les images prises dans la nature ont mille rapports avec nos fortunes : celui-ci passe en silence, comme l'épanchement d'une source; celui-ci attache un bruit à son cours, comme un torrent; celui-ci jette sa vie, comme une cataracte : elle épouvante et disparaît.

Young pleure donc sur les cendres de Narcissa sans attendrir le lecteur. Une mère était aveugle ; on lui avait caché que sa fille allait mourir : elle ne s'aperçut de son malheur qu'en embrassant cette fille, et en trouvant sous ses lèvres maternelles l'huile sainte dont le prêtre avait touché un front virginal. Voilà ce qui saisit le cœur plus que toutes les pensées des *Nuits* du père de Narcissa.

GRAY. — THOMSON. — DELILLE. — FONTANES.

De l'auteur des *Nuits* je passe au chantre des morts champêtres. Gray a trouvé sur la lyre une série d'accords et d'inspirations inconnus de l'antiquité. A lui commence cette école de poëtes mélancoliques, qui s'est transformée de nos jours dans l'école des poëtes désespérés. Le premier vers de la célèbre élégie de Gray est une traduction presque littérale du dernier vers de ces délicieux tercets du Dante :

> Era già l'ora che volge 'l disio
> A' naviganti e 'ntenerisce il cuore
> Lo di ch' han detto a' dolci amici addio,
>
> E che lo nuovo peregrin d'amore
> Punge, se ode squilla di lontana
> Che paja 'l giorno pianger che si muore.

Gray dit :

> The carfew tolls the knell of parting day.

Dans mon temps, j'ai aussi imité le *Cimetière de Campagne*. (Qui ne l'a pas imité ?)

> . . . .
> Eh! que sont les honneurs : l'enfant de la victoire,
> Le paisible mortel qui conduit un troupeau,
> Meurent également; et les pas de la gloire,
> Comme ceux du plaisir, ne mènent qu'au tombeau.
> . . . .
> Peut-être ici la mort enchaîne en son empire
> De rustiques Newton de la terre ignorés,
> D'illustres inconnus dont les talents sacrés
> Eussent charmé les dieux sur le luth qui respire :
> Ainsi brille la perle au fond des vastes mers;
> Ainsi meurent aux champs des roses passagères,
> Qu'on ne voit point rougir, et qui, loin des bergères,

D'inutiles parfums embaument les déserts.
....

L'exemple de Gray prouve qu'un écrivain peut rêver sans cesser d'être noble et naturel, sans mépriser l'harmonie.

L'ode sur une *Vue lointaine du collége d'Éton* est digne, dans quelques strophes, de l'élégie sur le *Cimetière de campagne*

> Ah happy hills! ah pleasings hade!
> Ah fields belov'd in vain!
> Where once my careless childhood stray'd
> A stranger yet to pain!
> I feel the gales, that from you blow
> A momentary bliss bestow;
> As, waving fresh their gladsome wing,
> My weary soul they seem to sooth,
> And, redolent of joy and youth,
> To breathe a second spring.
>
> Say, father Thames, for thou hast seen
> Full many a sprightly race,
> Disporting on thy margent green,
> The paths of pleasure trace;
> Who foremost now delight to cleave,
> With pliant aruns, thy glassy wave?
> The captive linnet which enthrall?
> What idle progeny succeed
> To chasse the rolling circle's speed,
> Or urge the flying ball?
> ....
> Alas! regardless of their doom,
> The little victims play!
> No sense have they of ills to come,
> Nor care beyond to-day.

« Heureuses collines, charmants bocages, champs aimés en vain, où jadis
« mon enfance insouciante errait étrangère à la peine ! Je sens les brises qui
« viennent de vous; elles m'apportent un bonheur d'un moment : tandisqu'elles
« battent fraîchement de leur aile joyeuse, elles semblent caresser mon âme
« abattue, et, parfumées de joie et de jeunesse, me souffler un second printemps.

« Dis, paternelle Tamise (car tu as vu plus d'une race éveillée se jouant sur
« ta rive verdoyante, y tracer les pas du plaisir), dis quels sont aujourd'hui les
« plus empressés à fendre d'un bras pliant ton onde cristalline, à enlacer la
« linote captive. Dis quelle génération volage l'emporte à précipiter la course
« du cerceau roulant, ou à lancer la balle fugitive.

« Hélas! sans souci de leur destinée, folâtrent les petites victimes! Elles
« n'ont ni prévision des maux à venir, ni soin d'outre-journée. »

Qui n'a éprouvé les sentiments et les regrets exprimés ici avec toute la douceur de la muse? Qui ne s'est attendri au souvenir des jeux, des études, des amours de ses premières années? Mais peut-on leur rendre la vie? Les plaisirs de la jeunesse reproduits par la mémoire sont des ruines vues au flambeau.

Gray avait la manie du *gentleman-like ;* il ne pouvait souffrir qu'on lui parlât de ses vers, dont il rougissait. Il se piquait d'être savant en histoire, et il l'était; il s'occupait aussi des sciences naturelles ; il avait des prétentions à la chimie, comme dernièrement sir Davie ambitionnait le renom de poëte, mais avec raison. Où sont la gentilhommerie, l'histoire et la chimie de Gray? Il ne vit que dans un sourire mélancolique de ces muses qu'il méprisait.

Thomson a exprimé, comme Gray, mais d'une autre manière, ses regrets des jours de l'enfance.

> Welcome, kindred glooms!
> Congenial horrors hail! with frequent foot,
> Pleas'd have I, in my chearful morn of life,
> When nurs'd by careless solitude I liv'd,
> And sung of natura with uneasing joy,
> Pleas'd have I wander' thro' your rough domain;
> Trod the pur virgin-snows, myself pure.

« Bienvenues ombres apparentées! sympathiques horreurs, salut! Que de « fois charmé au joyeux matin de ma vie, lorsque je vivais nourri par une « solitude insouciante, chantant la nature dans une joie sans fin; que de fois « j'ai erré charmé à travers les rudes régions des tempêtes, et foulé les neiges « virginales, moi-même aussi pur! » etc.

Comme les Anglais avaient leur Thomson, nous avions notre Saint-Lambert et notre Delille. Le chef-d'œuvre du dernier est sa traduction des Géorgiques (aux morceaux de sentiment près), mais c'est comme si vous lisiez Racine traduit dans la langue de Louis XV : on a des tableaux de Raphaël, copiés par Mignard; tels sont les tableaux de Virgile, calqués par l'abbé Delille.

Les *Jardins* sont un charmant ouvrage. Un style plus large se fait remarquer dans quelques chants de la traduction du *Paradis perdu*. Quoi qu'il en soit, cette école technique, placée entre l'école classique du dix-septième siècle et l'école romantique du dix-neuvième, est finie : ses hardiesses trop cherchées, ses labeurs pour ennoblir des choses qui n'en valent pas la peine, pour imiter des sons et des objets qu'il est inutile d'imiter, n'ont donné à l'école technique qu'une vie factice, passée avec les mœurs factices dont elle était née. Cette école, sans manquer de naturel, manque de nature; vouée à des arrangements puérils de mots, elle n'est ni assez originale comme école nouvelle, ni assez pure comme école antique. L'abbé Delille était le poëte des châteaux modernes, de même que le troubadour était le poëte des vieux châteaux : les vers de l'un, les ballades de l'autre, font sentir la différence entre l'aristocratie dans la force de l'âge et l'aristocratie dans la décrépitude : l'abbé peint des lectures et des parties d'échecs, dans les manoirs où le troubadour chantait des croisades et des tournois.

La prose et les vers de M. de Fontanes se ressemblent et ont un mérite de même nature. Ses pensées et ses images ont une mélancolie ignorée du siècle de Louis XIV, qui connaissait seulement l'austère et sainte tristesse de l'éloquence religieuse. Cette mélancolie se trouve mêlée aux ouvrages du chantre du *Jour des morts*, comme l'empreinte de l'époque où l'auteur a vécu; elle fixe la date de sa venue; elle montre qu'il est né depuis Rousseau, non immédiatement après Fénelon. Si l'on réduisait les écrits de M. de Fontanes à deux petits volumes, l'un de prose, l'autre de vers, ce serait le plus élégant monument funèbre qu'on pût élever sur la tombe de l'école classique.

Parmi les odes posthumes de M. de Fontanes, il en est une sur l'*Anniversaire de sa naissance;* elle a le charme du *Jour des morts,* avec un sentiment plus pénétrant et plus individuel. Je ne me souviens que de ces deux strophes :

> La vieillesse déjà vient avec ses souffrances.
> Que m'offre l'avenir? de courtes espérances.
> Que m'offre le passé? des fautes, des regrets.
> Tel est le sort de l'homme, il s'instruit avec l'âge :
>   Mais que sert d'être sage,
>   Quand le terme est si près?
>
> Le passé, le présent, l'avenir, tout m'afflige :
> La vie à son déclin est pour moi sans prestige;
> Dans le miroir du temps elle perd ses appas.
> Plaisirs! allez chercher l'amour et la jeunesse;
>   Laissez-moi ma tristesse,
>   Et ne l'insultez pas!

Si quelque chose au monde devait être antipathique à M. de Fontanes, c'était ma manière d'écrire. En moi commençait, avec l'école dite romantique, une révolution dans la littérature française : toutefois mon ami, au lieu de se révolter contre ma barbarie, se passionna pour elle. Je voyais bien de l'ébahissement sur son visage, quand je lui lisais des fragments des *Natchez,* d'*Atala,* de *René;* il ne pouvait ramener ces productions aux règles communes de la critique; mais il sentait qu'il entrait dans un monde nouveau; il voyait une nature nouvelle; il comprenait une langue qu'il ne parlait pas. Je reçus de lui d'excellents conseils : je lui dois ce qu'il peut y avoir de correct dans mon style; il m'apprit à respecter l'oreille; il m'empêcha de tomber dans l'extravagance d'invention et le rocailleux d'exécution de mes disciples, si j'ai des disciples.

Le 18 fructidor jeta M. de Fontanes à Londres. Nous allions souvent nous promener dans la campagne; nous nous arrêtions sous quelques-uns de ces larges ormes, répandus dans les prairies. Appuyé contre le tronc de ces ormes, mon ami me contait son ancien voyage en Angleterre, avant la révolution; il me redisait les vers qu'il adressait alors à deux jeunes ladies, devenues vieilles à l'ombre des tours de Westminster; tours qu'il retrouvait debout comme il les avait laissées, durant qu'à leur base s'étaient ensevelies les illusions et les heures de sa jeunesse. Nous dînions dans quelque taverne solitaire à Chelsea sur la Tamise, en parlant de Shakespeare et de Milton qui

> « . . . . . . Au pied de Westminter,
> « Et devinait Cromwell et rêvait Lucifer [1].

Milton et Shakespeare avaient vu ce que mon ami et moi nous voyions; ils s'étaient assis comme nous au bord de ce fleuve; pour nous, fleuve étranger de Babylone; pour eux, fleuve nourricier de la patrie. Nous rentrions de nuit à Londres, aux rayons défaillants des étoiles, submergées l'une après l'autre dans le brouillard de la ville. Nous regagnions notre demeure guidés par d'incertaines lueurs qui nous traçaient à peine la route, à travers la fumée de charbon rougissante autour de chaque réverbère : ainsi s'écoule la vie du poëte.

[1] *Les Consolations.* SAINTE-BEUVE.

RÉACTION. — TRANSFORMATION LITTÉRAIRE. — HISTORIENS.

Quand nous devînmes enthousiastes de nos voisins, quand tout fut anglais en France, habits, chiens, chevaux, jardins et livres, les Anglais, par leur instinct de haine pour nous, devinrent anti-Français; plus nous nous rapprochions d'eux, plus ils s'éloignaient de nous. Livré à la risée publique sur leur théâtre, on voyait dans toutes les parades de John Bull, un Français maigre, en habit de taffetas vert-pomme, chapeau sous le bras, jambes grêles, longue queue, air de danseur ou de perruquier affamé; on le tirait par le nez, et il mangeait des grenouilles. Un Anglais, sur notre scène, était toujours un milord ou un capitaine, héros de sentiment et de générosité. La réaction à Londres s'étendit à la littérature entière; on attaqua l'école française : tantôt cherchant à reproduire le passé, tantôt essayant des routes inconnues, d'innovations en innovations on arriva à l'école moderne anglaise.

Lorsque, en 1792, je me réfugiai en Angleterre, il me fallut réformer la plupart des jugements que j'avais puisés dans les critiques de Voltaire, de Diderot, de La Harpe et de Fontanes.

En ce qui touche les historiens, Hume était réputé écrivain tory-jacobite, lourd et rétrograde; on l'accusait, ainsi que Gibbon, d'avoir surchargé la langue anglaise de gallicismes; on lui préférait son continuateur Smollett, esprit whig et *progressif*. Gibbon venait de disparaître; il passait pour un rhéteur : philosophe pendant sa vie, devenu chrétien à sa mort, il demeurait, en cette qualité, atteint et convaincu de pauvre homme; Hallam et Lingard n'avaient pas encore paru.

On parlait encore de Robertson, parce qu'il était sec. On ne peut pas dire de la lecture de son histoire ce que dit M. Lerminier de la lecture de l'histoire d'Hérodote aux jeux Olympiques : « La Grèce tressaillit, et Thucydide pleura. » Le savant ministre écossais se serait en vain efforcé de trouver ce discours que Thucydide met dans la bouche des Platéens, plaidant leur cause devant les Lacédémoniens qui les condamnèrent à mort pour être restés fidèles aux Athéniens :

« Tournez les yeux sur les tombes de vos pères immolés par les Mèdes, en-
« sevelis dans nos sillons, c'est à eux que chaque année nous rendions les hon-
« neurs publics, comme à nos anciens compagnons d'armes. Pausanias les
« inhuma ici, croyant les déposer dans une terre hospitalière. Si vous nous
« ôtez la vie, si du champ de Platée vous faites un champ de Thèbes, ne sera-
« ce pas abandonner vos proches dans une terre ennemie au milieu de leurs
« meurtriers? N'asservirez-vous pas le sol où les Hellènes conquirent leur li-
« berté? N'abolirez-vous pas les antiques sacrifices des fondateurs de ces
« temples? Nous devenons suppliants des cendres de vos aïeux; nous implo-
« rons ces morts pour n'être pas asservis aux Thébains. Nous vous rappelle-
« rons la journée où les actions les plus éclatantes nous illustrèrent, et nous
« terminerons ce discours; fin nécessaire et terrible, puisque nous allons peut-
« être mourir en cessant de parler. »

« Avons-nous au milieu de nos campagnes des tombeaux où nous fassions chaque année des libations? Avons-nous des temples qui rappellent des faits mémorables? L'histoire grecque est un poëme; l'histoire latine, un tableau; l'histoire moderne, une chronique.

SUITE DE LA TRANSFORMATION LITTÉRAIRE. — PHILOSOPHES. — POËTES. POLITIQUES. — ÉCONOMISTES.

De 1792 à 1800, j'ai rarement entendu citer Locke en Angleterre : son système, disait-on, était vieilli, et il passait pour faible en *idéologie*. Quant à Newton, en tant qu'écrivain, on lui refusait la terre et on le renvoyait au ciel, ce qui était juste.

> Il vint; il révéla le principe suprême,
> Constant, universel, un comme Dieu lui-même :
> L'univers se taisait; il dit : *Attraction!*
> Ce mot, c'était le mot de la création [1].

Pour ce qui regarde les poëtes, les *élégants extraits* servaient d'exil à quelques pièces de Dryden. On ne pardonnait point aux vers rimés de Pope, bien qu'on visitât sa maison à Twichenham, que l'on coupât des morceaux du saule pleureur planté par lui, et dépéri comme sa renommée.

Blair? Ennuyeux critique à la française : on le mettait bien au-dessous de Johnson.

Le vieux spectateur? Au grenier.

La littérature philosophique? En classe à Édimbourg.

Les ouvrages des politiques anglais ont peu d'intérêt général. Les questions générales y sont rarement touchées : ces ouvrages ne s'occupent guère que des vérités particulières à la constitution des peuples britanniques.

Les traités des économistes sont moins circonscrits : les calculs sur la richesse des nations, l'influence des colonies, le mouvement des générations, l'emploi des capitaux, la balance du commerce et de l'agriculture, s'appliquent en partie aux diverses sociétés européennes.

Cependant à l'époque dont je parle, M. Burke sortait de l'individualité nationale politique : en se déclarant contre la révolution française, il entraîna son pays dans cette longue voie d'hostilités qui aboutit aux champs de Waterloo. Isolée pendant vingt-deux ans, l'Angleterre défendit sa constitution contre les idées qui l'envahissent aujourd'hui, et l'entraînent au sort commun de l'ancienne civilisation.

THEATRE. — MISTRESS SIDDONS. — PARTERRE. — INVASION DE LA LITTÉRATURE ALLEMANDE.

Il y avait pourtant de l'ingratitude envers les classiques que l'on dédaignait : on était revenu à Shakespeare et à Milton; eh bien! les écrivains du siècle de la reine Anne avaient rendu à la lumière ces deux poëtes, qui attendirent cinquante ans dans les limbes le moment de leur entrée dans la gloire. Dryden, Pope et Addison furent les promoteurs de l'apothéose. Ainsi Voltaire a contri-

---
[1] *Contemplation. A mon père.* J. J. AMPÈRE.

bué à l'illustration des grands hommes du règne de Louis XIV : cet esprit mobile, curieux, investigateur, ayant beaucoup de renommée, en prêtait un peu à son prochain, à condition qu'elle lui serait rendue avec de gros intérêts.

Durant les huit années de mon émigration à Londres, je vis Shakespeare dominer la scène; à peine Rowe, Congrève, Otway, y paraissaient-ils quelquefois : ce peintre sublime et inégal des passions ne permettait à personne de se placer auprès de lui. Mistress Siddons, dans le rôle de lady Macbeth, jouait avec une grandeur extraordinaire : la scène du somnambulisme glaçait d'effroi le spectateur. Talma seul était au niveau de cette actrice, mais son talent avait quelque chose de la correction grecque, qui ne se retrouvait pas dans celui de mistress Siddons.

Invité à une soirée chez lord Lansdown en 1822, sa seigneurie me présenta à une dame sévère, âgée de soixante-treize ans : elle était habillée de crêpe, portait un voile noir comme un diadème sur ses cheveux blancs, et ressemblait à une reine abdiquée. Elle me salua d'un ton solennel et de trois phrases estropiées du *Génie du Christianisme;* puis elle me dit, avec non moins de solennité : « Je suis mistress Siddons. » Si elle m'avait dit : « Je suis lady Macbeth, » je l'aurais cru. Il suffit de vivre pour rencontrer ces débris d'un siècle, jetés par les flots du temps sur le rivage d'un autre siècle.

Le parterre anglais était, en mes jours d'exil, turbulent et grossier; des matelots buvaient de la bière au parterre, mangeaient des oranges, apostrophaient les loges. Je me trouvais un soir auprès d'un matelot entré ivre dans la salle; il me demanda où il était : je lui dis à Covent-Garden : — *Pretty garden, indeed !* « Joli jardin, vraiment ! » s'écria-t-il, saisi comme les dieux d'Homère d'un rire inextinguible. Mais John Bull, dans sa brutalité, était meilleur juge des beautés de Shakespeare que ces dandies, qui préfèrent actuellement les pièces de Kotzebue et de nos boulevards, traduites en anglais, aux scènes de *Richard III* et d'*Hamlet*.

La littérature germanique a envahi la littérature anglaise, comme la littérature italienne d'abord, et la littérature française ensuite, firent autrefois irruption dans la patrie de Milton. Walter Scott débuta dans la carrière des lettres par la traduction du *Berlinchengen*, de Goëthe. Puis les drames de Kotzebue profanèrent la scène de Shakespeare : on aurait pu choisir autrement, puisqu'on avait Goëthe, Schiller et Lessing. Quelques poëtes écossais ont imité mieux, dans leur courage et dans leurs montagnes, ces chants guerriers de la nouvelle Germanie, que M. Saint-Marc Girardin nous a fait connaître, comme M. Ampère nous a initiés aux Edda, aux Sagas et aux Nibelungen.

« Comme elle dort (la reine de Prusse) doucement ! Ses traits respirent en-
« core je ne sais quel air de vie. Ah ! puisses-tu dormir jusqu'au jour où ton
« peuple lavera dans le sang la rouille de son épée; dormir jusqu'à la nuit, la
« plus belle des nuits, qui verra briller sur les montagnes les signaux de la
« guerre ! Éveille-toi alors, éveille-toi, sainte patronne de l'Allemagne : sois
« son ange, l'ange de la liberté et de la vengeance [1] ! »

---

[1] Kærner : *Notices sur l'Allemagne.* M. Saint-Marc Girardin.

ÉLOQUENCE POLITIQUE. — FOX. — BURKE. — PITT.

L'éloquence politique pourrait être considérée comme faisant partie de la littérature britannique [1] : j'ai été à même de la juger à deux époques bien différentes de ma vie.

« L'Angleterre de 1688 était, vers la fin du siècle dernier, à l'apogée de sa gloire. Pauvre émigré à Londres de 1792 à 1800, j'ai entendu parler les Pitt, les Fox, les Sheridan, les Wilberforce, les Grenville, les Whitbread, les Lauderdale, les Erskine ; magnifique ambassadeur à Londres en 1822, je ne saurais dire à quel point je fus frappé, lorsque, au lieu des grands orateurs que j'avais admirés autrefois, je vis se lever ceux qui étaient leurs seconds à la date de mon premier voyage, les écoliers à la place des maîtres. Albion s'en va comme le reste ; les idées *générales* ont pénétré dans cette société *particulière* et la mènent. Mais l'aristocratie éclairée, placée à la tête de ce pays depuis cent quarante ans, aura montré au monde une des plus belles et des plus puissantes sociétés qui aient fait honneur à l'espèce humaine, depuis le patriciat romain. Les derniers succès de la couronne britannique sur le continent ont précipité sa chute : l'Angleterre victorieuse, de même que Buonaparte vaincu, a perdu son empire à Waterloo.

« En 1796 j'assistai à la mémorable séance de la chambre des communes où M. Burke se sépara de M. Fox. Il s'agissait de la révolution française, que M. Burke attaquait et que M. Fox défendait. Jamais les deux orateurs, qui jusqu'alors avaient été amis, ne déployèrent autant d'éloquence. Toute la chambre fut émue, et des larmes remplirent les yeux de M. Fox, quand M. Burke termina sa réplique par ces paroles :

« Le très-honorable gentleman, dans le discours qu'il a fait, m'a traité à
« chaque phrase avec une dureté peu commune ; il a censuré ma vie entière,
« ma conduite et mes opinions. Nonobstant cette grande et sérieuse attaque,
« non méritée de ma part, je ne serai pas épouvanté ; je ne crains pas de dé-
« clarer mes sentiments dans cette chambre, ou partout ailleurs. Je dirai au
« monde entier que la constitution est en péril. C'est certainement une chose
« indiscrète en tout temps, et beaucoup plus indiscrète encore à cet âge de ma
« vie, que de provoquer des ennemis ou de donner à mes amis des raisons de
« m'abandonner. Cependant si cela doit arriver pour mon adhérence à la con-
« stitution britannique, je risquerai tout, et, comme le devoir public et la
« prudence publique me l'ordonnent, dans mes dernières paroles je m'écrierai :
« Fuyez la constitution française ! » — (*Fly from the french constitution.*)

M. Fox ayant dit qu'il ne s'agissait pas de *perdre des amis*, M. Burke s'écria :

« Oui, il s'agit de perdre des amis ! je connais le résultat de ma conduite ;
« j'ai fait mon devoir au prix de mon ami, notre amitié est finie. » *I have done my duty at the price of my friend; our friendship is at an end.*) « J'a-

---

[1] Tout ce qui suit jusqu'au chapitre *Voyages* est extrait de mes *Mémoires*, et marqué de guillemets.

« vertis les très-honorables gentlemen qui sont les deux grands rivaux dans
« cette chambre, qu'ils doivent à l'avenir (soit qu'ils se meuvent dans l'hémi-
« sphère politique comme deux flamboyants météores, soit qu'ils marchent
« ensemble comme deux frères), je les avertis qu'ils doivent préserver et chérir
« la constitution britannique ; qu'ils doivent se mettre en garde contre les in-
« novations, et se sauver du danger de ces nouvelles théories. » (*From the*
« *danger of these new theories.*)

« Pitt, Fox, Burke ne sont plus, et la constitution anglaise a subi l'influence
des *nouvelles théories*. Il faut avoir vu la gravité des débats parlementaires à
cette époque, il faut avoir entendu ces orateurs dont la voix prophétique semblait annoncer une révolution prochaine, pour se faire une idée de la scène
que je viens de rappeler. La liberté contenue dans les limites de l'ordre semblait se débattre, à Westminster, sous l'influence de la liberté anarchique qui
parlait à la tribune encore sanglante de la Convention.

« M. Pitt, grand et maigre, avait un air triste et moqueur. Sa parole était
froide ; son intonation, monotone ; son geste, insensible : toutefois la lucidité
et la fluidité de ses pensées, la logique de ses raisonnements subitement illuminés d'éclairs d'éloquence, faisaient de son talent quelque chose hors de ligne.

« J'apercevais assez souvent M. Pitt, lorsque de son hôtel, à travers le parc
Saint-James, il allait à pied chez le roi. De son côté, Georges III arrivait de
Windsor, après avoir bu de la bière dans un pot d'étain avec les fermiers du
voisinage ; il franchissait les vilaines cours de son vilain châtelet, dans une
voiture grise que suivaient quelques gardes à cheval : c'était là le maître des
rois de l'Europe, comme cinq ou six marchands de la cité sont les maîtres de
l'Inde. M. Pitt, en habit noir, épée à poignée d'acier au côté, chapeau sous le
bras, montait enjambant deux ou trois marches à la fois. Il ne trouvait sur son
passage que trois ou quatre émigrés désœuvrés : laissant tomber sur nous un
regard dédaigneux, il passait le nez au vent, la figure pâle.

« Ce grand financier n'avait aucun ordre chez lui ; point d'heures réglées
pour ses repas ou son sommeil. Criblé de dettes, il ne payait rien, et ne se
pouvait résoudre à faire l'addition d'un mémoire. Un valet de chambre conduisait sa maison. Mal vêtu, sans plaisir, sans passion, avide de pouvoir, il
méprisait les honneurs et ne voulait être que *William Pitt*.

« Lord Liverpool, au mois de juin 1822, me mena dîner à sa campagne :
en traversant la bruyère de Pulteney, il me montra la petite maison où mourut
pauvre le fils de lord Chatam, l'homme d'État qui avait mis l'Europe à sa solde,
et distribué de ses propres mains tous les milliards de la terre. »

CHANGEMENT DES MŒURS ANGLAISES. — GENTLEMEN-FARMERS. — CLERGÉ. — GRAND MONDE. — GEORGES III.

« Séparés du continent par une longue guerre [1], les Anglais conservaient, à
la fin du dernier siècle, leurs mœurs et leur caractère national. Tout n'était pas
encore machine dans les classes industrielles, folie dans les hautes classes. Sur

[1] Extrait de mes *Mémoires*.

ces mêmes trottoirs où l'on voit maintenant se promener des figures sales et des hommes en redingote, passaient de petites filles en mantelet blanc, chapeau de paille noué sous le menton avec un ruban, corbeille au bras, dans laquelle étaient des fruits ou un livre ; toutes tenant les yeux baissés, toutes rougissant lorsqu'on les regardait. Les redingotes sans habit étaient si peu d'usage à Londres, en 1793, qu'une femme, qui pleurait à chaudes larmes la mort de Louis XVI, me disait : « Mais, cher monsieur, est-il vrai que le pauvre roi « était vêtu d'une redingote quand on lui coupa la tête ? »

« Les *gentlemen-farmers* n'avaient point encore vendu leur patrimoine pour habiter Londres; ils formaient encore dans la chambre des communes cette fraction indépendante qui, se portant de l'opposition au ministère, maintenait les idées d'ordre et de propriété. Ils chassaient le renard ou le faisan en automne, mangeaient l'oie grasse à Noël, criaient *Vivat* au *roastbeef*, se plaignaient du présent, vantaient le passé, maudissaient Pitt et la guerre, laquelle augmentait le prix du vin de Porto, et se couchaient ivres pour recommencer le lendemain la même vie. Ils se tenaient assurés que la gloire de la Grande-Bretagne ne périrait point tant qu'on chanterait *God save the king*, que les bourgs-pourris seraient maintenus, que les lois sur la chasse resteraient en vigueur, et que l'on vendrait furtivement au marché les lièvres et les perdrix, sous le nom de *lions* ou d'*autruches*.

« Le clergé anglican était savant, hospitalier et généreux ; il avait reçu le clergé français avec une charité toute chrétienne. L'université d'Oxford fit imprimer à ses frais, et distribuer gratis aux curés, un Nouveau Testament, selon la leçon romaine, avec ces mots : *A l'usage du clergé catholique exilé pour la religion.*

« Quant à la haute société anglaise, chétif exilé, je n'en apercevais que les dehors. Lors des réceptions à la cour, ou chez la princesse de Galles, passaient des ladies assises de côté dans des chaises à porteurs ; leurs grands paniers sortaient par la porte de la chaise, comme des devants d'autel ; elles ressemblaient elles-mêmes, sur ces autels de leur ceinture, à des madones ou à des pagodes. Ces belles dames étaient les filles dont le duc de Guines et le duc de Lauzun avaient adoré les mères, et ces filles étaient, en 1822, les mères et grand'mères des petites filles qui dansaient chez moi, en robe courte, au son du galoubet de Collinet. Il y de cela onze années : onze années attachées au bas d'une robe doivent avoir rendu les pas moins légers. Et chacune de ces petites filles a peut-être à présent onze petites filles, les plus vieilles âgées de onze ans et prêtes à se marier bientôt sur la célèbre bruyère; rapides générations de fleurs.

Georges III survécut à M. Pitt; mais il avait perdu la raison et la vue. Chaque session, à l'ouverture du parlement, les ministres lisaient, aux chambres silencieuses et attendries, le bulletin de la santé du roi. On rencontrait le monarque aveugle, errant comme le roi Léar dans ses palais, tâtonnant avec ses mains les murs des salles du château de Windsor, ou assis devant un piano, jouant, en cheveux blancs, une sonate de Heddel, ou l'air favori de Shakespeare : c'est une belle fin de la *vieille Angleterre*, « OLD ENGLAND[1]. »

[1] Les extraits des *Mémoires* sont interrompus ici.

VOYAGES. — LE CAPITAINE ROSS. — JACQUEMONT. — LAMARTINE.

Voyage ! grand mot ! il me rappelle ma vie entière. Les Américains veulent bien me regarder comme le chantre de leurs anciennes forêts, et l'Arabe Abou-Gosh se souvient encore de ma course dans les montagnes de la Judée. J'ai ouvert la porte de l'Orient à lord Byron et aux voyageurs qui depuis moi ont visité le Céphise, le Jourdain et le Nil ; postérité nombreuse que j'ai envoyée en Égypte, comme Jacob y envoya ses fils. Mes vieux et jeunes amis ont élargi le petit sentier qu'avait laissé mon passage : M. Michaud, dernier pèlerin de ces croisades, s'est présenté au saint-sépulcre ; M. Lenormant a visité les tombeaux de Thèbes pour nous conserver la langue de Champollion ; il a vu renaître parmi les ruines de la Grèce la liberté que j'y avais vue expirer sous le turban ivre de fanatisme, d'opium et de femmes. Mes traces en tous pays ont été effacées par d'autres traces ; elles ne sont restées solitaires que dans la poussière de Carthage, comme les vestiges d'un hôte du désert sur les neiges canadiennes. Dans les savanes mêmes d'Atala, les herbes sont remplacées par des moissons ; trois grands chemins mènent aux Natchez, et si Chactas vivait encore, il pourrait être député au congrès de Washington. Enfin j'ai reçu une brochure des Chéroquois : ces Sauvages me complimentent en anglais, comme un « éminent écrivain et le conducteur de la presse publique. » (*Eminent writer and conductor of the public press.*)

Les voyages doivent être compris dans la littérature anglaise. Il s'est opéré bien des changements dans la manière de les écrire depuis Shaw, Chandler, Raleph, Hudson, Baffine, Anson, etc., jusqu'aux derniers explorateurs de terre et de mer. Il faudrait faire un volume sur les capitaines Cook et Van Couver, sur les mille et une courses à travers l'Inde, sur les découvertes de Claperston et de Laing, de Mungo-Park et des frères Lander ; sur celles des capitaines Francklin, Parry et Ross. Si je me laissais entraîner à mon goût pour les voyages, il me serait impossible de sortir de Tombouctou, des bords du Niger ou des vallées de l'Himalaya. Cependant, et afin de ne pas omettre cette grande branche de la littérature anglaise, je citerai quelques passages extraits du journal du capitaine Ross : je m'intéresse particulièrement à ce monde arctique dont je rêvai la découverte dans ma jeunesse.

Le capitaine Ross, parti d'Angleterre en 1829, à la recherche du passage du nord-ouest, pénétra dans le détroit de Lancaster et l'*Inlet* du Prince-Régent ; arrêté par les glaces dans le golfe auquel il a donné le nom de Boothia, il demeura quatre ans enfermé sur la côte occidentale de ce golfe. Obligé d'abandonner son navire, *la Victoire*, il revint, sur la surface d'un océan gelé, chercher la baie de Baffin, où il eut le bonheur de rencontrer le vaisseau baleinier *l'Isabelle* qui le reçut à son bord : par un concours de circonstances extraordinaires, *l'Isabelle* était le vaisseau même que montait le capitaine Ross lors de son premier voyage en 1828.

Pendant les quatre années de sa détention dans les glaces, le capitaine découvrit le pôle magnétique et la mer polaire de l'ouest, séparée seulement de la mer de l'est par un isthme fort étroit. Voyons maintenant les souffrances des voyageurs, et l'espèce de poésie désolée de ces régions. Le capitaine peint de cette manière la nature hyperboréenne : je me sers de la traduction de M. Defauconpret.

« La neige détruit l'effet de tout le paysage et en fait disparaître l'ensemble
« en confondant les distances, les proportions, et surtout l'harmonie du colo-
« ris ; en nous donnant une misérable mosaïque de noir et de blanc, au lieu de
« ces douces dégradations de teintes et de ces combinaisons de couleurs que
« produit la nature dans sa parure d'été, au milieu des paysages les moins
« attrayants et les plus agrestes.

« Telles sont mes objections contre une vue de neige. L'expérience d'un jour
« suffit pour les suggérer. A plus forte raison devaient-elles se présenter à nous
« dans une misérable région où, pendant plus de la moitié de l'année, on n'a
« au-dessus de la tête que de la neige ; où l'ouragan a des ailes de neige ; où
« le brouillard est de la neige, où le soleil ne se montre que pour briller sur
« la terre que couvre la neige, quoiqu'il n'en tombe pas ; où l'haleine qui sort
« de la bouche se change en neige, où la neige s'attache aux cheveux, aux cils
« et à tous les vêtements ; où elle remplit nos chambres, nos plats et nos lits,
« si nous ouvrons une porte pour donner accès à l'air extérieur ; où le cristal
« liquide qui doit étancher notre soif sort d'une bouilloire remplie de neige et
« suspendue sur une lampe ; où nous avons des sofas, des lits, des maisons de
« neige ; où la neige couvre le pont et le toit de notre navire, et forme nos
« observatoires et nos garde-manger ; enfin où la neige, quand elle ne pour-
« rait plus nous être d'aucun autre usage, servirait à former nos cercueils et
« nos tombes. »

Le commandant Ross, neveu du capitaine, était allé faire une course chez une horde d'Esquimaux :

« Nos guides étaient complétement en défaut, car la neige qui tombait était
« si épaisse, qu'ils ne pouvaient voir à dix toises devant eux. Nous fûmes donc
« forcés de renoncer à toute tentative ultérieure, et de consentir à ce qu'ils
« construisissent une hutte de neige.

« Elle fut terminée en une demi-heure, et jamais nous n'eûmes lieu d'être
« plus satisfaits de ce genre d'architecture, qui, en si peu de temps, nous pro-
« cura un abri contre le vent et la neige aussi bien qu'aurait pu faire la meil-
« leure maison construite en pierre.

« Nos vêtements avaient été tellement pénétrés par la neige qui s'y était en-
« suite gelée, que nous ne pûmes les ôter que lorsque la chaleur de nos corps
« les eut rendus plus souples. Nous souffrions beaucoup de la soif, et tandis
« que les Esquimaux construisaient la hutte, nous fîmes fondre de la neige à
« l'aide d'une lampe à l'esprit-de-vin. Nous en eûmes bientôt une quantité
« suffisante pour nous quatre, et nos guides en furent aussi enchantés que
« surpris, car la même opération qu'ils font dans un vase de pierre suspendu
« sur leur lampe, est pour eux l'ouvrage de trois à quatre heures.

« Notre habitation n'était pourtant pas sans inconvénient. Son extrême pe-
« titesse en était déjà un ; mais le plus grand était que les murs se fondaient,

« et que l'eau tombant sur nos habits, les mouillait à un tel point que nous
« fûmes obligés de les ôter, et de nous glisser dans les sacs de fourrure
« dont nous étions munis. Par ce moyen nous écartâmes l'ennemi et nous
« pûmes dormir............................
« ....

« Nous eûmes un ouragan venant du nord, et il dura toute la journée avec
« tant de force que nous ne pûmes sortir de la hutte.... Le vent hurlait autour
« de nos murs de neige, et celle qu'il chassait battait contre eux avec un sifﬂe-
« ment que j'étais charmé de pouvoir oublier en me livrant à une conversation
« qui m'empêchait d'y faire attention. »

Le moment où le commandant Ross découvre l'Océan de l'ouest est remarquable :

« Mes compagnons, que j'avais quittés un moment, avaient annoncé leur ar-
« rivée sur les bords de l'Océan occidental par trois acclamations. C'était en effet
« pour eux, et encore plus pour moi, leur chef, un spectacle palpitant d'intérêt,
« et qui méritait bien le salut ordinaire du marin. C'était cet Océan que nous
« avions cherché; l'objet de notre ambition et de nos efforts; l'espace d'eau
« libre qui, comme nous l'avions espéré, devait nous porter autour du conti-
« nent de l'Amérique et nous procurer le triomphe si désiré par nos prédé-
« cesseurs, et que nous-mêmes nous avions si longtemps et si inutilement tra-
« vaillé à obtenir. Notre but eût été atteint si la nature n'y eût mis obstacle;
« si notre chaîne de lacs eût été un bras de mer; si cette vallée eût ouvert une
« communication libre entre les deux mers. Du moins, nous en avions re-
« connu l'impossibilité. Cet Océan tant désiré était à nos pieds; nous allions
« bientôt voyager sur sa surface, et au milieu de notre désappointement nous
« avions du moins la consolation d'avoir écarté tous les doutes, banni toute in-
« certitude, et de sentir que, lorsque Dieu a dit non, il ne reste à l'homme autre
« chose à faire qu'à se soumettre et à lui rendre grâces de ce qu'il a accordé.
« C'était un moment solennel, un moment à ne jamais oublier; les acclama-
« tions des marins ne produisirent jamais une impression plus profonde qu'en
« ce moment où elles interrompaient le silence de la nuit, au milieu d'un dé-
« sert de glace et de neige, où il n'y avait pas un seul objet qui pût rappeler
« qu'il existait des êtres vivants, et où il semblait qu'aucun son n'eût jamais
« été entendu............................

« On peut s'imaginer combien il me répugnait de retourner au vaisseau, du
« point où nous étions parvenus, à l'instant où nous touchions presque à l'objet
« principal de notre expédition; mais il faudrait être dans la situation où nous
« nous trouvions pour concevoir toute l'étendue de nos regrets et de notre dé-
« sappointement. Notre distance du cap Turnagain n'était pas alors plus grande
« que l'espace que nous avions déjà parcouru, et quelques jours de plus à notre
« disposition nous auraient permis d'achever tout ce qui restait à faire, de re-
« tourner triomphants à *la Victoire*, et de reporter en Angleterre un fruit vé-
« ritablement digne de nos longs et pénibles travaux. Mais ce peu de jours
« n'était pas en notre pouvoir...........................
« ....

« Nous déployâmes donc notre drapeau pour accomplir le cérémonial d'usage,
« et nous prîmes possession de tout le pays que nous apercevions jusqu'à cette
« pointe éloignée. Nous donnâmes à celle sur laquelle nous étions le nom de
« Pointe de la Victoire ; c'était le *nec plus ultra* de nos travaux. . . . .
« . . . .
« Nous élevâmes sur la pointe de la Victoire un monticule de pierres de six
« pieds de hauteur, et dans l'intérieur nous plaçâmes une caisse d'étain con-
« tenant une courte relation de ce que nous avions fait depuis notre départ
« d'Angleterre. Telle est la coutume, et nous devions nous y conformer, quoi-
« qu'il n'y eût pas la moindre apparence que notre petite histoire tombât jamais
« sous les yeux d'un Européen. Nous aurions pourtant travaillé à cet ouvrage
« avec une sorte d'espoir, si nous avions su alors qu'on nous regardait comme
« des hommes perdus, sinon morts ; et que notre ancien ami Back, notre ami
« éprouvé, était sur le point de partir pour nous chercher et nous rendre à la
« société et à notre patrie. S'il arrive que le cours des recherches qu'il continue
« en ce moment le conduise au cap Turnagain, en cet endroit, et qu'il y trouve
« la preuve de la visite que nous y avons faite, nous savons ce que c'est pour
« le voyageur errant dans ces solitudes, de trouver des traces qui lui rappellent
« sa patrie et ses amis, et nous pourrions presque lui envier ce bonheur ima-
« ginaire. »

Le sentiment de patrie exprimé au milieu de ces souffrances inouïes et de ces affreux climats ; ces noms confiés à un monument de neige, et qui ne seront pas retrouvés ; cette gloire inconnue reposant sur quelques pierres, s'adressant du fond d'une solitude éternelle à une postérité qui n'existera jamais ; ces paroles écrites qui ne parleront point dans ces régions muettes, ou qui s'éteindront sous le bruit des glaces brisées par une tempête qu'aucune oreille n'entendra : tout cet ensemble de choses étonne. Mais la première émotion passée, on trouve, en dernier résultat, que la mort est au bout de tout : la vie et la mémoire de l'homme se perdent sur tous les rivages, dans le silence et les glaces de la tombe.

Voyez l'infortuné Jacquemont mourir loin de la France, environné de toutes les populations de l'Indostan : sa voix est-elle moins poignante que celle de ces marins se souvenant de leur pays dans les solitudes hyperboréennes ? Couché sur le dos, parce qu'il n'avait plus la force de se tenir assis, il traçait au crayon, le 1ᵉʳ décembre 1832, ce billet à son frère :

« Ma fin, si c'est elle qui s'approche, est douce et tranquille. Si tu étais là
« assis sur le bord de mon lit, avec notre père et Frédéric, j'aurais l'âme brisée
« et ne verrais pas venir la mort avec cette résignation et cette sérénité. Con-
« sole-toi ; console notre père ; consolez-vous mutuellement, mes amis.
« Mais je suis épuisé par cet effort d'écrire. Il faut vous dire adieu ! adieu !
« Oh ! que vous êtes aimés de votre pauvre Victor ! — Adieu pour la dernière
« fois. »

Les voyageurs modernes de la France peuvent lutter dans leurs descriptions avec les tableaux présentés par les voyageurs anglais : vous ne trouveriez dans les peintures de l'Inde rien d'aussi brillant que cette description de M. de Lamartine. Sous les pins, dans le sable foulé des chameaux, au milieu des caravanes, aux rayons du soleil de la Syrie, le lecteur aimera à se réchauffer en sortant de cette terre sans arbres, de ce sable de neige, marqués par les pas des renards et des ours ; de ces huttes de frimas éclairées par ce que le capitaine Ross appelle le *crépuscule du midi*.

« A une demi-lieue environ de la ville, du côté du levant, l'émir Fakardin
« a planté une forêt de pins parasols sur un plateau sablonneux, qui s'étend
« entre la mer et la plaine de Bagdhad, beau village arabe au pied du Liban :
« l'émir planta, dit-on, cette magnifique forêt pour opposer un rempart à l'in-
« vasion des immenses collines de sable rouge qui s'élèvent un peu plus loin
« et qui menaçaient d'engloutir Bayruth et ses riches plantations. La forêt est
« devenue superbe ; les troncs des arbres ont soixante et quatre-vingts pieds de
« haut d'un seul jet, et ils étendent de l'un à l'autre leurs larges têtes immo-
« biles qui couvrent d'ombres un espace immense ; des sentiers de sable glis-
« sent sous les troncs des pins et présentent le sol le plus doux aux pieds des
« chevaux. Le reste du terrain est couvert d'un léger duvet de gazon semé de
« fleurs du rouge le plus éclatant ; les ognons de jacinthes sauvages sont si
« gros qu'ils ne s'écrasent pas sous le fer des chevaux. A travers les colon-
« nades de ces troncs de sapin, on voit d'un côté les dunes blanches et rougeâtres
« de sable qui cachent la mer, de l'autre la plaine de Bagdhad et le cours du
« fleuve dans cette plaine, et un coin du golfe, semblable à un petit lac, tant
« il est encadré par l'horizon des terres, et les douze ou quinze villages arabes
« jetés sur les dernières pentes du Liban, et enfin les groupes du Liban même,
« qui font le rideau de cette scène. La lumière est si nette et l'air si pur,
« qu'on distingue à plusieurs lieues d'élévation les formes des cèdres ou des ca-
« roubiers sur les montagnes, ou les grands aigles qui nagent sans remuer
« leurs ailes dans l'océan de l'éther. Ce bois de pins est certainement le plus
« magnifique de tous les sites que j'ai vus dans ma vie. Le ciel, les montagnes,
« les neiges, l'horizon bleu de la mer, l'horizon rouge et funèbre du désert de
« sable ; les lignes serpentantes du fleuve ; les têtes isolées des cyprès ; les
« grappes des palmiers épars dans la campagne ; l'aspect gracieux des chau-
« mières couvertes d'orangers et de vignes retombant sur les toits ; l'aspect sé-
« vère des hauts monastères maronites faisant de larges taches d'ombre ou de
« larges jets de lumières sur les flancs ciselés du Liban ; les caravanes de cha-
« meaux chargés des marchandises de Damas, qui passent silencieusement
« entre les troncs d'arbres ; des bandes de pauvres Juifs montés sur des ânes,
« tenant deux enfants sur chaque bras ; des femmes enveloppées de voiles
« blancs, à cheval, marchant au son du fifre et du tambourin, environnées
« d'une foule d'enfants vêtus d'étoffes rouges bordées d'or, et qui dansent de-
« vant leurs chevaux ; quelques cavaliers arabes courant le dgérid autour de
« nous sur des chevaux dont la crinière balaie littéralement le sable ; quel-
« ques groupes de Turcs assis devant un café bâti en feuillage, et fumant la pipe
« ou faisant la prière ; un peu plus loin les collines désertes de sable sans fin,
« qui se teignent d'or aux rayons du soleil du soir, et où le vent soulève des
« nuages de poussière enflammée ; enfin, le sourd mugissement de la mer qui
« se mêle au bruit musical du vent dans les têtes des sapins, et au chant de mil-

« liers d'oiseaux inconnus : tout cela offre à l'œil et à la pensée du promeneur
« le mélange le plus sublime, le plus doux, et à la fois le plus mélancolique
« qui ait jamais enivré mon âme; c'est le site de mes rêves, j'y reviendrai tous
« les jours. »

Le lecteur sera sur ce site de l'avis du poëte : il y reviendra.

ROMANS. — TRISTES VÉRITÉS QUI SORTENT DES LONGUES CORRESPONDANCES. — STYLE ÉPISTOLAIRE.

Les romans, toujours à la fin du dernier siècle, avaient été compris dans la proscription générale. Richardson dormait oublié; ses compatriotes trouvaient dans son style des traces de la société inférieure, au sein de laquelle il avait vécu. Fielding se soutenait bien ; Sterne, entrepreneur d'originalité, était passé. On lisait le *Vicaire de Wakefield.*

Si Richardson n'a pas de style (ce dont nous ne sommes pas juges, nous autres étrangers), il ne vivra pas, parce qu'on ne vit que par le style. En vain on se révolte contre cette vérité : l'ouvrage le mieux composé, orné de portraits d'une bonne ressemblance, rempli de mille autres perfections, est mort-né si le style manque. Le style, et il y en a de mille sortes, ne s'apprend pas; c'est le don du ciel, c'est le talent. Mais si Richardson n'a été abandonné que pour quelques locutions bourgeoises, insupportables à une société élégante, il pourra renaître; la révolution qui s'opère, en abaissant l'aristocratie et en élevant les classes moyennes, rendra moins sensibles, ou fera disparaître les traces des habitudes de ménage et d'un langage inférieur.

Les romans en lettres (vu l'espace étroit dans lequel l'action et les personnages sont renfermés) manquent d'un intérêt triste et d'une vérité philosophique qui sortent de la lecture des correspondances réelles. Prenez, par exemple, les œuvres de Voltaire ; lisez la première lettre, adressée en 1715 à la marquise de Mimeurs, et le dernier billet écrit le 26 mai 1778, quatre jours avant la mort de l'auteur, au comte de Lally-Tolendal; réfléchissez sur tout ce qui a passé dans cette période de soixante-trois années.

Voyez défiler la longue procession des morts : Chaulieu, Cideville, Thiriot, Algarotti, Genonville, Helvétius; parmi les femmes, la princesse de Bareith, la maréchale de Villars, la marquise de Pompadour, la comtesse de Fontaine, la marquise du Châtelet, madame Denis; et ces créatures de plaisir qui traversent en riant la vie, les Lecouvreur, les Lubert, les Gaussin, les Sallé, les Camargo; Terpsichores *aux pas mesurés par les grâces*, dit le poëte, et dont les cendres légères sont aujourd'hui foulées par les danses aériennes de Taglioni.

Quand vous suivez quelque temps la même correspondance, vous tournez la page, et le nom écrit d'un côté ne l'est plus de l'autre ; un nouveau Genonville, une nouvelle du Châtelet paraissent et vont, à vingt lettres de là, s'abîmer sans retour : les amitiés succèdent aux amitiés, les amours aux amours.

L'illustre vieillard s'enfonçant dans ses années, cesse d'être en rapport, excepté par la gloire, avec les générations qui s'élèvent; il leur parle encore du désert de Ferney, mais il n'a plus que sa voix au milieu d'elles. Qu'il y a loin des vers au fils unique de Louis XIV,

Noble sang du plus grand des rois,
Son amour est notre espérance, etc.

aux stances à madame du Deffant !

Eh quoi ! vous êtes étonnée
Qu'au bout de quatre-vingts hivers
Ma muse faible et surannée
Puisse encor fredonner des vers !
. . . .
Quelquefois un peu de verdure.
Rit sous les glaçons de nos champs :
Elle console la nature,
Mais elle sèche en peu de temps.

Le roi de Prusse, l'impératrice de Russie, toutes les grandeurs, toutes les célébrités de la terre reçoivent à genoux, comme un brevet d'immortalité, quelques mots de l'écrivain qui vit mourir Louis XIV, passer Louis XV et son siècle, naître et régner Louis XVI, et qui, placé entre le grand roi et le roi-martyr, est à lui seul toute l'histoire de France de son temps.

Mais une correspondance particulière entre deux personnes qui se sont aimées offre peut-être encore quelque chose de plus triste, car ce ne sont plus les *hommes*, c'est l'*homme* que l'on voit.

D'abord les lettres sont longues, vives, multipliées ; le jour n'y suffit pas ; on écrit au coucher du soleil ; on trace quelques mots au clair de la lune, chargeant la lumière chaste, silencieuse, discrète, de couvrir de sa pudeur mille désirs. On s'est quitté à l'aube ; à l'aube on épie la première clarté pour écrire ce que l'on croit avoir oublié de dire dans des heures de délices. Mille serments couvrent le papier où se reflètent les roses de l'aurore ; mille baisers sont déposés sur les mots brûlants qui semblent naître du premier regard du soleil : pas une idée, une image, une rêverie, un accident, une inquiétude qui n'ait sa lettre.

Voici qu'un matin quelque chose de presque insensible se glisse sur la beauté de cette passion, comme une première ride sur le front d'une femme adorée. Le souffle et le parfum de l'amour expirent dans ces pages de la jeunesse, comme une brise s'alanguit le soir sur des fleurs : on s'en aperçoit, et l'on ne veut pas se l'avouer. Les lettres s'abrègent, diminuent en nombre, se remplissent de nouvelles, de descriptions, de choses étrangères ; quelques-unes ont retardé, mais on est moins inquiet ; sûr d'aimer et d'être aimé, on est devenu raisonnable ; on ne gronde plus ; on se soumet à l'absence. Les serments vont toujours leur train ; ce sont toujours les mêmes mots, mais ils sont morts ; l'âme y manque : *Je vous aime* n'est plus là qu'une expression d'habitude, un protocole obligé, le *j'ai l'honneur d'être*, de toute lettre d'amour. Peu à peu le style se glace, ou s'irrite. Le jour de poste n'est plus impatiemment attendu ; il est redouté ; écrire devient une fatigue. On rougit en pensée des folies que l'on a confiées au papier ; on voudrait pouvoir retirer ses lettres et les jeter au feu. Qu'est-il survenu ? Est-ce un nouvel attachement qui commence, ou un vieil attachement qui finit ? N'importe : c'est l'amour qui meurt avant l'objet aimé.

Vivent les romans en lettres ou sans lettres, où les sentiments ne se détruisent que par la violence, où ils ne cèdent jamais à ce travail caché au fond de la nature humaine ; fièvre lente du temps qui produit le dégoût et la lassitude, qui dissipe toute illusion et tout enchantement, qui mine nos passions, fane nos amours et change nos cœurs, comme elle change nos cheveux et nos années.

Cependant il est une exception à cette infirmité des choses humaines : il arrive quelquefois que dans une âme forte un amour dure assez pour se transformer en amitié passionnée, pour devenir un devoir, pour prendre les qualités de la vertu ; alors il perd sa défaillance de nature et vit de ses principes immortels. Richardson a merveilleusement représenté une passion de cette sorte, dans le caractère de Clémentine.

Au surplus, en laissant à part les lettres fictives des romans et ne considérant que la langue épistolaire, les Anglais n'ont rien à comparer aux lettres de madame de Sévigné : les lettres de Pope, de Swift, d'Arbuthnot, de Bolingbroke, de lady Montague, et enfin celles de Junius, que l'on croit être de sir Philip Francis, sont des ouvrages et non des lettres; elles ont plus ou moins de rapport avec les lettres de Pline le Jeune et de Voiture. Je préférerais, pour mon goût, quelques lettres de l'infortuné lord Russel, de lady Russel, de miss Anne Seward, et le peu que l'on connaît des lettres de lord Byron.

NOUVEAUX ROMANS.

De *Clarisse* et de *Tom Jones* sont sorties les deux principales branches de la famille des romans modernes anglais, les romans à tableaux de famille et drames domestiques; les romans à aventures et à peintures de la société générale. Après Richardson les mœurs de l'*ouest* de la ville firent une irruption dans le domaine des fictions : les romans se remplirent de châteaux, de lords et de ladies, de scènes aux eaux, d'aventures aux *courses* de chevaux, au bal, à l'Opéra, au Ranelagh, avec un *chit-chat*, un caquetage qui n'en finissait plus. La scène ne tarda pas à se transporter en Italie ; les amants traversèrent les Alpes avec des périls effroyables et des douleurs d'âme à attendrir les lions : *le lion répandit des pleurs!* Un jargon de bonne compagnie fut adopté : or, les modes de mots, les affectations d'un certain langage, d'une certaine prononciation, changeant dans la haute société anglaise presque à chaque session parlementaire ; un honnête lecteur est tout ébahi de ne plus savoir l'anglais qu'il croyait savoir six mois auparavant. En 1822, lors de mon ambassade à Londres, le *fashionable* devait offrir, au premier coup d'œil, un homme malheureux et malade ; il devait avoir quelque chose de négligé dans sa personne, les ongles longs, la barbe non pas entière, non pas rasée, mais grandie un moment par surprise, par oubli, pendant les préoccupations du désespoir : mèche de cheveux au vent, regard profond, sublime, égaré et fatal ; lèvres contractées en dédain de la nature humaine, cœur ennuyé, byronnien, noyé dans le dégoût et le mystère de l'être.

Aujourd'hui le *dandy* doit avoir un air conquérant, léger, insolent; il doit soigner sa toilette, porter des moustaches ou une barbe taillée en rond comme la fraise de la reine Élisabeth, ou comme le disque radieux du soleil ; il décèle la fière indépendance de son caractère en gardant son chapeau sur sa tête, en se roulant sur des sofas, en allongeant ses bottes au nez des ladies assises en admiration sur des chaises devant lui. Il monte à cheval avec une canne, qu'il porte comme un cierge, indifférent au cheval qui est entre ses jambes, par hasard. Il faut que sa santé soit parfaite, et son âme toujours au comble de cinq ou six félicités. Quelques *dandies* radicaux les plus avancés vers l'avenir ont une pipe. Mais sans doute tout cela est changé, dans le temps même que je mets à le décrire.

Le roman est obligé, sous peine de mort, de suivre le mouvement de l'*ouest* de Londres. Vingt jeunes femmes, travaillant jour et nuit, n'écrivent pas assez vite pour rester dans la vérité des mœurs d'un bout du roman à l'autre : si malheureusement leur ouvrage a trois petits volumes, nombre exigé par les libraires, le premier chapitre est déjà vieilli, lorsqu'elles arrivent au dernier.

Dans ces milliers de romans, qui ont inondé l'Angleterre depuis un demi-siècle, deux ont gardé leur place, *Caleb William* et le *Moine*. Dans tous les autres, beaucoup de talent et d'esprit est disséminé, comme on éparpille des dons précieux, des qualités rares, dans des feuilletons et des articles de journaux. Les ouvrages d'Anne Radcliffe font une espèce à part. Ceux de mistress Barbauld, de miss Edgeworth, de miss Burnett, etc., ont, dit-on, beaucoup de chances de vivre.

« Il y devroit, dit Montaigne, avoir coertion des loix, contre les *escrivains*
« ineptes et inutiles, comme il y a contre les vagabonds et fainéants. On ban-
« niroit des mains de notre peuple, et moy et cent autres. L'*escrivaillerie*
« semble estre quelque symptosme d'un siècle desbordé. Quand escrivismes-
« nous tant, que depuis que nous sommes en trouble ? Quand les Romains,
« tant que lors de leur ruine ? »

Je n'ai presque point parlé des femmes anglaises qui ont brillé jadis, ou qui brillent maintenant dans les lettres, parce que j'aurais été entraîné, en suivant mon plan, à des parallèles que je ne veux point faire. Madame de Staël domine son époque, et ses ouvrages sont restés. Quelques Françaises se distinguent aujourd'hui par un rare mérite d'écrivain : une d'entre elles a ouvert une route où elle sera peu suivie, mais par laquelle elle arrivera certainement à l'avenir. Les femmes, quand elles ont du génie, y mêlent des secrets qui font une partie du charme de leur talent et qu'on n'en peut séparer : or personne n'a le droit d'entrer dans ces mystères de la femme et de la muse. Enfin le talent change souvent d'objet et de nature ; il faut savoir attendre pour l'admirer dans ses modes divers. Plusieurs ont été séduites et comme enlevées par leurs jeunes années : ramenées au foyer maternel par le désenchantement, elles ont ajouté à leur lyre la corde grave ou plaintive sur laquelle s'exprime la religion ou le malheur.

WALTER SCOTT. — LES JUIVES.

Mais ces écoles diverses de romanciers sédentaires, de romanciers voyageurs en diligence ou en calèche, de romanciers de lac et de montagne, de romanciers de ruines et de fantômes, de romanciers de villes et de salons, sont venues se perdre dans la nouvelle école de Walter Scott, de même que la poésie s'est précipitée sur les pas de lord Byron.

L'illustre peintre de l'Écosse me semble avoir créé un genre faux; il a, selon moi, perverti le roman et l'histoire : le romancier s'est mis à faire des romans historiques, et l'historien des histoires romanesques. J'en parle avec un peu d'humeur, parce que moi qui tant décrivis, aimai, chantai, vantai les vieux temples chrétiens, à force d'en entendre rabâcher, j'en meurs d'ennui : il me restait pour dernière illusion une cathédrale; on me la fait prendre en grippe.

Quand un auteur jouit d'une réputation générale dans son pays; quand cette réputation s'est soutenue pendant un grand nombre d'années, il n'appartient à personne, et surtout il n'appartient pas à un étranger de contester les titres de cette réputation; ils sont établis sur les bases les plus solides : le vrai génie de la langue, l'instinct national et le consentement de l'opinion. Cela suppose toujours des qualités du premier ordre.

Je me récuse donc comme juge de tel auteur anglais, dont le mérite ne me paraît pas atteindre ce degré de supériorité qu'il a aux yeux de ses compatriotes. Si dans Walter Scott je suis obligé de passer souvent des conversations interminables; si je n'y rencontre pas toujours cette nature choisie, cette perfection de scènes, cette originalité, ces pensées, ces traits que je trouve dans Manzzoni et dans plusieurs de nos romanciers modernes, c'est ma faute. Mais un des grands mérites de Walter Scott, à mes yeux, c'est de pouvoir être mis entre les mains de tout le monde : il faut de plus grands efforts de talent pour intéresser en restant dans l'ordre, que pour plaire en passant toute mesure; il est moins facile de régler le cœur que de le troubler.

Burke retint la politique de l'Angleterre dans le passé; Walter Scott refoula les Anglais jusqu'au moyen âge ; tout ce qu'on écrivit, fabriqua, bâtit, fut gothique : livres, meubles, maisons, églises, châteaux. Mais les lairds de la grande charte sont aujourd'hui des *fashionables* de Bond-Street, race frivole qui campe dans des manoirs antiques, en attendant l'arrivée des deux grands barons modernes, l'égalité et la liberté, qui s'apprêtent à les en chasser.

Walter Scott ne moule pas, comme Richardson, sur le type intérieur de l'homme; il reproduit de préférence l'extérieur du personnage; ses *fantaisies* ont un grand charme, témoin le portrait de la juive dans *Ivanhoe*.

« Rebecca montrait avec avantage sa taille d'une proportion exquise, dans
« une espèce d'habillement oriental, à la mode des femmes de sa nation. Son
« turban de soie jaune seyait à son teint rembruni. L'éclat de ses yeux, l'arc
« superbe de ses sourcils, son nez aquilin parfaitement formé, ses dents aussi
« blanches que des perles, ses tresses noires chacune roulée en spirale tom-
« bant avec profusion sur son sein et son cou de neige, comme une simarre de
« la plus riche soie de Perse, entremêlée de fleurs; tout cela composait un en-
« semble de charmes qui ne le cédait point aux agréables vierges dont la belle
« juive était entourée. Un corset d'or et de perles serrait la taille de Rebecca
« depuis la gorge jusqu'à la ceinture, s'entr'ouvrait dans la partie supérieure
« et laissait voir un collier de diamants orné de pendants d'un prix inestimable.
« Une plume d'autruche se rattachait avec une agrafe de pierrerie au turban
« de la fille de Sion... elle ressemblait à l'épouse des cantiques : *The very bride*
« *of the canticles.* »

Fontanes, cet ami que je regretterai éternellement, me demandait un jour pourquoi dans la race juive les femmes sont plus belles que les hommes, je lui en donnai une raison de poëte et de chrétien. Les juives, lui dis-je, ont échappé à la malédiction dont leurs pères, leurs maris et leurs fils ont été frappés. On ne trouve aucune juive mêlée dans la foule des prêtres et du peuple qui insulta le Fils de l'Homme, le flagella, le couronna d'épines, lui fit subir les ignominies et les douleurs de la croix. Les femmes de la Judée crurent au Sauveur, l'aimèrent, le suivirent, l'assistèrent de leur bien, le soulagèrent dans ses afflictions. Une femme, à Béthanie, versa sur sa tête le nard précieux qu'elle portait dans un vase d'albâtre; la pécheresse répandit une huile de parfum sur ses pieds, et les essuya avec ses cheveux. Le Christ, à son tour, étendit sa miséricorde et sa grâce sur les juives; il ressuscita le fils de la veuve de Naïm et le frère de Marthe; il guérit la belle-mère de Simon et la femme qui toucha le bas de son vêtement; pour la Samaritaine il fut une source d'eau vive, un juge compatissant pour la femme adultère. Les filles de Jérusalem pleurèrent sur lui; les saintes femmes l'accompagnèrent au Calvaire, achetèrent du baume et des aromates, et le cherchèrent au sépulcre en pleurant : *mulier, quid ploras?* Sa première apparition après sa résurrection fut à Madeleine; elle ne le reconnaissait pas; mais il lui dit «Marie!» Au son de cette voix les yeux de Madeleine s'ouvrirent et elle répondit : « Mon maître! » Le reflet de quelque beau rayon sera resté sur le front des juives.

Fontanes parut satisfait de ces raisons, concluantes en effet pour les *doctes Sœurs*.

ÉCOLE DES LACS. — POËTES DES CLASSES INDUSTRIELLES.

En même temps que le roman passait à l'état *romantique*, la poésie subissait une transformation semblable. Cowper abandonna l'école française pour faire revivre l'école nationale; Burns, en Écosse, commença la même révolution. Après eux vinrent les restaurateurs des ballades : Coleridge, Wordsworth, Southey, Wilson, Campbell, Thomas Moore, Crabbe, Morgan, Rogers, Sheil, Hogg, ont amené cette poésie jusqu'à nos jours. *Gertrude of Wyoming* de Thomas Campbell, *Lalla-Rookh* de Thomas Moore, *les plaisirs de la mémoire*, par Rogers, ont obtenu un grand succès. Plusieurs de ces poëtes appartiennent à ce qu'on appelait *Lake School*, parce qu'ils demeuraient aux bords des lacs de Cumberland et de Westmorland, et qu'ils les chantaient quelquefois.

Thomas Moore, Campbell, Rogers, Crabbe, Wordsworth, Southey, Hunt, Knowles, lord Holland, vivent encore pour l'honneur des lettres anglaises; mais il faut être né Anglais pour apprécier tout le mérite d'un genre intime de composition, qui se fait particulièrement sentir aux hommes du sol. Je ne sais s'il serait possible de bien rendre en français les *Mélodies* de Thomas Moore, le barde d'Érin : appliquez cette remarque à ces petites pièces de poésie de noms divers, qui charment l'esprit et l'oreille d'un Anglais, d'un Irlandais, d'un Écossais. Le lyrique Burns, dont Campbell a célébré la mort, et le chansonnier des matelots, sont des enfants de la terre britannique; ils ne pourraient vivre dans leur énergie et leur grâce sous un autre soleil. Nous prétendons comprendre

Anacréon et Catulle : je suis persuadé que la finesse attique et l'urbanité romaine nous échappent.

L'Angleterre a vu de temps en temps des poëtes sortir des classes industrielles: Bloomfield, garçon cordonnier, est auteur du garçon de ferme (*the Farmer's Boy*), poëme dont la langue est extrêmement savante. Aujourd'hui c'est un forgeron qui brille : Vulcain était fils de Jupiter[1]. Hogg, qui vient de mourir, le premier poëte de l'Écosse après Burns, était un fermier. Nous avons aussi nos muses du peuple : je ne parlerai point de la belle Cordière et de Clémence de Bourges, parce qu'en dépit de leurs talents et de leurs noms, elles étaient riches; maître Adam, menuisier de Nevers, s'oppose mieux au cordonnier anglais. A présent même, J. C. Jouvenot, *ancien artisan serrurier*, a donné deux volumes de poëmes, de comédies et de tragédies. Reboul, boulanger à Nîmes, adresse à une mère ces stances d'une poétique et touchante inspiration.

L'ANGE ET L'ENFANT.

A UNE MÈRE.

Un ange au radieux visage,
Penché sur le bord d'un berceau,
Semblait contempler son image
Comme dans l'onde d'un ruisseau.

« Charmant enfant qui me ressemble,
« Disait-il, oh! viens avec moi :
« Viens, nous serons heureux ensemble,
« La terre est indigne de toi.

« Là, jamais entière allégresse ;
« L'âme y souffre de ses plaisirs ;
« Les cris de joie ont leur tristesse ;
« Les voluptés ont leurs soupirs.

« Eh quoi! les chagrins, les alarmes,
« Viendraient troubler ce front si pur,
« Et par l'amertume des larmes,
« Se terniraient ces yeux d'azur!

« Non, non, dans les champs de l'espace
« Avec moi tu vas t'envoler ;
« La Providence te fait grâce
« Des jours que tu devais couler. »

En secouant ses blanches ailes,
L'ange à ces mots a pris l'essor
Vers les demeures éternelles...
Pauvre mère, ton fils est mort.

---

[1] On peut lire, dans un des numéros du *National*, un article excellent sur ces auteurs anglais de la classe du peuple.

Si M. Reboul a pris femme parmi les filles de Cérès, et que cette femme devienne sa muse, la France aura sa Fornarina.

Voici quelques vers d'un facteur de la poste aux lettres, au bureau de Poligny :

ÉLÉGIE AUX MANES DE MARIE GRAND.

> Son aurore était belle ; elle était à cet âge
> Où l'aimable langueur qui pâlit le visage
> Donne aux yeux tant de charme et parle à tant de cœurs!
> Elle était à cet âge où l'on verse des pleurs.
> O pleurs délicieux !... Sa paupière arrosée
> Payait à la nature une douce rosée,
> Déjà dans ses yeux bleus on voyait chaque jour
> Éclore, puis mourir un beau rayon d'amour.
> . . . .
> Elle était. . . . .
> Tendre comme l'agneau qui bêle à la colline
> Quand son dos caressant vers la brebis s'incline.
> Hélas! tant de vertus ne devraient point finir.
> Pourquoi n'en reste-t-il, hélas! qu'un souvenir ?
> . . . .
> Elle tendit les bras, et nos cœurs s'e. lcèrent ;
> Nos soupirs confondus ensemble s'étouffèrent !
> Cette heure si cruelle était pour nous des jours ;
> Cette heure vit encore, et je pleure toujours.

LA PRINCESSE CHARLOTTE KNOX.

Je viens de nommer Hogg le dernier poëte des chaumières des trois royaumes; je dirai quelques mots de la dernière muse des palais britanniques, afin qu'on voie tout mourir dans ce siècle de mort. La princesse Charlotte d'Angleterre a chanté les beautés de Claremont, en leur appliquant ces vers d'un grand poëte :

> To Claremont's terrac'd heights and Esher groves,
> Where, in the sweet solitude embraced
> By the soft windings of the silent muse,
> From courts and cities Charlotte find repose :
> Enchanting vale! beyond whate'er the muse
> Has of Achaia, of Hesperia sung.
> O vale of bliss! o softly swelling hills,
> On which the power of cultivation lies
> And joys to see the wonders of this soil!

« Terrasses élevées de Claremont! bocages d'Esher! c'est dans votre paisible
« solitude que, bercée par les doux accents de sa muse modeste, Charlotte
« trouve le repos loin des cités et des cours ! Vallon enchanteur! bien au-dessus
« de tout ce qu'ont célébré les chantres de la Grèce et de l'Ausonie ! O vallée

« du bonheur ! ô collines doucement inclinées, sur lesquelles le génie de la
« culture s'enorgueillit de voir éclore les merveilles de sa puissance [1]! »

Quand on voit cette reine présumée rêver si jeune et si heureuse dans les bocages d'Esher, on peut croire qu'elle eût descendu dans la tombe avec moins de peine du haut du trône d'Élisabeth que du haut des terrasses de Claremont. J'avais vu cette princesse enfant dans les bras de sa mère; je ne l'ai point retrouvée en 1822, à Windsor, auprès de son père. Ces vols que la mort commet sans cesse au milieu de nous nous surprennent toujours : mais qui sait si ce n'est pas par un effet de sa miséricorde que la Providence a retiré sitôt du monde la fille de Georges IV? Que de bonheur en apparence attendait Marie-Antoinette quand elle vint poser, à Versailles, sur sa belle tête la plus belle couronne du monde ! Abreuvée d'outrages quelques années plus tard, elle ne trouvait pas une voix en France qui dît : Paix à ses douleurs ! L'auguste victime n'était chantée qu'en terre étrangère par des fugitifs ou par des étrangers : l'abbé Delille demandait des expiations à sa lyre fidèle ; Alfieri composait l'admirable sonnet :

Regina sempre !

Knox pleurait la captivité de la reine veuve et martyre :

If thy breast soft pity knows,
O ! drop a tear with me;
Feel for th' unexampled woes
Of widow'd royalty.

Fallen, fallen from a throne !
Lo ! beauty, grandeur, pow'r;
Hark ! 'tis a queen's, a mother's moan
From yonder dismal tow'r,

I hear her say, or seem to say,
« Ye who listen to my story,
Learn how transient beauty's day,
How unstable human glory ! »

« Si ton sein connaît la douce pitié, oh ! répands avec moi une larme ! laisse-toi
« toucher par les malheurs sans exemple de la veuve royale.

« Tombée, tombée du trône ! Regardez la beauté, la grandeur, la puissance !
« Écoutez ! c'est le gémissement d'une reine, d'une mère. Là, du fond de cette
« affreuse tour,

« Je l'entends qui dit, ou qui semble dire : Vous qui prêtez l'oreille à mon
« histoire, apprenez combien est rapide le jour de la beauté, combien incon-
« stante la gloire humaine ! »

---

[1] J'emprunte ce texte et cette traduction à une biographie nouvellement publiée.

CHANSONS. — LORD DORSET. — BÉRANGER.

La chanson, aussi ancienne en Angleterre qu'elle l'est dans le royaume de saint Louis, a pris toutes les formes : elle se change en hymne pour la religion; elle reste chanson pour les mille riens et les mille accidents de la vie, gais ou tristes. *Les Marins* (the Seamen) de lord Dorset sont une composition d'une verve élégante. J'en prends la traduction littérale dans la poétique anglaise de M. Hennet.

> A vous, mesdames, qui êtes à présent sur terre,
>   Nous, qui sommes sur mer, nous écrivons ;
> Mais d'abord nous voudrions vous faire comprendre
>   Combien il est difficile d'écrire ;
>   Tantôt les Muses, et tantôt Neptune,
> Nous devons implorer pour vous écrire
>   Avec un fa, la, la, la, la, la.
>
> Car les Muses auraient beau nous être propices
>   Et remplir nos cerveaux vides,
> Si le fier Neptune soulève le vent
>   Pour agiter la plaine azurée,
>   Nos papiers, plume, encre, et nous,
> Roulons avec le vaisseau sur la mer
>   Avec un fa, la, la, la, la, la.
>
> Donc, si nous n'écrivons pas à chaque poste,
>   Ne nous accusez pas d'indifférence ;
> N'en concluez pas non plus que nos vaisseaux sont pris
>   Par les Hollandais ou par le vent :
> Nous vous enverrons nos larmes par un chemin plus prompt ;
>   Le flux vous les portera deux fois par jour
>   Avec un fa, la, la, la, la, la.
>
> Mais à présent nos craintes deviennent plus orageuses
>   Et renversent nos espérances,
> Lorsque vous, sans égard pour nos maux,
> Vous vous asseyez avec insouciance au spectacle
> Et permettez peut-être à quelque homme plus heureux
> De vous baiser la main ou de jouer avec votre éventail
>   Avec un fa, la, la, la, la, la.
>
> Or maintenant que nous avons exprimé tout notre amour
>   Et en même temps toutes nos craintes,
> Dans l'espoir que cette déclaration excitera
>   Quelque pitié pour nos pleurs,
>   Puissions-nous n'apprendre jamais d'inconstance ;
>   Nous en avons assez sur mer
>   Avec un fa, la, la, la, la, la.

Un couplet de l'original donnera l'idée du rhythme :

>And now we ye told you all our loves
>And likewise all our fears,
>In hope this declaration moves
>Some pity for our tears;
>Let's hear of no inconstancy;
>We have too much of that at sea
>With a fa, la, la, la, la, la.

C'est la chanson française au dix-huitième siècle.

Une très-jolie chansonnette, *le Pigeon*, représente une jeune femme envoyant un message à son amant.

>Why tarries my love,
>Why tarries my love,
>Why tarries my love from me?
>Come hither, my dove,
>I'll write to my love
>And send him a letter by thee, etc.

>Pourquoi tarde mon amour,
>Pourquoi tarde mon amour,
>Pourquoi tarde mon amour loin de moi?
>Viens ici, ma colombe;
>J'écrirai à mon amour,
>Et lui enverrai la lettre par toi.

>Je l'attacherai à ta patte,
>Je l'attacherai à ta patte,
>Je l'attacherai bien fort avec un ruban.
>— Ah! non pas à ma patte,
>Belle lady, je vous prie,
>Mais attachez-la sous mon aile.

>Elle mit à son cou,
>Elle mit à son cou
>Un grelot et un collier si jolis
>Elle attacha à son aile
>Le rouleau avec un ruban,
>Et le baisa, puis l'envoya dehors.

Le *God save the king*, le *Rule Britannia* de Thomson, la ballade de Burns

>*Scots, who have with Wallace bled.*
>Écossais, qui avez répandu votre sang avec Wallace, etc.,

doivent rester dans leur langue naturelle. On admire surtout de Burns les *Two dogs*, le *Cottier's saturday night* : il a plusieurs chansons à boire ; quelques-unes décrivent des scènes de village. Toutes ces pièces pleines d'*humour* n'ont pas la verve des refrains de Désaugiers.

Mais si Thibaut, comte de Champagne, l'emporta sur tous les Thibauts anglais du treizième siècle, Béranger, dans le dix-neuvième, laisse bien loin derrière lui tous les Bérangers de la Grande-Bretagne. L'art n'ôte rien au succès auprès de la foule, quand il est réuni au vrai talent : les chansons de Béranger, composées avec le soin que Racine mettait à ses vers, et qui sont, pour ainsi dire, travaillées à la loupe, sont descendues aux classes inférieures de la société; le peuple les a apprises par cœur, comme les écoliers apprennent le *récit de Théramène*. Ainsi que La Fontaine dans la fable, Béranger dans la chanson s'élève au plus haut style. La popularité attachée à des vers de circonstance, à des moqueries spirituelles, passera, mais des beautés supérieures resteront. On sent dans les ouvrages de Béranger, sous une surface de gaieté, un fond de tristesse qui tient à ce qu'il y a de sincère et de permanent dans l'âme humaine. Des couplets tels que ceux-ci seront de toutes les Frances futures et redits dans tous les temps •

> Vous vieillirez, ô ma belle maîtresse;
> Vous vieillirez, et je ne serai plus.
> Pour moi le temps semble, dans sa vitesse,
> Compter deux fois les jours que j'ai perdus.
> Survivez-moi; mais que l'âge pénible
> Vous trouve encor fidèle à mes leçons;
> Et bonne vieille au coin d'un feu paisible,
> De votre ami répétez les chansons.
>
> Lorsque les yeux chercheront sous vos rides
> Les traits charmants qui m'auront inspiré,
> De doux récits les jeunes gens avides
> Diront : Quel fut cet ami tant pleuré?
> De mon amour peignez, s'il est possible,
> L'ardeur, l'ivresse, et même les soupçons;
> Et bonne vieille, au coin d'un feu paisible,
> De votre ami répétez les chansons.
>
> On vous dira : Savait-il être aimable?
> Et sans rougir vous direz : Je l'aimais.
> D'un trait méchant se montra-t-il capable?
> Avec orgueil vous répondrez : Jamais.
> Ah! dites bien qu'amoureux et sensible
> D'un luth joyeux il attendrit les sons;
> Et bonne vieille, au coin d'un feu paisible,
> De votre ami répétez les chansons.
>
> Objet chéri, quand mon renom futile
> De vos vieux ans charmera les douleurs,
> A mon portrait quand votre main débile
> Chaque printemps suspendra quelques fleurs,
> Levez les yeux vers ce monde invisible
> Où pour toujours nous nous réunissons;
> Et bonne vieille, au coin d'un feu paisible,
> De votre ami répétez les chansons.

En sortant de Dieppe, le chemin qui conduit à Paris monte assez rapidement : à droite, sur la berge élevée, on voit le mur d'un cimetière ; le long de ce mur est établi un rouet de corderie. Un soir du dernier été je me promenais sur ce chemin ; deux cordiers, marchant parallèlement à reculons, et se balançant d'une jambe sur l'autre, chantaient ensemble à demi-voix. Je prêtai l'oreille ; ils en étaient à ce couplet du *Vieux caporal* :

> Qui là-bas sanglote et regarde?
> Ah! c'est la veuve du tambour.
> En Russie, à l'arrière-garde,
> J'ai porté son fils nuit et jour.
> Comme le père, enfant et femme,
> Sans moi restaient sous les frimas,
> Elle va prier pour mon âme.
>   Conscrits, au pas.
>   Ne pleurez pas.
>   Ne pleurez pas.
>   Marchez au pas.
> Au pas, au pas, au pas, au pas!

Ces hommes prononçaient le refrain : *Conscrits, au pas. Ne pleurez pas.... Marchez au pas, au pas, au pas*, d'un ton si mâle et si pathétique, que les larmes me vinrent aux yeux : en marquant eux-mêmes le pas et en devidant leur chanvre, ils avaient l'air de filer le dernier moment du *Vieux caporal*. Qui leur avait appris cette complainte ? Ce n'était pas assurément la littérature, la critique, l'admiration enseignée, tout ce qui sert au bruit et au renom ; mais un accent vrai, sorti de quelque part, était arrivé à leur âme du peuple. Je ne saurais dire tout ce qu'il y avait dans cette gloire particulière à Béranger, dans cette gloire solitairement révélée par deux matelots qui chantaient au soleil couchant, à la vue de la mer, la mort d'un soldat.

BEATTIE.

Burns, Mason, Cowper, moururent pendant mon émigration à Londres avant 1800 et en 1800 ; ils finissaient le siècle : je le commençais. Darwin et Beattie moururent deux ans après mon retour de l'exil.

Beattie avait annoncé l'ère nouvelle de la lyre. Le *Minstrel*, ou le progrès du génie, est la peinture des premiers effets de la muse sur un jeune barde, lequel ignore encore le génie dont il est tourmenté. Tantôt le poëte futur va s'asseoir au bord de la mer pendant une tempête ; tantôt il quitte les jeux du village pour écouter à l'écart et dans le lointain le son des musettes : le poëme est écrit en stances rimées comme les vieilles ballades.

. . . .

« Si je voulais invoquer une muse savante, mes doctes accords diraient ici
« quelle fut la destinée du *barde* dans les jours du vieux temps ; je le peindrais

« portant un cœur content sous de simples habits : on verrait ses cheveux flot-
« tants et sa barbe blanchie ; sa harpe modeste, seule compagne de son che-
« min, répondant aux soupirs des brises, serait suspendue à ses épaules
« voûtées; le vieillard, en marchant, chanterait à demi-voix quelque refrain
« joyeux.

« Mais un pauvre *minstrel* inspire aujourd'hui mes vers. . . . .
« Dans les siècles gothiques (comme les vieilles ballades le racontent) vivait
« autrefois un berger. Ses ancêtres avaient peut-être habité une terre aimée
« des Muses, les grottes de la Sicile ou les vallées de l'Arcadie ; mais lui était
« né dans les contrées du Nord, chez une nation fameuse par ses chansons et
« par la beauté de ses vierges ; nation fière quoique modeste, innocente quoique
« libre, patiente dans le travail, ferme dans le péril, inébranlable dans sa foi,
« invincible sous les armes.
. . . .

« Edwin n'était pas un enfant vulgaire : son œil semblait souvent chargé
« d'une grave pensée; il dédaignait les hochets de son âge, hors un petit cha-
« lumeau grossièrement façonné ; il était sensible, quoique sauvage, et gar-
« dait le silence quand il était content ; il se montrait tour à tour plein de joie
« et de tristesse, sans qu'on en devinât la cause. Les voisins tressaillaient et
« soupiraient à sa vue, et cependant le bénissaient. Aux uns il semblait d'une
« intelligence merveilleuse; aux autres il paraissait insensé.

« Mais pourquoi dirais-je les jeux de son enfance? Il ne se mêlait point à la
« foule brillante de ses jeunes compagnons; il aimait à s'enfoncer dans la
« forêt, ou à s'égarer sur le sommet solitaire de la montagne. Souvent les dé-
« tours d'un ruisseau sauvage conduisent ses pas à des bocages ignorés. Tantôt
« il descend au fond des précipices, du sommet desquels se penchent de vieux
« pins; tantôt il gravit des cimes escarpées, où le torrent brille de rocher en
« rocher, où les eaux, les forêts, les vents, forment un concert immense, que
« l'écho grossit et porte jusqu'aux cieux.

« Quand l'aube commence à blanchir les airs, Edwin, assis au sommet de
« la colline, contemple au loin les nuages de pourpre, l'océan d'azur, les mon-
« tagnes grisâtres, le lac qui brille faiblement parmi les bruyères vaporeuses
« et la longue vallée étendue vers l'occident, où le jour lutte encore avec les
« ombres.

« Quelquefois, pendant les brouillards de l'automne, vous le verriez esca-
« lader le sommet des monts. O plaisir effrayant ! debout sur la pointe d'un
« roc, comme un matelot sauvé du naufrage sur une côte déserte, il aime à
« voir les vapeurs se rouler en vagues énormes, s'allonger sur les horizons, là
« se creuser un golfe, ici s'arrondir autour des montagnes. Du fond du gouffre,
« au-dessous de lui, la voix de la bergère et le bêlement des troupeaux remon-
« tent jusqu'à son oreille, à travers la brume épaisse. . . . .
« . . . .
« . . . .

« Le romanesque enfant sort de l'asile où il s'était mis à couvert des tièdes
« ondées du midi. Elle est passée la pluie de l'orage, maintenant l'air est frais

« et parfumé. Dans l'orient obscur, déployant un arc immense, l'iris brille
« au soleil couchant. Jeune insensé qui crois pouvoir saisir le glorieux mé-
« téore ! combien vaine est la course que ton ardeur a commencée ! La bril-
« lante apparition s'éloigne à mesure que tu la poursuis. Ah ! puisses-tu savoir
« qu'il en est ainsi dans la jeunesse, lorsque nous poursuivons les chimères de
« la vie.

« Quand la cloche du soir chargeait de ses gémissements la brise solitaire, le
« jeune Edwin, marchant avec lenteur et prêtant une oreille attentive, se
« plongeait dans le fond des vallées; tout autour de lui, il croyait voir errer
« des convois funèbres, de pâles ombres, des fantômes traînant des chaînes ou
« de longs voiles; mais bientôt ces bruits de la mort se perdaient dans le cri
« lugubre du hibou, ou dans les murmures du vent des nuits, qui ébranlait
« par intervalles les vieux dômes d'une église.

« Si la lune rougeâtre se penchait à son couchant sur la mer mélancolique
« et sombre, Edwin allait chercher les bords de ces sources inconnues, où
« s'assemblaient sur les bruyères les magiciennes des temps passés. Là, sou-
« vent le sommeil venait le surprendre, et lui apportait ses visions.

« Le songe a fui.... Edwin, réveillé avec l'aurore, ouvre ses yeux enchantés
« sur les scènes du matin; chaque zéphyr lui apporte mille sons délicieux;
« on entend le bêlement du troupeau, le tintement de la cloche de la brebis,
« le bourdonnement de l'abeille; la cornemuse fait retentir les rochers, et se
« mêle au bruit sourd de l'Océan lointain qui bat ses rivages.

« Le chien de la cabane aboie en voyant passer le pèlerin matinal; la lai-
« tière, couronnée de son vase, chante en descendant la colline; le laboureur
« traverse les guérets en sifflant; le lourd chariot crie en gravissant le sentier
« de la montagne; le lièvre étonné sort des épis vacillants; la perdrix s'élève
« sur son aile bruyante; le ramier gémit dans son arbre solitaire, et l'alouette
« gazouille au haut des airs . . . .
« . . . .
« . . . .

« Quand la jeunesse du village danse au son du chalumeau, Edwin, assis
« à l'écart, se plaît à rêver au bruit de la musique. Oh ! comme alors tous
« les jeux bruyants semblent vains et tumultueux à son âme ! Céleste mé-
« lancolie, que sont près de toi les profanes plaisirs du vulgaire ! . . . . . .
« . . . .

« Le chant fut le premier amour d'Edwin; souvent la harpe de la mon-
« tagne soupira sous sa main aventureuse, et la flûte plaintive gémit sus-
« pendue à son souffle. Sa muse, encore enfant, ignorait l'art du poëte, fruit
« du travail et du temps. Edwin atteignit pourtant cette perfection si rare,
« ainsi que mes vers le diront quelque jour. »

La citation est longue; mais elle est importante pour l'histoire de la poésie : Beattie a parcouru la série entière des rêveries et des idées mélancoliques dont cent autres poëtes se sont crus les *discoverers*. Beattie se proposait de continuer son poëme; en effet, il en a écrit le second chant : Edwin entend un soir une voix grave s'élevant du fond d'une vallée; c'est celle d'un solitaire qui, après avoir connu les illusions du monde, s'est enseveli dans cette retraite pour y recueillir son âme et chanter les merveilles du Créateur. Cet ermite instruit le jeune *minstrel*, et lui révèle le secret de son génie. L'idée était heureuse, mais l'exécution n'a pas répondu au bonheur de l'idée. Les dernières strophes du nouveau chant sont consacrées au souvenir d'un ami. Beattie était destiné à verser des larmes; la mort de son fils brisa son cœur paternel : comme Ossian après la perte de son Oscar, il suspendit sa harpe aux branches d'un chêne. Peut-être le fils de Beattie était-il ce jeune *minstrel* qu'un père avait chanté, et dont il ne voyait plus les pas sur la montagne.

LORD BYRON. — L'ORME D'HARROW [1].

On retrouve dans les premiers vers de lord Byron des imitations frappantes du *minstrel*. A l'époque de mon exil en Angleterre, lord Byron habitait l'école de Harrow, dans un village à dix milles de Londres. Il était enfant; j'étais jeune et aussi inconnu que lui : je le devais précéder dans la carrière des lettres et y rester après lui. Il avait été élevé sur les bruyères de l'Écosse, au bord de la mer, comme moi dans les landes de la Bretagne, au bord de la mer : il aima d'abord la Bible et Ossian, comme je les aimais ; il chanta dans *Newstead-Abbey* les souvenirs de l'enfance, comme je les chantai dans le château de Combourg.

> When I roved, a young highlander, o'er the dark heath,
> And climb'd thy stoop summit, oh! Morven of snow, etc.

« Lorsque j'explorais, jeune montagnard, la noire bruyère et gravissais ta
« cime penchée, ô Morven couronné de neiges, pour m'ébahir au torrent qui
« tonnait au-dessous de moi, ou aux vapeurs de la tempête qui s'amoncelaient
« à mes pieds. . . . .
« Je me levais avec l'aube. Mon chien pour guide, je bondissais de mon-
« tagne en montagne. Je fendais avec ma poitrine les vagues de la marée
« envahissante de la Dee, et j'écoutais de loin la chanson du *highlander*. Le
« soir, à mon repos, sur ma couche de bruyère, aucun songe, si ce n'est celui
« de Marie, ne se présentait à ma vue. . . . .
« . . . .
« J'ai quitté ma givreuse demeure; mes visions sont passées, mes monta-
« gnes évanouies : ma jeunesse n'est plus. Comme le dernier de ma race, je
« dois me faner seul et ne trouver de délices qu'aux jours dont je fus jadis le
« témoin. Ah! l'éclat est venu, mais il a rendu mon lot amer! Plus chères

---

[1] Tout ce qui suit, jusqu'à la *conclusion*, est tiré de mes *Mémoires*; j'ai seulement abrégé quelques passages quand il s'est agi de moi, ne pouvant dire de mon vivant tout ce que j'en dirai dans ma tombe : c'est une chose fort commode que d'être mort pour parler à son aise. Je n'ai point cette fois guillemetté le commencement des paragraphes pour annoncer la citation des *Mémoires*, parce que des citations de lord Byron étant insérées dans le texte même des *Mémoires*, il y aurait eu confusion de guillemets.

« furent les scènes que mon enfance a connues ! . . . .
. . . .
« Adieu donc vous collines où mon enfance fut nourrie ! et toi, douce fluente
« *Dee*, adieu à tes eaux ! Aucun toit dans la forêt n'abritera ma tête. Ah ! Marie,
« aucun toit ne peut être le mien qu'avec vous ! »

Dans mes longues courses solitaires aux environs de Londres, j'ai traversé plusieurs fois le village de Harrow, sans savoir quel génie il renfermait. Je me suis assis dans le cimetière, au pied de l'orme sous lequel, en 1807, lord Byron écrivait ces vers au moment où je revenais de la Palestine :

> Spot of my youth ! Whose hoary branches sigh,
> Swept by the breeze that fans thy cloudless sky, etc.

« Lieu de ma jeunesse, où soupirent les branches chenues effleurées par la
« brise qui rafraîchit ton ciel sans nuage ! Lieu où je vague aujourd'hui seul,
« moi qui souvent ai foulé, avec ceux que j'aimais, ton gazon mol et vert, avec
« ceux qui, dispersés au loin, regrettent comme moi par aventure les heu-
« reuses scènes qu'ils connurent jadis ! Oh ! lorsque de nouveau je fais le
« tour de ta colline arrondie, mes yeux t'admirent, mon cœur t'adore, ô toi,
« orme affaissé sous les rameaux duquel je m'étendais, en livrant aux songes
« les heures du crépuscule ! J'y délasse aujourd'hui mes membres fatigués
« comme j'avais coutume, mais, hélas ! sans mes pensées d'autrefois ! . . . .
« . . . .
« Quand la destinée glacera ce sein qu'une fièvre dévore ; quand elle en
« aura calmé les soucis et les passions. . . . . ici où il palpita, ici
« mon cœur pourra reposer. Puissé-je m'endormir où s'éveillèrent mes espé-
« rances. . . . . mêlé à la terre où coururent mes pas. . . . . . .
« pleuré de ceux qui furent en société avec mes jeunes années, oublié du reste
« du monde ! »

Et moi je dirai : Salut, antique ormeau des songes, au pied duquel Byron enfant s'abandonnait aux caprices de son âge, alors que je rêvais *René* sous ton ombre, sous cette même ombre où, plus tard, le poëte vint à son tour rêver *Childe-Harold !* Byron demandait au cimetière témoin des premiers jeux de sa vie une tombe ignorée : inutile prière que n'a point exaucée la gloire.

LES DEUX NOUVELLES ÉCOLES LITTÉRAIRES. — QUELQUES RESSEMBLANCES
DE DESTINÉE.

Il y aura peut-être[1] quelque intérêt à remarquer dans l'avenir (si pour moi il y a avenir) la rencontre des deux chefs de la nouvelle école française et anglaise, ayant un même fond d'idées, des destinées, sinon des mœurs, à peu près pareilles : l'un pair d'Angleterre, l'autre pair de France ; tous deux voyageurs dans l'Orient, assez souvent l'un près de l'autre, et ne se voyant jamais :

---
[1] Suite de la citation des *Mémoires*.

seulement la vie du poëte anglais a été mêlée à de moins grands événements que la mienne.

Lord Byron est allé visiter après moi les ruines de la Grèce : dans *Childe-Harold* il semble embellir de ses propres couleurs les descriptions de l'*Itinéraire*. Au commencement de mon pèlerinage, je reproduis l'adieu du sire de Joinville à son château ; Byron dit un égal adieu à sa demeure gothique.

Dans les *Martyrs*, Eudore part de la Messénie pour se rendre à Rome.

« Notre navigation fut longue, dit-il. . . . .
« . . . . . Nous vîmes tous ces promontoires marqués par des temples ou des
« tombeaux. . . . .
« . . . .
« Nous traversâmes le golfe de Mégare. Devant nous était Œgine ; à droite,
« le Pirée ; à gauche, Corinthe. Ces villes, jadis si florissantes, n'offraient que
« des monceaux de ruines. Les matelots même parurent touchés de ce spec-
« tacle. La foule accourue sur le pont gardait le silence ; chacun tenait ses re-
« gards attachés à ces débris ; chacun en tirait peut-être secrètement une con-
« solation dans ses maux, en songeant combien nos propres douleurs sont peu
« de chose, comparées à ces calamités qui frappent des nations entières, et qui
« avaient étendu sous nos yeux les cadavres de ces cités.
« . . . . . Mes jeunes compagnons n'avaient entendu parler que des mé-
« tamorphoses de Jupiter, et ils ne comprirent rien aux débris qu'ils avaient
« sous les yeux ; moi, je m'étais déjà assis, avec le prophète, sur les ruines des
« villes désolées, et Babylone m'enseignait Corinthe. »

Lisez maintenant lord Byron, quatrième chant de *Childe-Harold* :

. . . . As my bark did skim
The bright blue waters with a fanning wind,
Came Megara before me, and behind
Ægina lay, Piræus on the right,
And Corinth on the left; I lay reclined
A long the prow, and saw all these unite
In ruin. . . . .
. . . .
The Roman saw these tombs in his own age,
These sepulcres of cities, which excite
Sad wonder, and this yet surviving page
The moral lesson bears, drawn from such pilgrimage.

« . . . . . Lorsque ma barque effleurait le brillant azur des vagues sous
« une fraîche brise, Mégare vint devant moi, Ægine restait derrière, le Pirée
« à ma droite, Corinthe à ma gauche. J'étais appuyé sur la proue, et je vis ces
« ruines réunies. . . . .
« . . . .
« Le Romain vit ces tombes dans son propre temps, ces sépulcres de cités
« qui excitent un triste étonnement ; et cette page qui leur servit, porte la mo-
« rale leçon tirée d'un tel pèlerinage. »

Le poëte anglais est ici, comme le prosateur français, derrière la lettre de

Sulpicius à Cicéron; mais une rencontre si parfaite m'est singulièrement glorieuse, puisque j'ai devancé le chantre immortel au rivage où nous avons eu les mêmes souvenirs, et où nous avons commémoré les mêmes ruines.

J'ai encore l'honneur d'être en rapport avec lord Byron dans la description de Rome : les *Martyrs* et ma *Lettre sur la campagne romaine* ont l'inappréciable avantage pour moi d'avoir deviné les inspirations d'un beau génie. M. de Béranger, notre immortel chansonnier, a placé dans le dernier volume de ses *chansons* une note trop obligeante pour que je la rapporte en entier, il a osé dire, en rappelant le mouvement que j'ai imprimé, selon lui, à la poésie française : « L'influence de l'auteur du *Génie du Christianisme* s'est fait ressentir « également à l'étranger, et il y aurait peut-être justice à « reconnaître que le « chantre de *Childe-Harold* est de la famille de René[1]. »

S'il était vrai que René entrât pour quelque chose dans le fond du personnage unique mis en scène sous des noms divers dans *Childe-Harold*, Conrad, Lara, Manfred, le Giaour; si par hasard lord Byron m'avait fait vivre de sa vie, il aurait donc eu la faiblesse de ne jamais me nommer? J'étais donc un de ces pères qu'on renie quand on est arrivé au pouvoir? Lord Byron peut-il m'avoir complétement ignoré, lui qui cite presque tous les auteurs français, ses contemporains? n'a-t-il jamais entendu parler de moi, quand les journaux anglais, comme les journaux français, ont retenti vingt ans auprès de lui de la controverse sur mes ouvrages, lorsque le *New Times* a fait un parallèle de l'auteur du *Génie du Christianisme* et de l'auteur de *Childe-Harold*?

Point de nature, si favorisée qu'elle soit, qui n'ait ses susceptibilités, ses défiances : on veut garder le sceptre; on craint de le partager; on s'irrite des comparaisons. Ainsi un autre talent supérieur a évité mon nom dans un ouvrage sur la *littérature*. Grâce à Dieu, m'estimant à ma juste valeur, je n'ai jamais prétendu à l'empire; comme je ne crois qu'à la vérité religieuse dont la liberté est une forme, je n'ai pas plus de foi en moi qu'en toute autre chose ici-bas; mais je n'ai jamais senti le besoin de me taire quand j'ai admiré : c'est pourquoi je proclame mon enthousiasme pour madame de Staël et pour lord Byron.

Au surplus, un document trancherait la question si je le possédais. Lorsque *Atala* parut, je reçus une lettre de Cambridge, signée *G. Gordon, lord Byron*. Lord Byron, âgé de quinze ans, était un astre non levé : des milliers de lettres de critiques ou de félicitations m'accablaient; vingt secrétaires n'auraient pas suffi pour mettre à jour cette énorme correspondance. J'étais donc contraint de jeter au feu les trois quarts de ces lettres, et à choisir seulement pour remercier ou me défendre, les signatures les plus obligatoires. Je crois cependant me souvenir d'avoir répondu à lord Byron; mais il est possible aussi que le billet de l'étudiant de Cambridge ait subi le sort commun. En ce cas, mon impolitesse forcée se sera changée en offense dans un esprit irascible; il aura puni mon si-

---

[1] Dans un excellent article (*Biograph. univers. suppl.*) sur lord Byron, M. Villemain a renouvelé la remarque de M. de Béranger : qu'on me pardonne si je cite la phrase qui me concerne; je cherche une excuse à ce que je dis ici dans ces pages extraites de mes *Mémoires* : le lecteur voudra bien compter pour rien une louange donnée par l'indulgence du talent. « Quelques pages incomparables de *René* avaient, il est vrai, épuisé ce caractère poé- « tique. Je ne sais si Byron les imitait, ou les renouvelait de génie. »

lence par le sien. Combien j'ai regretté depuis les glorieuses lignes de la première jeunesse d'un grand poëte !

Ce que je viens de dire sur les affinités d'imagination et de destinée entre le chroniqueur de René et le chantre de Childe-Harold, n'ôte pas un seul cheveu à la tête du barde immortel. Que peut à la muse de la *Dee*, portant une lyre et des ailes, ma muse pédestre et sans luth? Lord Byron vivra, soit qu'enfant de son siècle comme moi, il en ait exprimé comme moi (et comme Goëthe avant nous) la passion et le malheur ; soit que mes périples et le fallot de ma barque gauloise aient montré la route au vaisseau d'Albion sur des mers inexplorées.

D'ailleurs, deux esprits d'une nature analogue peuvent très-bien avoir des conceptions pareilles, sans qu'on puisse leur reprocher d'avoir marché servilement dans les mêmes voies? Il est permis de profiter des idées et des images exprimées dans une langue étrangère, pour en enrichir la sienne ; cela s'est vu dans tous les siècles et dans tous les temps. Moi-même ai-je été sans devanciers? Je reconnais tout d'abord que dans ma première jeunesse, *Ossian*, *Werther*, les *Rêveries du promeneur solitaire*, les *Études de la nature*, ont pu s'apparenter à mes idées ; mais je n'ai rien caché, rien dissimulé du plaisir que me causaient des ouvrages où je me délectais. Quoi de plus doux que l'admiration ? c'est de l'amour dans le ciel, de la tendresse élevée jusqu'au culte ; on se sent pénétré de reconnaissance pour la divinité qui étend les bases de nos facultés, qui ouvre de nouvelles vues à notre âme, qui nous donne un bonheur si grand, si pur, sans aucun mélange de crainte ou d'envie.

ÉCOLE DE LORD BYRON.

Lord Byron a laissé une déplorable école[1] : je présume qu'il serait aussi désolé des Childe-Harold auxquels il a donné naissance, que je le suis des René qui rêvassent autour de moi. Les sentiments *généraux* qui composent le fond de l'humanité, la tendresse paternelle et maternelle, la piété filiale, l'amitié, l'amour, sont inépuisables ; ils fourniront toujours des inspirations nouvelles au talent capable de les développer ; mais les manières *particulières* de sentir, les *individualités* d'esprit et de caractère, ne peuvent s'étendre et se multiplier dans de grands et nombreux tableaux. Les petits coins non découverts du cœur de l'homme sont un champ étroit ; il ne reste rien à cueillir dans ce champ, après la main qui l'a moissonné la première. Une *maladie* de l'âme n'est pas un état permanent et naturel ; on ne peut la reproduire, en faire une *littérature*, en tirer parti comme d'une passion incessamment modifiée au gré des artistes divers qui la manient, et en changent la forme.

La vie de lord Byron a été l'objet de beaucoup d'investigations et de calomnies. Les jeunes gens ont pris au sérieux des paroles magiques ; les femmes se sont senties disposées à se laisser séduire, avec frayeur, par ce *Monstre*, à consoler ce Satan solitaire et malheureux. Qui sait ? Il n'avait peut-être pas trouvé la

[1] Suite de la citation des *Mémoires*.

femme qu'il cherchait, une femme assez belle, un cœur vaste comme le sien? Byron, d'après l'opinion fantasmagorique, est l'ancien serpent séducteur et corrupteur, parce qu'il a vu la corruption incurable de l'espèce humaine; c'est un génie fatal et souffrant, placé entre les mystères de la matière et de l'intelligence, qui ne voit point de mot à l'énigme de l'univers, qui regarde la vie comme une affreuse ironie sans cause, comme un sourire pervers du mal : c'est le fils aîné du désespoir qui méprise et renie, qui, portant en lui une incurable plaie, se venge en menant à la douleur par la volupté tout ce qui l'approche ; c'est un homme qui n'a point passé par l'âge de l'innocence, qui n'a jamais eu l'avantage d'être rejeté et maudit de Dieu ; un homme qui, sorti réprouvé du sein de la nature, est le damné du néant.

Tel est le Byron des imaginations échauffées. Tout personnage qui doit vivre, ne va point aux générations futures tel qu'il était en réalité ; à quelque distance de lui, son épopée commence : on idéalise ce personnage; on le transfigure ; on lui attribue une puissance, des vices et des vertus qu'il n'eut jamais ; on arrange les hasards de sa vie, on les violente, on les coordonne à un système. Les biographes répètent ces mensonges ; les peintres fixent sur la toile ces inventions, et la postérité adopte le fantôme. Bien fou qui croit à l'histoire ! L'histoire est une pure tromperie ; elle demeure telle qu'un grand écrivain la farde et la façonne. Quand on trouverait des mémoires qui démontreraient jusqu'à l'évidence que Tacite a débité des impostures, en racontant les vertus d'Agricola et les vices de Tibère, Agricola et Tibère resteraient ce que Tacite les a faits.

Deux hommes distincts se rencontrent dans lord Byron : l'homme de la *nature* et l'homme du *système*. Le poëte, s'apercevant du rôle que le public lui faisait jouer, l'accepta et se mit à maudire le monde qu'il n'avait pris d'abord qu'en rêverie : cette marche est sensible dans l'ordre chronologique de ses ouvrages. Quant au caractère de son *génie*, loin d'avoir l'étendue qu'on lui attribue, il est plutôt assez resserré. Sa pensée poétique et passionnée n'est qu'un gémissement, une plainte, une imprécation; en cette qualité, elle est admirable : il ne faut pas demander à la lyre ce qu'elle pense, mais ce qu'elle chante.

Lord Byron a beaucoup *d'esprit* et de l'esprit très-varié, mais d'une nature qui agite et d'une influence funeste; il a bien lu Voltaire, et il l'imite souvent. En suivant pas à pas le grand poëte anglais, on est forcé de reconnaître qu'il vise à l'effet, qu'il se perd rarement de vue, qu'il est presque toujours en attitude, qu'il pose complaisamment devant lui ; mais l'affectation de bizarrerie, de singularité, d'originalité, tient en général au caractère anglais. Si lord Byron a d'ailleurs expié son génie par quelques faiblesses, l'avenir s'embarrassera peu de ces misères, ou plutôt il les ignorera ; le poëte cachera l'homme et interposera le talent entre l'homme et les races futures : à travers ce voile divin, la postérité n'apercevra que le dieu.

Lord Byron a fait époque ; il laissera une trace profonde et ineffaçable : l'accident qui le rendit boiteux et qui augmenta sa sauvagerie, n'aurait pas dû l'affliger, puisqu'il ne l'empêcha pas d'être aimé. Malheureusement le poëte ne plaçait pas toujours assez haut ses attachements et les recevait de trop bas.

Plaignons Rousseau et Byron d'avoir encensé des autels peu dignes de leurs sacrifices : peut-être avares d'un temps dont chaque minute appartenait au monde, n'ont-ils voulu que le plaisir, chargeant leur talent de le transformer en passion et en gloire. A leurs lyres, la mélancolie, la jalousie, les douleurs de l'amour; à eux, sa volupté et son sommeil sous des mains légères : ils cherchaient de la rêverie, du malheur, des larmes, du désespoir dans la solitude, les vents, les ténèbres, les tempêtes, les forêts, les mers, et venaient en composer pour leurs lecteurs, les tourments de Childe-Harold et de Saint-Preux, sur le sein de *la Padoana,* et *del Can de la Madona.*

Quoi qu'il en soit, dans le moment de leur ivresse, l'illusion de l'amour était complète : du reste ils savaient bien qu'ils tenaient l'infidélité même dans leurs bras, qu'elle allait s'envoler avec l'aurore ; elle ne les trompait pas par un faux semblant de constance; elle ne se condamnait pas à les suivre, lassée de leur tendresse ou de la sienne. Somme toute, Jean-Jacques et lord Byron ont été des hommes infortunés; c'était la condition de leur génie : le premier s'est empoisonné; le second, fatigué de ses excès et sentant le besoin d'estime, est retourné aux rives de cette Grèce où sa muse et la mort l'ont tour à tour si bien servi.

LORD BYRON AU LIDO.

J'ai précédé lord Byron dans la vie, il m'a précédé dans la mort[1] : il a été appelé avant son tour; mon numéro primait le sien, et pourtant le sien est sorti le premier. Byron aurait dû rester sur la terre : le monde me pouvait perdre sans s'apercevoir de ma disparition et sans me regretter.

Tout ce que j'ai vu passer, ou tout ce qui a passé autour de moi depuis que j'existe, ne se peut dire. Que de tombeaux se sont ouverts et fermés sous mes yeux! Cent fois par le soleil ou par la pluie, au bord d'une fosse ouverte dans laquelle on descendait une bière avec des cordes, j'ai entendu le râlement de ces cordes; j'ai ouï le bruit de la première pelletée de terre tombant sur la bierre; à chaque nouvelle pelletée le bruit creux s'assourdissait et diminuait. La terre, en comblant la sépulture, faisait peu à peu monter le silence éternel à la surface du cercueil.

Il n'y a pas encore deux années qu'un jour, au lever de l'aube; j'errais au Lido où tant de fois avait erré lord Byron. Il ne sortit de la mer qu'une aurore ébauchée et sans sourire, la transformation des ténèbres en lumière, avec ses changeantes merveilles, ses étoiles éteintes tour à tour dans l'or et les roses du matin ne s'opéra point. Quatre ou cinq barques serraient le vent à la côte ; un grand vaisseau disparaissait à l'horizon. Des mouettes posées marquetaient en troupe la plage mouillée; quelques-unes volaient pesamment au-dessous de la houle du large. Le reflux avait laissé le dessin de ses arceaux concentriques sur la grève ; le sable guirlandé de fucus était ridé par chaque flot comme un front sur lequel le temps a passé. La lame déroulante enchaînait ses festons blancs à la rive abandonnée.

[1] Suite de la citation des *Mémoires.*

Les vagues que je retrouvais ont été partout mes fidèles compagnes ; ainsi que des jeunes filles se tenant par la main dans une ronde, elles m'avaient entouré à ma naissance ; je saluai ces berceuses de ma couche. Je me promenai au limbe des flots, écoutant leur bruit dolent, familier et doux à mon oreille. Souvent je m'arrêtais pour contempler l'immensité pélagienne : un mât, un nuage, c'était assez pour réveiller mes souvenirs.

J'avais jadis passé sur cette mer : en face du Lido une tempête m'avait accueilli ; je me disais au milieu de cette tempête que j'en avais affronté d'autres, mais qu'à l'époque de ma traversée de l'Océan j'étais jeune, et qu'alors les dangers m'étaient des plaisirs[1]. Je me regardais donc comme bien vieux, lorsque du port de Trieste je voguais vers la Grèce et la Syrie ? sous quel amas de jours suis-je donc enseveli ?

Lord Byron chevauchait le long de ce rivage solitaire : quels étaient ses pensers et ses chants, ses abattements et ses espérances ? élevait-il la voix pour confier à la tourmente les inspirations de son génie ? Est-ce au murmure de cette vague qu'il trouva ces accents mélancoliques ?

. . . .
If my fame should be, as my fortunes are,
Of hasty growth and blight, and dull oblivion bar
My name from on the temple where the dead
Are honoured by the nations. — Let it be.
. . . .

« Si ma renommée doit être comme le sont mes fortunes, d'une croissance
« hâtive et frêle[2] ? si l'obscur oubli doit rayer mon nom du temple où les morts
« sont honorés par les nations : — soit. »

Byron sentait que ses *fortunes* étaient d'une *croissance frêle* et hâtive : dans ses moments de doute sur la gloire, puisqu'il ne croyait pas à une autre immortalité, il ne lui restait de joie que le néant. Ses dégoûts eussent été moins amers, sa fuite ici-bas moins stérile, s'il eût changé de voie : au bout de ces passions épuisées, quelque généreux effort l'aurait fait parvenir à une existence nouvelle. On est incrédule parce qu'on s'arrête à la surface de la matière : creusez la terre, vous trouverez le ciel.

Déjà j'étais revenu des forêts américaines, lorsque, auprès de Londres, sous l'orme de Childe-Harold enfant, je rêvai les ennuis de René et le vague de sa tristesse. J'avais vu la trace des premiers pas de Byron dans les sentiers de la colline d'Harrow ; j'ai rencontré les vestiges de ses derniers pas à l'une des stations de son pèlerinage ; non : je les cherchais en vain, ces vestiges. Soulevé par l'ouragan, le sable a couvert l'empreinte des fers du coursier demeuré sans maître : « Pêcheur de Malamoco, as-tu entendu parler de lord Byron ? — Il « chevauchait presque tous les jours ici. — Sais-tu où il est allé ? »

Ce fut un jour d'orage : prêt à périr entre Malte et les Sirtes, j'enfermai

---
[1] *Itinéraire.*
[2] *Blight*, niellée.

dans une bouteille vide ce billet : *F. A. de Chateaubriand, naufragé sur l'île de Lampelouse le 26 décembre 1806, en revenant de la Terre-Sainte*[1]. Un verre fragile, quelques lignes ballottées sur un abîme sans fond, est tout ce qui convenait à ma fortune et à ma mémoire. Les courants auraient peut-être poussé mon épitaphe vagabonde au Lido, à la borne même où Byron avait marqué sa sépulture, comme le flot des ans a rejeté à ce bord ma vie errante.

Venise, quand je vous vis pour la première fois, vous étiez sous l'empire du grand homme, votre oppresseur et le mien : une île attendait sa tombe; une île est la vôtre. Vous dormez l'un et l'autre immortels dans vos Sainte-Hélène. O Venise! nos destins ont été pareils! mes songes s'évanouissent à mesure que vos palais s'écroulent; les heures de mon printemps se sont noircies, comme les arabesques dont le faîte de vos monuments est orné. Mais vous périssez à votre insu, moi, je sais mes ruines. Votre ciel voluptueux, la vénusté des flots qui vous lavent, m'ont retrouvé, dans ces derniers jours, aussi sensible à vos charmes que je le fus jamais. Inutilement je vieillis, l'énergie de ma nature s'est resserrée au fond de mon cœur; les ans n'ont réussi qu'à chasser ma jeunesse extérieure, à la faire rentrer dans mon sein. Mais que me font ces brises du Lido, si chères au poëte de la fille de Ravenne? Le vent qui souffle sur une tête à demi dépouillée ne vient d'aucun rivage heureux [2].

[1] *Itinéraire.*
[2] Fin de la citation des *Mémoires.*

CONCLUSION.

Au surplus, la petite chicane que j'ai faite dans mes *Mémoires d'outre-tombe* au plus grand poëte que l'Angleterre ait eu depuis Milton, ne prouve qu'une chose : le haut prix que j'aurais attaché au moindre souvenir de sa muse. Maintenant, lecteurs, ne vous semble-t-il pas que nous achevons une course rapide parmi des ruines, comme celle que je fis autrefois sur les débris d'Athènes, de Jérusalem, de Memphis et de Carthage? En passant de renommées en renommées, en les voyant s'abîmer tour à tour, n'éprouvez-vous pas un sentiment de tristesse?

Regardez derrière vous ; demandez-vous que sont devenus ces siècles éclatants et tumultueux où vécurent Shakespeare et Milton, Henri VIII et Élisabeth, Cromwell et Guillaume, Pitt et Burke : tout cela est fini; supériorités et médiocrités, haines et amours, félicités et misères, oppresseurs et opprimés, bourreaux et victimes, rois et peuples, tout dort dans le même silence et dans la même poussière. Et cependant de quoi sommes-nous occupés! de la partie la plus vivante de la nature humaine, du génie qui reste à peine comme une ombre des vieux jours au milieu de nous, mais qui ne vit plus pour lui-même et ignore s'il a jamais été.

Combien de fois l'Angleterre, dans ce tableau de dix siècles, a-t-elle été détruite sous nos yeux! A travers combien de révolutions n'avons-nous point passé, pour arriver au bord d'une révolution plus grande, plus profonde, et qui enveloppera la postérité! J'ai vu ces fameux parlements britanniques dans toute leur puissance : que deviendront-ils? J'ai vu l'Angleterre dans ses anciennes mœurs et son ancienne prospérité : partout la petite église solitaire avec sa tour, le cimetière de campagne de Gray, des chemins étroits et sablés, des vallons remplis de vaches, des bruyères marbrées de moutons, des parcs, des châteaux, des villes; peu de grands bois, peu d'oiseaux, le vent de la mer. Ce n'étaient pas là ces champs de l'Andalousie où je trouvais les vieux chrétiens et les jeunes amours parmi les débris voluptueux du palais des Maures, au milieu des aloès et des palmiers; ce n'était pas là cette campagne romaine dont le charme irrésistible me rappelait sans cesse; ces flots et ce soleil n'étaient pas ceux qui baignent et éclairent le promontoire sur lequel Platon enseignait ses disciples, ce Sunium où j'entendis chanter le grillon qui demandait en vain à Minerve le foyer des prêtres de son temple; mais enfin, telle qu'elle était, cette Angleterre, entourée de ses navires, couverte de ses troupeaux et professant le culte de ses grands hommes, était charmante.

Aujourd'hui ses vallées sont obscurcies par les fumées des forges et des manufactures; ses cheminss, changés en ornière de fer; et sur ces chemins, au lieu de Milton et de Shakespeare, on voit passer des chaudières errantes. Déjà ces pépinières de la science où grandirent les palmes de la gloire, Oxford et Cambridge, qui seront bientôt dépouillées, prennent un air désert : leurs colléges et leurs chapelles gothiques, demi-abandonnés, affligent les regards ; dans leurs cloîtres poudreux, auprès des pierres sépulcrales du moyen âge, reposent oubliées les annales de marbre de ces peuples de la Grèce qui ne sont plus ; ruines qui gardent des ruines.

La société telle qu'elle est aujourd'hui n'existera pas : à mesure que l'instruction descend dans les classes inférieures, celles-ci découvrent la plaie secrète qui ronge l'ordre social depuis le commencement du monde, plaie qui est la cause de tous les malaises et de toutes les agitations populaires. La trop grande inégalité des conditions et des fortunes a pu se supporter tant qu'elle a été cachée d'un côté par l'ignorance, de l'autre par l'organisation factice de la cité, mais aussitôt que cette inégalité est généralement aperçue, le coup mortel est porté.

Recomposez, si vous le pouvez, les fictions aristocratiques ; essayez de persuader au pauvre quand il saura lire, au pauvre à qui la parole est portée chaque jour par la presse, de ville en ville, de village en village ; essayez de persuader à ce pauvre, possédant les mêmes lumières et la même intelligence que vous, qu'il doit se soumettre à toutes les privations, tandis que tel homme, son voisin, a, sans travail, mille fois le superflu de la vie ; vos efforts seront inutiles : ne demandez point à la foule des vertus au delà de la nature.

Le développement matériel de la société accroîtra le développement des esprits. Lorsque la vapeur sera perfectionnée, lorsque unie au télégraphe et aux chemins de fer elle aura fait disparaître les distances, ce ne seront pas seulement les marchandises qui voyageront d'un bout du globe à l'autre avec la rapidité de l'éclair, mais encore les idées. Quand les barrières fiscales et commerciales auront été abolies entre les divers États, comme elles le sont déjà entre les provinces d'un même État ; quand le *salaire*, qui n'est que l'*esclavage* prolongé, se sera émancipé à l'aide de l'égalité établie entre le producteur et le consommateur ; quand les divers pays, prenant les mœurs les uns des autres, abandonnant les préjugés nationaux, les vieilles idées de suprématie ou de conquête, tendront à l'unité des peuples, par quel moyen ferez-vous rétrograder la société vers des principes épuisés ? Buonaparte lui-même ne l'a pu : l'égalité et la liberté, auxquelles il opposa la barre inflexible de son génie, ont repris leur cours et emportent ses œuvres ; le monde de force qu'il créa s'évanouit ; ses institutions défaillent ; sa race même a disparu avec son fils. La lumière qu'il fit n'était qu'un météore ; il ne demeure et ne demeurera de Napoléon que sa mémoire.

> A toi, Napoléon, l'Éternel en sa force
> T'arrachera ton peuple ainsi qu'un vain lambeau ;
> Sa colère entrera dans ton étroit tombeau [1].

Il n'y avait qu'une seule monarchie en Europe, la monarchie française, toutes

[1] *Napoléon*, par Edgard Quinet.

les autres en étaient filles, toutes s'en iront avec leur mère. Les rois jusqu'ici, à leur insu, avaient vécu derrière cette monarchie de mille ans, à l'abri d'une race incorporée pour ainsi dire avec les siècles. Quand le souffle de la révolution eut jeté à bas cette race, Buonaparte vint; il soutint les princes chancelants sur des trônes par lui abattus et relevés. Buonaparte passé, les monarques restants vivent tapis dans les ruines du Colysée napoléonien, comme les ermites à qui l'on fait l'aumône dans le Colysée de Rome, mais bientôt ces ruines mêmes leur manqueront.

La légitimité eût pu encore conduire le monde pendant plus d'un siècle à une transformation insensiblement accomplie, sans secousse et sans catastrophe; plus d'un siècle était encore nécessaire pour achever sous une tutelle paternelle l'éducation libre des peuples. Contre des fautes très-réparables se sont armées des passions qui n'ont pas vu d'abord que tout pouvait s'arranger, et que le monde pouvait être encore redevable à la légitimité d'un immense et dernier bienfait. Au lieu de descendre sur une pente douce et facile, il faudra donc continuer de marcher par des voies fangeuses ou coupées d'abîmes. Qu'est-ce que des haltes de quelques mois, de quelques années, pour une nation lancée à l'aventure dans un espace sans bornes? Quel esprit assez peu clairvoyant pourrait prendre ces intervalles de repos pour un repos définitif? Une étape est-elle un festin permanent? Le voyageur qui s'assied sur le bord de la route, afin de se délasser, est-il arrivé au bout de sa course? Tout pouvoir renversé, non par le hasard, mais par le temps, par un changement graduellement opéré dans les convictions ou dans les idées, ne se rétablit plus; en vain vous essaieriez de le relever sous un autre nom, de le rajeunir sous une forme nouvelle : il ne peut rajuster ses membres disloqués dans la poussière où il gît, objet d'insulte ou de risée. De la divinité qu'on s'était forgée, devant laquelle on avait fléchi le genou, il ne reste que d'ironiques misères : lorsque les chrétiens brisèrent les dieux de l'Égypte, ils virent s'échapper des rats de la tête des idoles. Tout s'en va : il ne sort pas aujourd'hui un enfant des entrailles de sa mère, qui ne soit un ennemi de la vieille société.

Mais quand atteindra-t-on à ce qui doit rester? Quand la société, composée jadis d'agrégations et de familles concentriques, depuis le foyer du laboureur jusqu'au foyer du roi, se recomposera-t-elle dans un système inconnu, dans un système plus rapproché de la nature, d'après des idées et à l'aide de moyens qui sont à naître? Dieu le sait. Qui peut calculer la résistance des passions, le froissement des vanités, les perturbations, les accidents de l'histoire? Une guerre survenue, l'apparition à la tête d'un État d'un homme d'esprit ou d'un homme stupide, le plus petit événement, peuvent refouler, suspendre, ou hâter la marche des nations. Plus d'une fois la mort engourdira des races pleines de feu, versera le silence sur des événements prêts à s'accomplir, comme un peu de neige tombée pendant la nuit fait cesser les bruits d'une grande cité.

Le manque d'énergie à l'époque où nous vivons, l'absence des capacités, la nullité ou la dégradation des caractères trop souvent étrangers à l'honneur et voués à l'intérêt; l'extinction du sens moral et religieux; l'indifférence pour le bien et le mal, pour le vice et la vertu; le culte du crime; l'insouciance ou l'apathie avec laquelle nous assistons à des événements qui jadis auraient remué le monde; la privation des conditions de vie qui semblent nécessaires à l'ordre social : toutes ces choses pourraient faire croire que le dénoûment approche, que la toile va se lever, qu'un autre spectacle va paraître : nullement. D'autres hommes ne sont pas cachés derrière les hommes actuels ; ce qui frappe nos yeux n'est pas une exception, c'est l'état commun des mœurs, des idées et des passions ; c'est la grande et universelle maladie du monde qui se dissout. Si tout changeait demain, avec la proclamation d'autres principes, nous ne verrions que ce que nous voyons : rêveries dans les uns, fureurs dans les autres, également impuissantes, également infécondes.

Que quelques hommes indépendants réclament et se jettent à l'écart pour laisser s'écouler un fleuve de misères, ah ! ils auront passé avant elles ! Que de jeunes générations remplies d'illusions bravent le flot corrompu des lâchetés, qu'elles marchent tête baissée vers un avenir pur qu'elles croiront saisir, et qui fuira incessamment ; rien de plus digne de leur courageuse innocence ; trouvant dans leur dévouement la récompense de leur sacrifice, arrivées de chimère en chimère au bord de la fosse, elles consigneront le poids des années déçues à d'autres générations abusées, qui le porteront jusqu'aux tombeaux voisins, et ainsi de suite.

Un avenir sera, un avenir puissant, libre dans toute la plénitude de l'égalité évangélique; mais il est loin encore, loin, au delà de tout horizon visible : on n'y parviendra que par cette espérance infatigable, incorruptible au malheur, dont les ailes croissent et grandissent à mesure que tout semble la tromper; par cette espérance plus forte, plus longue que le temps, et que le chrétien seul possède. Avant de toucher au but, avant d'atteindre l'unité des peuples, la démocratie naturelle, il faudra traverser la décomposition sociale, temps d'anarchie, de sang peut-être, d'infirmités certainement : cette décomposition est commencée; elle n'est pas prête à reproduire, de ses germes non encore assez fermentés, le monde nouveau.

MILTON.

En finissant, revenons par un dernier mot au *premier titre* de cet ouvrage, et redescendons à l'humble rang de traducteur. Quand on a vu comme moi Washington et Buonaparte; à leur niveau, dans un autre ordre de puissance, Pitt et Mirabeau; parmi les hauts révolutionnaires, Robespierre et Danton; parmi les masses plébéiennes, l'homme du peuple marchant aux exterminations de la frontière, le paysan vendéen s'enfermant dans les flammes de ses récoltes, que reste-t-il à regarder derrière la grande tombe de Sainte-Hélène ?

Pourquoi ai-je survécu au siècle et aux hommes auxquels j'appartenais par la date de l'heure où ma mère m'infligea la vie? Pourquoi n'ai-je pas disparu avec mes contemporains, les derniers d'une race épuisée? Pourquoi suis-je demeuré seul à chercher leurs os, dans les ténèbres et la poussière d'un monde écroulé ! J'avais tout à gagner à ne pas traîner sur la terre. Je n'aurais pas été obligé de commencer et de suspendre ensuite mes justices d'outre-tombe, pour écrire ces Essais afin de conserver mon indépendance d'homme.

Lorsqu'au commencement de ma vie l'Angleterre m'offrit un refuge, je traduisis quelques vers de Milton pour subvenir aux besoins de l'exil : aujourd'hui, rentré dans ma patrie, approchant de la fin de ma carrière, j'ai encore recours au poëte d'Éden. Le chantre du *Paradis perdu* ne fut cependant pas plus riche que moi : assis entre ses filles, privé de la clarté du ciel, mais éclairé du flambeau de son génie, il leur dictait ses vers. Je n'ai point de filles ; je puis contempler l'astre du jour, mais je ne puis dire comme l'aveugle d'Albion :

> . . . . How glorious once above thy sphere !
> « Soleil ! j'eusse autrefois éclipsé ta lumière ! »

Milton servit Cromwell ; j'ai combattu Napoléon : il attaqua les rois ; je les ai défendus : il n'espéra point en leur pardon ; je n'ai pas compté sur leur reconnaissance. Maintenant que dans nos deux pays la monarchie penche vers sa fin, Milton et moi n'avons plus rien de politique à démêler ensemble : je viens me rasseoir à la table de mon hôte ; il m'aura nourri jeune et vieux. Il est plus noble et plus sûr de recourir à la gloire qu'à la puissance

FIN DES ESSAIS.

POLÉMIQUE

(SUITE)

Paris, 25 mai 1819.

Les trois projets de loi sur la liberté de la presse, ont passé aux Chambres. Deux ont reçu la sanction royale; et au moment où nous écrivons cet article, le troisième est peut-être sanctionné. Il a paru nécessaire de hâter la publication de cette xxxvi° livraison du *Conservateur*, pour faire cesser les bruits divers relatifs à cet ouvrage.

Le *Conservateur* ne changera rien à sa forme; il restera sous la nouvelle législation tel qu'il était sous l'ancienne. Il fournira son cautionnement comme ouvrage semi-périodique; il a acheté les cinq mille livres de rentes exigées par la loi.

M. le baron Trouvé, homme distingué par son caractère, sa belle conduite pendant les Cent-Jours, par ses talents administratifs et littéraires, va devenir l'éditeur responsable du *Conservateur*. Toutes les personnes qui se sont fait un devoir de soutenir le *Conservateur* continueront à parler à cette tribune publique des royalistes. Elles aiment trop leur pays pour ne pas achever le bien qu'elles ont si heureusement commencé; elles ne cesseront de faire le sacrifice de leur repos que quand ce sacrifice ne sera plus nécessaire. Vivement touchées de l'empressement honorable avec lequel la saine opinion de la France a répondu à leur appel, elles n'abandonneront point cette opinion, et seront toujours prêtes à défendre la religion, le trône et les libertés publiques.

Loin donc de se dissoudre et de se démembrer comme on s'était plu à le dire, le *Conservateur* s'organise, et prend une nouvelle stabilité. Nous avons quelquefois parlé du bien qu'il a fait; nous devons en parler encore, afin de montrer quelle sera maintenant sa tâche au milieu des journaux devenus libres.

Qu'on veuille bien se rappeler l'époque où le *Conservateur* a paru l'année dernière: les journaux royalistes étaient opprimés par la censure; les journaux d'une opinion opposée, et soumis pourtant à cette même censure, jouissaient de la plus grande liberté. Les principes religieux, les principes moraux, les choses et les hommes monarchiques, étaient journellement attaqués. Aucune réfutation n'était possible, ou du moins la censure mettait de telles restrictions à la réponse, qu'il était aussi expédient de se taire. D'une autre part, des feuilles semi-périodiques, affranchies de tous les jougs, répandaient tous les poisons. Il y avait de ces feuilles pour toutes les classes de la société, pour tous les genres de calomnie: elles faisaient à la France le même mal que la *correspondance privée* faisait à l'Europe. On avait la faiblesse d'en avoir peur : les niais admiraient, les poltrons tremblaient, les méchants se réjouissaient; une poignée d'hommes se disait un parti, prétendait représenter l'opinion de la France; et, chose déplorable! on sollicitait l'alliance de ces hommes.

Ce fut au milieu de cette crise que se forma l'association du *Conservateur*. Ceux qui en conçurent l'idée croient avoir bien mérité de leur pays. Ils ont fait voir qu'avec de la constance et de la fermeté on peut, par les plus petits moyens, obtenir de grands résultats. Les ennemis même sont obligés de reconnaître nos succès, et les changements heureux opérés par le *Conservateur*. Les journaux révolutionnaires déclinent; nous les avons chassés de poste en poste. Le courage est revenu aux honnêtes gens; au dehors nous avons porté un coup mortel à la *correspondance privée*, et le *Conservateur*, traduit en toutes langues, lu en tous pays, réimprimé en Suisse, a servi à détromper l'Europe comme à éclairer la France.

Enfin il a produit un dernier bien : il a forcé la main aux ministres sur la liberté de la presse.

Lorsque ceux-ci ont vu qu'ils ne pouvaient plus enchaîner l'opinion royaliste, que d'autres feuilles s'établissaient à l'ombre du *Conservateur*, ils ont abandonné la censure.

Nous n'avons jamais varié sur la nécessité d'établir la liberté de la presse. Ceux des royalistes qui, par les motifs les plus respectables, craignaient l'usage de cette liberté, sont-ils convaincus aujourd'hui que leur frayeur était sans fondement? Nous ne cessions de leur dire que la censure était la licence pour une opinion, et la servitude pour une autre; qu'elle donnait le moyen de l'attaque et refusait celui de la défense. Voient-ils maintenant la vérité de cette assertion? Les journaux révolutionnaires sont-ils plus violents, plus mauvais, plus impies, plus antimonarchiques qu'ils ne l'étaient sous la censure? Pas davantage; au contraire, ils semblent même plus modérés : et quel essor n'ont point pris les journaux royalistes!

Et voyez comme les ministres ont été réduits à l'instant même à leur propre force, comme on a connu sur-le-champ la mesure de leur pouvoir. Il ne leur reste que deux journaux, le *Moniteur* et le *Journal de Paris :* tout le reste est contre eux, car les feuilles qui leur sourient quand ils font l'éloge de la Convention, qui les gourmandent quand ils frappent les régicides, sont leurs ennemis autant et plus que les feuilles royalistes.

Il est évident que le *Conservateur*, au milieu de l'indépendance des journaux quotidiens, a changé de position. Il cesse d'être soldat; mais, sans s'ériger en chef, il ne doute point que l'opinion royaliste ne lui accorde cette attention qu'il a méritée par son dévouement dans un temps critique : il a droit encore à cette attention par la position plus indépendante des hommes qui l'ont établi, et qui vont le soutenir. Ces hommes ont accepté l'honneur de l'inimitié que les ministres leur ont si gratuitement et si libéralement accordée, et ils sont à l'abri de toute séduction comme de toute crainte. Le *Conservateur* veillera donc sur la bonne direction des opinions royalistes et les empêchera de s'égarer dans leurs succès, comme il les a ranimées dans leurs revers.

Jusqu'ici les journaux royalistes marchent dans une excellente direction; ils se montrent amis du roi, amis de la Charte. L'Europe va voir enfin où sont les vrais constitutionnels, les hommes qui veulent réellement la monarchie sans oppression, la liberté sans licence.

Le *Journal des Débats*, jadis le plus entravé par la censure, a repris ses bonnes doctrines et sa supériorité; la *Quotidienne*, qui a lutté si courageusement contre cette même censure, redouble de zèle et de talents; la *Gazette de France*, revenue franchement au royalisme, s'est fait remarquer dernièrement par des articles aussi bien pensés que bien écrits; le brave et brillant *Drapeau blanc* continue de se battre aux avant-postes; la *Bibliothèque royaliste* répond victorieusement à la *Bibliothèque historique*, et garde le *Trésor* des chartes révolutionnaires. Nous espérons que la *Bibliothèque religieuse*, l'*Oracle français*, le *Panache blanc*, se soutiendront à Paris, et que la *Ruche d'Aquitaine* à Bordeaux, le *Provincial* à Nîmes, l'*Ami du Roi* à Toulouse, et plusieurs autres, continueront à maintenir la bonne opinion des provinces. Au reste, si le cautionnement faisait disparaître quelques feuilles royalistes, il est probable qu'il nous débarrasserait de quelques journaux révolutionnaires. Quant aux feuilles ministérielles, comme elles sont réduites à deux, il ne sera pas difficile à qui de droit de les soutenir : mais elles n'obtiendront pas plus de faveur que les ministres n'obtiennent de succès.

Paris, 1er juin 1819.

Un fait resté invinciblement démontré d'après les débats qui viennent d'avoir lieu dans la Chambre des députés, c'est que le ministère actuel est le plus faible de tous les ministères qui ont paru depuis la restauration. Des hommes d'État qui ont pris leur parti sur un système, quelque funeste qu'il soit, peuvent encore se soutenir s'ils ont du talent : ils perdent leur pays, il est vrai, mais sans se perdre eux-mêmes. Il leur reste, au milieu des calamités publiques, la réputation d'esprits dangereux et cependant habiles; mais quand on joint à des doctrines périlleuses une insuffisance reconnue, on est jugé.

Qu'est-ce que des hommes qui tantôt repoussent de nos lois le nom de la religion, tantôt font l'éloge de la Convention d'exécrable mémoire, puis maudissent les régicides, et parlent de l'assassinat du juste couronné, laissent ensuite des journaux ministériels faire amende honorable ou *déshonorable* pour ces dernières paroles, et finissent par rappeler ces mêmes régicides qu'ils avaient à *jamais* condamnés ; tout cela dans l'espace de quelques jours ? Et qui pensent-ils satisfaire par une variation aussi déplorable? Croient-ils que la révolution leur pardonne le fameux *jamais*? En vain ils feraient rentrer le dernier des ex-conventionnels, en vain ils sacrifieraient le dernier des royalistes : l'expiation serait insuffisante. Si les ministres voulaient emprunter l'appui du parti révolutionnaire, ils ont perdu désormais cet appui. Ils repoussent d'un autre côté l'assistance des royalistes : l'inconséquence et la faiblesse ne sauraient aller plus loin.

Le monde civilisé avait vu, avec la satisfaction que donne toujours la justice, le bannissement des régicides relaps. La peine d'ailleurs était peu proportionnée à l'offense. Aller vivre dans les pays voisins, en emportant sa fortune, n'est pas un si grand châtiment lorsqu'on a commis un si grand crime. Quand la fidélité a langui vingt ans dans la terre étrangère; quand le roi lui-même a connu les chagrins de l'exil, les régicides qui ont été prendre sa place pensent-ils exciter une commisération qu'ils n'accordaient pas au petit-fils de saint Louis, à la double majesté de l'innocence et du malheur? Ces hommes qui ont émis un vote horrible ; ces hommes qui, au moment du procès de Louis XVI, ont prononcé des discours qui font frémir ; ces mêmes hommes n'ont-ils pas, pendant les Cent-Jours, signé l'Acte additionnel, et conséquemment signé le bannissement perpétuel de Louis XVIII, comme ils avaient décrété la mort de Louis XVI? N'ont-ils pas juré foi et hommage à l'usurpateur, qui avait remis en vigueur les lois contre les émigrés; lois en vertu desquelles on aurait pu verser le sang de notre roi, de nos princes, et traîner Madame à l'échafaud de son père et de sa mère? Quand il n'existera plus en France un seul honnête homme misérable; quand on se sera bien assuré qu'aucun Vendéen blessé avant ou pendant les Cent-Jours ne manque des pramières nécessités de la vie, qu'aucun soldat de l'armée de Condé ne tend la main comme Bélisaire, alors on pourra appliquer aux régicides relaps ce qui restera de surabondant dans la charité. Mais tant que l'on n'aura pas essuyé les pleurs du dernier royaliste, la pitié pour les hommes qui ont assassiné Louis XVI et proscrit Louis XVIII sera un outrage à l'infortune, une insulte à la vertu. Que ferait-on aujourd'hui en rappelant les anciens régicides dont le cœur a été réchauffé par la trahison des Cent-Jours? On déclarerait implicitement à l'Europe que juger un monarque est une action comme une autre, une action indifférente en soi, susceptible d'interprétations diverses; on reconnaîtrait par cela même le principe de la souveraineté du peuple; l'on préparerait la chute des rois.

Détournons les yeux de ce spectacle affligeant; portons nos regards, en finissant cet article, sur une scène consolante : contemplons les royalistes. Que leur position est belle! Spectateurs de ces débats, auxquels ils sont si heureusement étrangers, ils voient leurs ennemis se disputer entre eux, se faire des reproches mutuels, se réunir, se diviser, pour se réunir encore, et pour ne jamais s'entendre. Tandis que tout s'agite, les royalistes, invariables dans leurs principes, fidèles à Dieu, fidèles au roi, poursuivent tranquillement leur noble carrière. Le présent est forcé de leur accorder son estime, l'avenir ne leur refusera pas quelque gloire. Si plusieurs d'entre eux n'ont aujourd'hui d'autre champ d'asile que leur conscience, c'est un abri sûr qu'aucune révolution ne peut leur enlever. Mais enfin des jours plus sereins se lèveront pour eux; leur constance sera couronnée. Déjà leur opinion fait de toutes parts des conquêtes : on commence à reconnaître que là se trouvent les talents, là où se rencontre la probité. Encore quelque temps et l'on ne cherchera plus les sauveurs de la France dans les restes impurs de la Convention, dans les anciens agents de la police : on n'opposera plus aux hommes de vertu et de liberté les échappés de nos crimes et de nos servitudes.

Paris, 13 juin 1819.

« *Nous* LE *changerons*, » disaient en riant les députés sortant de la séance du 9 juin. De qui parlaient-ils? De M. le ministre des finances. Celui-ci, avec une naïveté digne d'un meilleur siècle, s'était écrié, au sujet d'une proposition royale : *Nous* LA *changerons!* Or, comme il est plus constitutionnel de changer un ministre qu'une proposition royale, les députés se contentaient de faire une légère correction à la phrase. Il y a cependant une chose à dire en faveur de M. le ministre des finances : c'est qu'il était à Gand, ainsi que M. le comte Beugnot. Ils n'y étaient pas l'un et l'autre, il est vrai, comme volontaires royaux, mais comme médecins venus après la mort du malade pour procéder à l'ouverture du corps, et examiner cette pauvre monarchie qui était morte entre leurs mains. Espérons, puisque ce royaume ressuscité a été confié de nouveau à des docteurs si habiles! Aussi, avec quelle force l'un propose le budget, avec quelle dextérité l'autre le soutient, et comme tout va!

Jusqu'à présent il reste prouvé, par les débats sur les finances, que l'augmentation des recettes s'élève à quarante-cinq millions; les économies faites par la Chambre des députés, sur les différents ministères, montent à la somme de vingt millions quatre cent vingt-quatre mille francs. On pourrait donc diminuer les impôts de la somme de soixante-cinq millions quatre cent vingt-quatre mille francs. Le *déficit* supposé de cinquante-six millions n'existe pas. Le ministère ne paraît disposé qu'à consentir à une réduction de dix-sept millions d'impôts. Il s'avise un peu tard, et la réduction est loin de la somme à laquelle on a le droit de prétendre. Il fallait au moins céder de bonne grâce et ne pas disputer avec acharnement, non-seulement les millions, mais le denier, mais l'obole qu'on voulait laisser dans la poche du contribuable. Désormais la popularité de la réduction est perdue pour les ministres; elle restera tout entière aux députés. Mais les ministres se vengeront bien de l'opinion publique; ils destitueront M. Bricogne et casseront quelques receveurs royalistes, qui périront par représailles pour le budget. Il faut que justice se fasse.

Quand on voit les ministres assis sur leurs bancs à la Chambre des députés, on ne saurait se défendre d'une sorte d'attendrissement. Nous nous épargnons ce spectacle, parce que, connaissant notre penchant à nous jeter du côté des victimes, nous évitons la seule tentation assez forte pour nous entraîner aux erreurs ministérielles. Il faut en convenir, on ne peut pas être plus battu que le ministère. Les hommes de talent de toutes les nuances d'opinion se sont réunis pour l'accabler.

M. le comte de La Bourdonnaye a attaqué le budget du ministère de la guerre; son discours a vivement frappé : la force alarme toujours la faiblesse. Quelques criailleries n'arrêteront pas M. de La Bourdonnaye; il en est dédommagé par l'estime publique : le marché est bon. A propos des discours de l'honorable député, on a parlé de *notes secrètes*, *de tutelle des alliés*, et l'on a laissé de côté et la note secrète de M. Bignon, et la note secrète de la *correspondance privée*, et les certificats de bonnes vie et mœurs que les ambassadeurs étrangers donnaient, dans leurs notes diplomatiques, à nos ministres, lesquels étaient tout fiers de cette approbation européenne. Si la *correspondance privée* crie aujourd'hui contre certains ambassadeurs, qu'elle se rappelle les temps où elle parlait avec jubilation du bon accueil que ces mêmes ambassadeurs avaient fait à telles propositions de lois, à tels personnages ministériels. Il ne convient point à ceux qui descendaient si bas de le prendre aujourd'hui sur un ton si haut. Jamais on n'a vu les royalistes faire leur cour aux envoyés des puissances alliées, et nos ministres nous ont souvent donné ce spectacle. A la tribune, les royalistes se sont élevés avec force contre toute menace de l'opinion diplomatique. Et combien de fois nos nobles gouvernants n'ont-ils pas usé de cette menace! Quiconque ne voudrait pas l'indépendance de la France serait indigne du nom de royaliste. Qu'on s'exprime sans détour : la patrie est-elle menacée? Demain, s'il le faut, le côté droit va voter six cents millions et six cent mille soldats; la Vendée tout entière offrira ses bras et ses armes : mais cela ne veut pas dire qu'il soit bon de chasser de l'armée les militaires connus par leur attachement au trône; qu'il soit juste, qu'il soit politique de préférer l'officier de Waterloo à l'officier vendéen. Servez-vous du premier, mais n'excluez pas le second; ne traitez pas la fidélité comme vous traiteriez la poltronnerie : chez un peuple aussi amoureux des armes que les Français, la légitimité serait en péril si la fidélité pouvait fermer le chemin de la gloire.

On se demande comment le ministère sortira de la crise où il se trouve : il est amusant de le voir s'attribuer l'amélioration de cette opinion; ce serait de l'esprit, si ce n'était de la bonhomie.

Que fera-t-il donc, qu'imaginera-t-il de nouveau? De quelle ordonnance sommes-nous menacés? Les ministres garderont-ils la Chambre actuelle des députés, comme on leur en soupçonne l'envie? Mais il leur faudrait violer toute la Charte; mais, dans cette Chambre, ils ne sont pas même sûrs de la majorité. Néanmoins le temps presse, la session finit, les élections approchent.

Autre question : si les ministres se retirent, qui prendra leur place? Peut-être le petit ministère : il est probable qu'il nous faudra épuiser cette série d'écoliers qui se disent des maîtres. Nous avons déjà vu passer bien des renommées : nous verrons encore passer celles-là. Il en sera de nos petits grands hommes comme de nos petits grands livres : on dira qu'ils sont essentiels à la prospérité de la France, que rien ne peut aller sans eux : une fois arrivés, personne n'en voudra ; et peut-être alors ira-t-on chercher les hommes de talent pour en finir.

Il y a pourtant une autre espérance : la *correspondance privée* nous indique la route que nous devrions prendre pour notre bonheur ; elle nous invite à créer un premier ministre, autour duquel les cinq ou six autres viendraient se grouper.

Les indépendants ont conçu la crainte de voir les royalistes arriver au pouvoir. Un homme de beaucoup d'esprit et de talent vient de prouver doctement que les royalistes sont de pauvres diables qui n'ont jamais su profiter de leurs avantages. Selon lui, en 1814, ils ont tout gâté par leur orgueil, tout aliéné par leur puissance en 1815, tout exaspéré par leur rage en 1816 : bref, ils ne sont bons à rien. Voyons.

Premièrement : les royalistes n'ont pu montrer ce qu'ils auraient été comme gouvernants pendant le cours de la révolution, puisque ceux qui échappaient à la mort languissaient dans les cachots ou dans l'exil. *Que l'abbé musqué et le capucin fétide*, comme l'a dit éloquemment un indépendant, *tombent sous le rasoir national !* Pendant que ce vœu patriotique était exaucé, il était assez difficile aux royalistes de montrer leur capacité administrative.

Secondement : depuis la restauration, les royalistes ont toujours eu contre eux la majorité du gouvernement. Or, par principe, devoir, honneur, amour, ils ne peuvent rien contre le gouvernement du roi, car ils ne seraient plus royalistes : donc on n'a pas pu savoir s'ils avaient ou n'avaient pas ce qu'il faut pour conduire les hommes.

Voici donc un singulier résultat : depuis vingt-cinq ans les royalistes, dépouillés, proscrits, massacrés, subsistent toujours. Aujourd'hui, après tant de calamités, chassés de toutes les places, calomniés par les ministres et les révolutionnaires, opprimés par une opinion qui a parlé seule pendant quatre années, ils se relèvent plus nombreux, plus fermes, moins découragés que jamais. Il faut cependant qu'il y ait une certaine force de caractère, une certaine élévation d'âme, une certaine vigueur de principe et de génie dans ces hommes si *faibles* et si *médiocres*, pour avoir résisté à des épreuves si longues, si multipliées, si diverses.

Pour anéantir les capables indépendants, que faudrait-il faire? Les oublier pendant quinze jours.

Le genre d'attaque dirigé cette fois par les indépendants contre les royalistes est gauche et maladroit ; car, précisément, ce qui fait le caractère distinctif des indépendants, c'est leur impuissance démontrée à conserver le pouvoir. Depuis trente ans ils n'ont jamais pu garder cette liberté dont ils font tant de bruit. Pourquoi ne sont-ils pas restés les maîtres en 1789? Que sont-ils devenus en 1793 sous Marat, en 1795 sous le Directoire? Buonaparte mit un bon nombre d'entre eux à la police, qui n'est pas, ce nous semble, l'école de Brutus. Quelques-uns de ceux qui crient si fort à la *Charte* aujourd'hui n'étaient-ils pas dans la domesticité du tyran, ne se tenaient-ils pas à la portée de la sonnette, le tout pour être plus libres, et pour mieux attester les droits de l'homme? La vérité est que les indépendants ont parmi eux des gens d'esprit, mais qu'il n'y a dans leur parti ni un orateur, ni un homme d'État, ni un homme de tête. S'ils arrivaient au pouvoir, ils le perdraient comme ils l'ont toujours perdu ; ils feraient de nouvelles révolutions sans obtenir la liberté qu'ils prétendent chercher, parce qu'ils sont incapables de liberté par leur caractère, leurs habitudes, et principalement par leurs doctrines subversives de tout ordre comme de toute forme de gouvernement. Nous les verrions, criant à l'indépendance, recevoir encore, ou tout au plus se choisir un maître. Qui prendraient-ils? Dieu le sait. Dans les états généraux de la *Satire Ménippée*, le docteur Rose donne sa voix, pour l'élection d'un souverain, à *Guillot Fagotin*, marguillier de Gentilly ; et le cardinal de Pellevé opine en faveur du marquis des *Chaussons*. Ces deux familles royales existent peut-être encore parmi les indépendants.

Nous autres royalistes, si nous devenions des hommes puissants, nous n'exécuterions pas de si grandes choses, car notre choix est tout fait; nous dirions aux indépendants, avec d'Aubray, député du tiers-état, dans la même satire : « Nous sommes « Français; allons avec les Français exposer notre vie et ce qui nous reste de bien « pour assister notre roi, notre bon roi, notre vrai roi. »

Dans ce fameux numéro de la *correspondance privée*, dont les indépendants se sont alarmés, que nos journaux quotidiens royalistes ont fait connaître; dans ce numéro, où les deux minorités de gauche et de droite sont grossièrement insultées, il est encore parlé d'une *expérience récente*, « laquelle prouve que de petits succès de tribune « n'ont rien de commun avec la *science du cabinet et les talents de l'administration*. » On entend assez ce que veut dire cette expérience *récente*. Il s'agit d'un homme pour lequel le ministère ne crut pas avoir assez d'honneurs à prodiguer. Et quels éloges ce même homme n'a-t-il pas reçus dans la même *correspondance privée !* Quand cet homme de bien entra au ministère, nous le connaissions mieux, et nous avions plus travaillé, dans un temps, à le porter aux affaires que ceux qui l'employaient alors. Nous le combattîmes lorsqu'il fut entraîné dans une fausse route, sans méconnaître son talent, sans cesser d'aimer et d'estimer sa personne. Comment avait-il pu croire que les buonapartistes et les révolutionnaires, qui feignaient de le caresser, lui pardonneraient jamais sa fermeté sous Buonaparte et sa belle conduite pendant les Cent-Jours? Il voit aujourd'hui quel fonds on doit faire sur l'amitié de pareilles gens. Qu'il se console! la *correspondance privée* doit calomnier, mais elle ne peut déshonorer personne : c'est une chose remarquable, que tout ce qui est vil n'a pas le pouvoir d'avilir, et que l'honneur seul peut infliger le déshonneur.

On ose, dans cette *correspondance*, on ose parler de sentiments français ; on ose accuser les royalistes de chercher l'opinion étrangère, quand cette *correspondance* traduit au tribunal de l'Angleterre nos querelles domestiques, et prend pour juge de ses diffamations le public de Londres! N'est-ce pas la *correspondance privée* qui a annoncé la première des conspirations imaginaires? N'est-ce pas elle encore qui, depuis l'ordonnance du 5 septembre, n'a cessé d'insulter au malheur et à la vertu? Pas un beau nom qu'elle n'ait essayé de flétrir : elle a quelquefois lancé ses traits à des hauteurs qu'il ne lui était pas donné d'atteindre.

A peine a-t-on repoussé ses outrages, qu'elle vous en adresse de nouveaux. Voici qu'un dernier numéro de cette *correspondance* répète et aggrave toutes les calomnies, déjà renouvelées à propos du discours de M. de La Bourdonnaye. Le correspondant ajoute à ses invectives des absurdités telles que les laquais de Paris rougiraient de les avancer, même dans les antichambres de la police. Il prétend expliquer le secret de M. Bignon, et il n'explique rien, ou plutôt il dissimule mal la frayeur que lui inspire ce secret. Il invite M. le ministre des finances *à ne pas s'abandonner lui-même*. D'après cela, nous faisons nos compliments de condoléance à M. le baron Louis; son arrêt est prononcé.

A en croire le *correspondant*, « les royalistes n'ont jamais déployé plus d'audace. » Il y a des gens qui prennent la bonne conscience pour de l'audace : ils n'auront jamais cette audace-là. « La maison de M. de Chateaubriand doit être le *quartier général* des royalistes; M. le comte de Bruges doit avoir fourni le cautionnement du *Conservateur*. » Les fonds nécessaires au cautionnement du *Conservateur* ont été pris dans la caisse de M. Le Normant, éditeur du *Conservateur*, sur une partie du produit du trimestre actuel des abonnements au *Conservateur* : c'est fâcheux, mais c'est exact.

M. de Chateaubriand a dit que le public regardait la *correspondance privée* du

Times comme écrite sous la direction particulière d'un ministre. Un journal ministériel a cru répondre, en faisant entendre que l'on pourrait, si l'on voulait, soupçonner M. de Chateaubriand d'être pour quelque chose dans la rédaction de la *correspondance* du *New-Times*. Hé bien! M. de Chateaubriand déclare que NI LUI, NI SES AMIS, NE SONT POUR RIEN DANS CETTE CORRESPONDANCE, QUELLE QU'ELLE SOIT.

Il y a longtemps que M. de Chateaubriand souffre pour la cause royale. Trop heureux de l'avoir utilement servie, il pouvait tout supporter, hors d'être accusé de trahison envers un roi qu'il venait de suivre pour la seconde fois dans l'exil. Non-seulement la *correspondance privée* a avancé cet odieux mensonge, mais un juge d'instruction criminelle (sans doute par l'ordre de qui de droit ou *sans droit*) a osé faire porter sur le nom de M. de Chateaubriand d'outrageants interrogatoires.

Les ministres ont donc, de leur plein gré (quelques-uns en reconnaissance d'importants services), fait la guerre, et une guerre cruelle, à M. de Chateaubriand : il n'a point refusé le combat, mais il ne s'est point caché dans des *correspondances privées*; il a tout publié à la face du soleil, et n'a jamais calomnié personne. Telle est sa DÉCLARATION FORMELLE.

Si la *correspondance privée* du *Times* n'est pas rédigée par un homme occupant une haute place en France, alors elle n'est rien qu'un misérable libelle, qui perd son autorité en Europe, et par conséquent son pouvoir de nuire : si au contraire elle est l'ouvrage d'un homme en pouvoir, il est important de connaître le personnage.

Le journal ministériel dit aujourd'hui qu'il est possible « que le *correspondant* tienne au ministère; que c'est là le *secret des dieux*. » De quels dieux? on en compte trente-six mille, et il y en a d'une singulière espèce. Le secret des dieux serait-il celui de la comédie?

Encore une fois, quiconque peut avoir le malheur d'être soupçonné de diriger une pareille correspondance se doit à lui-même de démentir un bruit aussi peu honorable. En attendant qu'on ait pris ce parti loyal, nous poursuivrons sans relâche les auteurs inconnus de la *correspondance privée* du *Times*. Nous mettrons le public en garde contre cette machine à calomnies. Hâtons-nous d'avertir que cette même *correspondance* existe aussi en Allemagne. On la trouve dans les feuilles de Weimar et d'Augsbourg; un homme important à Strasbourg la fait porter à Kehl par un exprès.

Calomniateurs anonymes, payants ou payés, la presse est libre en France aujourd'hui. Que n'imprimez-vous dans les journaux de Paris ce que vous publiez dans les gazettes de l'Allemagne et de l'Angleterre? Montrez-vous du moins Français en quelque chose : renfermez vos mensonges dans votre patrie. Ayez le courage de dire qui vous êtes : un peu de honte est bientôt passé. Ajoutez votre nom à vos articles : ce ne sera qu'un mot méprisable de plus.

Paris, 29 juin 1819.

Le ministère ne saurait s'attirer à la fois un plus grand nombre d'ennemis, et s'isoler davantage des hommes et des opinions : il ne recueille ni le fruit du bien, ni le fruit du mal qu'il peut faire. Il arrive au moment où des contradictions perpétuelles, où des jeux de bascule trop répétés ne donnent plus de mouvement aux choses : un temps vient que les intrigues secrètes, les concessions mystérieuses perdent leur pouvoir. Que fait-on alors? on imagine des ressources bizarres : on frappe au hasard des coups d'État. Ce qui s'est passé dans la séance du 19 hâtera peut-être l'explosion d'une de ces mesures violentes, si funestes en général aux gouvernements. En effet, depuis quelques jours des bruits de cette nature circulent dans le public; on parle d'une communication aux Chambres, laquelle aurait pour but de faire voter à la suite du budget de cette année le budget de l'année prochaine, de doubler le cinquième des députés rentrants : ces deux choses accomplies, il y aurait dissolution de la Chambre des députés, et élections générales.

Quand serons-nous donc tranquilles? Quand ferons-nous demain ce que nous faisons aujourd'hui? Les ministres cesseront-ils de fatiguer un peuple qui n'aspire qu'au repos? Quoi! toujours des essais, des changements! Le 13 juillet 1815, on aurait augmenté la représentation nationale et changé l'âge des députés (ce qui était conforme à la raison et aux principes d'une vraie liberté), on aurait proposé la révision de quelques articles de la Charte; le 5 septembre 1816, on serait rentré dans la Charte, en protestant que jamais on n'en sortirait; et voilà qu'on retournerait à l'ordonnance du 13 juillet, oubliant et l'ordonnance du 5 septembre, et les grands discours qu'on a faits, et les belles choses qu'on a dites, en faveur de cette ordonnance.

Il faut chercher la raison de ces variations déplorables : d'un côté dans la ferme résolution du ministère de rester en place à tout prix; de l'autre côté dans la frayeur que causent à ce même ministère les institutions qu'il a créées ou défendues; institutions dont on vient, pour ainsi dire, de le menacer dans le sein même de la Chambre populaire. On loue la loi des élections pour s'attacher un parti; la vérité est qu'on en est épouvanté. Dans le désir de conserver cinq ans la Chambre actuelle des députés, il entre autant de crainte des élections nouvelles que d'envie de se perpétuer au pouvoir. Au reste, il n'y aura jamais de sûreté pour la France que la loi des élections ne soit modifiée : tôt ou tard elle le sera, ou nous recommencerons la révolution.

Mais le projet du doublement du cinquième semble contredire ce que nous avançons. Ne voyez-vous pas que ce projet, s'il existe, ne serait qu'une de ces incohérences qui résultent des plans irréfléchis du ministère, des affaires compliquées dans lesquelles il s'embarrasse par humeur ou par faiblesse? Si, d'une part, ce ministère veut échapper à la loi des élections en gardant la Chambre actuelle des députés (quoiqu'il n'ait pas la majorité dans cette Chambre), d'une autre part il est pressé par l'ordonnance du 5 mars, laquelle ordonnance, en augmentant de soixante membres la Chambre des pairs, rend nécessaire l'accroissement de la Chambre des députés pour rétablir l'équilibre. Toujours occupé de ses petits intérêts du jour, il regarderait comme un point capital de faire voter sur-le-champ un second budget, afin d'être libre pendant quinze ou seize mois, et de regagner ainsi ce qu'il a perdu par le rejet de l'année financière !

Mais comment l'idée du doublement du cinquième actuel, et de la dissolution subséquente de la Chambre, se rencontre-t-elle avec la frayeur d'une élection démocratique? Demandez tout cela aux têtes qui rêvent tant de choses contradictoires. Savons-nous si ces projets seront exécutés, si l'on n'a pas déjà changé de desseins? Bien habile qui prévoirait aujourd'hui ce qu'enfanteront demain la légèreté et l'impéritie!

Les moyens des ministres sont nuls; leur système est insensé : ils n'échapperont point à cette double cause de ruine. On prétend qu'ils sont désolés de la liberté de la presse: ils étaient peu effrayés lorsque l'opinion démocratique parlait seule. Attaquer la religion, ébranler les principes de la royauté, calomnier les hommes monarchiques, tout cela n'était rien; mais aujourd'hui que l'opinion royaliste se défend, qu'elle ose soutenir le trône et l'autel, le ministère serait-il alarmé? Jadis le Directoire le fut aussi lorsque la presse devint libre : les plus fiers républicains demandèrent la suppression de la liberté de la presse; car c'est une chose bien remarquable, une chose que nous avions dite, et qu'on n'avait point voulu croire, que toutes les fois que la presse est devenue vraiment libre, l'opinion royaliste a triomphé. Le royalisme est une plante naturelle au sol de la France : ses racines sont enfoncées si avant dans notre religion et dans nos mœurs, qu'on ne peut parvenir à l'arracher. Depuis trente ans on la fauche, et elle repousse sans cesse; aussitôt qu'on la cultive, elle abonde et couvre tout.

Écoutez ces fameux constitutionnels qui accusent les royalistes de **ne** rien vouloir de libéral; ils s'écrient que le gouvernement ne peut marcher sous le feu croisé des journaux ! Et comment fait-on en Angleterre? Sans doute il serait plus commode pour un ministère, à la fois piteux et violent, de régner avec la censure, de lâcher les jacobins sur les royalistes, sans permettre à ceux-ci de se défendre, sans laisser ceux-là attaquer les combinaisons ministérielles. Il serait fort agréable de pouvoir rétablir les institutions impériales. Notre administration, composée des préfets et des créatures de Buonaparte, aimerait beaucoup à nous donner un budget par ordonnance : on y mettrait autant de millions que l'on voudrait; on évaluerait les recettes et les dépenses selon le bon plaisir de MM. les directeurs. Personne ne serait là pour examiner les comptes : point de ces importuns réviseurs d'additions; point de ces chicaneurs de chiffres; pas une voix qui pût s'élever contre les rapports infidèles, contre la calomnie ou l'incapacité : tout serait tranquille; on n'entendrait point de discussion; on perdrait la France tout à son aise. Cette maudite liberté de la presse gâte tout; avec cette liberté il n'y a pas un petit grand homme qui puisse être certain de n'être pas un sot, ni un ministre qui soit sûr de coucher au ministère.

Les ministres veulent-ils conserver leurs places, il faut d'abord qu'ils soient habiles; ensuite il faut qu'ils embrassent une opinion, et qu'ils marchent franchement avec cette opinion. S'ils sont libéraux, ils suivront une route périlleuse pour la monarchie, mais du moins la presse libérale viendra à leur secours; s'ils sont royalistes, ils prendront le chemin du salut pour le trône, et ils seront soutenus par la presse royaliste. Mais que prétendent-ils aujourd'hui? Dans quelle opinion les rencontre-t-on? Que veulent-ils et à qui en veulent-ils, quand ils vont se cacher dans le *Journal de Paris*? Peut-on afficher plus ridiculement sa misère, et le néant de toutes conceptions politiques? Les deux principales opinions de la France serrent de près les ministres, et finiront par les étouffer. On conçoit que Buonaparte, qu'un géant doué de force, pourrait tenir dans cette position, et écarter en se débattant l'une et l'autre armée; mais où est le géant?

Ce n'est pas non plus avec des destitutions que le ministère parviendra à se créer un public : il aura beau placer ses créatures, les salariés du gouvernement, si nombreux qu'ils soient, ne formeront jamais que l'imperceptible minorité à la France. D'ailleurs le système des destitutions est usé, et en horreur à tous les partis. Pourquoi cela? C'est que les injustices trop souvent renouvelées finissent par causer une alarme générale, et par révolter ceux même qui en profitent. Observez encore que ce ne sont pas les royalistes de 1815 que l'on destitue, car il n'y en a presque plus à destituer. Sur qui tombent donc aujourd'hui les destitutions? Sur des hommes qui marchaient naguère avec le ministère, mais qui ne peuvent plus se résoudre à le suivre. Ce ministère est si inconcevable, il s'écarte tellement de toutes les notions connues, que ses agents sont forcés de se mettre en opposition avec lui : il crée plus de royalistes par sa déraison qu'il n'en détruit par sa violence. C'est ainsi que le centre de la Chambre des députés l'abandonne, et qu'il se réunit maintenant, dans les trois quarts des votes, au côté droit. La plupart des anciens ministériels sont devenus royalistes : quiconque ne veut pas de révolutions est forcé de s'éloigner du ministère. Nous sommes intimement convaincus qu'il n'aura pas l'année prochaine la majorité dans la Chambre des pairs : les nouveaux pairs prendront l'esprit de leur institution; ils ne voudront pas plus que les anciens pairs de lois démocratiques, de principes, d'opinions et d'hommes révolutionnaires.

Il n'y a plus qu'une chose qui fasse encore illusion à certains esprits sur le système actuel, c'est le repos de la France. Ce repos n'est point l'ouvrage du ministère ; il vient de deux causes : 1° de la lassitude du peuple ; 2° de la nature de nos institutions.

Quant à la lassitude du peuple, elle est patente. Indifférent à tout, le peuple ne prendra part à rien ; mais aussi il laissera tout faire.

Quant à la nature de nos institutions, voici comme elles produisent la paix :

La Charte a créé une espèce de despotisme des lois, semblable par sa force au despotisme des hommes ; toutefois avec cette différence que le despotisme des lois établit la liberté, et que le despotisme des hommes la détruit.

A l'abri de ce despotisme des lois, le peuple jouit du plus profond repos ; on ne peut ni lui enlever ses enfants par une mesure arbitraire, ni lui faire payer un écu qui ne soit pas porté au budget. Aucune vexation n'est possible : nul n'a le droit d'entrer chez un citoyen, de le molester, de le dépouiller, de l'arrêter, de le mettre en prison. Le dernier de nos paysans peut aller partout où il veut, et quand il veut ; il ne dépend de qui que ce soit ; il ne doit compte à personne de sa conduite, de ses actions, de ses sentiments ; et pour peu qu'il se renferme dans le cercle tracé par la Charte, il est aussi libre que le roi.

Il y a là dedans un bien immense : ce bien est le principe du repos dont nous jouissons ; mais ce bien-là on ne le doit qu'au roi, uniquement au roi. Les opinions monarchiques ayant enfin conquis la liberté, viennent ajouter leurs forces à cette prospérité constitutionnelle avec laquelle elles sont en pleine harmonie. Ministres qui causez nos alarmes, combien il vous serait facile de nous rendre heureux, et d'attirer des bénédictions sur vos têtes ! Arrêtez le cours de vos destitutions insensées ; faites des lois monarchiques ; ne vous obstinez pas à tout sacrifier à un fantôme révolutionnaire, qui n'existe que par votre propre volonté ; soutenez la religion, embrassez franchement la Charte, et nous marcherons sans effort, dans le calme le plus complet, vers le plus haut point de prospérité où un peuple puisse atteindre.

Nous le répéterons éternellement : il y avait, après la restauration, deux routes étroites et tortueuses pour parvenir à notre perte, une route large et droite pour arriver à notre salut. On aurait également renversé la monarchie légitime, ou en essayant de rétablir purement l'ancien régime, ou en voulant régner avec les principes et les partisans de la révolution. Il fallait donc prendre dans les institutions sociales, à l'époque de la restauration, ce que le temps y avait introduit d'inévitable, et choisir parmi les hommes ceux qui avaient conservé les principes moraux de l'ancienne société ; autrement, il fallait confier la politique à la morale, faire exécuter la Charte par les honnêtes gens ; et, par cette expression d'*honnêtes gens*, nous n'entendons point désigner une classe exclusive de citoyens : les honnêtes gens sont partout, dans toutes les espèces d'opinions ; seulement on ne les trouve point parmi les assassins, les persécuteurs et les traîtres.

Nous osons dire que jamais on n'établira rien, que jamais on ne sortira des embarras politiques où l'on se trouve, si l'on ne revient au plan simple et raisonnable que nous avons proposé. Nos ministres, aveuglés par la haine, irrités par le mauvais succès, ont mieux aimé crier contre les royalistes, et se jeter tête baissée dans les intérêts moraux révolutionnaires. Le résultat de cette conduite a été d'établir le trouble au sein du repos, la crainte de l'avenir au milieu de la sécurité du présent. La France, tranquille par la force de ses institutions, est inquiète par la faiblesse de ses ministres. Dans l'espace de quatre années on a vu passer onze ministres ; on a changé deux ou trois fois de système sur la Chambre des députés, et augmenté la Chambre des pairs d'une façon disproportionnée ; on a donné force de loi à des ordonnances, et l'on s'est servi des ordonnances pour violer des lois ; on a chassé et rappelé les régicides, transformé des conspirations buonapartistes en conspirations royalistes, épuré et réépuré les administrations. Si la France existe encore, c'est que ses institutions l'ont sauvée, c'est que les royalistes sont sans cesse occupés à replacer les pierres de l'édifice que les ministres démolissent sans cesse.

De tant de variations il ne peut résulter pour nous qu'un grand et dangereux état de faiblesse. Le moindre choc, le plus petit événement mettrait en péril cette société qui paraît extérieurement si solide, mais dont on n'a pas affermi les bases. Les ministres ont blessé toutes les opinions, froissé tous les intérêts, outragé tous les hommes, exaspéré tous les partis; et, ce faisant, ils ont tout préparé pour une catastrophe. Que si, par exemple, une faction nous poussait à la guerre; que si une politique passionnée ou perverse ne sentait pas ou feignait de ne pas sentir combien la paix, si utile à la France, est nécessaire à la légitimité, on serait averti, mais trop tard, par des calamités sans fin, combien le système suivi était funeste. C'est pour cela que la Chambre des députés a mille fois raison de réduire le budget au plus strict nécessaire. D'inutiles millions entassés dans notre trésor ne serviraient qu'à favoriser les plans de quelques esprits bornés, qu'à faciliter à des hommes imprudents les moyens de se précipiter dans des mesures irréparables.

Une question se présente. Des hommes de caractères différents ont tenu depuis quatre années, le timon des affaires : ils ont été forcés de l'abandonner, après avoir essayé de se diriger vers le port. Faut-il en conclure que nos *ministères* plutôt que nos *ministres* ont été travaillés d'un mal secret, mal qui les a tous également attaqués et détruits? Nous prendrions volontiers pour ce mal l'esprit même qui s'est manifesté d'une manière uniforme dans ces divers ministères. Cet esprit promet et ne tient point, caresse et repousse. Il ne crée rien : sa qualité propre est de dissoudre; aucune majorité, soit dans les ministères, soit dans les Chambres, ne peut se former avec lui. Il se précipite dans les difficultés sans savoir comment il en pourra sortir, frappe un grand coup pour vaincre un petit obstacle, tue une institution pour atteindre un homme. Veut-il le crime ou la vertu, la liberté ou l'esclavage? Qui nous le dira?

Paris, ce 2 juillet 1819.

Depuis longtemps on ne lisait plus le *Journal de Paris;* mais la liberté de la presse ayant mis chaque chose à sa place, et toutes les opinions s'étant séparées du ministère, l'opinion purement ministérielle n'a trouvé de refuge que dans le seul *Journal de Paris.* Alors on s'est vu forcé de lire cette pauvre feuille; car, dans un gouvernement représentatif, on est bien obligé de savoir ce que pensent les ministres. Cette feuille nous accuse de n'avoir pas prononcé le plus petit mot de réconciliation; elle s'indigne contre nous, parce que nous nous contentons d'être victimes, et que nous ne voulons pas être dupes. A l'entendre, le Caucase nous aurait portés dans ses flancs; nous aurions été nourris du lait d'une tigresse.

E 'l Caucaso gelato,
E le mamme allatar di tigre Ircana.

Le journal ministériel se trompe : nous avons pour lui un grand sentiment de pitié. Il prétend qu'il nous *survivra.* Eh! sans doute, comme l'*Almanach de Liége*, les *Prophéties de Mathieu Laensberg*, les *Étrennes mignonnes*; ces ouvrages-là ne meurent point.

Mais pourquoi les ministériels attaquent-ils toujours les royalistes, et jamais les révolutionnaires? Il y a dans ce moment même des feuilles périodiques qui portent l'audace jusqu'à la folie contre la religion et la légitimité. Ne serait-ce pas au fils unique du ministère, au *Journal de Paris*, à réfuter ces abominations? Il nous en laisse le soin : nous l'en remercions; mais la religion et la légitimité ne sont-elles rien pour le ministère, et ne voit-il d'ennemis dans l'État que les royalistes?

Quoi qu'il en soit, le *Conservateur* ne cessera d'encourager les ministres; chaque jour il les oblige à déployer de nouveaux talents. Nous avions admiré, par exemple, la supériorité de caractère qui rendait muet un ministre au commencement de la session. Cette observation l'a fait sortir de son silence; il a pris la parole pour déclarer qu'il changerait une proposition royale : on n'attendait rien moins de la hache de l'éloquence de ce nouveau Phocion. Nous avions avoué que nous ne pouvions nous défendre d'une sorte d'attendrissement à l'aspect de ces ministres battus, si tristement assis sur leur banc à la Chambre des députés. Ce mot a réveillé le courage d'un autre ministre, qui s'élançant à la tribune, a vivement interpellé un membre de l'opposition; celui-ci, imitant la première partie de la conduite constitutionnelle du ministre d'abord silencieux, s'est retranché dans la taciturnité, et il a eu raison. Il y a des interpellations embarrassantes, sur lesquelles on juge plus convenable de se taire. Et, par exemple, lorsque nous avons repoussé les calomnies de la *correspondance privée* du *Times*; lorsque nous avons déclaré que ni nous ni nos amis ne sommes pour rien dans la *correspondance privée* du *New-Times*; lorsque nous avons désiré qu'on s'exprimât avec autant de franchise sur la *correspondance privée* du *Times*, pourquoi n'a-t-on pas répondu? Pourquoi les écrits ministériels n'ont-ils jamais flétri cette correspondance diffamatoire? Pourquoi tous les journaux royalistes se sont-ils tus sur la *correspondance privée* du *Times* aussi longtemps qu'ils *ont été soumis à la censure,* tandis qu'ils l'ont attaquée vigoureusement et victorieusement aussitôt qu'ils ont été rendus à la liberté? Enfin, par quel noble hasard la *correspondance privée* ne prend-elle jamais un ministre à guignon, qu'il ne soit chancelant ou tombé? Cela prouve au moins que cette correspondance n'est faite ni par les indépendants, ni par les royalistes. Encore une fois, est-elle du ministère? le public en est persuadé.

La *correspondance privée* fait entrevoir la possibilité du coup d'État que nous avons annoncé les premiers. Que sera-ce, s'il a lieu, que ce coup d'État ministériel? Rien sans doute qu'un homme de sens puisse imaginer. Mais enfin il est vrai qu'avec une loi démocratique des élections, un renouvellement par cinquième, deux minorités, des sessions de six mois, un système d'administration qui crée des partis et qui tend à tout diviser, il est vrai qu'on ne saurait gouverner. Il y a quatre ans que nous répétons ces choses-là aux ministres : les voient-ils maintenant? Ils auraient deux moyens sûrs et prompts de se tirer d'embarras : le premier serait de s'en aller, le second de se faire royalistes. Ces *coups d'État* sauveraient inévitablement la France.

La *correspondance privée* parle encore de la séance du 19 juin, mais très-modérément, et en ménageant, comme les ministres, le propre parti qu'ils prétendent attaquer. On ne peut trop revenir sur cette séance; il en est résulté pour le public cinq faits précieux :

1° Il n'y a point *de secret;*

2° Il y a des comités révolutionnaires que les autorités ne poursuivent point;

3° Les indépendants attendent la Chambre que doit amener la loi des élections; loi qui, selon l'expression du journal ministériel, a mis la minorité de droite, c'est-à-dire les royalistes, *en coupe réglée;* ce qui est très-avantageux pour la monarchie légitime;

4° Les ministres ont eu des conférences avec la minorité de gauche; ils ont pris des engagements avec elle; ils lui ont donné des espérances que chacun peut interpréter;

5° Les régicides, contre lesquels les ministres font de si beaux discours, sont l'objet de la sollicitude de ces mêmes ministres.

De nouvelles pétitions, demandant le retour des bannis, n'ont pas ramené la même scène dans la séance du 25 juin. Les indépendants ont senti qu'ils seraient battus, et qu'ils ne devaient pas forcer leurs amis les ministres à parler une seconde fois contre eux. De leur côté, les ministres, assez fâchés d'avoir été contraints de faire une première algarade, ont évité de se compromettre derechef avec les partisans de leur système. Le public s'attendait à quelques nouvelles révélations : il a été trompé. La paix s'est faite en vertu d'un ordre du jour, ou convenu d'avance, ou voté spontanément par cet instinct de conservation que les partis ont comme les individus. Cette paix sera cimentée par le retour de plusieurs régicides, dont on assure que la liste est déjà dressée. Ils reviendront tous. Pourquoi pas? Nous ferons quelques remarques.

Première remarque : elle s'applique aux régicides relaps.

En rappelant ceux-ci, on viole manifestement une loi portée par les trois branches de la législature. Ni le moyen évasif du *sursis indéfini*, ni le droit de faire grâce, ne peuvent s'appliquer également au cas dont il s'agit. Ainsi, les régicides rentrés restent toujours sous le coup de la loi, tant que cette loi n'est pas rapportée, ou que l'instance n'est pas périmée. Au premier changement de système ministériel, ils pourraient être frappés de déportation, sans qu'ils eussent aucun moyen de s'en garantir. Qu'auraient-ils gagné à leur appel illégal?

Seconde remarque : elle concerne les indépendants.

Des hommes poussent aujourd'hui à la mesure administrative favorable au retour des ex-conventionnels relaps. Ils trouvent bon que l'on viole une loi par une ordonnance. Hé bien! nous leur prédisons qu'ils porteront la peine de cette dérogation inconstitutionnelle. Ce *précédent* retombera sur eux. Si une ordonnance peut détruire une loi quelconque, une ordonnance pourra modifier la loi des élections et la loi du recrutement. Indépendants, libéraux, doctrinaires, vous vous récrierez alors, vous ferez de grands discours, vous parlerez Charte et principes. On vous dira qu'il y a un *précédent*, un précédent que vous avez sollicité, approuvé, béni. Que répondrez-vous? Aurez-vous deux poids et deux mesures? Soutiendrez-vous que le roi et les Chambres n'avaient pas le droit de décréter une loi d'ostracisme, comme le parlement d'Angleterre a le droit de porter un *bill d'attainder?* Prenez-y garde : si vous contestez un *droit* aux trois pouvoirs législatifs, vous contestez toute l'existence constitutionnelle, vous contestez tout ce qu'ont réclamé vous-mêmes de la révolution.

D'ailleurs ce n'est pas là la question : les régicides relaps ne sont point bannis en vertu d'un *jugement* ; ils le sont en vertu d'une loi d'*amnistie*, dans les *exceptions* de laquelle ils se trouvent compris. Or, les indépendants ne nieront pas, s'ils sont conséquents dans leur propre système, qu'un acte d'amnistie est de la compétence directe de l'autorité législative : c'est ce que prouvent des milliers d'exemples tirés des gouvernements républicains ou monarchiques, dans tous les temps et de tous les pays.

Les indépendants savent aussi qu'une loi d'amnistie ne peut s'étendre à tous les cas possibles, et qu'il est de la nature d'une règle d'avoir des exceptions. Ainsi portent à faux ces grands raisonnements de principe qu'on voulait faire sur le prétendu *jugement* prononcé par les trois pouvoirs législatifs contre les régicides relaps. Voilà de la logique, de la saine logique : mais l'esprit de parti se rend-il à l'évidence de la raison?

Les révolutionnaires, les partisans de la Convention, les professeurs du gouvernement de fait voudraient-ils soutenir que le régicide n'est pas en lui-même un crime? Écoutons ce que dit à ce sujet un fameux jurisconsulte :

« . . . . Ainsi, quiconque oserait attenter à la personne sacrée du légitime

« souverain commettrait celui de tous les crimes qui a le plus d'étendue dans ses effets,
« et qui par conséquent doit être le plus sévèrement puni. D'un côté, comme le cou-
« pable jette le trouble dans l'État, il est juste que jamais l'État ne lui serve d'asile.
« C'est un monstre qui n'a plus de patrie, contre qui tous les souverains doivent s'ar-
« mer, et pour qui l'univers entier ne doit plus être qu'un précipice. D'un autre côté,
« comme le souverain, en tant que souverain, ne meurt jamais, et qu'il n'y a point
« de prescription contre lui, il est naturel que les coupables des crimes de lèse-ma-
« jesté trouvent en lui un éternel vengeur. Ce sont là les causes de l'imprescriptibi-
« lité de ce crime..... »

Quel est le jurisconsulte qui a écrit ou publié une opinion aussi tranchante? C'est M. Merlin de Douai, *le régicide!* Dans la seconde édition du *Répertoire de Jurisprudence*, publiée en 1784, M. Merlin, alors avocat au parlement de Flandre, et secrétaire du roi, établit l'imprescriptibilité du crime de lèse-majesté seulement en ces termes :
« Suivant quelques auteurs, le crime de lèse-majesté est encore excepté de toute pres-
« cription. » Mais dans la troisième édition, faite par M. Merlin en 1808, et dans la quatrième en 1813, on trouve à l'article *Prescription* le passage augmenté, et tel que nous l'avons cité plus haut. Ainsi c'était après s'être rendu coupable du meurtre de Louis XVI, et sous ce qu'on appelait la *quatrième* dynastie, que M. Merlin publiait cette terrible doctrine contre le régicide! Ainsi l'assassin du roi légitime se condamnait lui-même comme le dernier des hommes pour assurer les droits, calmer les craintes et flatter les passions de l'usurpateur! Nous ne savons s'il existe un autre exemple de cette nature : cela est digne des temps peints par Tacite, de ces temps où Tibère s'écriait : *O homines, ad servitutem paratos!*

Troisième remarque : elle regarde les ministres.

Tandis que les ministres enfreignent la loi qui bannit les régicides pensent-ils avoir détruit la doctrine du régicide par des discours sur des pétitions? Prétention ridicule! Ce sont les faits qui persuadent les hommes, et non pas les déclarations des principes. Empêcherez-vous de commettre un *crime* par la frayeur d'un *raisonnement?* Que vous gourmandiez les régicides, ils vous feront la question du cocher *blâmé* par le parlement de Paris. Si l'on peut juger et condamner un monarque sans qu'il en résulte rien de fâcheux pour le prétendu juge ; si non-seulement ce juge vit en paix dans sa patrie, mais s'il garde encore ses honneurs et ses pensions ; si pour chaque tête de roi qu'on peut abattre, on gagne trente-six ou vingt-quatre mille livres de rentes, on trouvera facilement des Bradshaw et des Harrison. Peu importe qu'on foudroie la *théorie* du régicide, si la *pratique* de ce crime a de si heureux résultats.

Quatrième remarque : elle est relative aux royalistes.

Les ministres ont bien l'esprit assez élevé pour avoir cru tourmenter les royalistes par le rappel des régicides ; c'est une petite joie qu'il est utile de leur ôter.

Les royalistes détestent le crime sans haïr le criminel ; il y a plus, sous le rapport de la question personnelle ; ils regardent aujourd'hui le bannissement des régicides comme une véritable dérision. Lorsque les plus grands coupables des Cent-Jours occupent des places supérieures dans l'État, n'est-ce pas une injustice relative que d'exiler des hommes pour les mêmes trahisons qui valent à d'autres hommes des honneurs et des richesses ? Les royalistes n'ont eu dans tout ceci que la voie de la représentation ; ils ont défendu les principes, et montré le péril où l'on courait. On ne les écoute pas : ils gémissent sur le sort de la monarchie, mais ils sont tranquilles sur le leur. En cas de nouvelles révolutions, ils sont bien résolus à ne plus se laisser égorger ; ils ont pour eux le nombre, l'habileté, les talents, l'honneur, une vie sans crimes et sans remords : que pourraient-ils craindre? Quand on aura replacé dans les rangs de leurs ennemis une douzaine de vieillards souillés du sang du *juste couronné*, l'armée révolutionnaire en sera-t-elle plus forte? Les prêtres gaulois qui sacrifiaient des victimes humaines à la tête des bataillons ne décidaient pas de la victoire.

Cependant le ministère compte tirer avantage de son grand combat contre les pétitions. Il espère se servir, pour influer sur les élections, de la thèse qu'il a soutenue contre la théorie du régicide. Les préfets, maires et adjoints diront aux directeurs. « Ne vous en rapportez pas aux mauvais propos des royalistes; les ministres ne sont « point les amis des révolutionnaires. N'ont-ils pas anathématisé le régicide, proclamé « la légitimité, rompu des lances pour la dignité de la couronne? Les ministres sont « de très-bons royalistes, mais des royalistes modérés, et qui ne veulent pas mettre « le feu à la maison. Nommez donc en sûreté de conscience les candidats que ces grands « hommes d'État vous désignent. »

Et nous, nous dirons aux honnêtes gens qu'ils ne doivent donner leurs voix à aucun candidat porté par le ministère; nous leur dirons que ce ministère prouve trop qu'il n'a point changé de système, puisque sa conduite est en opposition directe avec ses discours, puisqu'il déclame contre les régicides et les rappelle, puisqu'il ne cesse de soutenir les lois antimonarchiques, de calomnier les hommes monarchiques et de les chasser de toutes les places.

Des aveux précieux, échappés dans la chaleur de la discussion, montrent encore qu'il existe des relations particulières entre les gouvernants et les libéraux. Ces derniers n'ont-ils pas reproché aux premiers des espérances trompées? Lisez les journaux, écoutez les discours; que de tendres plaintes adressées par les indépendants aux ministres! on leur dit à peu près : « Vous nous attaquez, ingrats! vous repoussez « les régicides! Mais voyez qui vous servez par cette conduite? *pour qui et pour quoi* « *vous combattez?* » Traduit en langue vulgaire, le *qui* c'est les royalistes, et le *quoi* c'est la monarchie. Dans ces attaques et ces défenses des libéraux, il y a toujours une porte ouverte au repentir des ministres. Les ministres à leur tour ménagent un cher ennemi. Doux commerce de reproches et de caresses! C'est Horace et Lydie ; c'est le *Donec gratus eram tibi :* laissons le ministère et l'indépendance vivre et mourir l'un pour l'autre.

Voulons-nous connaître nos véritables défenseurs, nos véritables amis ; cherchons dans les deux Chambres ces hommes qui composent les anciennes minorités royalistes, ces hommes auxquels sont réunis tous ceux des pairs et des députés de la majorité qu'effraient les doctrines renaissantes de l'anarchie. Ces minorités respectables poursuivent leur noble carrière au milieu de tous les dégoûts; elles n'ont pris part à des discussions déplorables que pour rétablir des principes trop méconnus. On les accuse de vouloir l'oppression, et elles ne cessent de défendre les franchises et l'argent du peuple. Depuis trois ans elles combattent pour la liberté de la presse, et le succès a couronné leurs efforts. Cette année, elles ont demandé des réductions sur le budget et voté pour toutes les économies.

Français, les hommes de bien que vous devez choisir pour vous représenter, ce sont ces royalistes qui ont déjà mérité vos suffrages. Ces hommes n'intriguent point; ils ne sont point portés par les ministres; ils se présentent devant vous avec leurs votes et leurs discours, avec leurs services et leur conscience. Ils n'ont point trafiqué de leur beau nom de député; ils n'ont point détourné au profit de leur ambition particulière l'honorable puissance qu'ils avaient reçue de vous : tels ils vous ont quittés, tels ils vous reviennent. Ils peuvent vous dire : « Vos intérêts nous ont tenus longtemps éloignés de nos familles, nous avons dérangé notre modique fortune : nous avons été calomniés; mais nous vous rapportons notre honneur sans tache : trop heureux d'avoir obtenu, au prix de quelques sacrifices, la diminution des impôts qui pesaient sur la France; trop heureux d'avoir défendu la religion, le roi, et les libertés de notre pays! »

Paris, ce 7 août 1819.

Lorsque le cardinal de Richelieu allait passer quelques jours à Ruel, on se demandait : A qui va-t-il déclarer la guerre? quelle alliance va-t-il former? quelle tête élevée va-t-il abattre? Nos ministres ont dîné dernièrement à Mont-Huchet. La gazette nous a appris cette importante nouvelle. Des personnes très-bien instruites prétendent que les ministres ont renvoyé leurs gens afin de garder un plus parfait *incognito*; et elles ajoutent qu'un second dîner a dû avoir lieu à Madrid. Que de vastes desseins auront été agités! que de maires et de sous-préfets foudroyés.

Ne cherchons point à pénétrer des mystères interdits aux profanes; il suffit que la partie vulgaire de ces dîners nous soit connue. Les ministres vont assez habituellement travailler à Madrid chez le ministre principal; celui-ci a bien voulu dîner à Mont-Huchet : on reconnaît là cette politesse de l'homme supérieur qui fait disparaître les distances, console l'amour-propre, accoutume au joug celui qui serait tenté de le secouer. La seconde cause vulgaire de ces congrès champêtres est le rapatriage des ministres. En vain on aura montré à M. le ministre des finances qu'il accusait un déficit de cinquante-deux millions, lequel n'existait pas; en vain on lui aura prouvé qu'il demandait au moins vingt et un millions de trop, puisqu'on a fait sur son budget une économie de vingt et un millions : cette petite erreur de soixante-treize millions aurait coûté à un ministre anglais un peu plus que sa place; mais, en France, le cœur l'emporte sur la Charte; nous sommes bonnes gens, et nous garderons M. le ministre des finances.

Nous savons bien que les partisans de M. le ministre des finances répondent que les erreurs du budget n'étaient que des erreurs apparentes, provenant d'une certaine manière de compter; qu'en déclarant un déficit aujourd'hui, ce déficit aurait été comblé demain : demain, c'est un peu prompt; mais il est certain que le déficit eût été rempli au bout d'un certain temps, puisqu'on aurait tôt ou tard été obligé de rendre compte des recettes. En attendant, les fonds seraient restés dans la caisse de M. le ministre des finances. Les aurait-il laissés dormir, ou les aurait-il fait valoir? Dans le dernier cas, que seraient devenus les intérêts d'une somme énorme et disponible? Conviendrait-il qu'un ministre des finances fît en grand ce que fait en petit un receveur général? Il n'est rien de tel pour les contribuables que de leur présenter un budget franc et net; toute obscurité en finances expose les plus honnêtes gens aux impertinents propos d'une foule oisive : alors le peuple parle de *boni*, de lots, de partages. Heureusement, s'il en était besoin, l'honorable médiocrité de nos ministres répondrait victorieusement à la calomnie.

Mais il est bien question des finances, à présent que la session est finie; les ministres ont bien autre chose à penser! il faut que la *correspondance privée* aille son train.

Il est triste d'être né dans ces temps où les gens les plus communs deviennent tout à coup des espèces de personnages. Et que de belles choses ces personnages nous expliqueront! Nous aurons des chaires d'histoire philosophique du droit! Jusqu'ici on avait donné des leçons de science, parce que la science est une chose positive; aujourd'hui c'est la philosophie de la science qu'on apprendra, c'est-à-dire que le maître montrera à ses disciples comment on a des idées, si lui-même par hasard a des idées; personne ne saura les lois, mais chacun pourra faire l'*Esprit des Lois*.

Enseigner la philosophie des lois, c'est enseigner l'incrédulité des lois. Quand, à travers les déclamations accoutumées, vous aurez remonté jusqu'au droit naturel, vous trouverez que l'homme, en sortant du sein de sa mère, n'est ni riche, ni pauvre, ni roturier, ni noble, ni serviteur, ni maître, ni roi, ni sujet : grand secret éloquemment commenté par Marat, Danton et Robespierre. Que conclura la jeunesse de ces leçons sur l'état naturel, si utiles dans l'état social ? Que tout gouvernement est une tyrannie ; qu'il faut en revenir à la loi agraire, à l'égalité primitive, et bouleverser les constitutions établies, pour les rendre plus conformes aux doctrines philosophiques de M. le professeur.

Les hommes supérieurs retournent souvent à la religion par l'incrédulité : leur pensée vigoureuse, arrivée au néant, ne s'arrête pas au bord de ce vide immense ; elle s'y plonge, le traverse et va trouver Dieu de l'autre côté de l'abîme. Ces mâles esprits concluent l'existence d'un Être suprême, de la difficulté même de la preuve rigoureuse ; ils sentent que l'univers doit avoir un principe, et que, si ce principe est inexplicable, il faut s'en tenir aux mystères de la religion. Ainsi Newton, Leibnitz, Clarke, Pascal, Bossuet, descendent des hauteurs de leur génie à la foi du charbonnier. Mais de petits philosophes, tout embarrassés dans les objections communes, regardent les difficultés qu'ils ont apprises comme le plus haut point de la raison ; et, trop faibles qu'ils sont pour reconnaître l'insuffisance de la science dans l'excès même de la science, ils restent pitoyablement athées.

Pareille chose vous arrivera pour le Code, au moyen des chaires philosophiques : les Cujas, les Barthole, les Pothier, les Domat, les d'Aguesseau, croiront à l'ordre social, après en avoir touché le néant dans l'état de nature ; comme le vulgaire, ils s'inclineront devant le mystère des lois. Mais des milliers d'écoliers, frappés des imperfections qu'ils auront entendues professer par un docteur idéologue, seront les athées des lois en attendant qu'ils en deviennent les sanglants réformateurs.

Mais voici bien un autre mécompte : on a déterré une brochure ultraroyaliste, que l'on soupçonne être l'ouvrage d'un professeur qui vient d'être jugé. Messieurs de la révolution, en croyant voler au secours d'un libéral, n'auraient-ils sauvé qu'un ultra ? Quelle effroyable mystification ! Depuis trois semaines nous connaissions cette brochure, que le *Drapeau blanc* vient d'exhumer ; nous y avions lu les conseils pour *épurer avec hardiesse*, dans un sens peu agréable à la révolution, les injures à la majorité de l'ancien sénat qui aurait voulu chasser *à jamais le roi légitime ;* les anathèmes contre le jury, qui, dit l'auteur, ne pourra *jamais s'acclimater parmi nous ;* et les raisonnements contre les machines à rouages, c'est-à-dire contre le gouvernement constitutionnel. Nous y avions lu ce passage et plusieurs autres : « Croit-on que si « Alexandre, Guillaume, François et le gouvernement d'Angleterre n'eussent pas eu, « à un très-haut degré, l'affection et l'attachement de leur nation, ils eussent pu ob- « tenir tous les grands et si utiles résultats dont nous venons d'être les témoins. »

Maintenant, si la brochure est du professeur, à quelle opinion appartient-il ? Les libéraux ne doivent plus l'admettre dans leurs rangs ; nous autres royalistes, nous le repoussons également, et pour sa première brochure et pour ses derniers discours : quant à la brochure, nous déclarons que nous avons horreur du despotisme, que nous voulons le gouvernement constitutionnel et le jugement par jurés ; nous déclarons que nous respectons les souverains étrangers, mais que nous ne nous réjouissons qu'avec mesure *des grandes choses qu'ils ont faites*, lorsque ces grandes choses les ont amenés deux fois dans la cour du Louvre : quant aux discours de M. le professeur, ils nous sont odieux, car nous détestons la démocratie autant que le despotisme. Il n'y a donc que les ministériels qui puissent maintenant s'arranger de lui.

Les pédants autrefois avaient au moins de l'instruction ; *Vadius savait du grec au-*

tant qu'homme de France : aujourd'hui les pédagogues ne savent rien, et ils n'en sont pas moins lourds. Soyez un jeune ou un vieux commis; ayez barbouillé quelques pages que personne n'a lues; mettez sur votre tête un bonnet de docteur, armez-vous d'une férule, et prononcez un galimatias métaphysico-politique : en voilà assez pour mépriser le genre humain et pour daigner gouverner ce petit royaume de saint Louis. Le reste des hommes s'abîme devant vous : à peine, du sommet de votre cerveau, apercevez-vous le stupide vulgaire qui se traîne dans les routes de la vieille sagesse.

La doctrine de la nation nouvelle, en supposant qu'elle signifie quelque chose, veut apparemment dire ceci : Que les siècles ne rétrogradent point; que chaque génération amène des changements dans la société; qu'aujourd'hui, par exemple, l'ancien gouvernement est détruit sans retour; qu'on ne peut plus imposer par le rang et la naissance, si les vertus ou les talents n'ajoutent leurs avantages naturels à ces avantages politiques; que l'éducation, descendue dans les classes inférieures de la société, établit entre les hommes une sorte d'égalité qu'aucune puissance ne peut détruire; que ce *nouvel ordre de choses a produit une nation nouvelle* qui, loin de renoncer aux droits acquis, bouleverserait le monde si on lui refusait ce qu'elle est faite pour obtenir.

Tout cela est juste, très-juste; nous l'avons dit nous-mêmes cent fois, et nous sommes loin de le contester : nous avons prêché la Charte, expliqué la Charte avant tous les garçons philosophes qui la recommandent aujourd'hui. Nous avons voulu en tout temps l'égalité des droits, la liberté, le gouvernement constitutionnel. Il est probable que sur tous ces points nous sommes de meilleure foi que nos adversaires libéraux et ministériels. N'importe; ils diront toujours que nous voulons l'esclavage, la féodalité, l'extinction des lumières : quoiqu'on dise le contraire à chaque page et pour ainsi dire à chaque ligne de nos écrits, ils n'auront pas une seule fois la sincérité d'en convenir.

On voit donc que la doctrine de la *nation nouvelle* se réduit à la vérité exprimée dans cette phrase banale : Nous sommes enfants de notre siècle. Si l'on se contentait de poser en fait qu'il existe une nation nouvelle qui a besoin d'un nouvel ordre politique, il n'y aurait rien de plus simple, et nous serions tous d'accord. Mais l'on conclut de l'existence de cette nation nouvelle, qu'il faut mettre à l'écart tout ce qui a tenu à l'ancienne société, pour introduire partout, ou de vieux jacobins ou des philosophes imberbes; que les vertus, les talents, les services des royalistes doivent être soigneusement écartés; que l'incapacité parjure est préférable à la capacité fidèle, par cela seul qu'elle est parjure; en un mot, que le présent doit être absolument détaché du passé. Quant à ce pauvre passé, on parle de le mettre à l'hôpital ou aux Invalides, de lui faire une pension alimentaire, et de le laisser radoter dans un coin jusqu'à ce qu'il soit mort, tout à fait mort.

La grande et misérable erreur de ce système est tantôt de séparer l'ordre moral de l'ordre politique, tantôt de supposer que le premier est variable comme le second. Lorsqu'on raisonne d'après la première idée, on dit qu'il est indifférent qu'un homme ait gardé ou violé ses serments; qu'il ait été, dans le cours de la révolution, innocent ou criminel; qu'il suffit à cet homme de comprendre et de soutenir les nouveaux intérêts politiques pour être utile à la société, laquelle n'a besoin ni de vertus morales, ni de vertus religieuses.

Lorsqu'on argumente d'après la seconde idée, c'est-à-dire lorsqu'on suppose que l'ordre moral varie comme l'ordre politique, on soutient qu'il y a des temps où ce qui était vice devient vertu, où ce qui était injustice devient justice. De là, les révolutionnaires n'ont fait que suivre la marche des siècles; de là, les hommes des Cent-Jours n'ont point été des ingrats, des parjures, des traîtres; ils ont servi leur patrie, qui est autre chose que le roi s'il est malheureux, que le gouvernement s'il tombe : de là, ceux qui combattent depuis trente ans pour le trône n'ont aucun mérite, parce que la morale n'est plus ce qu'elle était jadis, et que le devoir a changé.

Si l'on disait aux inventeurs de ce système qu'ils dégradent la nature humaine en substituant, sans s'en douter, la société physique à la société morale ; si on leur disait que le présent ne peut sortir que du passé, qui est sa racine ; que la liberté politique ne se peut établir que sur la morale, qui en est la base (comme la religion est le fondement de la morale) ; que toujours l'ingratitude sera ingratitude, la trahison trahison, l'injustice injustice, et que des hommes pervers ne feront jamais de bons citoyens ; ces vérités reconnues du genre humain feraient sourire de pitié les docteurs de la nouvelle science : mais nous ne rirons pas, nous, quand la France aura été replongée dans l'abîme par quelques révolutionnaires, aidés de six têtes pensantes, de trois hommes forts, et d'un ou deux génies spéciaux.

Et pourtant qu'il serait aisé de faire justice! Renvoyez ces grands hommes sans lesquels la France ne peut marcher, et dans huit jours on ne saura pas qu'ils existent. On peut ménager des talents qui, abandonnés à eux-mêmes, sont encore une puissance redoutable, gouvernent une partie de l'opinion, et créent des centres de résistance en dehors du cercle tracé par le gouvernement ; mais que de petites créatures dont le nom ne passe pas la barrière de Paris ou la porte d'un lycée vous fassent peur, c'est véritablement pitoyable. Livrez à l'oubli ces enfants de l'oubli, et ils vous demanderont grâce, et ils se jetteront à vos pieds pour vous supplier de les rétablir dans leurs emplois, vous promettant d'être plus sages à l'avenir. La cupidité est tout ce qui distingue ces hommes. Sont-ils menacés de perdre une pension, ils pâlissent. Il ne faut pas même leur faire l'honneur de croire qu'ils nous perdent par un vaste calcul, afin de moissonner sur des ruines : ceci supposerait une combinaison, et ils n'ont pas les facultés nécessaires pour combiner un certain nombre d'idées : ils ont tout simplement l'avidité des commis sans fortune, et l'orgueil des hommes de lettres sans talents. Et ce sont là pourtant les conseillers de nos ministres!

Voilà le danger des systèmes qui s'éloignent de la raison et de la vérité : pour les soutenir, il faut appeler au secours la double phalange des pervers et des sophistes. Buonaparte avait lutté contre la révolution comme un géant contre un autre géant ; il l'avait terrassée, mais elle respirait encore. C'est dans cet état que les ministres du roi légitime l'ont trouvée : au lieu d'achever de l'étouffer, ils l'ont relevée, soignée, ménagée ; ils l'ont entourée de ses enfants. Elle s'est peu à peu ranimée à l'espérance de l'anarchie ; bientôt ses forces s'étant accrues, elle s'est emparée du pouvoir administratif par les hommes, du pouvoir armé et du pouvoir politique par les lois. Alors elle a donné le signal à l'Europe, et l'Europe, qui n'a pas encore essayé de nos erreurs, semble vouloir s'y précipiter : fasse le ciel qu'elle n'imite pas nos crimes!

Il faut voir le mal où il est : ce mal n'est point dans les gouvernements constitutionnels ; il est dans les doctrines et les hommes révolutionnaires, que le système ministériel français a eu le malheur de rappeler et de maintenir. Écoutez la *correspondance privée* et les feuilles libérales et ministérielles : ceux qui les rédigent sentent bien que les événements les accusent : pour se disculper, ils opposent le tableau de la tranquillité de la France à celui de l'agitation de l'Europe ; ils en concluent que le système suivi est excellent, et que ce système n'entre pour rien dans les troubles manifestés chez les puissances voisines.

Faut-il répéter ce que nous avons souvent dit des causes qui maintiennent la paix en France ?

Ces causes sont la lassitude du peuple, l'action naturelle de la Charte, qui défend, contre l'arbitraire, la liberté, l'argent et l'enfant du peuple. Mais à ces éléments de repos se trouvent mêlés mille principes de désordres que le plus petit événement peut faire éclater.

Nous ne conspirons pas, disent les révolutionnaires ; la France est tranquille ! Et pourquoi conspireriez-vous quand on vous sacrifie les principes monarchiques et les hommes monarchiques ; quand on vous abandonne religion et légitimité ; quand on vous rend à discrétion tous les postes de l'État ; quand on vous livre l'argent, les places et les honneurs ; quand vous commandez en maîtres, quand vous dictez d'avance les choix que vous voulez que l'on fasse, les partis que vous désirez que l'on prenne : quand les ministres tremblants obéissent à vos ordres, et satisfont à vos moindres caprices ! A-t-on jamais conspiré contre ses esclaves ? La France est tranquille ! Eh ! sans doute : toutes les fois qu'une faction obtient un triomphe complet, il y a calme dans l'État, parce que les résistances s'évanouissent. Mais qu'est-ce que cela prouve, sinon que les principes de destruction établis pendant ce triomphe n'en produiront que plus sûrement leurs conséquences funestes ? L'homme condamné à mort est en paix dans sa prison, tandis qu'on prépare son échafaud.

Notre système n'entre pour rien dans les mouvements populaires des nations voisines, disent à leur tour nos ministres ; et nous, nous leur répondons : Votre système en est la première cause ; car c'est vous qui avez rendu la vie à la révolution, c'est vous qui avez donné une nouvelle puissance à des doctrines, à des hommes qui n'en avaient plus.

D'un autre côté, en écartant tous les serviteurs fidèles, en vous faisant une loi et comme un triomphe de placer les hommes des Cent-Jours, en punissant les services par l'oubli et la misère, en récompensant les outrages par la fortune et les honneurs, vous enseignez la trahison aux peuples, vous rendez la rébellion profitable, et vous affaiblissez partout l'estime, le respect, la vénération et l'amour que l'on doit avoir pour le gouvernement royal.

La preuve la plus évidente que le système ministériel est la grande cause de la renaissance de ces principes révolutionnaires par qui les États voisins sont menacés, c'est que le calme renaîtrait à l'instant si l'on abandonnait ce système. Faites des lois monarchiques ; rapprochez-vous des hommes monarchiques ; laissez retomber dans leur obscurité quelques misérables jacobins et une douzaine de petits sophistes : les obstacles que vous avez créés vous-mêmes s'évanouiront, et vous marcherez en paix et en sûreté au milieu de la bénédiction des peuples.

On réussirait d'autant plus facilement, que le parti qu'on a la faiblesse de craindre paraît décidément divisé en deux factions, la faction républicaine et la faction militaire, et que la dernière se subdivise encore, à en juger par les généraux qui écrivent aujourd'hui les uns contre les autres.

D'un autre côté les royalistes grandissent tous les jours dans l'opinion publique, et ils offriraient au gouvernement un appui aussi solide que naturel. On se demande comment il se fait que des hommes qui voulaient, dit-on, rétablir les institutions du dixième siècle prêchent uniformément des doctrines si sages ; comment il arrive que parmi les journaux royalistes il ne s'en trouve pas un seul qui s'éloigne de la ligne constitutionnelle, et que trahisse une arrière-pensée. Tant de raison dans l'esprit, de modération dans la conduite, de patience dans le malheur, ont enfin produit un effet sensible. La France attentive commence à écouter ces bons citoyens, ces sujets fidèles si lâchement calomniés ; elle reconnaît qu'eux seuls avaient aperçu et signalé le danger, qu'eux seuls avaient vu les choses sous leur véritable jour. Il est vrai que la faction révolutionnaire redouble de rage contre eux, parce qu'elle est intérieurement persuadée que les affaires pourraient marcher sous leur direction, et que, si une fois on leur avait laissé prouver leur capacité politique, le règne des intrigants, des démocrates et des buonapartistes serait passé.

Les ministres reviendront-ils aux royalistes? seront-ils toujours obligés d'avoir de honteuses condescendances pour un parti aussi faible qu'insolent, qui leur reproche ensuite de n'avoir pas tenu les traités secrets? auront-ils toujours pour amis des hommes dont ils sont obligés de dénoncer eux-mêmes les comités, les intrigues et les complots, où des hommes qui n'ont à leur offrir que la force de la faiblesse, qu'une obéissance dégoûtante, qu'une de ces volontés passives, viles prostituées qui se vendent à tous les pouvoirs? Abandonnera-t-on enfin un système dont tout fait voir maintenant l'insuffisance et le péril? On ne peut guère l'espérer : l'amour-propre irrité ne cèdera pas. Si l'on est trop embarrassé, on en viendra plutôt à un coup d'État. On parle aujourd'hui de faire sentir aux puissances étrangères la nécessité de ce coup d'État pour la France. Un homme puissant serait chargé d'aller faire à l'extérieur l'apologie du ministère, et d'adoucir l'humeur des cabinets européens.

Cette humeur paraît grande, s'il faut en juger par la *correspondance privée* : cette correspondance se plaint que nous *seuls excitons les alarmes des diplomates européens; « nous sommes, dit-elle, le peuple qu'ils dénoncent à leurs souverains; ils « adressent à notre égard des circulaires, portent des plaintes et rédigent des mé-* « *moires.* » Les ministres se souviennent-ils du temps où ils se glorifiaient de l'approbation des diplomates? Qui défendait alors la dignité et l'indépendance de la France? Étaient-ce les libéraux, les ministériels, ou les royalistes? Ouvrez la *Monarchie selon la Charte*, au chapitre LXXXVI, vous y lirez ces paroles :

« Comment parlerai-je du dernier appui que cherchent les intérêts révolutionnaires?
« Qui aurait jamais imaginé que des Français, pour conserver de misérables places,
« pour faire triompher les principes de la révolution, pour amener la destruction de
« la légitimité, iraient jusqu'à s'appuyer sur des autorités autres que celles de la patrie,
« jusqu'à menacer ceux qui ne pensent pas comme eux de forces qui, grâces au ciel,
« ne sont pas entre leurs mains?.... Hommes qui vous dites si fiers, si sensibles à l'hon-
« neur, c'est vous-mêmes qui cherchez aujourd'hui à me persuader qu'on vous PERMET
« *tels* sentiments, ou qu'on vous COMMANDE telle opinion. Vous ne mouriez pas de honte
« lorsque vous proclamiez, pendant la session, qu'un ambassadeur voulait absolument
« que le projet du ministère passât, que la proposition des Chambres fût rejetée. Vous
« voulez que je vous croie quand vous venez me dire aujourd'hui (ce qui n'est sûre-
« ment qu'une odieuse calomnie) qu'un ministre français a passé trois heures avec un
« ministre étranger, pour aviser au moyen de dissoudre la Chambre des députés. Vous
« racontez confidemment qu'on a communiqué une ordonnance à un agent diploma-
« tique, et qu'il l'a fort approuvée. Et ce sont là des sujets d'exaltation et de triomphe
« pour vous! Quel est le plus Français de nous deux? de vous qui m'entretenez des
« étrangers quand vous me parlez des lois de ma patrie, de moi qui ai dit à la Chambre
« des pairs les paroles que je répète ici : « Je dois sans doute au sang français qui
« coule dans mes veines cette impatience que j'éprouve quand, pour déterminer mon
« suffrage, on me parle d'opinions placées hors de ma patrie; et si l'Europe civilisée
« voulait m'imposer la Charte, j'irais vivre à Constantinople. . . . . »
« Et comment les mauvais Français, qui soutiennent leurs sentiments par une si
« lâche ressource, ne s'aperçoivent-ils pas qu'ils vont directement contre leur but? Ils
« connaissent bien peu l'esprit de la nation. S'il était vrai qu'il y eût du danger dans
« les opinions royalistes, vous verriez, par cette raison même, toute la France s'y
« précipiter : un Français passe toujours du côté du péril, parce qu'il est sûr d'y
« trouver la gloire. »

Sied-il bien aux ministres de se plaindre aujourd'hui de l'influence étrangère? Ils l'ont trouvée parfaite pour soutenir un système déplorable; et lorsque le corps diplomatique, enfin éclairé, voit le danger de ce système, ils se récrient contre *les alarmes des diplomates!*

Les cabinets de l'Europe semblent être maintenant convaincus de la justesse de nos opinions : nous pourrions donc triompher à notre tour, mais nous ne savons pas, nous autres royalistes, démentir notre langage : il ne dépend pas de nous de forcer nos ennemis à nous aimer, mais nous saurons conquérir leur estime. De même que nous demandons la religion, la monarchie légitime, la liberté constitutionnelle, la Charte avec toutes ses conséquences, nous voulons l'indépendance de notre pays : nous sommes trop Français pour approuver l'intervention des étrangers dans nos affaires intérieures lors même que cette intervention serait favorable à nos intérêts. Nous aimons mieux encore être exclus de toutes les places, être méconnus, persécutés, calomniés, que de devoir nos succès à des influences qui blesseraient la dignité de notre patrie. Nous les attendons, ces succès, de la sainteté de notre cause. Nous croyons que l'Europe périra si elle ne se rattache à nos principes; mais ce n'est pas à l'Europe que nous nous adressons, c'est à la France; c'est de cette chère et belle France que nous attendons toute justice. Eh! que nous importeraient les honneurs, les dignités, la fortune et la vie, si nous avions cessé d'être Français?

Paris, le 13 août 1819.

Des troubles ont éclaté en Allemagne, en Espagne et en Angleterre : une grande faction démocratique s'est formée sous différents noms et en différents pays; et comme cette faction a pris naissance dans la révolution française, il est impossible que la politique de la France ne soit pas l'objet de la sollicitude générale.

Mais comment connaîtrait-on cette politique? le système ministériel doit naturellement se défendre, et par ses agents, et par les moyens que le pouvoir, tout malhabile qu'on le suppose, sait toujours trouver pour ses intérêts. Nous voyons peut-être, par la *correspondance privée*, un échantillon de la diplomatie de notre cabinet. Là, tout ce que la France renferme de plus respectable est constamment calomnié; là, les royalistes sont présentés sous les couleurs les plus odieuses; là on cherche à tromper perpétuellement l'Europe sur l'esprit et la nature des partis qui divisent la France. Les ministres français, dans leurs journaux et jusqu'à la tribune de nos Chambres législatives, se sont faits les accusateurs publics des royalistes. Longtemps opprimés par la censure, nous n'avons pu élever la voix en faveur de notre cause; mais puisque nous pouvons parler maintenant, nous allons nous mettre en garde contre les nouvelles accusations qui pourraient être portées contre nous. Toutefois, en cherchant à éclairer le public, si grossièrement trompé par la *correspondance privée;* en indiquant à l'Europe les erreurs dans lesquelles elle nous semble être tombée, en lui apprenant à mieux connaître les royalistes, nous déclarons que nous ne prenons point l'Europe pour juge : notre roi et notre patrie, voilà les seules autorités dont nous voulons dépendre. Qu'on ait cru devoir souffrir l'intervention des puissances étrangères dans notre régime intérieur (par les articles mêmes d'un traité); qu'on ait pu solliciter ou recevoir des notes diplomatiques dans lesquelles on loue notre système, où l'on déclare que l'on est content de la marche de notre gouvernement, cela peut convenir à de. hommes qui veulent garder leurs places, mais non à des royalistes qui ne demandent point de places, et qui ne voudraient pas en conserver à ce prix. Les royalistes ont une idée plus noble de l'honneur français et de l'indépendance de leur patrie. Ce langage ne donne pas le succès, mais il procure l'estime.

Les gouvernements de l'Europe n'ont jamais connu la révolution : les uns la regardèrent, dans le principe, comme une de ces rébellions faciles à réprimer par la force des armes; les autres la considérèrent comme l'effort généreux d'une nation opprimée qui cherche à recouvrer son indépendance. Les absurdités débitées par nos philosophes et nos révolutionnaires, sur la tyrannie des nobles et le fanatisme des prêtres, ont été crues plus ou moins sur le continent, et même de la Grande-Bretagne. Par quelle ignorance inexplicable l'Europe voulait-elle trouver en France, en 1789, les mœurs et les institutions du treizième siècle ? Autant vaudrait soutenir que l'Angleterre est féodale, parce qu'aucun acte législatif n'a aboli ses vieilles coutumes ou ses anciennes lois.

Il advint de cette étrange méprise que l'Europe vit commencer la révolution française avec une sorte de bienveillance, comme l'émancipation légitime d'un grand peuple. L'Europe crut qu'on ne demandait que la suppression de quelques priviléges abandonnés d'avance par le clergé et la noblesse, que l'exécution de quelques réformes religieuses qui semblaient nécessaires même à la cour de Rome; elle crut qu'on n'en voulait qu'à des branches, et la hache était à la racine : c'était du renversement total du christianisme et de la monarchie qu'il s'agissait.

De petites envies, des jalousies trop communes entre les nations rendirent ces premières erreurs plus difficiles à détruire. On était assez content de nous voir nous déchirer et nous affaiblir : nos derniers combats sur le continent n'avaient pas été heureux, et l'on affectait de mépriser nos armes; on espérait que nous serions une proie facile, en cas que le mal s'augmentât parmi nous. On opposait l'ancienne politique à des hommes qui attaquaient la société avec des doctrines nouvelles; on corrompait les peuples de l'Europe en les envahissant, et l'Europe prenait cette corruption démocratique pour la diffusion des lumières : elle se persuadait encore que la révolution voulait la liberté, lorsque cette révolution se plongeait dans tous les crimes, et rampait sous tous les maîtres. Nous verrons plus bas si le principe de la révolution a jamais été la liberté.

La tête de Louis XVI abattue, les souverains s'épouvantent, et ne s'éclairent point. La crainte, la politique, les ambitions particulières divisent les cours. Des coalitions sont formées et brisées : les nations, au lieu de marcher ensemble au combat, se présentent tour à tour sur le champ de bataille, et tombent séparément vaincues. On ne fait rien pour la Vendée, seul point d'où le salut pouvait venir; soit que, par une suite de ses premières erreurs, l'Europe crût que les royalistes de France n'étaient qu'un petit troupeau d'hommes gothiques sans force et sans capacité; soit qu'elle eût une secrète jalousie contre tous succès non dus à ses armes, et qu'elle espérât toujours, même au milieu de ses défaites, obtenir de fructueux triomphes. Ce fut de cette sorte que l'on roula de faute en faute jusqu'au fond de l'abîme. On se vit forcé par la dure nécessité de rechercher l'alliance des maîtres de la fortune; on prêta des soldats étrangers à la victoire française : il fut un moment où l'ennemi, poussé de poste en poste, ne trouva d'abri que dans notre gloire. Enfin, quand l'étendard tricolore eut été arboré sur les murs de Séville et de Moscou, de Naples et de Berlin, de Vienne et de Raguse, l'Europe se réveilla, et vint retrouver dans Paris sa liberté, son honneur et ses drapeaux.

Ainsi le résultat de cette révolution si vantée fut d'amener au Louvre les nations du Caucase, et de livrer aux étrangers le vieux Capitole des Francs. A la vue de tout un peuple qui agitait le drapeau blanc, l'Europe parut enfin se souvenir des Bourbons. Les tombes de Saint-Denis rappelèrent aux rois l'antique race dont la plupart d'entre eux étaient descendus. La fille aînée de la chrétienté fut remise sur le trône : l'Europe jugea, avec raison, que l'on ne pouvait rebâtir la société politique que sur la légitimité.

Elle adopta donc ce grand principe fondamental; mais après avoir posé la véritable base de l'édifice, elle éleva sur cette base l'échafaudage de ses anciennes erreurs.

Sous les rapports constitutionnels, l'Europe commit une faute en traitant avec le sénat; le sénat n'était point une autorité légale; le Corps législatif seul représentait la nation; et, bien que dépouillé d'une partie de ses droits, il était cependant l'héritier direct des anciennes assemblées législatives de la France.

On fut ensuite étonné de voir avec quel respect les étrangers traitaient des choses et des hommes pour lesquels la France n'avait que de l'horreur ou du mépris. Cet aveuglement est pourtant facile à expliquer : ce fut une pure illusion d'amour-propre.

La France révolutionnaire n'a produit qu'une douzaine d'hommes supérieurs dans les armes et la politique; le reste a été d'une extrême infériorité, car nous ne comptons pas les monstres de 1793 : là où l'on voit de grandes vertus on doit supposer de grandes âmes, parce que la vertu est un principe élevé et sublime; mais le crime est, par lui-même, d'une nature si basse, que plus il est extraordinaire, plus il est à la portée des âmes communes.

Nos étonnants succès n'ont donc point été l'ouvrage de quelques individus, mais le résultat général de l'énergie de la nation, du génie et du courage des Français. Les alliés n'avaient pu connaître cette vérité : la France s'était comme isolée des autres peuples par son état habituel de guerre; et la grandeur du camp cachait la petitesse de la cité. Les étrangers prirent de loin pour des personnages tous ces hommes qui figuraient dans le *Moniteur;* lorsqu'ils les virent de plus près, il eût été trop dur de reconnaître l'illusion. L'Europe voulut justifier à ses propres yeux ses anciens revers : son orgueil créa des géants, pour ne pas convenir qu'elle avait cédé à des pygmées.

Cet orgueil, fort naturel, se joignant à une grande générosité et à quelques combinaisons politiques, explique l'erreur des alliés en 1814. Ils reconnurent la légitimité, mais ils ne détrônèrent point la révolution : à cela près, leur conduite fut admirable. L'empereur Alexandre voulut se mettre à la tête de toutes les libertés, comme Buonaparte s'était fait le chef de toutes les tyrannies. C'était marcher d'une autre manière à l'empire du monde : on ne pouvait prendre un plus noble chemin.

Le 20 mars vint punir tant de magnanimité; il apprit aux alliés quelle faute ils avaient commise en confiant la légitimité à la garde de toutes les illégitimités. La journée de Waterloo tua le despotisme militaire dans la personne de Buonaparte, et laissa malheureusement subsister la démocratie révolutionnaire, que ce despotisme avait appelée à son secours.

Ici se présente un des phénomènes les plus étranges de l'histoire. Les Cent-Jours avaient tout appris, avaient montré le fond de tous les cœurs, avaient fait tomber tous les masques : d'un côté étaient les amis, de l'autre les ennemis. Plus de confusion, plus de mélange; la main de la Providence avait séparé elle-même l'ivraie du bon grain. Les maîtres du champ moissonné n'avaient plus qu'à choisir, et ils choisirent l'ivraie.

Qui ferma les yeux de tant de souverains? Puisque la France leur était livrée une seconde fois par les révolutionnaires; puisque nous devions être assez malheureux pour subir le joug, pour recevoir des conditions, comment l'Europe ne songea-t-elle qu'à nous demander des *garanties physiques*, lorsque ce n'était, pour ainsi dire, que des *garanties morales* qu'elle aurait dû exiger de nous? Comment des ambassadeurs qui appuyèrent l'élévation de M. le duc d'Otrante pensèrent-ils qu'il pouvait être le ministre de la légitimité? Ce désordre dans les idées annonçait les erreurs qui devaient suivre.

La Providence, pour sauver la France et l'Europe opéra son dernier miracle; elle fit sortir des colléges électoraux de l'usurpateur la Chambre royaliste de 1815. Pour la première fois, après trente années de triomphes et de crimes, la révolution fut enfin attaquée corps à corps. On entendit parler de religion, de morale et de justice : la Chambre de 1815 voulait rétablir sur ces fondements éternels de la société la monarchie légitime et les libertés publiques. La révolution vit le péril ; elle rappela ses forces, séduisit le ministère, le rendit favorable à sa cause : tout s'arma pour briser le dernier instrument de salut ; et, chose à jamais déplorable, l'Europe monarchique applaudit à l'ordonnance du 5 septembre !

Mais quelle révolution s'était donc opérée dans les conseils ? Les gouvernements étaient-ils devenus plus inaccessibles à la contagion révolutionnaire ? ne mettaient-ils plus aucun intérêt à la tranquillité intérieure de la France ? Ils jugent sans doute mieux aujourd'hui la mesure ministérielle, dont ils ne sentirent pas d'abord la conséquence ; ils ne virent qu'un acte de fermeté dans un acte de destruction. C'est de ce moment que les doctrines antisociales se sont ranimées : c'est de ce moment que les révolutionnaires sont sortis de leur retraite pour s'emparer des pouvoirs ; c'est de ce moment que les principes monarchiques et les défenseurs de ces principes ont été proscrits ; c'est de ce moment que des lois démocratiques ont reporté dans la puissance politique et dans la puissance militaire les hommes et les systèmes qui ont bouleversé l'Europe et la France.

Pendant quelque temps une espèce de vertige sembla troubler la politique générale ; on n'eut pas assez d'outrages et de moqueries à prodiguer aux victimes qui s'étaient dévouées pour la cause des rois : correspondances privées, notes diplomatiques, gazettes officielles se joignaient aux journaux révolutionnaires pour accabler le seul parti qui eût raison dans la cause des monarchies, le seul parti qui, n'attendant rien des monarques dans leur prospérité, leur était resté fidèle dans leur malheur.

La constance des royalistes a vaincu la plupart des obstacles. Il faut que ce parti soit puissant en vertus et en vérités pour être sorti d'une position qui semblait le laisser sans ressources. Le système ministériel est si dangereux et si perfide, qu'il a séparé le nom du roi de la cause des royalistes, et que ceux-ci ont été obligés de combattre, tandis qu'on employait contre eux, jusqu'à l'auguste nom qui fait leur gloire, et dont ils tirent leur puissance.

Aussitôt que les royalistes ont eu un organe pour se faire entendre, on a commencé à les écouter ; on les a crus d'autant plus volontiers, que les périls qu'ils avaient annoncés se manifestaient de toutes parts. Le congrès d'Aix-la-Chapelle montra des inquiétudes. On pense généralement qu'il exigea des négociateurs français la promesse d'une modification politique. Quoi qu'il en soit, M. le duc de Richelieu échoua dans le dessein qu'il avait pu former pour le repos de la France. Bientôt il abandonne le timon des affaires ; le système ministériel augmente de violence ; les révolutionnaires français donnent le signal aux révolutionnaires de l'Europe, et la paix des États voisins est troublée.

Il ne nous appartient point de régler ici ces États, de multiplier les inconvenantes leçons que les opinions ministérielles et révolutionnaires se permettent tous les jours d'adresser aux nations et aux souverains. Nous croyons mieux connaître l'Europe par nos liaisons, nos études et nos voyages, que ces prédicateurs politiques ; mais nous savons nous renfermer dans notre compétence ; nous ne devons nous occuper des affaires de l'Europe que dans leurs rapports avec celles de notre pays. Nous avons dit que l'état de la France n'était connu de l'Europe que par nos ministres ; qu'il importait aux royalistes de tracer un tableau plus fidèle, afin de n'être plus exposés aux nouvelles calomnies de nos infatigables accusateurs : c'est ce que nous allons faire.

Trois opinions, trois systèmes ou trois partis (peu importe le nom) divisent la France : le système ministériel, le système royaliste, et le système révolutionnaire : nous négligerons les subdivisions du parti ministériel et du parti révolutionnaire. Il est bon de remarquer seulement que dans le parti royaliste, s'il existe quelques nuances d'opinions, elles sont si faibles, qu'on peut à peine les apercevoir, et qu'elles ne tombent sous aucune dénomination connue.

Pour bien comprendre ce que c'est que le parti royaliste et le parti révolutionnaire, il faut remonter à une époque reculée.

Dès l'origine de nos malheurs, l'Europe, singulièrement abusée, se figura que le parti de la révolution était le parti de la liberté, que ceux qui s'opposaient à cette révolution étaient une petite classe de privilégiés attachés à un régime oppresseur. Depuis la restauration, les révolutionnaires n'ont pas manqué de répéter qu'ils voulaient la liberté, et que les royalistes voulaient l'ancien régime, la féodalité ou l'esclavage. Les ministériels, pour justifier leur système et leurs injustices, ont joint leur voix à celle des révolutionnaires; et l'Europe, que l'immortel Burke n'avait pu détromper, a bien voulu croire sur parole les révolutionnaires et les ministériels, c'est-à-dire la démocratie et la domesticité. Voilà l'erreur.

Voici la vérité : ce n'est point la liberté, c'est l'égalité *absolue* qui a été le principe réel et qui forme encore le vrai caractère de la révolution française. Pour s'en convaincre, il suffit de remarquer que la liberté a toujours succombé dans nos troubles, qu'elle a subi le joug de Robespierre, du Directoire et de Buonaparte, tandis que l'égalité absolue s'est constamment maintenue. Les révolutionnaires ont conservé cette égalité sous la démocratie de la Convention comme sous le despotisme de l'empire. Les distinctions de Buonaparte n'établissaient pas de véritables rangs, vu qu'il n'avait fondé ni pairie, ni noblesse ayant des droits politiques : c'était toujours l'égalité masquée en baron, comté, ou duc.

Ce principe de l'égalité absolue existe encore aujourd'hui, et c'est le plus grand obstacle à l'établissement du gouvernement constitutionnel, car l'égalité absolue s'accommode du despotisme qui nivelle tout, mais ne peut s'arranger d'une monarchie qui établit une distinction de pouvoirs.

La liberté est le sentiment des âmes élevées : elle produit les grandes actions, crée les grandes patries, et fonde les institutions durables; elle se plaît dans l'ordre et la majesté; elle s'allie avec tous les gouvernements, hors avec le despotisme.

L'égalité absolue est la passion des petites âmes : elle prend sa source dans l'amour-propre et l'envie, elle enfante les basses résolutions, et tend sans cesse au désordre et au bouleversement.

Principe naturel de la démocratie et du despotisme, l'égalité absolue est d'autant plus dangereuse quand son esprit domine chez un peuple, qu'elle ne peut être satisfaite qu'en régnant sur des tombeaux. Ce qu'elle attaque est une chose qu'on peut détruire, mais qu'on ne saurait vaincre. Persécutez tant qu'il vous plaira la noblesse, vous ne l'empêcherez pas d'exister; vous abolirez les droits, vous n'effacerez pas les noms : pour anéantir la noblesse, il faut tuer tous les individus nobles. L'égalité absolue est donc un principe de mort : elle ne peut rien fonder, parce que rien ne peut s'élever auprès d'elle, pas même la liberté, qui est une supériorité réelle, comme la vertu.

Aussi remarquez que les révolutions les plus sanglantes et les moins durables sont celles où l'égalité absolue a dominé. Rome établit la liberté avec la distinction des rangs; sa révolution, dans le premier moment, ne coûta la vie qu'à Lucrèce; six cents ans de vertus et l'empire du monde furent le prix de cette modération républicaine.

Ce principe posé, vous allez sur-le-champ découvrir le véritable esprit du parti royaliste et du parti révolutionnaire.

Les royalistes sont en France les hommes qui veulent la liberté, avec l'égalité devant la loi, avec l'égale admission aux places et aux honneurs, avec la faculté d'atteindre à tous les rangs; mais ils repoussent l'égalité absolue, incompatible avec une monarchie constitutionnel'e.

Les révolutionnaires veulent l'égalité absolue, et n'ont aucun amour sincère de la liberté.

Ouvrez les écrits des révolutionnaires et des royalistes, vous y remarquerez ces nuances d'opinion fortement prononcées.

Dans les écrits des révolutionnaires, vous distinguerez une haine violente du clergé et de la noblesse, comme de toute supériorité sociale; vous y trouverez le vœu bien formel de la division des propriétés, ce qui conduit à la loi agraire, par la loi agraire à la démocratie, et par la démocratie au despotisme. Mais en même temps ces écrits ne présentent qu'une très-molle défense de la liberté : leurs auteurs ont une tendance naturelle à flatter le pouvoir : tantôt, selon leurs intérêts du moment, ils prêchent la tyrannie ministérielle; tantôt ils attaquent les tribunaux, sollicitent des mesures arbitraires, invitent à proscrire une classe d'hommes, et proposent libéralement de faire des ilotes.

Les écrits des royalistes expriment au contraire un vif et sincère amour de la liberté : on y remarque une extrême indépendance d'opinion et de caractère, une franche horreur de l'arbitraire; mais aussi une haine bien prononcée de l'égalité démocratique, un penchant bien décidé aux hiérarchies sociales, sans lesquelles aucune monarchie ne peut exister, un désir bien sincère de voir s'accroître la grande propriété, qui seule fonde les familles, et donne à la fois des défenseurs aux rois et aux peuples.

Tels sont réellement et dans leur esprit les deux partis révolutionnaire et royaliste. Nous les montrons sous leur véritable jour; et ce jour paraîtra peut-être nouveau : tant sur ce point les erreurs étaient étranges!

Les royalistes sont donc les défenseurs de la liberté, sans l'égalité absolue; les révolutionnaires sont les soutiens de l'égalité absolue, sans la liberté.

Les royalistes ont toujours soumis au roi leur cœur et leur épée, mais ils n'ont jamais abandonné à personne leurs droits légaux et leur liberté acquise; les révolutionnaires s'arrangeraient de Constantinople pourvu qu'il y eût égalité d'esclavage.

Révolution, dans la bouche des révolutionnaires, ne veut pas dire *liberté*, mais *égalité absolue*.

Révolution, dans la bouche des royalistes, veut dire absence de *liberté*, *égalité absolue*, *nivellement complet*, ou *démocratie*.

Les seuls hommes qui veulent véritablement la Charte sont les royalistes, parce qu'elle proclame la légitimité dans le roi qui a donné cette Charte, parce qu'elle fonde la liberté avec la distinction des rangs; toutes choses reconnues de tout temps des royalistes.

Les révolutionnaires ne veulent point la Charte, parce qu'elle établit une monarchie légitime, une noblesse, un pouvoir qui n'est point le despotisme, une liberté qui n'est point la démocratie, une égalité de droit devant la loi, qui n'est point une égalité absolue.

Les royalistes ne sont donc point les soutiens d'un arbitraire gothique; les révolutionnaires ne sont donc point les défenseurs d'une liberté constitutionnelle.

Ainsi s'évanouissent, par cette explication de l'esprit du parti royaliste et du parti révolutionnaire, toutes les idées fausses que l'on pouvait en avoir conçues. Mettons maintenant en lumière le troisième parti, et voyons ce que c'est que le système ministériel.

Ce système a son langage, ses prétentions et ses actions : il ne peut pas toujours déraisonner; mais quand il fait entendre quelque chose de bon sens, il ne fait que répéter la doctrine des royalistes, car (remarque essentielle) toutes les fois que les ministériels et les révolutionnaires veulent en imposer sur leurs vrais sentiments, ils n'ont d'autre ressource que de dire ce que nous avons dit longtemps avant eux.

Cent fois nous avons déclaré que le rétablissement de l'ancien régime était impossible, que les éléments de ce régime étaient à jamais détruits; qu'il fallait donc suivre le mouvement politique du siècle; que la Charte satisfaisait à tous les besoins nouveaux. Nous avons fait un million de fois l'éloge du gouvernement constitutionnel; et si ce gouvernement est maintenant connu et entendu de la France, nous osons dire que c'est nous qui l'avons rendu populaire, par les explications que nous en avons données.

Or donc, quand le système ministériel parle constitution, qu'avance-t-il que nous n'ayons avancé? Mais les ministériels ne sont que des écoliers ignorants qui répètent mal nos leçons; car au fond, ils aiment peu les institutions libres. Elevés sous la férule du despotisme, ils violent à chaque moment cette Charte qu'ils n'entendent pas; ils n'ont d'autre but que de garder leurs places, d'autre système que d'établir l'arbitraire. Tous ces hommes de police et d'antichambre à qui l'on a donné la Charte à exécuter en font entre eux des espèces de répétitions, comme des musiciens que l'on forcerait à jouer sur des instruments dont ils n'auraient aucune pratique : c'est une cacophonie effroyable.

Mais quittons la théorie du système ministériel, et voyons comment il agit dans la pratique. La prétention de ce système est de ne verser ni dans le sens des royalistes, ni dans le sens des révolutionnaires; d'observer un juste milieu : on va juger si cette prétention a quelque chose de raisonnable.

En premier lieu : on peut maintenir l'équilibre entre deux opinions politiques quand ces deux opinions, différentes sous plusieurs rapports, n'attaquent cependant pas le fond de la chose établie. Mais, si, dans une *monarchie*, deux opinions s'élèvent; si l'une de ces deux opinions, tout erronée qu'on la suppose, est néanmoins *monarchique*, et si l'autre est *démocratique* ou *républicaine*, doit-on tenir la balance égale?

En second lieu : on peut essayer de maintenir l'équilibre entre les deux *opinions* hostiles; mais pour les faits et pour les *hommes* il n'y a point d'équilibre possible : la trahison et la fidélité, le vice et l'innocence, ne sont point matières semblables que l'on puisse mettre dans la balance. Combien faut-il de vertus pour peser autant qu'un crime? ou combien faut-il de crimes pour égaler le poids d'une vertu?

Que l'on eût pour système de confier les places à des hommes nouveaux qui n'auraient commis aucun excès, qui n'auraient appartenu à aucune époque de la révolution, qui n'auraient trahi ni la république, ni Buonaparte, ni le roi; qui n'auraient point servi l'usurpateur pendant les Cent-Jours, ni suivi à Gand le souverain légitime, on pourrait comprendre en politique cette froide impartialité. Mais placer également un royaliste et un jacobin, celui qui a rempli tous ses devoirs et celui qui les a violés tous, celui qui a fait le bien et celui qui a fait le mal, ce n'est plus un équilibre, c'est tout simplement une monstruosité morale, un véritable crime politique qui tôt ou tard amènerait la destruction d'un État.

Hé bien! le système ministériel n'en est pas même à ce point d'impartialité : tout en prétendant qu'il maintient l'équilibre entre les opinions et les hommes, il se jette entièrement du côté démocratique. Toutes les concessions sont faites à la révolution;

toutes les lois, du moins les lois principales, sont conçues dans le sens de l'opinion démocratique; les royalistes sont chassés de l'administration, des tribunaux, de l'armée : un service rendu à la monarchie légitime est une cause sûre d'exclusion. Malheur à celui qui a donné le scandale de la fidélité ! Plus la félonie est récente, plus elle est recherchée : on la choisit fraîche et nouvelle, pour qu'elle soit vive et durable. L'ancienne félonie de 1793 est si vieille, qu'elle est presque de la fidélité : on demande surtout pour députés les députés des Cent-Jours, pour juges et pour préfets les juges et les préfets des Cent-Jours. L'obscurité de la trahison ne met pas à l'abri des bienfaits du ministère : si quelque adjoint d'une mairie de campagne a prêté à l'usurpateur un serment inconnu, les ministres vont déterrer ce mérite caché, chercher la vertu antimonarchique à la charrue; la trahison a ses Cincinnatus.

Pour justifier cette indigne partie du système, on dit qu'il faut rattacher les ennemis de la légitimité à la légitimité.

Mais, en employant ces hommes, qui vous oblige à chasser les royalistes? L'admission des premiers est-elle de nécessité l'exclusion des seconds?

Dans tous les temps on a été obligé de capituler avec quelques chefs de factieux; dans tous les temps on a négligé quelques serviteurs, oublié quelques services. Vous fallait-il des victimes choisies? vous pouviez les prendre : les plus fidèles étaient les plus résignées. Mais a-t-on jamais poussé l'absurdité au point d'écarter *tous* ses amis pour ne s'environner que de ses ennemis? Ce spectacle d'ingratitude est pour le peuple la plus violente des tentations, et la plus profonde des corruptions morales et politiques. Qui servira, si on ne récompense jamais? Qui ne voudra trahir, si les honneurs et la fortune sont le prix de la foi violée? Quelle démence de confier la monarchie à la démocratie, la paix du monde à ceux qui n'ont cessé de la troubler! Le vieux billon de la Convention nationale, frappé au coin ministériel, ne change pas pour cela de valeur et de nature : cette prétendue monnaie royale garde toujours l'empreinte des faisceaux révolutionnaires et du bonnet rouge.

Croyez-vous gagner les ennemis du roi en leur livrant toutes les places? Au 20 mars n'étaient-ils pas comblés de faveurs ; et quelle reconnaissance en ont-ils montrée? Aujourd'hui ils seraient encore bien plus prompts à vous trahir : vous leur avez fait de leur défection une vertu patriotique. Pleins de la bonne conscience de leur mauvaise foi, ils marchent la tête haute, et le front paré de vos couronnes. Vos bienfaits ne leur prouvent que votre crainte ou votre sottise. Le mépris que vous inspirez est pour vous un asile peu sûr : ces ministres de l'empire romain, qui, au moment de la catastrophe, se cachaient dans les lieux infects, y trouvaient-ils un abri?

Ce système ministériel, dont les conséquences sont si funestes, n'a pour appui que les hommes les plus médiocres, et ces agents du pouvoir qui reçoivent de leurs émoluments leur conscience et leur pensée. Ce système n'est qu'une machine révolutionnaire où l'on restaure les vieux jacobins, et où l'on en fabrique de nouveaux. Se rassurer sur la paix qui règne en France serait bien mal comprendre de la lassitude des peuples : elle vient du triomphe complet que la faction révolutionnaire a obtenu au moyen du système ministériel : on ne s'agite pas lorsqu'on triomphe. En France, nous l'avons déjà dit, si nous étions jamais assez malheureux pour éprouver une révolution nouvelle, cette révolution n'arriverait point par le peuple : quand la loi des élections aura produit une Chambre tout à fait démocratique; quand la loi du recrutement aura corrompu l'esprit de l'armée; quand le système ministériel aura chassé tous les officiers royalistes, tous les magistrats royalistes, tous les administrateurs royalistes, une révolution pourrait être l'affaire d'une proclamation. Voilà ce qu'il faut voir si l'on est homme d'État : tel serait le résultat certain du système ministériel, si ce système était encore de longue durée.

Il est temps que la monarchie européenne songe à son salut : non-seulement elle a à lutter contre la révolution française ranimée par notre système ministériel, mais encore contre l'esprit général du siècle, et contre un obstacle né d'un changement arrivé dans l'ordre politique.

Avant l'émancipation des États-Unis, on ne connaissait de républiques, dans les temps modernes, que celles de l'Italie, de la Suisse et de la Hollande : les premières n'étaient que des rendez-vous de plaisir; les dernières que des pépinières de soldats et de matelots. L'homme qui rêvait constitution populaire n'avait d'autre ressource que l'histoire : exilé dans le passé et citoyen des ruines de Rome, il ne troublait point la paix du monde. Il pouvait, au milieu des tombeaux, s'enthousiasmer pour les maximes républicaines, comme cet Athénien qui, s'asseyant au théâtre vide, applaudissait aux acteurs absents, aux pièces qu'on ne donnait pas.

Aujourd'hui vous avez devant vous une vaste république de plus en plus florissante: sa population augmente chaque jour; déjà elle s'avance vers l'océan Pacifique, et va chercher la Russie sous les glaces du pôle. Là règne le principe de la souveraineté du peuple. L'esprit démocratique de l'Europe ne puise-t-il pas à cette source toujours ouverte? Si les rois favorisent encore cet esprit, s'ils appuient les systèmes qui le propagent, s'ils proscrivent les principes et les hommes qui le combattent, comment conserveront-ils leurs couronnes? Que les colonies espagnoles passent à l'état républicain, le principe monarchique en Europe n'en sera-t-il pas de plus en plus attaqué.

Les anciens peuples vivaient dans une espèce d'isolement les uns des autres : chaque nation, confinée à son territoire, et pour ainsi dire renfermée dans le cercle de ses lois, n'entendait parler des nations voisines que quand le commerce ou la guerre amenait à ses ports ou à ses frontières des marchands ou des soldats.

La croix changea le monde : sur les ruines de l'ancienne société s'établit la grande famille chrétienne, qui reçut dès sa naissance tous les germes de la civilisation par la morale évangélique. Dans cette vaste communauté, aucun État ne peut s'ébranler sans menacer d'entraîner les autres dans sa ruine.

Le lien maternel qui unissait toutes les monarchies européennes était donc la religion. A mesure que ce lien s'est relâché, la société s'est disjointe, et quand la révolution est venue le briser, les empires croulants ont semblé rentrer dans le chaos.

Veut-on renouer ce lien salutaire? Verrons-nous fonder des institutions politiques sur des bases religieuses? Rétablira-t-on cette justice éternelle qui est elle seule toute une constitution? Un souverain qui aurait conçu un pareil projet mériterait les bénédictions de la terre.

Quoi qu'il en soit, il faut qu'on apprenne une dernière vérité : si la France a été le foyer des doctrines qui ont troublé l'ordre social, la France néanmoins est plus près de l'ordre et du repos qu'aucune autre nation de l'Europe. La maladie est passée pour nous; elle commence pour nos voisins. A l'abri de toute entreprise militaire par notre force et notre courage, nous ferions encore la loi, si on avait la prétention de nous la donner : ainsi, tranquilles sur notre position extérieure, notre position intérieure est telle que, si nous pouvons être facilement perdus, nous pouvons être encore plus facilement sauvés. Que le système ministériel tombe, avec lui disparaîtra une centaine de jacobins, de petits administrateurs, de petits sophistes qui font seuls tous nos maux. On corrigera les mauvaises lois, on en fera de bonnes; on fondera les institutions aristocratiques qui manquent à nos libertés; on ne persécutera personne; mais on n'éloignera plus les honnêtes gens : avec la paix de la France renaîtra la paix de l'Europe. Comment se fait-il que le bien soit si près du mal et qu'on ne puisse l'atteindre? Aurions-nous mérité que Dieu exerçât sur nous quelques-uns de ces conseils de justice qui échappent à notre vue? La Providence punit les nations obstinées. Alors elle rend impossible la chose la plus facile; elle fait que la folie triomphe de la raison, la stupidité, du génie : si les innocents périssent par ses décrets avec les coupables, elle leur donne une récompense dans le ciel; mais les générations passent, et sa volonté s'accomplit.

Paris, le 31 août 1819.

On n'est plus occupé à Paris que des élections. Les journaux indépendants présentent leurs listes de députés; les journaux ministériels font l'éloge de ces députés désignés; c'est une merveilleuse concorde : à cette différence près, toutefois, que les indépendants traitent fort mal les ministériels, et que les ministériels se plaignent tendrement de la cruauté des indépendants.

La faction militaire voudrait nommer des généraux; la faction démocratique voudrait élire de bons jacobins; la faction ministérielle acceptera avec reconnaissance ce que ces fiers alliés consentiront à lui donner.

La position des royalistes est cruelle, nous en convenons. Objets de toutes les calomnies, de toutes les injustices, de toutes les ingratitudes, nous sommes offerts en sacrifice à la révolution, en dérision à la terre. Dans un mouvement de dépit, trop justifié par nos souffrances, nous pourrions être tentés de dire : « Hé bien! notre rôle
« est fini; nous ne nous ferons plus *mettre en coupe réglée :* que la monarchie se tire
« de ses lois ministérielles, de ses systèmes ministériels, de ses hommes ministériels,
« de ses amis de 1793 et des Cent-Jours comme elle pourra : cela ne nous regarde
« plus. Contents de cultiver notre champ à l'écart, nous échapperons individuelle-
« ment à la catastrophe. Nous avons déjà vécu sous Buonaparte; un autre usurpateur
« ne nous traitera pas plus mal. On nous renie? Nous nous éloignons en pleurant,
« mais nous nous éloignons. Nous n'admettrons jamais en principe le gouvernement
« de fait, mais nous nous y soumettrons. Nous cesserons d'immoler nos familles, nos
« biens et notre repos à une fidélité qui importune. »

Un mouvement de dépit peut faire tenir ce langage; mais, après tout, ce ne peut être qu'un mouvement bientôt réprimé. Quoi! vous seriez découragés parce que vos sacrifices sont méconnus. Mais s'ils étaient payés, ces sacrifices, que seriez-vous? Occuperiez-vous ce haut rang que la vertu vous donne, que la postérité vous conservera? Lorsque dans les champs de la Vendée et de la Bretagne vos pères, vos frères, vos fils tombaient en criant *vive le roi!* quand ils mouraient dans les prisons, quand ils versaient leur sang sur l'échafaud, songeaient-ils à la récompense que méritait leur fidélité? Qui de vous n'aime encore mieux être un royaliste pauvre, dépouillé, insulté, oublié, que tel homme dont la fortune est aujourd'hui le mépris et le scandale du monde? S'il en est ainsi, de quoi vous plaignez-vous? Vous avez donc en vous-même une récompense supérieure à tous les biens que l'on pourrait vous offrir; vous occupez donc la meilleure de toutes les places, puisque vous ne la voudriez pas changer contre celle qui vous procurerait richesses et honneurs? Royalistes, vous avez pour vous la force de la justice éternelle et la paix de la bonne conscience : vous êtes donc puissants et heureux.

Mais souvenez-vous de la maxime *Aide-toi, le ciel t'aidera.* Les royalistes peuvent s'apercevoir que nous nous appliquons cette maxime nous-même, que nous donnons à leur service (en accumulant sur notre tête une foule de haines et de vengeances) des moments qu'il nous serait plus doux de consacrer au repos. Mais, quand il s'agit du salut de la monarchie, est-il permis de rester tranquille spectateur d'un combat où le plus petit secours peut décider la plus grande victoire? Que les royalistes aillent donc voter à leurs colléges électoraux ; qu'ils ne se laissent diviser par aucun intérêt de localités, de liaisons ou de famille, c'est là le point capital ; qu'ils se fassent entre eux tous les sacrifices d'amour-propre ; qu'ils fixent leur choix sur des candidats capables de soutenir la cause royale, et qu'ils ne composent jamais avec cette espèce d'hommes qui, par une double lâcheté, se prosternent devant le crime, et reculent devant la vertu.

Paris, 24 septembre 1819.

Deux choses font les révolutions des empires, à savoir, quand les événements sont grands et les hommes petits, ou quand les événements sont communs et les hommes extraordinaires. Dans le premier cas, les événements sont trop forts pour les hommes ; ils les entraînent, et tout est détruit. Dans le second cas, les hommes sont trop puissants pour les événements ; ils les accroissent, mais ils les maîtrisent, et tout est fondé.

Nous avons vu des catastrophes étonnantes : une antique religion ensevelie sous la pierre de ses autels, une monarchie de quatorze siècles renversée, un roi assassiné juridiquement par ses sujets, une république de quelques jours, un empire de quelques années. Des armées s'avancent et se retirent comme le flux et le reflux de la mer ; le drapeau français flotte sur les murs du Kremlin, et les peuples du Caucase campent dans la cour du Louvre ; la légitimité chasse l'usurpation, et l'usurpation, la légitimité ; l'une et l'autre abandonnent tour à tour l'exil et le trône ; la première se fixe enfin sur les fleurs de lis, la seconde est enchaînée sur un rocher à l'extrémité de la terre : tout rentre dans le silence, tout disparaît, tout s'évanouit ; aucun personnage remarquable ne reste sur la scène, et, au milieu des débris entassés, on n'aperçoit plus que la main de Dieu.

Pourquoi les hommes n'ont-ils rien établi dans le cours de ces changements qui présentaient sans cesse l'occasion de finir une antique société et d'en commencer une nouvelle? Pourquoi? Parce que les hommes étaient inférieurs aux événements, parce que leur génie raccourci n'était pas de taille à se mesurer avec la fortune. Chaque personnage de cette révolution croyait devenir immortel à l'instant même où il tombait dans l'oubli, comme cet empereur romain qui se faisait appeler *Votre Éternité* la veille de sa mort : c'était prendre ce titre un jour trop tôt.

Les petits hommes d'État qui ont succédé à ces premiers révolutionnaires, et qui nous gouvernent aujourd'hui, ont aussi la prétention de travailler pour l'avenir, et, comme leurs prédécesseurs, ils ne sont pas de niveau avec les affaires du siècle. Il s'agissait de reconstruire l'ordre social tout entier : se sont-ils même douté de la nature du travail confié à leur inexpérience?

Les uns, jadis attachés à la police, sont cauteleux et madrés comme des esclaves ; mais ils ne peuvent conduire les affaires, parce qu'ils ne savent rien par eux-mêmes, et qu'ils ne possèdent que le secret d'autrui. Tout leur instinct consiste à donner des chaînes, parce qu'ils en portent ; à inventer des conspirations, pour multiplier les infâmes et les malheureux ; mais, déjoués sans cesse par le gouvernement constitutionnel qu'ils n'entendent pas, leur ruse est aujourd'hui misérable et leur arbitraire absurde. Les autres sont de petits littérateurs sans talents, qui n'apportent dans la politique que les mécontentements de leur vanité blessée : ils ont fait de méchants ouvrages ; ils ne peuvent nous pardonner nos souvenirs.

L'abîme appelle l'abîme : le mal qu'on a fait oblige à faire un nouveau mal ; on soutient par amour-propre les ignorances où l'on est tombé par défaut de lumière.

C'est ainsi que le ministère, pour justifier la folie de son système, s'est créé un fantôme menaçant, une France républicaine et impériale à laquelle il sacrifie tout. A force de constance dans l'erreur, il veut réaliser la chimère de sa faiblesse ; plus il fait croître la révolution autour de lui ; plus il s'enfonce dans cette révolution pour trouver un abri dans des ruines : il n'est aucun moyen de l'éclairer, car il est aveugle. De toutes les nécessités à subir, celle de l'incapacité est la plus insupportable ; mais elle n'en est pas moins une invincible nécessité, et elle renverse les empires tout aussi sûrement que la violence.

Si les royalistes séparaient leur cause de celle de la monarchie, ils pourraient triompher plus justement que les ministres. Leur amour-propre et leurs intérêts personnels ont été parfaitement satisfaits par le résultat des dernières élections : et quant à leur opinion touchant la loi, elle est aujourd'hui pleinement justifiée.

Sous le premier rapport, ils ont perdu quelques députés, il est vrai : mais comment ? parce que la loi est tout antimonarchique et antipopulaire ; parce qu'elle a mis les royalistes *en coupe réglée*, comme l'a révélé candidement le journal ministériel ; parce que le ministère, toujours si puissant en France quand il est armé du nom sacré du roi, s'est jeté du côté démocratique, et que les royalistes ont eu contre eux le pouvoir exécutif et le pouvoir législatif, le gouvernement et la loi.

Enfin, une cause non moins puissante s'est opposée au succès des royalistes : il est maintenant démontré que cette loi si *populaire*, que cette *élection directe* qui devait attirer la foule, laisse plusieurs colléges électoraux à moitié vides. Un tiers des électeurs a manqué presque partout.

Les électeurs manquants sont pour la plupart des habitants des campagnes, dans la classe desquels se trouvent les royalistes. Les choix ont été livrés à la minorité des électeurs, minorité qui sort des petites villes et du chef-lieu des départements.

Parmi les royalistes qui ne se rendent point à leurs colléges, les uns sont des hommes ardents qui, fatigués de tant d'injustices et d'outrages, renoncent à tout, jusqu'au moment où il faudra tirer l'épée pour le roi ; les autres sont des hommes froids ou timides que la politique laisse indifférents, ou qui craignent les persécutions.

Non-seulement les dernières élections ne prouvent pas la faiblesse du parti royaliste, mais elles en démontrent invinciblement la force [1]. Rassemblez les faits, voyez les royalistes obligés de lutter à la fois contre la loi, contre le ministère, contre les agents de ce ministère, contre tous les pouvoirs qu'un gouvernement peut toujours employer ; voyez-les lutter encore contre une faction rendue puissante par la protection qu'on lui accorde ; contre l'argent, les menées, les intrigues révolutionnaires ; contre le comité directeur et les affiliations libérales ; voyez le parti monarchique calomnié, découragé, sacrifié, sans moyen de s'entendre et de se réunir ; voyez-le s'éloigner des élections, ou par dégoût, ou par la crainte d'attirer sur lui de nouveaux orages, de nouvelles persécutions ministérielles et libérales : hé bien ! malgré tous ces obstacles (sous lesquels il n'y a presque point de parti qui ne succombât), les royalistes ont encore formé le tiers des électeurs présents dans les différents colléges. Comptez les chiffres : c'est ici de l'arithmétique ; il n'y a point d'illusion dans les nombres.

Maintenant supposez un ministère impartial, qui, sans favoriser les royalistes, ne les repoussât cependant pas, et n'encourageât pas la faction révolutionnaire ; un ministère qui ne mît pas tous ses soins à écarter les hommes monarchiques : nous demandons si les royalistes qui composent de fait les deux cinquièmes des électeurs ne

---

[1] Le journal la *Renommée* dit très-justement : « Les *constitutionnels* ont augmenté leur armée ; les *ultra* ont conservé leur position ; et les ministériels ?.. *intelligenti pacau.* »

viendraient pas tous à leurs colléges, et ne balanceraient pas puissamment les choix révolutionnaires.

Jusqu'ici on a vécu dans un état contre nature. Est-il rien de plus étrange qu'un ministère royal favorisant la démocratie, cherchant des appuis là où il ne peut en trouver, prétendant faire une population monarchique d'un petit nombre de révolutionnaires, tandis qu'il a à sa disposition une nation tout entière de royalistes? C'est vouloir amener péniblement quelques gouttes d'eau sur une montagne aride, tandis que des fleuves abondants coulent et passent à vos pieds.

Les royalistes, toujours justes, toujours conséquents, tout en étant bien persuadés qu'avec un bon ministère ils triompheraient aux élections, n'en concluent rien néanmoins en faveur de la loi. Ils rejettent une loi qui ne porte pas en elle-même sa propre vertu; une loi qui, au lieu de représenter des masses, n'appelle que des individualités, qui ne classe aucun intérêt général, et qui par cette raison est essentiellement destructive du gouvernement royal.

Nous savons que ceux qui parlent aujourd'hui des royalistes comme on en parlait à la Convention n'ont pas commis les excès de nos anciens révolutionnaires. Non, sans doute: il y a des hommes qui sont restés purs aux yeux de la justice humaine, parce qu'ils ont été trop lâches pour exécuter les forfaits dont ils nourrissaient le désir; mais la justice divine les verra d'un autre œil; le crime du cœur de ces hommes, posé dans la balance éternelle, s'augmentera de tout le poids de leur infâme innocence.

C'est grand'pitié, en de si grandes circonstances, d'entendre de prétendus politiques, qui craignent d'avoir peur de leur peur, vous dire pour se rassurer: « Je vous proteste « que ces députés ne sont pas tels qu'on se l'imagine: celui-ci a des idées monar- « chiques; celui-là est facile à ramener. » Grand Dieu! et c'est une loi que vous pouviez corriger l'année dernière sans trouble, sans effort, en adoptant la proposition d'un noble et respectable pair; c'est une pareille loi qui vous oblige de calculer en tremblant si un homme est meilleur ou pire que sa renommée! Vous vous suspendez à la moindre espérance; et, pour peu que vos dédaigneux amis vous permettent de vivre un ou deux jours de plus, vous êtes prêts à leur dire: *Ave, morituri te salutant!*

Tous ces hommes des Cent-Jours qui vont se trouver dans la Chambre des députés peuvent être individuellement des gens de talent, des citoyens estimables; mais vous ne prétendez pas sans doute qu'ils soient brûlés du zèle de la légitimité. Qu'ils inclinent à la république ou à la monarchie, ils n'en ont pas moins proscrit le fils de saint Louis. Le gouvernement de fait est leur doctrine avérée. Ainsi, admettons qu'ils servent la race royale tant que cette auguste race possèdera l'empire; mais n'est-il pas à craindre qu'ils ne l'abandonnent le jour où d'autres maîtres se trouveraient momentanément investis de la puissance?

Des ministériels se réjouissent au bruit assez répandu qu'un juge de Louis XVI, satisfait de son triomphe, renonce à sa nomination. D'autres prétendent qu'on a écrit à ce député la lettre la plus polie, pour l'inviter à donner sa démission, lui promettant la récompense du sacrifice. Il ne manquerait plus aux ministres que de devoir la prolongation de leur existence politique au mépris et à la pitié d'un prêtre régicide.

Ce député prêta serment à Louis XVI. A-t-il tenu ce serment? Tiendra-t-il celui qu'il fera à Louis XVIII? Comment se lèvera-t-il dans la Chambre des députés? comment prononcera-t-il entre les mains royales ces trois mots: *Je le jure?* Le premier il a provoqué la mise en accusation du *juste couronné*; il a sollicité le premier l'abolition de la monarchie. Peut-il, sans manquer à ses principes, reconnaître pour roi le frère de celui dont il demanda et obtint la tête?

Mais n'accusons point le député: accusons le ministère et sa loi; accusons cet esprit de vertige et d'erreur qui poussa des hommes influents à donner à Louis XVIII Fouché pour ministre. C'est l'ordre de choses établi qui ramène le député de la Convention dans sa sphère naturelle. Si l'on n'eût pas reproduit ses opinions, il fût resté isolé dans le monde, jouissant des qualités privées ou des talents que le ciel a pu lui départir. Vous n'étiez plus son juge depuis que la Charte lui a pardonné. En le laissant à l'écart, en ne le tirant pas de son obscurité par la force et le résultat inévitable de vos systèmes, il eût passé en paix le reste de ses jours, si la paix peut être dans sa conscience : nul n'aurait eu le droit de scruter et tourmenter sa vie. On prétend que ce député, revêtu d'un caractère sacré, offre chaque matin l'hostie sans tache de la même main dont il immola son roi : puisse-t-il être racheté par le double sacrifice, par le mérite de ce sang répandu sur la croix et sur l'échafaud !

Ce qui s'est passé au renouvellement de la troisième série a pleinement justifié les royalistes et condamné sans retour la loi des élections. Dans le cours de trois années cette loi a conduit à la Chambre des députés les hommes qui ont amené Louis XVI prisonnier à Paris, et les hommes qui ont mis à mort ce roi-martyr. Elle a de plus choisi avec affectation les signataires de l'acte qui condamnait au bannissement perpétuel le monarque régnant et son auguste famille. De sorte qu'elle s'est trouvé des affinités singulières avec la Convention et la Chambre des Cent-Jours, avec la vieille et la nouvelle félonie, avec nos deux espèces de régicides, ceux qui ont tué Louis XVI et ceux qui ont proscrit Louis XVIII : elle nous a rapprochés de la république et de l'empire ; elle nous a donné des conventionnels et les serviteurs de Buonaparte. Voilà la loi telle que les ministres nous l'ont faite.

Certes, les royalistes ne réclament aucune part dans ces succès du système. Que les ministres se réjouissent ; nous leur prédisons que leur joie sera courte.

Quant à nous, nous ne craignons rien. Nos principes sont ceux de la religion, de l'ordre et de la justice : tôt ou tard nous triompherons avec ces principes. La vérité renversera toujours l'édifice de l'erreur et du mensonge. Partout où le paganisme avait placé ses faux dieux, le ciel envoya un destructeur ; chaque temple païen vit un Barbare armé à ses portes. La Providence n'arrêta la torche et le levier que quand la race infidèle fut changée : alors une croix s'éleva sur les monuments, et tout fut dit. Cette Providence, espérons-le, ne laissera pas périr le trône de saint Louis. Les lis, enracinés dans leur sol natal, viennent de porter un nouveau rejeton : Louise-Marie-Thérèse d'Artois, MADEMOISELLE, précède ses frères ; elle vient, sous un nom chéri, nous annoncer des rois. La France est aujourd'hui fière de ses princesses, et montre avec orgueil à l'Europe l'héroïne du Temple.

Paris, 15 octobre 1819.

Il est certain que M. le ministre de l'intérieur s'est fait présenter un rapport sur l'état de la liberté de la presse en France ; et il est encore certain que la conclusion du rapport est peu favorable à cette liberté.

Les mesures que l'on vient de prendre en Allemagne raniment l'espérance de ceux qui voudraient nous ramener à la censure. Que les journaux ministériels disent aujourd'hui qu'on ne la rétablira pas, cela ne prouve rien : dans le langage de nos hommes d'État, on sait ce que signifie *jamais*. D'ailleurs, le ministère est obsédé par les anciens agents de police. Ces ennemis du gouvernement représentatif ne cessent de regretter le bon temps de l'arbitraire impérial ; ils craignent toujours qu'on aille déterrer quelques-unes de leurs lâchetés. La Charte leur est odieuse ; la liberté de la presse leur semble un véritable fléau, puisqu'elle peut tôt ou tard les chasser des affaires : or, ils ont beau être flétris dans l'opinion, ils n'en tiennent pas moins aux emplois, il y a des hommes publics pour lesquels le mépris est une espèce d'aimant qui les attache à leurs places. Posons quelques principes, rappelons quelques faits, pour nous mettre en garde contre toute surprise.

Point de gouvernement constitutionnel sans liberté de la presse : nous l'avons dit et répété dans tous nos écrits; nous croyons l'avoir prouvé [1].

Qu'on s'explique : si l'on compte brûler la Charte, rien de plus conséquent que de supprimer la liberté de la presse; mais si l'on prétend nous laisser l'une et nous ravir l'autre, c'est une absurdité.

On a vu la censure en France avec la Charte. Comment les choses ont-elles été? tout de travers. En 1815, nous avons eu le 20 mars; en 1816, l'ordonnance du 5 septembre, et le reste.

Ce qu'il y avait de pis sous la censure, c'est que la liberté de la presse n'était pas supprimée de fait; elle était en régie entre les mains d'un ministre qui la refusait aux royalistes par haine, l'accordait aux révolutionnaires par peur, et l'affermait aux ministériels moyennant certain servage, peines de corps, corvées et autres travaux domestiques.

Tous les amis du gouvernement constitutionnel, tous les hommes opprimés par le système du moment, ont une grande obligation au *Conservateur* : c'est à cet ouvrage qu'ils doivent en parti l'abolition de la censure. Tant que le ministère put enchaîner l'opinion royaliste, il ne s'embarrassa guère des attaques de la *Bibliothèque historique*, des *Lettres Normandes*, etc. Les insultes à la monarchie légitime, les blasphèmes contre la religion lui semblaient apparemment des bagatelles : mais quand le *Conservateur* parut, quand il nous fut possible de défendre le trône et l'autel de repousser les calomnies, de dénoncer la *correspondance privée*, de démasquer certains hommes, alors le ministère s'alarma. Ne pouvant étendre la censure jusqu'aux feuilles semi-périodiques, il abandonna l'empire des feuilles quotidiennes; en désespoir de cause, il se précipita dans la liberté de la presse : il crut s'y cacher, il s'y noya.

La vérité est que la multitude des journaux lui parut un moyen de salut; il compta sur des écarts : trompé par ses passions et par ses flatteurs, il s'imagina que l'opinion royaliste allait justifier les accusations révolutionnaires. Il en est arrivé tout autrement : les journaux monarchiques ont montré plus de zèle pour la Charte, plus de chaleur pour les libertés publiques, que les gazettes indépendantes; leur effet sur l'opinion a été prompt et sensible. Or, réunir les sentiments généreux au bon droit, c'est trop fort : si l'on permet plus longtemps la liberté de la presse, toute la France voudra la religion, le roi, la Charte et les honnêtes gens. Vite un remède contre cette peste d'opinion royaliste! La France chrétienne! La France libre! Que deviendrait le ministère? Il n'est qu'un seul moyen de tout sauver : c'est de rétablir la censure.

N'en doutons point, les rapports secrets sur l'état de la liberté de la presse ne peuvent avoir été ordonnés que dans des vues hostiles contre l'opinion monarchique, car les journaux d'une autre opinion ne sont aujourd'hui ni plus impies, ni plus antilégitimistes, ni plus calomniateurs qu'ils ne l'étaient sous le régime de la censure : on peut s'en convaincre par les extraits de ces journaux, extraits que M. le cardinal de La Luzerne recueillit et publia au commencement de la dernière session. Ainsi, les royalistes doivent tenir pour certain que tout projet contre la liberté de la presse les menace particulièrement.

[1] *Réflexions politiques; Monarchie selon la Charte; Rapport sur l'état de la France* (12 mai 1815); *Opinion sur le projet de loi relatif à la liberté de la presse* (Chambre des pairs).

La censure rétablie nous remettrait dans la position où nous nous trouvions l'année dernière : licence pour les feuilles révolutionnaires, esclavage pour les journaux monarchiques.

En obtenant la liberté de la presse, les royalistes ont tout obtenu. Tant que cette liberté subsistera, le triomphe leur est assuré. Depuis trente ans, c'est-à-dire depuis le commencement de la révolution, toutes les fois que la presse a été véritablement libre, la France est devenue royaliste; et toutes les fois qu'on a voulu maintenir ou ramener la révolution, il a fallu supprimer la liberté de la presse : la révolution n'a pu se sauver que par des coups d'État contre cette liberté.

Ceci est un fait sans réplique. On se souvient encore des succès de Mallet du Pan en 1789, 1790 et 1791; et pourtant à cette époque il avait à lutter contre toute une nation en délire. Les révolutionnaires alarmés eurent recours à une mesure libérale qui fit taire l'opposition; ils établirent pour loi répressive la proscription, et pour censeur le bourreau. Mallet du Pan fut obligé de fuir; Durosoy paya ses écrits de sa tête.

Après la Terreur, il y eut liberté de la presse. Quel en fut le résultat? La France devint tellement royaliste, que le Directoire ne put prévenir le rétablissement du trône que par le 18 fructidor : les écrivains monarchiques furent condamnés en masse à la déportation [1]. On vit ce qu'on a toujours vu dans la France révolutionnaire : les plus fiers républicains, les plus ardents prédicateurs de l'égalité et de la liberté, crièrent contre la liberté de la presse. Il nous reste des discours de ces temps d'indépendance, discours dans lesquels des ministres démocratiques posent en principe qu'il faut établir la censure, et qu'il est impossible de gouverner avec la liberté de la presse! Enfin, Fouché, pendant les Cent-Jours, déclara que, si Buonaparte accordait la liberté aux journaux, la France allait devenir royaliste.

La preuve nouvelle que nous avons sous les yeux vient ajouter sa force à ces anciennes preuves. Oserait-on dire que depuis l'établissement du *Conservateur* et l'abolition de la censure, l'opinion royaliste n'a pas fait d'immenses progrès? Les journaux monarchiques comptent au moins un tiers de plus d'abonnés que les journaux révolutionnaires et ministériels réunis. Il y a deux ans que l'opposition de droite n'obtient aucun député dans les élections par sa propre force; cette année, elle en a obtenu plusieurs; et si les électeurs attachés à l'ordre légitime s'étaient tous rendus à leurs colléges, ils auraient, malgré le vice radical de la loi, balancé les choix révolutionnaires. A quoi faut-il attribuer ces succès? Aux journaux royalistes. Qui a tué la fameuse *correspondance privée* du *Times?* les journaux royalistes. Qui a changé l'opinion de l'Europe? les journaux royalistes. Quel serait donc leur succès, si, au lieu d'être obligés de combattre les ministres du roi, ils soutenaient ces ministres et en étaient soutenus à leur tour?

Mais pourquoi les ministres sont-ils si fatigués par la liberté de la presse? parce qu'ils se sont mis dans la position la plus étrange. Ils n'appartiennent à aucune opinion; aucune opinion ne les porte. Qu'ils se rangent du côté du *Conservateur* ou du côté de la *Minerve*, à l'instant ils auront pour eux un des deux partis qui divisent la France. Ils ne seront plus obligés de payer deux pauvres feuilles publiques que leurs infirmités retiennent dans l'état le plus languissant, et qui meurent avant qu'on sache qu'elles ont vécu. On ne connaît point en Angleterre de journaux purement *ministériels*. Les ministres sont soutenus tout simplement par l'opinion dans laquelle ils se placent : cela coûte moins et est plus sûr.

---

[1] J'ai développé tout cela dans le discours que je devais prononcer à la session dernière (1827) à la Chambre des pairs. On voit donc que j'avais, en écrivant le *Conservateur*, les mêmes opinions que je manifeste aujourd'hui.

Soyons justes : il se peut que les ministres aient eu à se plaindre de quelques attaques personnelles trop violentes ; mais, s'ils sont justes à leur tour, ils conviendront qu'en abusant de la censure de la manière la plus odieuse, ils avaient préparé ces inévitables récriminations. Comment ont été traités les plus honnêtes gens de la France dans les journaux censurés? Quels services n'ont point été méconnus, quels talents n'ont point été insultés, si ces services, si ces talents se trouvaient dans une opposition que le gouvernement représentatif fait naître? Qui ne se rappelle le déplorable article apporté, au nom d'un ministre, par un gendarme, au *Journal des Débats*, article où l'on outrageait un prisonnier qui n'était pas même en état de prévention? et ce prisonnier était le sauveur de Lyon, ce général Canuel, que les tribunaux ont vengé de la plus stupide comme de la plus noire des calomnies. Les ministres ont-ils oublié cette prétendue conspiration, dans laquelle ils ont voulu nous envelopper? ont-ils oublié les interrogatoires étranges dont nous avons été l'objet? ont-ils oublié la *correspondance privée*, qui, pendant trois ans, a vomi contre nous les plus lâches calomnies? Les ministres, par ces attaques, qu'aggravaient les journaux sous leurs ordres, ne se contentaient pas de marquer une simple dissidence politique; ils ne prétendaient à rien moins qu'à faire tomber nos têtes ; et aujourd'hui ils s'étonnent qu'un peu de chaleur reste encore au fond de l'opinion de ces hommes qu'ils ont si indignement persécutés.

Mais, après tout, faut-il renoncer au gouvernement constitutionnel, abandonner nos libertés, parce que la liberté de la presse moleste et fatigue quelques hommes en place? Faites-vous un bouclier de votre mérite, et les traits que vous lance l'ennemi tomberont à vos pieds. Sans doute, si vous mettez au pouvoir un homme sans capacité, ou un homme que la morale réprouve, il sera vulnérable de toutes parts; il souffrira beaucoup des attaques personnelles. Mais ces attaques ont-elles jamais nui à un homme qui valait quelque chose par lui-même? Les injures du *Morning Chronicle* ont-elles jamais déterminé M. Pitt à demander au Parlement un bill de censure? Un homme public, dans un gouvernement constitutionnel, ne doit pas être si chatouilleux. Qu'il nous soit permis d'en appeler à notre propre expérience. S'il y a quelqu'un dans le monde qui ait droit de se plaindre des outrages des journaux, c'est nous. Objet d'une double attaque littéraire et politique, que ne nous a-t-on point dit depuis vingt ans! Qu'en est-il résulté? Les personnes qui nous accordaient leur estime ne nous l'ont pas retirée, et l'on a fait lire un peu plus les ouvrages qu'on voulait proscrire. Nous pouvons donc assurer que les coups portés à un honnête homme ne font aucun mal : *Pœte, non dolet.*

Si, d'ailleurs, les ministres prétendaient nous enlever la liberté de la presse, de quel moyen se serviraient-ils? D'une loi? elle ne passerait pas aux Chambres. Il serait aussi trop fort de venir, après une courte expérience de huit mois, nous demander de nous contredire honteusement, nous prier de sacrifier à l'insuffisance ministérielle la plus nécessaire de nos libertés. Emploierait-on une ordonnance? Mais une ordonnance ne peut détruire une loi, une loi si récemment, si solennellement portée. Il suffirait d'un seul journaliste, d'un seul écrivain qui refusât d'obéir pour déterminer une violente explosion de l'opinion publique. Nous pensons, et nous l'avons dit, que certains hommes d'État voudraient confisquer la Charte au profit de l'article 14 ; mais nous n'en sommes pas encore là. Ceux qui se figurent qu'on pourrait impunément suspendre la constitution, torturer les mots de la Charte pour en tirer l'arbitraire, connaissent bien peu la force des choses qui nous entraîne, et la capacité des hommes qui croient nous diriger.

Nous le répéterons : si les ministres veulent se soustraire aux petites tribulations que leur cause la liberté de la presse, ils n'ont qu'à se placer dans une des deux opinions dominantes : c'est à eux de choisir l'une ou l'autre. Ne cherchent-ils que la plus forte? il leur est, dans ce moment, facile de la distinguer. Les révolutionnaires, pour la vingtième fois, laissent échapper le secret de leur faiblesse : ce parti ne peu marcher, ne peut se soutenir, ne peut être quelque chose que par la faveur des ministres. Au second retour du roi, il fut abattu; il ne releva la tête qu'après l'ordonnance du 5 septembre; il se crut perdu de nouveau lorsqu'il fut question du second ministère Richelieu; une seule phrase d'un discours royal le fit rentrer en terre; la proposition de M. Barthélemy le consterna; aujourd'hui il est dans les plus mortelles inquiétudes. Il n'y a point d'offres, de promesses qu'il ne fasse au pouvoir : les comités directeurs sont assemblés; délibérations sur délibérations, messages sur messages au ministère : tantôt on propose de suspendre toute attaque contre M. le ministre de l'intérieur, tantôt on fulmine contre la résolution de la diète de Francfort; puis, la peur revenant, on déclare qu'on restera neutre. Quand on est si fort, perd-on la tête à ce point; fait-on dépendre sa destinée d'une politique étrangère, d'une révolution de cabinet? Voyez les royalistes : s'agitent-ils pour un changement de ministère? sont-ils atterrés par la perte de la faveur? Ils verraient demain s'établir un ministère libéral, que, loin de croire la partie perdue, ils la tiendraient pour gagnée. Ils sont revenus de plus loin : leur force est dans leurs principes, et cette force ne se détruit jamais.

Ils ne s'effraient donc point, ils n'intriguent donc point : l'Europe les a méconnus pendant trois années, et ils n'ont point été abattus; l'Europe leur rend justice aujourd'hui, et ils ne sont point exaltés par ce succès; ils ne cherchent point, dans ce triomphe général de la bonne cause, leur victoire particulière : comme ils ne demandent jamais grâce dans l'adversité, ils ne réclament, dans la prospérité, aucune faveur. Toutes les intrigues consistent à dire hautement et publiquement aux ministres : « Nous sommes « prêts à vous seconder si vous abandonnez un système destructeur, si vous cessez « de persécuter les hommes monarchiques, si vous nous donnez des lois monar- « chiques. A ce prix, nous vous servirons de tout notre pouvoir : demain nous pas- « sons dans vos rangs; nous écrirons pour vous, nous parlerons pour vous, nous vo- « terons pour vous, nous oublierons tout ce que vous avez fait contre nous. Nous « ne vous demandons ni vos places ni vos honneurs: gardez-les et sauvez la France.»

Le phénomène de l'influence des journaux royalistes parmi nous (phénomène qui pourtant n'en est pas un) ne cesse de confondre les hommes démocratiques. Ces hommes veulent en théorie la liberté de la presse; mais aussitôt qu'elle est accordée, ils reculent devant la pratique; ils s'épouvantent des effets qu'ils n'attendaient pas; ils s'étonnent que la liberté de la presse abandonne la révolution, que cette liberté se range du côté de ceux si injustement désignés comme les ennemis de toute idée généreuse. Néanmoins ces hommes, avec un peu d'impartialité, ne devaient-ils pas conclure que les mœurs naturelles de la France sont les mœurs où la foule est le plus facilement ramenée? Si, dans le combat des doctrines, il en est une qui obtienne toujours la victoire, n'est-il pas évident que cette doctrine est la plus forte? Or, nulle doctrine ne triomphe à la longue qu'elle ne soit fondée en raison et en justice. Donc l'opinion royaliste, qui domine parmi nous lorsqu'elle est libre, est l'opinion française, comme elle est l'opinion juste et raisonnable.

Tout considéré, nous ne voyons que le crime, la bassesse et la médiocrité qui doivent craindre la liberté de la presse; le crime la redoute comme un échafaud; la bassesse, comme une flétrissure; la médiocrité, comme une lumière. Tout ce qui est sans talent recherche l'abri de la censure : les tempéraments faibles aiment l'ombre.

Paris, le 30 novembre 1819.

Un grand système inventé par les hommes forts a rassuré le ministère. Ce ministère paraît décidé à rester tel qu'il est; mais il prendra notre position et nos principes. Il va, dit-on, mettre les royalistes dans la situation la plus critique : il leur présentera des lois monarchiques! S'ils rejettent ces lois, ils prouveront qu'ils ne veulent que les places et qu'ils n'ont pas les principes qu'ils professent; s'ils approuvent ces lois, ils seront forcés de voter pour le ministère.

Que les ministres ne nous ont-ils toujours tendu de pareils piéges! Oui, s'ils se conduisent ainsi, ils sont assurés de nous faire tomber dans leurs filets; nous parlerons pour leurs lois, nous voterons pour leurs lois. Ils pourront rire, s'ils veulent, en nous voyant marcher derrière eux. Qu'ils prennent notre drapeau, qu'ils se mettent à notre tête : sous l'étendard des lis nous combattrons, quel que soit le général qui nous mène à l'ennemi. Nous ne demandons pas même que le ministère avoue qu'il s'est trompé; il faudrait, pour faire cet aveu, une force d'esprit ou une générosité d'âme que nous n'exigeons pas du ministère. Il soutiendra, si bon lui semble, que tout ce qu'il a fait jusqu'à présent est adorable; qu'il était absolument nécessaire de conduire la monarchie à la démocratie, pour tomber ensuite plus fortement sur la démocratie et la repousser à grands coups vers la monarchie. Nous conviendrons que tout a été fait à point et dans son temps; que la France n'aurait jamais été sauvée si l'on n'eût amené un juge de Louis XVI dans la Chambre des députés, afin d'avoir la gloire de l'en chasser. Nous n'abuserons point de ce que le ministère a dit autrefois; nous ne le comparerons point à lui-même; nous serons sérieux et sincères; tout nous sera bon pour la prospérité du roi et de la France. Mais expliquons-nous.

Le ministère n'aurait-il en pensée que de prononcer de grands discours royalistes, que de couvrir de pompeuses paroles des lois vagues et astucieuses? Ne voudrait-il pas céder un peu à l'opinion, pour se maintenir aux affaires? Ne voudrait-il qu'étouffer le cri public, que répondre à l'attente européenne? On pourrait le soupçonner en voyant continuer, dans ce moment même, la proscription des hommes, tandis qu'on parle de revenir sur les choses. Dans ce cas, nous annonçons au ministère que sa nouvelle tromperie ne réussira pas; que l'on est trop averti pour se laisser surprendre; que les royalistes ne se croiront obligés de voter pour les lois qu'autant que ces lois seront franchement, clairement, incontestablement monarchiques. Si les ministres appellent loi monarchique toute loi qui tendrait seulement à augmenter leur pouvoir, ils doivent s'attendre à ne pas nous trouver de cet avis; ils nous ont forcés à distinguer le roi du ministère.

Nous verrons en peu de temps quel sera le succès du nouveau plan, et comment on parviendra à faire des lois monarchiques sans employer des hommes monarchiques. Ce qu'il y a de certain, c'est que tout ce que nous avions prédit est arrivé; c'est que le système ministériel nous a conduits à l'abîme, et que la loi des élections, amenant régulièrement ses séries, marque avec exactitude le moment de notre politique. La conspiration des *intérêts moraux* de la révolution a parfaitement réussi. Quelques personnes prétendent qu'il y a trahison dans certains hommes; nous croyons qu'il y a incapacité; cela revient au même : en fait de gouvernement, l'incapacité est une trahison.

A l'appui de ce sentiment, remarquez jusqu'à quel point tout le ministère a perdu sa considération, tant chez les étrangers que parmi nous. Chez les étrangers, sa diplomatie ne se compose plus que d'excuses et d'apologies. Nous avons vu la copie d'une circulaire adressée à nos ambassadeurs. Si cette circulaire est authentique, et si la copie en est exacte, comme tout nous porte à le croire, jamais document plus déplorable ne serait sorti de ce cabinet illustré par le génie des Sully et des Richelieu. Il s'agit, dans ce document, d'expliquer le résultat des dernières élections. On déclare qu'elles ne sont point aussi mauvaises qu'on le dit; que, si quelques choix ont affligé le ministère, la majorité des choix a réalisé les espérances du gouvernement. On fait entendre qu'on est sûr du vote de certains hommes, lesquels, après tout, ont des *vertus privées*, et qui, dans l'intérêt de leur fortune, se rattacheront à la monarchie légitime. Il est question des *ultra-royalistes*, qui continuent à *s'isoler de la nation*; et qui pourtant ont des *talents et de l'esprit*. Singulier aveu! Il n'y a pas longtemps que tous les royalistes étaient des stupides. On parle aussi du parti libéral : ce parti, dit la circulaire, ne *tient à rien*, mais il est lié à la masse de la nation par la *consanguinité des intérêts*. Si ce parti ne tient *à rien*, comment est-il lié à la *masse* de la nation? Il a fallu la révolution pour justifier cette manière d'écrire; pour nous apprendre qu'il y avait des liaisons *de sang* entre les *intérêts*. A cette apologie sans vérité, sans dignité, misérable de raison, pitoyable de style, les étrangers ont fait, dit-on, une réponse froide et sèche, et l'on a été obligé de répliquer d'une manière moins triomphante.

L'attitude si peu noble que nos guides politiques prennent avec les étrangers est-elle plus relevée en France? Qui ne se rit du ministère? Jamais l'autorité a-t-elle été plus dégradée que depuis qu'elle repose entre les mains de ce ministère? Les fonctionnaires publics ont perdu toute influence. A force de voir déplacer les préfets et les sous-préfets, le peuple a fini par les considérer comme des hommes engagés dans la domesticité ministérielle; serviteurs plus ou moins industrieux, que leurs maîtres mettent à la porte quand ils ne sont pas contents de leurs services.

Dans l'armée, le découragement est à son comble. Aucun officier n'est sûr de garder la place qu'il occupe : malheur au militaire, dans quelque grade que ce soit, qui a défendu la cause royale! Un travail sourd se fait de toutes parts : tel corps dont l'esprit était excellent il y a six mois, n'est plus aujourd'hui reconnaissable. Tout s'altère, se détériore; tout tombe en dissolution. Si l'opinion publique n'avait soutenu la France, il n'eût pas été nécessaire d'attendre jusqu'aux élections prochaines pour arriver à de grands malheurs.

Les ministres prétendent repousser ces faits accablants par des dénégations; ne pouvant prouver, ils insultent.

« Les royalistes, disent-ils, sont des hommes qui, pleins de leurs souvenirs, re-
« fusent de se mêler aux intérêts communs de la nation. La violence de leurs accu-
« sations contre le ministère ne décèle que l'amertume des regrets d'une ambition
« trompée. Que les royalistes saisissent le timon de l'État, et dans six mois la France
« est perdue. »

Voilà le cercle des récriminations dans lequel tourne le ministère. Un bon raisonnement, un fait clair, répondraient mieux qu'une déclamation qui, fût-elle fondée en vérité, ne prouverait pas encore la capacité des ministres. Mais n'est-ce pas une chose curieuse que ce reproche d'ambition fait éternellement aux royalistes par ceux-là même qui, depuis quatre ans, perdent la France pour garder leurs places? Quand les royalistes se compareraient aux hommes d'État qui nous gouvernent, ils pourraient peut-être, sans blesser la modestie, se croire aussi habiles que ces hommes d'État. Et pourquoi les royalistes n'auraient-ils pas cette noble ambition qui vient du sentiment des vertus qu'on peut déployer, comme leurs ennemis ont cette ignoble ambition qui naît de l'envie des talents qu'on ne peut atteindre? Si les royalistes arrivaient au pouvoir, vous prétendez que dans six mois la France serait perdue? Nous pensons, au contraire, qu'elle serait sauvée. Prenons le public pour juge, en exposant le tableau d'une administration royaliste telle que nous la concevons.

Et d'abord les seuls hommes qui aient des idées constitutionnelles sur la Charte, les seuls hommes qui entendent parfaitement le jeu du gouvernement représentatif, ce sont les royalistes : nous n'en voulons pour preuve que leurs discours et leurs écrits. Les libéraux inclinent à la démocratie pure ou à la démocratie royale, laquelle conduit également à la république; les ministériels, élevés à l'école de Buonaparte, ne rêvent que le pouvoir absolu : il n'y a donc que les royalistes à qui la Charte convienne réellement. Dans tous les temps, ils abandonnèrent au roi leur vie et leur fortune, mais ils ne lui livrèrent jamais leur honneur et leur liberté. Nous ne connaissons rien de plus indépendant qu'un véritable royaliste.

Il faut dire encore que les royalistes ont été les premiers à déclarer que le retour à l'ancien régime est impossible; qu'aucun élément de la vieille constitution n'existe aujourd'hui, et que la réédification d'un monument aussi complétement détruit ne pourrait être entreprise sans exposer la France à d'interminables révolutions.

Voilà donc les royalistes arrivés au pouvoir, fermement résolus à maintenir la Charte : tout leur édifice serait posé sur ce fondement; mais au lieu de bâtir une démocratie, ils élèveraient une monarchie. Ainsi leur premier devoir, comme leur premier soin, serait de changer la loi des élections. Ils feraient en même temps retrancher de la loi de recrutement le titre vi, et rendraient ainsi à la couronne une de ses plus importantes prérogatives. Ils rétabliraient dans la loi sur la liberté de la presse le mot *religion*, qu'à leur honte éternelle de prétendus hommes d'État en ont banni. Ministres, vous fondez une législation athée; elle produira des mœurs conformes à vos règles.

Après la modification de ces lois capitales, les royalistes proposeraient les lois les plus monarchiques sur l'organisation des communes et sur la garde nationale. Ils affaibliraient le système de centralisation, ils rendraient une puissance salutaire aux conseils généraux. Créant partout des agrégations d'intérêts, ils les substitueraient à ces individualités trop favorables à l'établissement de la tyrannie. En un mot, ils recomposeraient l'aristocratie, troisième pouvoir qui manque à nos institutions, et dont l'absence produit le frottement dangereux que l'on remarque aujourd'hui entre la puissance royale et la puissance populaire. C'est dans cette vue que les royalistes solliciteraient les substitutions en faveur de la pairie. Ils chercheraient à arrêter par tous les moyens légaux la division des propriétés, division qui, dans trente ans, en réalisant la loi agraire, nous fera tomber en démocratie forcée.

Une autre mesure importante serait encore prise par l'administration royaliste : cette administration demanderait aux Chambres, tant dans l'intérêt des acquéreurs que dans celui des anciens propriétaires, une juste indemnité pour les familles qui ont perdu leurs biens dans le cours de la révolution. Les deux espèces de propriétés qui existent parmi nous, et qui créent pour ainsi dire deux peuples sur le même sol, sont la grande plaie de la France. Pour la guérir, les royalistes n'auraient que le mérite de faire revivre la proposition de M. le maréchal Macdonald : on apprend tout dans les camps français, la justice comme la gloire.

C'est ainsi qu'en agiraient les royalistes relativement aux choses. Mais comment se conduiraient-ils pour les hommes? n'auraient-ils pas des ressentiments à satisfaire?

Les royalistes sont étrangers à la haine. Ils aiment trop leur pays, ils ont trop de jugement, trop de raison pour n'être pas convaincus que la vengeance est un mauvais moyen de gouverner. Il est sans doute quelques hommes qui se sont vendus, corps et âme, au ministère, et qui dans tout changement possible tomberont avec les maîtres dont ils ont servi les passions; mais tout agent du pouvoir qui, ne faisant qu'obéir à un ordre supérieur, l'a exécuté sans blesser l'honneur et la justice, serait conservé par une administration royaliste. La gloire d'une semblable administration serait de donner des leçons de modération et de douceur à ceux qui n'ont offert que des exemples de persécution et de violence. Les royalistes ne seraient plus exclus des emplois; la trahison des Cent-Jours ne serait plus entre deux candidats un titre de préférence; mais quiconque aurait des vertus et des talents, quiconque serait capable d'un retour sincère à la légitimité, serait reçu avec joie : les royalistes éviteraient de faire sentir aux autres l'injustice dont ils ont été les victimes.

Maintenant que tout homme impartial ose dire, la main sur le cœur, qu'avec un pareil système on ne concilierait pas les intérêts et les partis. N'en doutons point : une administration royaliste qui se conduirait d'après de pareils principes se maintiendrait au pouvoir, obtiendrait l'estime de l'Europe et les bénédictions de la France.

Ici l'on n'a qu'une réponse à nous faire : on nous dira que les royalistes ne suivraient pas le plan que nous venons de tracer. A cette réponse nous n'opposerons que le silence, en remarquant seulement que les royalistes ont toujours été fidèles à leur parole, et que c'est du moins une présomption en faveur de leur bonne foi.

Nous avions souvent expliqué notre pensée sur la Charte et sur l'ordre actuel des choses : il ne nous restait qu'à examiner l'assertion de ces docteurs, si grands par leurs œuvres, lesquels affirment que les royalistes perdraient tout s'ils parvenaient au pouvoir. Le public connaît maintenant nos principes : qu'il prononce ! Au reste, les royalistes ne désirent ni ne demandent le ministère : ils ne sont pas au-dessous des places, comme le disent leurs ennemis, ils sont au-dessus.

Il y avait à Rome, au temps de la dépravation de l'empire, des citoyens qui conservaient l'intégrité et la piété romaines. Ces graves personnages ne s'affligeaient que des maux de leur patrie; quant à leur sort particulier, ils se résignaient à la volonté des dieux. Lorsque la tyrannie, importunée de leur vertu, se fatiguait de les laisser vivre, ils s'en allaient à petit bruit, jugeant qu'il était inutile de faire tout le fracas de Caton, et de se déchirer les entrailles pour une liberté qui n'existait plus.

Paris, le 14 janvier 1820.

Il y a près de deux mois que nous nous taisons sur la politique. Nous avons regardé, écouté, attendu ; non que nous ayons jamais été dupe de nos ennemis; mais si nous avions parlé plus tôt, on nous aurait peut-être accusé d'avoir dérangé des combinaisons heureuses. Il était question, disait-on, de revenir à un système monarchique. Nous n'en croyions rien ; mais nous devions respecter la fortune de la France, et même accorder aux promesses, sinon de la confiance, du moins un délai pour se démentir.

Aujourd'hui que toute espérance s'évanouit, il est temps de rompre le silence et de reconnaître notre position.

Avertie d'abord par le *Conservateur*, et ensuite par les journaux royalistes devenus libres, la France s'épouvanta de ses périls. Elle éleva la voix, et appela les honnêtes gens à son secours. Le ministère, qui ne croyait plus rencontrer d'obstacles, fut obligé de reculer devant les conséquences des principes qu'il avait posés, et les résultats des lois qu'il avait faites.

Trois ministres sont renvoyés; trois autres leur succèdent, et paraissent vouloir agir d'après un système monarchique. On annonce que la loi des élections sera changée; la désorganisation de l'armée est arrêtée. Il n'est question que de fusion et de conciliation ; des paroles de paix sont colportées çà et là par des personnes officieuses ; on s'endort sur la foi ministérielle.

Deux mois s'écoulent, et la France alarmée ne voit rien paraître. La maladie d'un ministre est le prétexte d'une inaction si funeste. Les royalistes, qui avaient suspendu le combat, s'aperçoivent qu'on s'est encore une fois servi de leur loyauté pour désarmer leur victoire.

Il était impossible au ministère de suivre exactement sa première route. L'abîme où aboutissait cette route paraissait trop à découvert. Mais comment faire en apparence un sacrifice à l'opinion, sans le faire en réalité ? Comment revenir ostensiblement sur ses pas, sans cependant changer de but ? Un merveilleux expédient se présente : on se détermine à s'emparer des principes des royalistes en continuant de repousser les royalistes, à professer l'amour des choses, et à garder la haine des hommes. Retour aux lois monarchiques, éloignement des hommes monarchiques, tel est le nouveau sophisme. Par ce moyen, le ministère prétend se substituer à la primitive opposition monarchique, et devenir le seul champion de la royauté contre l'opposition démocratique.

Mais qu'on y prenne garde : dans ce système, tout absurde qu'il est, il n'y a pas même encore de vérité ; il n'est pas vrai que l'on veuille sincèrement des lois monarchiques : on se flatte seulement de faire croire à la France qu'on le veut.

Quel bonheur pour le ministère, mais quel malheur pour la France, s'il pouvait régner avec une Chambre qui aurait violé la Charte en prorogeant ses pouvoirs, avec une Chambre avilie par une solde accordée à ses membres (car il entre dans le plan ministériel de faire accepter dix mille francs par an à chaque député) ! Une telle Chambre serait nécessairement un instrument servile du ministre-dictateur. La censure, rétablie par cette Chambre, étoufferait nos plaintes. La révolution, entrée dans la domesticité du ministre, nous tuerait moins violemment : La France s'éteindrait dans une longue agonie ; elle mourrait de mépris comme on meurt de la gangrène.

Sans doute on ne se flatte pas d'obtenir de pareilles concessions des royalistes : aussi n'est-ce pas avec eux qu'on prétend faire une loi des élections. On cherche à se former une majorité avec des ministériels, s'il en reste, et un certain nombre des membres de la gauche. On fait voir à cette gauche le danger de sa position ; on l'invite à se sauver en se perpétuant, en recevant d'honorables salaires, en ôtant aux royalistes la liberté de la presse, qui resterait de fait aux amis du ministre. Ainsi l'on transforme la politique en une sorte d'escroquerie, au moyen de laquelle on espère tantôt dérober un homme, tantôt filouter une majorité. Lorsqu'il s'agit de créer de nouveau la monarchie, de remplacer la pierre angulaire du temple, de raffermir les colonnes de la justice sur leurs bases éternelles, on en est au tour d'adresse des jongleurs et aux équilibres des funambules. Jadis la France eut de plus nobles destinées, et l'urne du sort n'était pas pour elle le sac d'un escamoteur.

Quant à la censure, qu'on voudrait obtenir sous une forme quelconque, et sans laquelle la *dictature* serait impossible, les royalistes se souviendront des discours qu'ils ont prononcés depuis trois ans contre cette censure ; ils ne seront pas inconséquents et ingrats ; ils n'oublieront pas que c'est à la liberté de la presse qu'ils doivent leur existence politique tant en France qu'en Europe. Il y a sans doute des choses horribles dans les pamphlets du jour ; mais qu'on relise les feuilles révolutionnaires et ministérielles de l'époque de la censure, et l'on y trouvera les mêmes blasphèmes. Il est vrai que du bon temps de la censure les ministres étaient épargnés ; ils pouvaient fabriquer des conspirations, insulter les hommes qu'ils avaient fait jeter dans les cachots, gouverner arbitrairement la France, destituer à tort et à travers, tomber dans toutes les fautes de l'incapacité, sans avoir de comptes à rendre à l'opinion publique. Alors ils ne se scandalisaient pas des impiétés que laissait passer une libérale censure : il ne s'agissait que de la religion et de la monarchie ! Mais aujourd'hui on ose dire à nos hommes d'État qu'ils ne sont pas les premiers hommes du monde; on ose les attaquer comme on attaquait les royalistes sous la censure. Cette liberté de la presse est une vraie peste : vite des censeurs! sauvons... qui? le roi? bagatelle! le ministère.

En votant pour la censure, les royalistes détruiraient le gouvernement constitutionnel, et se remettraient dans la position où ils étaient en 1816; or ils ne veulent ni violer la Charte, ni passer sous le joug. Si la loi actuelle ne suffit pas pour réprimer les délits de la presse, à qui la faute, si ce n'est aux ministres, qui n'ont pas même voulu y placer le nom de la religion? Et d'abord la font-ils exécuter, cette loi? Non. Est-elle faible, cette loi? est-elle timide, incomplète? On peut en augmenter les pénalités; on peut imiter l'exemple que vient de nous donner l'Angleterre. Des hommes d'État, amis de l'ordre, sans avoir recours à des mesures d'exception toujours odieuses, auraient bientôt trouvé le moyen d'arrêter ce débordement d'écrits impies, séditieux et calomniateurs. Mettez à la tête du ministère une vertu active et vigoureuse, et vous verrez s'évanouir devant elle l'audacieuse lâcheté du crime.

Ne nous berçons point de chimères, le ministère n'est point changé : son retour sincère aux principes et aux hommes monarchiques serait sans doute un grand bonheur pour la France; mais une politique pratique et applicable doit raisonner dans l'ordre naturel, et peu compter sur les miracles. Le ministère a été injuste, et dès lors il ne pardonnera pas aux royalistes. On déteste dans l'homme que l'on a persécuté non l'homme lui-même, mais le mal qu'on a fait, et c'est un châtiment de la Providence : notre haine pour nos victimes n'est que le tourment de nos remords.

Au reste, qu'un misérable système soit plus ou moins repoussé, à peine cet accident s'apercevra-t-il dans la grande catastrophe qui nous menace. L'état dans lequel nous vivons depuis six semaines est étrange : un silence profond a succédé au discours du roi. Deux Chambres sont inutilement convoquées; une espèce d'interrègne semble advenu; la nation est comme licenciée : on se demande si ce qui était est fini, si l'on va commencer une autre monarchie. Tout languit, tout expire; le mouvement cesse; quelque chose d'usé, une impuissance d'être se fait sentir. La religion, âme des institutions humaines, abandonne nos lois athées, nos mœurs perverties, notre politique révolutionnaire, et ne nous laisse en se retirant que le cadavre de la société.

Et comment cette société ne se dissoudrait-elle pas? Jamais la vertu fut-elle exposée à une tentation plus rude? C'est du gouvernement même que descend la corruption; c'est le ministère du prince légitime qui exige pour ainsi dire qu'on ait trahi son roi, qu'on ait fait preuve d'impiété, qu'on ait soutenu toutes les illégitimités, pour obtenir la faveur! Que sous le règne d'un fils de saint Louis on demande, on recommande exclusivement tout ce qui était en honneur sous la Terreur et l'usurpation, n'est-ce pas porter l'anarchie dans les esprits, l'abomination dans les cœurs, le mal jusque dans la moelle des os? Le ministère, qui, par un jeu cruel de la fortune, dispose aujourd'hui de nos destinées; le ministère, qui pourrait acquérir tant de gloire, et qui se prépare tant de malheurs; le ministère, qui pourrait nous sauver, et qui s'obstine à nous perdre; cet imprudent ministère, au lieu de comprendre sa position et la nôtre, au lieu de revenir sur ses pas, s'enfonce de plus en plus dans le précipice : il continuera d'intriguer jusque dans l'abîme, et cet abîme se refermera sur lui.

Paris, le 20 janvier 1820.

Le profond silence dans lequel nous étions plongés a été interrompu : nous avons donné quelques signes de vie. A la vérité, ce n'est pas le ministère qui s'est ranimé par sa propre force, le mouvement lui est venu du dehors.

Le système ministériel a rallumé au milieu de nous le volcan révolutionnaire : dans les intervalles des éruptions, comme on n'entend rien, on oublie le danger ; mais tout à coup la terre tremble, *et l'abîme élève la voix.* Laissons le langage de la Bible, et parlons sans figures. Des pétitions adressées à la Chambre des députés, et demandant qu'aucun changement ne soit fait à la loi des élections, ont amené deux séances orageuses. La discussion s'ouvrit le 14. Le rapporteur de la commission évita adroitement de choquer diverses opinions de la Chambre, et conclut à l'ordre du jour. Un député se préparait à monter à la tribune, lorsque le ministre des finances demanda à être entendu pour présenter un projet de loi sur les douanes. Un autre député fit observer qu'on ne pouvait pas introduire, dans une affaire commencée, un objet étranger à cette affaire. Que prétendait-on ? refroidir les combattants ? Mais cette ruse de guerre, si c'en était une, ne pouvait servir qu'à les échauffer.

Lecture du projet de loi étant faite, un député obtint enfin la parole, et renoua la discussion interrompue. Il s'étonna de voir le ministère repousser ceux qui réclamaient le maintien de la loi des élections, quand le même ministère avait accueilli les pétitionnaires qui demandèrent l'an dernier le rejet de la proposition de M. Barthélemy.

Un ministre, ne pouvant répondre à cet argument *ad hominem*, se jeta sur la Charte. Après lui, un député déclara que dix-neuf millions, que trente millions de signatures allaient incessamment revêtir des milliers de pétitions. En vain on lui objecta que le nombre des habitants de la France ne s'élève pas au-dessus de vingt-huit millions. Il n'en voulut point démordre, et continua de faire signer femmes, enfants et vieillards : « Oui, répéta-t-il, trente millions ! »

M. le général Foy établit très-bien le principe général du droit de pétition. Il parla d'une dictature perpétuelle, et fit entendre que l'on en voulait à la liberté de la presse : c'est la pure vérité. La séance fut ajournée au lendemain.

Samedi 15, nouveau combat. M. Lainé, dans un discours logique, digne et éloquent, répond à tout : il repousse les pétitions, non parce qu'elles sont inconstitutionnelles, mais parce qu'elles sont de nature négative, et que, n'enseignant rien, elles ne peuvent être déposées à un bureau de renseignements.

La clôture de la discussion est demandée. M. le ministre des affaires étrangères monte encore à la tribune, et se déclare pour la modification de la loi des élections. M. Benjamin Constant réplique. La clôture de la discussion est prononcée. Épreuve par assis et levé douteuse, appel nominal, dépouillement du scrutin, qui donne cent dix-sept boules blanches pour l'ordre du jour, et cent douze boules noires contre : majorité, cinq voix.

Trois voix ont donc décidé l'ordre du jour, puisqu'en passant à la gauche elles auraient amené une autre conclusion ; or, les ministres présents étant tous trois membres de la Chambre des députés, il en résulte que ces trois ministres ont seuls gagné la bataille : dans les anciens combats, souvent la victoire était due à la valeur personnelle des généraux. Qu'on dise encore que le ministère n'a pas la majorité lorsqu'il la porte dans son sein, comme ces plantes qui renferment en elles-mêmes leur propre vertu ! Ainsi, se levant tour à tour pour la gauche ou pour la droite, trois ministres pourront faire triompher à leur gré les dieux de Carthage ou de Rome.

Ces mémorables séances jettent un grand jour sur notre position politique. Il en faut examiner les résultats.

Dans la discussion générale, la droite et la gauche ont eu presque toujours raison. Elles étaient d'accord sur le principe du droit de pétition, mais elles différaient, en ce que la gauche appuyait les pétitionnaires comme favorables à son opinion, et que la droite les repoussait comme opposés à la sienne.

Toutefois, dans l'opposition de gauche, c'est ce qu'on appelle le parti Ternaux qui a prévalu. Ce parti voulait le dépôt des pétitions au bureau des renseignements, et les autres membres de la gauche désiraient le renvoi au ministère de l'intérieur. Les *modérés* l'ont emporté : le parti n'en est donc pas encore à l'*impavidum ferient ruinæ*.

La minorité de droite défend les principes partout où elle les trouve, sans songer à ses intérêts particuliers; et les ministres ont profité cette fois de sa loyauté et de ses talents. Mais dans quelle position s'est placé le ministère! Quoi! repousser l'année dernière un moyen de salut, pour se faire traiter cette année d'une manière si humiliante! La proposition de M. Barthélemy, à l'époque où elle a été faite, aurait, s'écrie-t-on, renversé le ministère. Ainsi vous étiez sur le bord d'un abîme, vous voyiez cet abîme, puisque vous prétendez maintenant l'éviter; mais comme alors vos intérêts étaient compromis, comme un peu de temps vous restait encore, vous avez mieux aimé augmenter le péril de la France que de nous sauver; vous avez joué votre patrie contre votre ambition.

Le côté gauche de la Chambre des députés s'est trouvé fort ce jour-là de cent douze membres, et le côté droit de cent dix-sept : le premier comptait quatre absents, et le second en comptait douze. Si tous ces députés eussent été présents, le scrutin aurait donné cent seize boules contre cent vingt-neuf : majorité pour la droite, treize voix; par conséquent, sept voix passant à la gauche changeraient tous les résultats.

On ne peut s'empêcher d'être épouvanté en songeant que le sort de la nouvelle loi des élections, si toutefois elle est présentée, tient à une chance si douteuse.

Heureusement, et malgré ces trop justes sujets d'alarmes, nous croyons encore que la loi, franchement monarchique, pourrait passer à une petite majorité; mais pour peu qu'elle soit insidieuse, elle sera probablement rejetée. Dans ce cas, qu'arrivera-t-il ?

En restant sous l'empire de la loi actuelle, ou un cinquième de la Chambre des députés sera renouvelé au mois d'octobre, ou la Chambre sera dissoute, et alors il y aura des élections générales. Fasse le ciel que *la fille sanglante de la Convention* n'entre pas!

Aimera-t-on mieux avoir recours à un coup d'État? Quel sera ce coup?

Fera-t-on une loi des élections par ordonnance? Mais cette loi sera donc dans les intérêts d'une des deux grandes opinions qui régissent la France? Frapper un coup d'État dans le vide entre deux partis, ce serait vouloir tomber le front par terre. Cassera-t-on la Chambre des députés pour ne plus la rassembler? Lèvera-t-on l'impôt par ordonnance? Si le ministère veut connaître les bornes de son pouvoir et en finir avec la monarchie, il n'a qu'à tenter un pareil coup d'État.

En attendant l'avenir, voici quelle est notre position : Le parti buonapartiste l'emporte sur le parti républicain, dont le nom et les principes ne servent plus que de voile à une faction réelle et puissante. L'administration a tellement fatigué les honnêtes gens et encouragé les pervers, tellement désorganisé tout, tellement dégradé nos institutions, tellement sapé le fondement de la monarchie légitime, qu'on ne semble plus obéir au gouvernement de droit que parce qu'il est le gouvernement de fait. Quel serait le résultat de cette position, si l'on n'apportait un prompt remède à nos maux? Écoutez : nous connaissons quatre-vingts hommes qui ont banni les Bourbons à perpétuité, et c'est demain le 21 janvier.

Paris, le 18 février 1820.

Nous venons payer à la mémoire de monseigneur le duc de Berry ce tribut de douleurs que la royale famille est depuis longtemps accoutumée à recevoir de nous. Hélas! nous avons entendu le dernier soupir du dernier descendant de Louis-XIV par la lignée française; nous avons vu un père au désespoir, un frère inconsolable, à genoux, en prière devant ces bancs rassemblés à la hâte, sur lesquels expirait un fils de France; nous avons vu une femme tenant son enfant dans ses bras, et toute couverte du sang de son mari; nous avons vu un vénérable monarque s'approcher pour fermer les yeux du jeune héritier de la couronne! MADAME était là, dominant cette scène de deuil, comme une héroïne éprouvée aux combats de l'adversité. Monseigneur le duc de Bourbon prenait sa part de la douleur : il croyait assister à la mort de son fils. Coup affreux qui a frappé l'arbre dans sa racine! Ah! malheureuse France! parce que tu l'avais proscrit dans sa jeunesse, as-tu méconnu ton enfant, et n'a-t-il pu se sauver dans tes bras!

La révolution semblait rassasiée du sang des Bourbons : elle n'en était qu'enivrée; cette ivresse, loin d'apaiser sa soif, en augmentait l'ardeur. Louis XVI, Madame Élisabeth, Louis XVII, le duc d'Enghien, n'ont pas suffi aux ennemis de la légitimité : ils ont fait un nouveau choix parmi les enfants de saint Louis : en immolant le duc de Berry, ils ont voulu répandre à la fois le sang que ce prince avait reçu de tant de monarques, et celui qui devait animer le cœur d'une longue postérité de rois.

La main qui a porté le coup n'est pas la plus coupable. Ceux qui ont assassiné monseigneur le duc de Berry sont ceux qui, depuis quatre ans, établissent dans la monarchie des lois démocratiques; ceux qui ont banni la religion de ces lois; ceux qui ont cru devoir rappeler les meurtriers de Louis XVI; ceux qui ont entendu agiter avec indifférence à la tribune la question du régicide; ceux qui ont laissé prêcher dans les journaux la souveraineté du peuple, l'insurrection et le meurtre, sans faire usage des lois dont ils étaient armés pour réprimer les délits de la presse; ceux qui ont favorisé toutes les fausses doctrines; ceux qui ont récompensé la trahison et puni la fidélité; ceux qui ont livré les emplois aux ennemis des Bourbons et aux créatures de Buonaparte; ceux qui, pressés par la clameur publique, ont promis de changer une loi funeste, et qui ont ensuite laissé trois mois s'écouler, comme pour donner le temps aux révolutionnaires de se reconnaître et d'aiguiser leurs poignards : voilà les véritables meurtriers de monseigneur le duc de Berry.

Il n'est plus temps de se le dissimuler : cette révolution que nous avons tant de fois et si inutilement prédite est commencée; elle a même produit des maux qui sont déjà irréparables. Qui rendra la vie à monseigneur le duc de Berry? et avec cette vie précieuse, qui nous rendra les espérances que la gloire et l'amour y avaient attachées? Un jeune lis nourri dans une terre étrangère verra-t-il éclore la tendre fleur que la foudre semble avoir respectée?

Si du sang de nos rois quelque goutte échappée. ...

Autre espérance : si un prince chéri écoutait nos vœux!....... Joseph orna les foyers de Jacob dans sa maturité, et transmit aux rois d'Israël les bénédictions célestes.

Paris, ce 3 mars 1820.

Dans la séance du 22 février 1817, nous prononçâmes à la Chambre des pairs un discours sur le projet de loi relatif aux journaux; nous y retrouvons ce passage :

« Un ministre défendant à la tribune des députés la loi que je combats dans ce
« moment, m'a désigné comme *un individu qui siége dans une autre Chambre,* et
« qui avance des *absurdités* telles qu'on ne doit pas les répéter. Je ne suis pas assez
« important pour employer à mon tour un langage si haut. Si jamais M. le comte
« Decazes était exposé à ces revers dont j'ai déjà vu tant d'exemples, il peut être sûr

« que le jour où il serait rayé du tableau des ministres, son nom ne serait prononcé
« dans mes discours qu'avec les égards dus à un homme qui, après avoir été honoré
« de la confiance de son roi, a éprouvé l'inconstance de la fortune. »

Telles étaient les paroles que nous adressions alors à M. le ministre de la police : nous serons conséquent, dans nos sentiments, comme nous le sommes dans nos doctrines. Nous ne traiterons ni d'*absurde* ni d'*individu* l'ancien ministre : évitant avec soin toute personnalité, notre sévérité se renfermera dans les bornes de la politique. Bien que la chute du président du conseil n'ait pas été rude, et qu'il soit doucement descendu du pouvoir dans le sein des honneurs, il est pourtant vrai qu'il ne règne plus : dès lors il rentre sous la sauvegarde de sa vie privée. Il y a plus : nous croyons que la nature avait fait M. le duc Decazes meilleur qu'il ne s'est montré dans sa carrière publique ; il a été trompé par les agents de police, et par les petites créatures dont il s'était entouré. On doit s'étonner seulement que des hommes d'une capacité si bornée aient exercé une si longue influence. Leur existence politique concordait apparemment avec un dessein caché de la Providence : ils nous étaient imposés pour châtiment de nos erreurs. Dans ce cas, ils auront eu la durée de la peine prononcée contre nous au tribunal d'en haut ; et comme, depuis Robespierre jusqu'à Buonaparte, nous avions péché par excès de crime et de génie, il était juste que nous fussions condamnés au tourment des fautes et au supplice de la médiocrité.

L'ancien ministre reconnaîtra aujourd'hui, dans des ennemis généreux, les amis qu'il aurait dû choisir pour sa gloire et pour le bonheur de la France. Les royalistes sont sans fiel : M. le duc Decazes vivra paisiblement au milieu de nous, comme tous ces hommes qui nous ont bannis, persécutés, dépouillés, et auxquels nous n'adressons pas même un reproche.

La blessure que la France a reçue est profonde : cette blessure ne peut être guérie que par le baume de la religion, ne peut être pansée que par une main monarchique. Ne nous faisons pas d'illusion ; rien de ce que nous voyons aujourd'hui n'existe réellement : il n'y a plus de Chambre, il n'y a plus de lois, il n'y a plus de ministère, parce qu'il n'y a plus d'autorité. Si tout tient encore ensemble, c'est par la vertu magique du nom du roi et par l'épouvante qu'inspirent les crimes commis autour de nous. On serre les rangs parce qu'on a peur ; on marche sans règle, mais sans désordre, parce qu'on redoute l'avenir. L'esprit de gouvernement est dans la foule et n'est plus dans l'État : disposition admirable pour qui saurait en profiter.

On nous a dit, et on devait nous dire, que le crime de Louvel est un crime *isolé*. Le crime de Sand est aussi un crime *isolé* ; les étudiants de la Prusse qui écrivent qu'*il faut ici un peu de Sand* sont aussi des fanatiques *isolés* ; les soldats insurgés de l'Espagne sont aussi des factieux *isolés* ; les trente assassins du ministère anglais sont aussi trente assassins *isolés*. Il n'y a pas de complot général ? mais il y a donc peste européenne ; et cette peste sort de nos doctrines antisociales.

Malheur à nous, malheur au monde, si le nouveau ministère allait conclure de tant de désastres qu'on n'a pas encore assez fait pour les ennemis de la légitimité ! On leur a déjà livré six Bourbons : combien en faut-il pour les satisfaire ?

Le peuple ne lit pas les lois, il lit les hommes, et c'est dans ce code vivant qu'il s'instruit : quand il voit préférer par le gouvernement de droit les partisans du gouvernement de fait ; quand il voit placer à la tête des préfectures les anciens agents de la police d'un régicide ; quand il voit introduire dans les administrations les fauteurs de la république et des Cent-Jours ; quand il voit rappeler jusqu'à des infâmes que Buonaparte n'employait qu'en rougissant dans les œuvres les plus viles de l'espionnage, que voulez-vous que ce peuple pense ? Peut-il croire que les Bourbons règnent encore? Ne lui semble-t-il pas qu'ils sont sur une mine prête à sauter et que la main d'un Louvel va mettre le feu à la poudre?

On s'étonne qu'un poignard se soit levé! Étonnons-nous que mille poignards n'aient pas encore percé le sein de nos princes. Depuis quatre ans, on comble de faveurs les prédicants de la loi agraire, de la république et de l'assassinat; on excite celui qui n'a rien contre celui qui a quelque chose, celui qui est né dans une classe obscure contre celui à qui le malheur n'a laissé qu'un nom; on souffre que l'opinion publique soit inquiétée par des fantômes, qu'on lui représente une partie de la nation comme voulant rétablir des droits à jamais abolis, des institutions à jamais renversées. Si nous ne sommes pas plongés dans les horreurs de la guerre civile, ce n'est pas la faute de l'administration qui vient de finir.

Quelles précautions avait-on prises avant la mort de monseigneur le duc de Berry? quelles précautions a-t-on prises après un meurtre exécrable? Pas une proclamation pour annoncer à la patrie un si grand malheur! rien pour consoler le peuple, pour l'éclairer sur sa position et sur ses devoirs! on eût dit qu'on craignait d'exciter l'indignation contre un crime; on avait l'air de ménager la délicatesse de ceux qui pouvaient en commettre de semblables. Des autorités ont elles-mêmes semé le bruit que ce crime était une vengeance particulière, et l'on peut remarquer des traces de cette version officielle jusque dans les journaux anglais. On s'est hâté de dérober aux regards de la foule attendrie le visage et la poitrine du malheureux prince : si la censure eût existé, on eût forcé les journaux à garder le silence; on eût défendu de parler du jeune Bourbon moissonné, comme on défendit jadis aux gardes nationales de porter une branche de lis, de peur de choquer la révolution, de peur d'inspirer trop d'amour pour le roi!

Espérons que les nouveaux ministres éviteront de marcher sur les traces de l'ancien ministère. Avant de les voir agir, ne nous hâtons pas de les accuser : un préjugé peut exister contre eux; nous-même nous avons particulièrement à nous en plaindre, et c'est pour cette raison même que nous nous sommes abstenu de parler et d'écrire sur le projet de loi de censure, passé à la Chambre des pairs. Nous avons voté contre ce projet, parce qu'il nous semble funeste; mais, en conservant la rigueur de nos principes, nous avons cru devoir montrer par notre silence la modération de notre opinion : nous avons été adversaire, non pas ennemi. En inquiétant le ministère dans les circonstances graves où nous sommes, on pourrait faire involontairement beaucoup de mal. Désirons la réunion de tous les Français, l'oubli de toutes les inimitiés personnelles : attendons. Contentons-nous de dire à présent aux ministres que, s'ils suivaient la route que leurs devanciers ont tracée, avant six mois il n'y aurait plus de France.

Les mesures d'exception que l'ancien ministère avait demandées seront-elles aussi utiles au ministère actuel qu'on le suppose? Nous le souhaitons, mais nous ne le croyons pas. Des gazettes censurées ne lui seront d'aucune ressource : les meilleurs articles perdent leur autorité dès qu'ils ne sont pas l'expression d'une opinion indépendante. Comment le gouvernement se défendra-t-il contre les pamphlets exceptés de la loi de censure? Ces pamphlets pourront être aussi courts et même plus courts qu'un journal quotidien; ils pourront inonder les cabinets de lecture, les cafés, les tavernes; ils seront lus d'autant plus avidement que les écrits périodiques seront enchaînés. L'opinion ministérielle des journaux censurés sera bien faible pour repousser de pareilles attaques : et nous, royalistes, que pourrons-nous pour la défense du trône? Nous sera-t-il possible de descendre dans l'ignoble arène des libellistes et des calomniateurs pseudonymes? Une loi répressive aurait obvié à tous ces inconvénients : elle était facile à faire; il eût suffi d'ajouter quatre articles à la loi déjà existante.

Nous savions bien que les révolutionnaires reprocheraient à l'opposition royaliste d'avoir été, en soutenant le dernier projet de loi, relatif aux journaux, infidèle aux doctrines qu'elle a professées. Qu'importent les révolutionnaires? Depuis le nouveau crime que leurs écrits ont inspiré, ils ont perdu tout crédit. Nous qui, dans tous les temps, dans toutes les circonstances, dans nos premiers comme dans nos derniers ouvrages, avons défendu les libertés publiques; nous qui venons encore de voter contre la censure, n'avons-nous pas été cent fois accusé par la faction démocratique de prêcher la féodalité et l'esclavage? Quel prix pourrait-on donc attacher à l'opinion de ces écrivains qui ne se rendent jamais à l'évidence, et qui se font une vertu de la mauvaise foi?

Quelquefois ces mêmes écrivains, par une autre manœuvre, ont voulu nous mettre à part de nos amis. La faction se donne trop de peine : elle ne parviendra point à nous séparer des royalistes, par la raison que nous ne les abandonnerons jamais dans leur adversité et que nous ne leur demanderons rien dans leur fortune.

Eh! malheureux, qui osez reprocher aux royalistes d'avoir voté pour une censure momentanée, au risque d'être encore opprimés par cette censure, n'est-ce pas vous qui, dans tous les temps, avez flétri la cause de l'indépendance? N'est-ce pas vous qui, par vos excès, avez forcé les honnêtes gens de chercher un refuge dans le pouvoir? Si la liberté périt en Europe, ne vous en prenez qu'à vous-mêmes. Quand on vous entend parler vertu et principe sur le tronc sanglant de Louis XVI ou sur le cadavre du duc de Berry, on recule d'horreur, et Constantinople ne semble pas avoir assez de despotisme pour se mettre à l'abri de votre liberté.

Oui, ce sont vos exécrables doctrines qui ont assassiné cet enfant de l'exil, ce Français héroïque, ce jeune et infortuné Berry! Et savez-vous que ce prince magnanime aimait et connaissait mieux que vous ces droits constitutionnels que vous exigez fièrement des Bourbons, mais que vous ne réclamiez pas dans les antichambres de Buonaparte? Nous l'avons cent fois entendu, ce généreux prince, exposer les avantages de cette liberté de la presse, dont vous avez fait contre sa vie une arme parricide! Ah! si on vous laissait à vos penchants, des funérailles non encore achevées seraient suivies de bien d'autres funérailles! Et puis vos dignes satellites se précipiteraient à Saint-Denis : ils ne se fatigueraient pas, comme dans leur premier sacrilège, à exhumer tant de gloire, à désensevelir des rois, des reines, des grands hommes inconnus à leur grossière ignorance : un moment leur suffirait pour achever leur ouvrage. Dans ces souterrains jadis si peuplés, où les disciples de la liberté de Marat ont uni la solitude au silence, ils ne rencontreraient plus que quatre tombeaux. Ils n'auraient pas besoin d'antiquaire pour leur apprendre les noms des victimes renfermées dans les nouveaux cercueils : c'est de la science à leur portée! c'est de l'histoire de leur temps, et faite par eux!

Prince chrétien, digne fils de saint Louis, illustre rejeton de tant de monarques, avant que vous soyez descendu dans votre dernière demeure, recevez notre dernier hommage! Vous aimiez, vous lisiez un ouvrage que la censure va détruire. Vous nous avez dit quelquefois que cet ouvrage sauvait le trône : hélas! nous n'avons pu sauver vos jours! Nous allons cesser d'écrire au moment où vous cessez d'exister : nous aurons la douloureuse consolation d'attacher la fin de nos travaux à la fin de votre vie.

Paris, 21 juin 1824.

C'est un des caractères de l'esclave d'applaudir à sa propre dégradation, de parler de son propre métier avec une humilité voisine de la bassesse.

Un journal nous apprend aujourd'hui « que les petites illusions des vanités déchues

« et des ambitions trompées n'ont plus de refuge que dans les journaux et n'en sor-
« tent pas. Le *pouvoir* s'est relevé à la hauteur qui lui appartient, entre le trône et
« la tribune, et personne en France n'est dupe des gazettes, qui, dans une monarchie
« constitutionnelle, disparaissent devant l'éloquence parlementaire. »

Le journal qui croit ainsi rehausser le *pouvoir ministériel* aux dépens des gazettes comprend-il lui-même jusqu'à quel point il confond les doctrines de la monarchie constitutionnelle?

Sans doute les journaux ne sont rien en comparaison du pouvoir social, du trône, de la tribune. Ce ne sont pas même des choses comparables ; elles sont de deux ordres différents. Personne n'a jamais pensé à considérer un journal comme un pouvoir politique ; c'est un écrit exprimant une opinion, et si cette opinion réunit à elle la pluralité des hommes éclairés et considérés, elle peut devenir un grand pouvoir. C'est le pouvoir de la vérité ; il n'y a rien de si haut dans l'ordre moral, il n'y a rien qui ne disparaisse devant cette force éternelle.

Dans l'ordre des choses politiques, les journaux sont un organe par lequel les citoyens expriment leur opinion sur les affaires publiques. C'est bien quelque chose dans une monarchie constitutionnelle. Aussi dans cette Angleterre, que notre adversaire cite avec admiration, des hommes tels que Pitt, Burke, Fox, Liverpool, Canning, etc., n'ont pas cru dégrader leur éloquence parlementaire en la pliant aux formes d'un journal. Ce qui est assez curieux, c'est que de tous nos ministres passés et présents, et de tous ceux qui paraissent aspirer à leur succéder, il n'en est pas un seul qui n'ait écrit dans les journaux lorsqu'il s'en sentait la force, ou qui, dans le cas contraire, n'y ait fait écrire ses amis, plus habiles et plus éloquents.

Si notre adversaire eût été un royaliste, même ministériel, nous lui aurions demandé si ce n'est pas par le moyen des journaux, ou des écrits sortis de la plume des rédacteurs des journaux, que les doctrines de la monarchie légitime et constitutionnelle ont repris leur ascendant sur tous les esprits éclairés et sur tous les cœurs généreux.

TABLE DES MATIÈRES

CONTENUES DANS CE VOLUME.

	Pages.
Avertissement.	4
Introduction. — Du latin comme source des langues de l'Europe latine.	5
La langue anglaise divisée en cinq époques.	7
Moyen âge. — Lois et monuments.	9
— — Costumes. — Fêtes et jeux.	44
— — Repas.	44
— — Mœurs.	45
— — Suite des mœurs. — Vigueur et fin des siècles barbares.	46
PREMIÈRE PARTIE. — Première et seconde époque de la littérature anglaise. — Littérature sous le règne des Anglo-Saxons, des Danois et pendant le moyen âge. — Des Anglo-Saxons à Guillaume le Conquérant. — Bretons. — Tacite. — Poésies erses.	18
Anglo-Saxons et Danois	20
Troisième et quatrième époque de la littérature anglaise. — Époques anglo-normande et normande française, de Guillaume le Conquérant et de Henri II à Henri VIII. — Trouvères anglo-normands	24
Suite des trouvères anglo-normands. — Paradis terrestre. — Descente aux enfers.	26
Miracles. — Mystères. — Satires.	28
Changement dans la littérature. — Lutte des deux langues.	30
Retour par la loi à la langue nationale.	33
Chaucer. — Bower. — Barbour.	34
Sentiment de la liberté politique. — Pourquoi différent chez les écrivains anglais et chez les écrivains français des seizième et dix-septième siècles. — Place occupée par le peuple dans les anciennes institutions des deux monarchies.	36
Jacques Ier, roi d'Ecosse. — Dumbard. — Douglas. — Worcester. — Rivers.	44
Ballades et chansons populaires.	42
SECONDE PARTIE. — Cinquième et dernière époque de la langue anglaise. — Littérature sous les Tudor.	47
Hérésies et schismes qui précédèrent le schisme de Luther.	47
Attaques contre le clergé.	48
Luther.	50
Mariage. — Vie privée de Luther.	56
Portrait de Luther.	59
Portrait de Luther par Mainbourg, Bossuet et Voltaire.	60
Ce qu'il faut penser de Luther.	61
La réformation	63
Commencement de la littérature protestante. — Knox. — Buchanan.	68
Henri VIII auteur.	69
Henri VIII ; — Suite.	74
Surrey. — Thomas More	72
Edouard VI et Marie.	72
Elisabeth. — Spenser.	73
Shakespeare.	74
Que j'ai mal jugé Shakespeare autrefois. — Faux admirateurs du poëte.	76
Opinion de Voltaire sur Shakespeare. — Opinion des Anglais.	77
Que les défauts de Shakespeare tiennent à son siècle. Langue de Shakespeare. — Langue de Dante.	79
Etat matériel du théâtre en Angleterre au seizième siècle.	84
Caractère du génie de Shakespeare.	82
Que la manière de composer de Shakespeare a corrompu le goût. — Ecrire est un art.	84

TABLE DES MATIÈRES.

Pages.

Citations de Shakespeare.	86
Suite des citations. — Femmes.	88
Modèles classiques.	90
Siècle de Shakespeare.	93
Poëtes et écrivains contemporains de Shakespeare.	97
Vie de Shakespeare.	99
Shakespeare au nombre des cinq ou six grands génies dominateurs.	104
TROISIÈME PARTIE. — Littérature sous les deux premiers Stuarts et pendant la république. — Ce que l'Angleterre doit aux Stuarts.	105
Jacques Ier. — Basilicon Doron.	105
Raleigh. — Cowley.	111
Ecrits politiques sous Charles Ier et Cromwell.	113
L'abbé de Lamennais.	114
Killing no Murder. — Locke. — Hobbes. — Denham. — Harrington. — Harvey. — Siéyès. — Mirabeau. — Benjamin Constant. — Carrel.	115
Milton. — Sa naissance. — Collége.	117
Milton chez son père. — Ouvrages de sa jeunesse.	119
Milton en Italie.	120
Milton revenu en Angleterre. — Ses occupations et ses premiers ouvrages de controverse.	122
Mariage de Milton.	123
Traité de Milton sur le divorce.	124
Discours sur la liberté de la presse.	125
Mort du père de Milton. — Événements historiques. — Traité sur l'état des rois et des magistrats.	127
Milton secrétaire latin du conseil d'Etat de la république. L'Iconoclaste.	128
Défense du peuple anglais contre Saumaise.	131
Seconde défense.	133
Bradshaw.	134
Fairfax.	134
Cromwell.	135
Affranchissement de la Grèce.	136
Milton aveugle. — Ses dépêches.	138
Richard Cromwell. — Opinion de Milton sur la république, sur les dîmes, sur la réforme parlementaire.	140
Restauration. — Milton arrêté et remis en liberté. — Fidélité du poëte à Cromwell.	143
Nouveaux travaux de Milton. — Son dictionnaire latin. — Sa Moscovie. — Son histoire d'Angleterre.	144
Travaux poétiques de Milton. — Plan du Paradis perdu pour une tragédie.	147
Plan du Paradis perdu. — Tragédie.	148
Autres détails sur Milton.	149
Publication du Paradis perdu.	150
Samson agoniste. — Paradis reconquis. — Nouvelle logique. — Vraie religion. — Mort de Milton.	152
Paradis perdu. — De quelques imperfections de ce poëme.	155
Plan du Paradis perdu.	157
Caractère des personnages du paradis Perdu. — Adam et Eve.	159
L'Eternel et le Fils.	163
Anges.	165
Les démons et les personnages allégoriques.	166
Milton dans le Paradis perdu.	167
QUATRIÈME PARTIE. — Littérature sous les deux derniers Stuarts. — Hommes et choses de la révolution anglaise et de la révolution française comparés.	171
Clubs.	173
Danton.	175
Peuple des deux nations à l'époque révolutionnaire. — Paysans royalistes anglais.	176
Portrait d'un Vendéen.	178
Cromwell. — Buonaparte.	180
Lovelace. — Ma détention à la préfecture de police. — God save the king.	181
Prose. — Tillotson. — Temple. — Burnet. — Clarendon. — Algernon-Sidney.	184
Poésie. — Dryden. — Prior. — Waller. — Buckingham. — Roscommon. — Rochester. Shaftesbury, etc.	185
Butler. — Écrivains abandonnés.	187

	Pages.
Fin des Stuarts.	189
CINQUIÈME PARTIE. — Littérature sous la maison d'Hanovre. — Achèvement et perfectionnement de la langue anglaise. — Mort des langues.	190
Effet de la critique sur les langues. — Critique en France : nos vanités. — Mort des langues.	193
Qu'il n'y aura plus de renommées littéraires universelles, et pourquoi.	195
Autres causes qui tendent à détruire les renommées universelles.	197
Marie. — Guillaume. — La reine Anne. — Ecole classique.	199
Presse périodique. — Addison — Pope. — Swift. — Steele.	200
Passage de la littérature classique à la littérature didactique, descriptive et sentimentale. — Poëme de différents auteurs.	201
Young.	202
Gray. — Thomson. — Delille. — Fontanes.	204
Réaction. — Transformation littéraire. — Historiens.	208
Suite de la transformation littéraire. — Philosophes. — Poëtes. — Politiques. — Economistes.	209
Théâtre. — Mistress Siddons. — Parterre. — Invasion de la littérature allemande.	209
Eloquence politique. — Fox. — Burke. — Pitt.	211
Changement des mœurs anglaises. — Gentlemen-Farmers. — Clergé. — Grand monde. — Georges III.	212
Voyages. — Le capitaine Ross. — Jacquemont. — Lamartine.	214
Romans. — Tristes vérités qui sortent des longues correspondances. — Style épistolaire.	219
Nouveaux romans.	221
Walter Scott. — Les juives.	222
École des Lacs. — Poëtes des classes industrielles.	224
L'Ange et l'enfant.	225
Elégie aux mânes de Marie Grand.	226
La princesse Charlotte Knox.	226
Chansons. — Lord Dorset. — Béranger.	228
Beattie.	234
Lord Byron. — L'orme d'Harrow.	234
Les deux nouvelles écoles littéraires. — Quelques ressemblances de destinée.	235
Ecole de lord Byron.	238
Lord Byron au Lido.	240
Conclusion.	243
Milton.	246
POLÉMIQUE (suite).	249

FIN DE LA TABLE.

LAGNY. — IMPRIMERIE DE VIALAT ET Cⁱᵉ.

www.ingramcontent.com/pod-product-compliance
Lightning Source LLC
Chambersburg PA
CBHW071523160426
43196CB00010B/1628